인도철학의 최고 명저

브라흐마 수뜨라 주석 【2】

Brahma-sūtra-bhāṣya

샹까라 저 / 박효엽 역

세창출판사

저자 샹까라Śaṅkara(약 700-750년 또는 788-820년)

인도에서 가장 위대한 철학자로 알려져 있고 힌두교에서 가장 중요한 스승이자 성인으로 숭배되는 인물이다. 인도의 정통 철학으로서 최대 학파인 아드바이따 베단따의 창시자이다. 고전 우빠니샤드,『바가바드 기따』,『브라흐마 수뜨라』에 대해 현존하는 최초의 주석이자 최고의 권위를 가진 주석을 썼다. 그의 생애는 힌두교 전통에서 영웅적이고 극적으로 묘사되는데, 비非힌두권에서는 거의 역사적 사실로 간주되지 않는 편이다.

역자 박효엽Park, Hyo-Yeop

인도 뿌네대학교University of Pune에서 샹까라 철학을 전공으로 박사학위를 받았다. 현재 경북대학교와 원광대학교 동양학대학원(요가학과)에서 강의 중이며, 주로 우빠니샤드 철학, 베단따 철학, 현대요가를 연구하고 있다. 역서로는『베단따의 정수』(2006)가 있고, 저서로는『처음 읽는 우파니샤드』(2007),『불온한 신화 읽기』(2011),『탈식민주의의 얼굴들』(공저, 2012),『요가와 문화』(공저, 2013),『요가란 무엇인가』(공저, 2015) 등이 있다.

브라흐마 수뜨라 주석 【2】

1판 1쇄 인쇄 2016년 9월 10일
1판 1쇄 발행 2016년 9월 20일

저　자 | 샹까라
역　자 | 박효엽
발행인 | 이방원
발행처 | 세창출판사

신고번호 · 제300-1990-63호 | 주소 · 서울 서대문구 경기대로 88(냉천빌딩 4층)
전화 · (02) 723-8660 | 팩스 · (02) 720-4579 | http://www.sechangpub.co.kr
e-mail: sc1992@empal.com

ISBN 978-89-8411-634-4 94150
978-89-8411-632-0 (세트)

이 책은 한국연구재단의 지원으로 세창출판사가 출판, 유통합니다.

이 도서의 국립중앙도서관 출판예정도서목록(CIP)은 서지정보유통지원시스템 홈페이지(http://seoji.nl.go.kr)와 국가자료공동목록시스템(http://www.nl.go.kr/kolisnet)에서 이용하실 수 있습니다.(CIP제어번호: CIP2016020931)

"그것을 두려워함으로써 바람이 불리라.
두려워함으로써 태양이 떠오르리라.
그것을 두려워함으로써 불과 인드라가,
그리고 제5인 죽음이 달리리라."

- 『따잇띠리야 우빠니샤드』 2.8.1 -

내가 두려워한다는 것을 알게끔 하고,
두려움을 향해서 나를 나아가게끔 한,
그 시절의 아득하고 아름다운 인연들에게,
이 무거운 번역서를 두 손 모아 바칩니다.

역자의 말

번역은 시간의 무덤이다. 무수한 시간들이 서로 다른 언어들 사이에서 묻힌다. 세월 가는 줄도 모르고 인생의 한가운데 번역의 닻을 내리고 살다가, 어느 날 주위를 둘러보니 모든 인연들은 떠났고 머리칼만 하얗게 세었다. 무수한 시간들이 무덤 속으로 사라져 갔다. 남은 것은 견딤이 낳은 후유증인지도 모를 무덤덤한 감각뿐이다.

『브라흐마 수뜨라 주석』의 번역을 마치면서 기억을 되살려보니 몇 개의 장면들이 스친다. 먼저 인도의 바라나시에서 보낸 첫날이다. 아직도 생생하게 기억나는 그 찬란한 첫날은 영원보다도 더 영원 같다. 바라나시는 내 삶을 밤새 뒤척이게 만든 곳이다. 또 하나는, 산스크리트 읽기 연습을 위해 붉은 표지의 『브라흐마 수뜨라 주석』을 사들고 서점 앞의 언덕길을 내려올 때이다. 그때 내 심장이 어떤 이유에서인지 몰라도 무섭도록 뜨겁게 뛰고 있었으니, 지금도 어떤 운명 같은 것이 이미 예정되었을 것이라고 굳게 믿는다. 또 하나는, 쉴 새 없이 번역에 매달리던 일상들이다. 그 밀도는 하도 촘촘해서 나중에는 번역이 곧 소명이 되어 버렸다. 끝내는 소명감도 사라지고 굴레만 남아 버렸다. 그래서 멈췄다. 다만 끝까지 최선을 다한 뒤에 멈춘 것만큼은 헤아려 주었으면 좋겠다.

이 번역에서 주안점을 둔 것들 가운데 몇 가지는 이러하다. 첫째, 이 책이 인도의 고대 철학서이지만 21세기 동시대 한국의 언어로 번역을

해야 한다는 것이다. 특히 한자어에 익숙하지 않은 세대에 걸맞은 번역을 시도하려고 나름대로 노력을 기울였다. 둘째, 이질적인 인도 철학의 낯섦을 어느 정도 드러내야 한다는 것이다. 번역은 어찌 보면 낯익음과 낯섦 사이의 변주이다. 산스크리트 번역에서는 이러한 점이 더 더욱 강하게 적용되는데, 예를 들어 문장을 아무리 낯익게 다듬어도 논리의 낯섦이 사라지지 않는 경우가 많다. 낯섦을 드러내려는 시도가 혹은 그대로 두려는 시도가 좋은 결과를 낳았기를 바랄 뿐이다. 셋째, 다른 누구보다도 나 자신에게 제대로 읽히는 글이어야 한다는 것이다. 나 자신이 잘 이해하는 글이라면 다른 사람도 잘 이해할 수 있다고 생각하기 때문이다. 이 번역에 역주가 상대적으로 많은 것도 나 자신의 이해를 돕기 위해서였다.

번역은 불가피하게 그럴듯한 오역이지만 오역을 최소화해야 하는 것은 역자에게 마치 의무와도 같다. 오역을 줄이려고 오랫동안 이 번역을 붙들고 있었다. 얼마나 많은 세월을 보냈는지 말할 필요는 없다. 번역은 오직 그 결과물을 통해서 평가받을 뿐이기에, 단지 오역을 줄이려고 애쓴 행간의 주름들을 읽어주었으면 하는 마음이다.

번역을 재검토하거나 수정하는 동안 얼마나 나 자신에 대해 실망했는지 모른다. 얼마나 나의 성급한 본문 읽기와 얄팍한 지식과 엉터리 역주에 좌절했는지 모른다. 잘못 번역한 본문 문장은 끝도 없이 발견되었고, 잘못 작성한 역주는 고쳐도 또 고쳐도 마음에 들지 않았다. 아직 내가 찾지 못하고 교정하지 못한 오류는 무수할 터이다. 그 숨어 있는 오류는 전적으로 나의 역량이 부족한 탓이다.

나는 문화의 불모지에서 자라났다. 내가 산스크리트를 알게 된 것은 경이로운 싹이다. 내가 이와 같은 번역서를 내놓는 것은 거의 기적에 가까운 열매이다. 굼벵이가 날개를 얻는 것이 한 생애에서 가능한 것도 일종의 헛헛한 행운이라면, 그건 틀림없이 재기가 아닌 끈기의 덕이다. 끈기는 나의 끈질긴 자산이다. 마지막으로, 내게는 소멸이었던 그 시간들이 이 책의 독자에게는 새로운 시간들로 다시 태어나기를, 간절히 소망한다.

2016년 9월

박효엽

차례

❀

브라흐마 수뜨라 주석 【2】

제2장 무모순(avirodha)

브라흐마 수뜨라 주석 【1】

제1장 조화(samanvaya)

제1절 · 제2절 · 제3절 · 제4절

브라흐마 수뜨라 주석 【3】

제3장 성취수단(sādhana)

제1절 · 제2절 · 제3절 · 제4절

브라흐마 수뜨라 주석 【4】

제4장 결과(phala)

제1절 · 제2절 · 제3절 · 제4절

[부록1] 수뜨라 모음

[부록2] 인용 문장들

[부록 3] 주제와 우빠니샤드 문장

약호

기따	*Bhagavad-gītā*
까우	*Kauṣītaki-upaniṣad*
까타	*Kaṭha-upaniṣad*
께나	*Kena-upaniṣad*
나라	*Nārāyaṇa-upaniṣad*
느야야-수	*Nyāya-sūtra*
다르마-수	*Dharma-sūtra*
따잇	*Taittirīya-upaniṣad*
따잇-브	*Taittirīya-brāhmaṇa*
따잇-상	*Taittirīya-saṃhitā*
따잇-아	*Taittirīya-āraṇyaka*
딴드-브	*Tāṇḍya-brāhmaṇa*
리그	*Ṛg-veda*
마누	*Manu-smṛti*
마하	*Mahābhārata*
만두-까	*Māṇḍūkya-kārikā*
문다	*Muṇḍaka-upaniṣad*
미맘사-바	*Mīmāṃsā-sūtra-bhāṣya*
미맘사-수	*Mīmāṃsā-sūtra*

바이-수	*Vaiśeṣika-sūtra*
브리	*Bṛhadāraṇyaka-upaniṣad*
쁘라	*Praśna-upaniṣad*
상크야-까	*Sāṃkhya-kārikā*
샤드-브	*Ṣaḍviṃśa-brāhmaṇa*
샤따-브	*Śatapatha-brāhmaṇa*
수뜨라	*Brahma-sūtra*
슈베	*Śvetāśvatara-upaniṣad*
아슈따	*Aṣṭādhyāyī*
아이	*Aitareya-upaniṣad*
아이-브	*Aitareya-brāhmaṇa*
아이-아	*Aitareya-āraṇyaka*
요가-수	*Yoga-sūtra*
이샤	*Īśā-upaniṣad*
자발	*Jābāla-upaniṣad*
주석	*Brahma-sūtra-bhāṣya*
찬도	*Chāndogya-upaniṣad*

일러두기

■ 일반 사항

(1) 이 번역본은 다음 2개의 판본을 저본(底本)으로 삼아 완역한 것이다: ① **Nirnaya**: *Brahmasūtraśāṅkarabhāṣyam*, Second Edition, Revised by Vāsudeva Śarman, Bombay: Pāṇḍuraṅg Jāvajī, Nirṇaya Sāgar Press, 1927. ② **Samata**: *Complete Works of Sri Sankaracharya*, Vol. VII, *Brahmasutra Bhashya*, Chennai, Samata Books, 1983.

(2) 저본이 2개인 이유는 두 판본이 각각 장단점을 고루 갖추고 있기 때문이다. Nirnaya는 매우 널리 보급된 판본으로서 구성이 좋은 편이지만 세세한 부분에서 정교하지 못한 구석이 많다. Samata는 인도의 남부 지역에서 편집된 판본답게 문법적인 오류가 거의 없는 편이고 오탈자도 거의 발견되지 않는다. 하지만 주제(adhikaraṇa)의 경계가 불분명한 경우가 있고, 인용된 문장들의 출처를 전혀 표시하지 않고, 각각의 문장을 긴 형태로 편집하는 경향이 있다. 따라서 두 저본 가운데 전체적인 구성이나 체제는 대체적으로 Nirnaya를 따르고, 문장의 내용이나 문법은 대체적으로 Samata를 따른다. 다만 두 저본의 미세한 차이가 〈주석〉의 내용을 이해하는 데 결정적인 차이를 보여주는 경우는 거의 없다고 할 수 있다.

(3) 두 저본에서는 종종 문장의 시작과 끝을 다르게 간주함으로써 문장에 대한 편집 자체가 다른 경우가 많은데, 이 번역본은 대체적으로 Nirnaya를 따른다. 하지만 가끔 Nirnaya의 문장 나누기가 적절치 않다고 판단되는 경우에는 Samata를 따르기도 한다. 물론 두 저본의 원문과는 달리 역자가 의도적으로 하나의 문장을 분리하거나 둘 이상의 문장을 결합하는 경우도 꽤 있다.

(4) Nirnaya와 Samata의 어느 한 저본에 추가적으로 덧붙여진 낱말이 있으면 가능한 한 그 낱말을 포함한 채로 번역한다. 특히 명사의 경우에는 역주에서 그 낱말이 어느 저본에 추가되어 있는지 밝힌다. 그리고 문법적인 오류나 오탈자는 다른 저본을 바탕으로 하여 교정한 채로 번역한다. 대체적으로 더 정확한 Samata를 따르는 편이지만 매우 드물게 Nirnaya를 따르기도 한다. 그리고 가끔씩 Nirnaya에 직설법 현재로 등장하는 동사가 Samata에는 원망법으로 등장하는 경우가 있는데, 대부분 Samata의 원망법을 취해서 번역한다.

(5) 각각의 수뜨라는, 수뜨라 저자의 의도와 관계없이, 샹까라(주석가)의 주석에 근거하여 번역한다. 그리고 샹까라의 주석은, 그 이후에 쓰인 수많은 복주석들에 거의 의존하지 않고, 단지 〈주석〉 자체의 의미에 충실하게 번역한다. 물론 주석을 번역하는 데 복주석을 참고하기도 하며, 역주에서 복주석의 내용을 추가로 설명하기도 한다.

(6) 원문은 직역을 원칙으로 하되 가독성을 위해 종종 의역을 하기도 한다. 그리고 산스크리트는 그 언어의 특성상 피동형(수동태)의 문장이 많은 편인데, 사람 등이 주어일 경우에는 가능한 한 피동형을

능동형으로 바꿔서 번역한다. 하지만 강박적으로 피동형을 능동형으로 바꾸고자 하지는 않는다. 그 이유는 피동형이 인도적 사유의 특징적인 측면을 더 잘 드러내기도 한다는 데 있다.

(7) 번역본의 본문에서 '**전론**(前論), **후론**(後論), **이론**(異論), **반박**(反駁)' 등의 구분은 원문에 실제로 나오는 말이 아니지만 가독성을 높이기 위해서 임의로 설정한 것이다. 이러한 구분은 대체로 Swami Gambhirananda의 영역본을 참고로 한다. 전론은 '논증에서 가상의 논적이 취하는 반대견해'를, 후론은 '논증에서 논자가 취하는 견해'를, 이론은 '논증에서 전론이나 후론과는 상이한 제3자의 견해'를, 반박은 '논의의 와중에 주고받는 양측의 논리적 반박'을 각각 가리킨다. 이러한 구분이 필요한 이유는, 샹까라가 펼치는 논증이 '논제-의문-전론-후론-정론(定論)'이라는 5단계를 따르는 데 있다. 그런데 '논제', '의문', '정론'에 관해서는 반드시 구분이 필요한 경우를 제외하고는 일반적으로 구분을 적용하지 않는다. 왜냐하면 전론이나 후론과 달리 그것들은 그 경계가 불분명한 경우가 많기 때문이다. 예를 들어 논제와 의문 사이의 경계, 또는 후론과 정론 사이의 경계가 불분명하다.

(8) 원문에서는 문단을 전혀 나누지 않는다. 따라서 번역본의 문단은 전적으로 역자가 내용과 맥락을 고려하여 직접 나눈 것이다. 문단은 '논제-의문-전론-후론-정론'이라는 5단계를 어느 정도 고려한 채 가능하다면 짧게 나눈다.

(9) 〈주석〉에 등장하는 베단따의 전문어는 가능한 한 우리말 사전에 등록되어 있되 일반 독자들도 충분히 이해할 수 있는 용어를 선택한

다. 고유어이든 한자어이든 처음 읽을(들을) 때에 그 내포를 충분히 짐작할 수 있는 용어를 선택한다. 다만 '브라흐만', '아뜨만', '다르마' 등과 같이 번역이 불가능하거나 힘든 전문어에 대해서는 번역어 없이 원어를 그대로 사용한다. 그리고 전공자나 전문가를 위해서는 종종 역주에서 산스크리트 원어를 따로 표기한다. 국내에서 산스크리트 원어에 대한 번역어가 워낙 다양하기 때문에, 번역본의 앞부분에 '산스크리트-우리말'(주요 번역어) 목록을 제시하여 이 번역본이 채택한 번역어들을 일목요연하게 보여준다.

(10) 본문에서 방대하게 인용되는 우빠니샤드 문장들에 대한 번역은 중립적이지 않은 경우가 많다. 왜냐하면 주석가가 자신의 논증을 뒷받침하기 위해 우빠니샤드 문장을 인용하면서 자신에게 유리한 방식으로 그 문장을 풀이하기 때문이다. 우빠니샤드 '원문'과 '장절의 분류'는 Patrick Olivelle의 다음 판본을 따른다: *The Early Upaniṣads*, New York, Oxford University Press, 1998(이하 Olivelle로 줄여 부름).

(11) 인용문의 출처와 관련하여, 우빠니샤드 이전 시대 문헌들의 경우는 그 출처가 정확하지 않을 수도 있다. 그리고 인용문 뒤에 출처 표시가 없는 경우는, 대개 아직까지 그 출처가 밝혀지지 않은 것이다. 다만 하나의 수뜨라에 대한 주석에서 동일한 인용문이 다시 등장할 때는 출처 표시를 반복하지 않으므로 출처 표시가 없다.

(12) 이 번역본에 실린 역주는 모두 역자가 작성한 것이다. 역주 작성에 밑바탕이 된 일차문헌들과 이차문헌들은 특별한 경우에만 그 출처를 밝힌다. 그리고 Nirnaya에 간간이 등장하는 편집자 각주를 따로 번역하지는 않고 다만 참조사항으로 반영한다. 〈주석〉 자체에는

그 어떤 각주도 존재하지 않는다.

(13) 본문을 번역하고 역주를 작성하는 데 참고한 기존 번역서들은 다음과 같다. 이 영역본들로부터 도움을 받은 자료(내용)들은 일일이 그 출처를 밝히지 않는다. 특히 Swami Gambhirananda와 Thibaut의 번역서는 역자의 오독을 교정하고 이해를 심화하는 데 큰 역할을 한 바 있다.

- *Brahma-sūtra Shānkara-bhāshya*, tr. V. M. Apte, Bombay, Popular Book Depot, 1960.
- *Brahma-sūtra-bhāṣya of Śrī Śaṅkarācārya*, Second Edition, tr. Swami Gambhirananda, Calcutta, Advaita Ashrama, 1972.
- *Vedānta Explained (Saṃkara's Commentary on the Brahma-sūtras)*, Vol. I & II, tr. V. H. Date, Delhi, Munshiram Manoharlal Publishers, 1973.
- *Vedānta-sūtras with the Commentary by Śaṅkarācārya*, Part I & II, tr. George Thibaut, Delhi, Motilal Banarsidass Publishers, 1962.

■ 특수 사항

(1) 〈수뜨라〉 또는 〈주석〉과 관련된 3개의 숫자는 차례대로 '장, 절, 수뜨라'를 지시한다. 예를 들어 〈수뜨라 1.1.12〉는 '1장, 1절, 12번 수뜨라'를 지시하고, 〈주석 1.1.12〉는 바로 그 수뜨라에 대한 주석을 지시한다. 관례에 따라, 수뜨라들을 묶어서 읽는 '주제'에 대해서는 이러한 숫자를 매기지 않는다.

(2) { } 안에는 '주제'의 제목과 그 '주제'에 속하는 수뜨라 번호를 명기한다.

(3) [ ] 안에는 원문에는 없지만 번역의 맥락상 필요한 내용을 삽입하거나 더 쉬운 읽기를 위해 역자가 필요하다고 생각하는 낱말이나 구절을 삽입한다.

(4) 〈 〉는 출처를 표시하는 데 사용한다. 예를 들어 '〈찬도 6.8.7〉'은 '찬도그야 우빠니샤드 6장 8절 7번의 산문이나 운문'을 가리킨다. 출처 표시 뒤에 본문의 내용이 이어지기 때문에 〈 〉 안에 책 이름과 장절의 숫자를 모두 기입할 수밖에 없다.

(5) ( )는 유의어, 지시대상, 산스크리트 원어의 한글 표기, 한자 등 다양한 용도로 사용한다.

(6) ';' 기호는 수뜨라를 번역하는 데만 사용한다. 비록 수뜨라가 짧더라도 두 문장 이상으로 번역해야 하는 경우가 많은데, 번역된 문장과 문장 사이에 ';' 기호를 넣는다. 수뜨라 번역에서 문장과 문장 사이에 마침표를 사용하지 않는 것은, 아무래도 하나의 수뜨라에는 하나의 마침표만 있는 것이 더 적절하기 때문이다.

(7) ':' 기호는 본문과 역주에서 부연설명, 요약, 대사 등에 한하여 제한적으로 사용한다.

(8) '…' 기호는 인용 문장의 생략된 부분을 나타내는 데 사용한다.

(9) '큰따옴표'는 오직 인용 문장에 대해서만 사용한다. '작은따옴표'는 강조, 구별, 수식 관계, 짧은 예시, 의미 명료화 등 여러 용도로 사용한다.

(10) 역주에서 주로 사용하는 기호는 다음과 같다.

- '=' 기호는 본문에 등장하는 용어, 구절, 문장을 지시하고 설명하고 풀이하는 데 사용한다.
- '*' 기호는 두 저본의 차이점, 편집이나 문법과 관련된 사항을 설명하는 데 사용한다.
- '√' 기호는 동사 어근을 표시하는 데 사용한다.

(11) 산스크리트의 한글 표기는 다음과 같은 방식을 따른다.

① 모음

a 아	ā 아	i 이	ī 이
u 우	ū 우	ṛ 리	ḷ ㄹ리
e 에	ai 아이	o 오	au 아우

② 자음

ka 까	kha 카	ga 가	gha 가	ṅ 받침 ㅇ
ca 짜	cha 차	ja 자	jha 자	ña 냐
ṭa 따	ṭha 타	ḍa 다	ḍha 다	ṇa 나
ta 따	tha 타	da 다	dha 다	na 나
pa 빠	pha 파	ba 바	bha 바	ma 마
ha 하				

③ 반모음

ya 야	ra 라	la ㄹ라	va 바

예 avidyā: 아비드야, dhāraṇā: 다라나, kāla: 깔라, sattva: 삿뜨바

④ 치찰음

	a/ā	i/ī	u/ū	e	ai	o	au	자음단독
ś / ṣ	샤	쉬	슈	셰	샤이	쇼	샤우	슈
s	사	시	수	세	사이	소	사우	스

⑤ 아누스바라(anusvāra)

	반모음	기음(h)	치찰음	ka 행	ca 행	ṭa 행	ta 행	pa 행
ṃ	받침 ㅇ	받침 ㅇ	받침 ㅁ	받침 ㅇ	받침 ㄴ	받침 ㄴ	받침 ㄴ	받침 ㅁ

예 saṃskāra: 삼스까라, ahaṃkāra: 아항까라

⑥ 자음과 반모음의 결합

	ya	ra	la	va
자음(k)	끄야	끄라	끌라	끄바

예 sāṃkhya: 상크야, kva: 끄바

⑦ 결합자음

- 가능한 한 모든 음가를 그대로 표기한다.

  예 smṛti: 스므리띠, brahman: 브라흐만

- 앞의 자음을 받침으로 내려 표기하는 경우도 있다.

  예 śakti: 샥띠, āpta: 압따, tattva: 땃뜨바

주요 번역어*

ābhāsa 사이비(似而非), 오류, 그럴듯한
abhāva 비(非)존재
abheda 차이 없음, 차이가 없다는 것, 무(無)차이, 동일함
abhidhyāna 깊은 명상
abhimāna 자기가정(自己假定), 자기로 가정함
abhyudaya 번영
ācāra 행위규범, 행실
ācārya 대(大)스승, 스승
acetana 비의식체(非意識體)
adharma 다르마가 아닌 것
adhidaivam 신격적인 것, 대우주적인 것
adhikāra 자격, 장절
adhikaraṇa 주제
adhikārin 자격자(資格者)
adhyakṣa 주시자, 지배자, 창조자
ādhyāna 명상
adhyāropa(adhyāropaṇa) 덧얹음, 덧얹는 것
adhyāsa 덧놓음, 덧놓는 것, 덧놓기
adhyātmam(ādhyātmika) 인격적인 것, 소우주적인 것, 신체적인, 몸과 관련된, 인체의
adhyayana 학습, 학습하기, 학습하는 것
adṛṣṭa 보이지 않는 힘
advaita 비(非)이원적, 비(非)이원성
advitīya 제2자를 가지지 않음
āgama 성전

* 주요 번역어에 대응하는 산스크리트 원어는 대부분 다양한 의미를 가지지만 여기서는 가급적 <주석>에서 전문적으로 사용된 의미만을 제시하고자 한다. 그리고 이러한 목록을 앞서 제시하는 이유는 사람들마다 산스크리트 원어에 대해 매우 다양한 번역어를 채택하고 있기 때문이다.

ahaṃkāra	자아의식, 아항까라
aikātmya	아뜨만의 유일성, 본질적 동일성
aiśvarya	권능, 신성, 초능력
ajñāna	무지
ākāṅkṣā	기대성(期待性)
ākāśa	에테르, 허공, 공간, 천공(天空)
akṣara	불멸체(不滅體)
amṛta	불멸수(不滅水)
amṛtatva	불멸성
anādi	시작(시초)이 없는, 시초를 가지지 않는
anākāra	무(無)양상, 양상이 없는
ānanda	환희
ānandamaya	환희로 이루어진 것
ananta	무한
anartha	해악, 무용(無用)
anātman	아뜨만이 아닌 것
anavasthā	무한소급
anāvṛtti	되돌아오지 않음
anitya	무상, 영원하지 않음
annamaya	음식으로 이루어진 것
anṛta	비(非)실재, 비(非)존재, 허위
antaḥkaraṇa	내부기관
antarātman	내부 아뜨만
antaryāmin	내부의 지배자
aṇu	원자, 지극히 미세한 것
anubhava	직각(直覺), 지각, 앎
anumāna	추론
anuśaya	남은 결과
anuvāda	반복진술
anvaya	연관성, 연합
anvaya-vyatireka	연속과 불연속
apādāna	이탈의 지점, 행위이탈
apāna	아빠나
apara-brahman	하위 브라흐만
aparavidyā	하위 지식
aparokṣatva	직접성
apauruṣeya	인간의 저작이 아님
apavāda	제거, 예외, 부인
apavarga	해방, 지고선
apūrva	새로운 힘, 새로운 것, 낯선 것
apūrvavat	낯선 것
apyaya	되들어감
arthāpatti	추정
arthavāda	아르타바다(의미진술)
āsana	아사나(좌법)
aśarīratva	탈(脫)육화 상태
asatkāryavāda	결과가 미리 존재하지 않는다는 이론
asatya	진실이 아닌 것, 허위
āśrama	인생단계

āśraya 소재지, 처소, 근저
atideśa 연장 적용
atiprasaṅga 확대적용
ātma-ekatva 아뜨만의 유일성
ātman 아뜨만, 본질, 영혼
ātmatattva 아뜨만이라는 실재
audāsīnya(udāsin) 부동성
부동심(不動心), 부동체(不動體)
avabodha 깨우침, 앎
avagama(avagati) 직접적 앎, 앎
āvaraṇa 은폐, 장애
avidyā 무지
aviveka 무(無)분별
āvṛtti 회귀, 되돌아옴, 반복
avyākṛta 전개되지 않은 것
avyakta 미현현자(未顯現者)
ayutasiddhatva 확립된
불가분리성(不可分離性)
bādha 지양
bandha(bandhana) 속박
bhagavat 존경스러운 이
bhakti 섬김
bhautika 원소로 이루어진 것
bhavya 존재할 것
bheda 차이, 차이 있음, 상이
bhoga 향유, 향락
bhoktṛ 향유주체
bhrama 혼동
bhrānta 착각
bhrānti 착오
bhūta 존재하는 것, 존재, 원소
bhūtārthavāda 사실담진술
brahmabhāva 브라흐만 상태
brahmacārin 학인(學人)
brahmacarya 학습기, 금욕(학습)
brahmaloka 브라흐만 세상
brahman 브라흐만
brahmātmabhāva 브라흐만이
곧 아뜨만이라는 것,
브라흐만으로서의 아뜨만
brahmātman 브라흐만 즉 아뜨만
brahmātmatva(tā) 브라흐만이
곧 아뜨만이라는 것,
브라흐만으로서의 아뜨만
brahmavāda 브라흐만주의
buddhi 지성, 인식, 관념,
명상적 관념
buddhīndriya 인식기관
caitanya 순수의식, 의식
cetana(cetanā) 의식체, 의식
cit 순수의식, 의식
citta 의식, 마음, 생각(내부기관)
codanā 신성한 명령
dama 감각철회

dāna 자선(보시)
darśana 직관, 통찰, 사상, 주장, 명상
deha 육체, 신체
dehin 육화된 자
deva 신, 신격
devatā 신격, 신
devatātman 신격적 아뜨만
devayāna 신의 길
dharma 다르마, 속성, 세부사항(특성), 특징, 공덕
dharmin 본체
dhātu 본체, 요소, 동사 어근
dhyāna 명상
doṣa 결함, 결점
dravya 실체, 물체, 물질요소
duḥkha 괴로움, 불행, 고통
dvaita 이원적, 이원성
dveṣa 혐오
dvija 재생자(再生者)
dvitīya 제2자
ekāgratā 전념(專念)
ekārthatva 의미의 일관성
ekatva(ekatā) 유일성, 동일성, 단일성
ekavākya(tva) 문장적(의미적) 통일(성)
gati 감, 여로, 목적지, 여지 등
gauṇa 이차적 의미, 비유적 의미
gṛhastha 가정기, 가장(家長)
guṇa 속성, 구나(속성), 성질, 세부사항, 부차적인 것
guṇavāda 비유진술
hāna 거부
hetu 이유, 원인, 근거, 수단
hetvābhāsa 그럴듯한 논거(근거)
heya 거부할 수 있는 것
hiṃsā 살생
īkṣaṇa(īkṣati) 마음으로 바라보기
indriya 감관, 기관
īśvara 신
itaretarāśrayatva 상호의존(성)
itihāsa 이띠하사(서사집)
jaḍa 감각이 없는 자
jāgarita 생시
jāgarita-avasthā 생시 상태
jagat 세계
japa(japya) 음송(吟誦)
jāti 카스트(계급)
jijñāsā 탐구욕
jñāna 지식, 명상적 지식
jñānendriya 인식기관
jīva 개별자아(개별영혼), 영혼
jīva-bhāva 개별자아 상태

jīvātman	개별적 아뜨만
kaivalya	독존(獨存), 단독성
kalpa	겁(劫)
kāmya-karma	선택적 의례
kāraka	행위의 격(格)관계, 행위인자(因子), 행위수단, 인과적 원인
karaṇa	기관, 행위수단, 도구
kāraṇa	원인, 동작적 원인, 수단, 감관
karma	행위, 업, 의례, 행위대상, 운동
karmāśaya	잠재업
karmendriya	행위기관
karmakāṇḍa	행위편(行爲篇)
kartṛ	행위주체, 동작주체
kārya	결과, 결과물, 일, 신체
kleśa	번뇌
kośa	덮개
kramamukti	점진적 해탈
kratu	제의, 결의
kriyā	행위, 동작, 의례
kṣetra	몸
kṣetrajña	몸을 아는 자, 개별자아, 영혼
kūṭastha	불변(적)
lakṣaṇa	정의, 특징, 징표
lakṣaṇā	함축
līlā	유희
liṅga	표징, 논거, 전거, 표징신체
mahābhūta	대(大)원소
mahat	마하뜨, 위대한 것
manana	숙고하기
manas	마음
manomaya	마음으로 이루어진 것
mantra	만뜨라
mantra-varṇa	만뜨라의 전언(傳言)
mati	견해, 명상적 생각
māyā	환술, 환영, 속임수
mīmāṃsā	미맘사, 고찰
mithyā	거짓
mithyā-abhimāna	거짓된 자기가정
mithyā-buddhi	거짓된 생각
mithyā-jñāna	거짓된 지식
mithyā-pratyaya	거짓된 관념
moha	미혹, 어리석음
mokṣa	해탈
mukhya	일차적 의미, 일차적인 것, 으뜸
mumukṣutva	해탈에 대한 욕구
nāḍi	경맥(나디)
naimittika	임시적 의례

nāmarūpa 명칭과 형태
nididhyāsana 명상하기, 깊게 명상하기
niḥśreyasa 지고선
nimitta 동작적 원인, 원인, 기인, 근거, 표징
nimitta(-kāraṇa) 동작적 원인
nimitta-naimittika 동작의 원인과 동작의 결과
nindā 비난
nirākāra(anākāra)-brahman 무(無)양상(양상이 없는) 브라흐만
nirantara 무(無)차이
nirguṇa 무(無)속성
nirṇaya 결론
nirvāṇa 열반
nirvikalpa(ka) 구분이 없는
nirviśeṣa 무(無)특성
nitya 영원, 상시(常時)적(의례), 통상적인 것
nitya-karma 상시(常時)적 의례
nitya-śuddha-buddha-mukta 영원 · 순수 · 자각 · 자유
nivṛtti 파기, 행위 억제, 무(無)동작
niyoga 강제적 명령
nyāya 논리, 논증
pañcakośa 5덮개
paṇḍita 학자
para- 지고한, 궁극적인
para-ātman 지고한 아뜨만
para(parama)-brahman 지고한 브라흐만, 상위 브라흐만
parama-kāraṇa 궁극적 원인
paramāṇu 원자, 단원자
paramārtha 실재
pāramārthika 실재적인 것
paramātman 지고한 아뜨만
parameśvara 지고한 신
parapakṣa 상대이론
paravidyā 상위 지식
parijñāna 철저한 지식
parimāṇa 부피, 한도, 연장(延長)
pārimāṇḍalya 극미 구체성(極微 球體性)
pariṇāma 전변(轉變)
parivrājaka(parivrāj) 출가자
pārivrājya 출가
parokṣatva 간접성
phala 결과, 행위결과
pitṛyāna 조상의 길
prabodha 깨우침, 생시, 깨어남
prabodha-sthāna 생시 상태
pradhāna 주된 것, 쁘라다나

prajñā 지혜, 앎, 예지, 지성(체), 잠재성향, 명상적 앎
prājña 최상의 지성, 지성체
prajñātman 지성적 아뜨만
prakaraṇa 맥락, 장절, 주제
prakāśa 광명, 빛
prakriyā 방법론, 방식, 양상, 창조, 장절
prakṛta 논제
prakṛti 쁘라끄리띠, 원형, 원형물, 원물질, 물질적 원인
pralaya 소멸, 대(大)소멸
pramā 타당한 지식
pramāṇa 지식수단, 증명수단, 증거, 타당, 권위
prāmāṇya 진리성, 권위, 전거
prameya 지식대상
prāṇa 생기, 숨, 생명, 기관, 쁘라나
prāṇamaya 생기로 이루어진 것
prāṇāyāma 호흡 조절
praṇidhāna 헌신
prapañca 복합현상계, 부연설명, 상술
prasāda 은총
prasaṅga 부조리한 결말
pratijñā 확언, 주장
pratipakṣa 대립이론
pratipatti 최종적 행위, 이해
pratiṣedha 금지
pratyagātman 내재적 아뜨만
pratyakṣa 지각, 직각적
pratyaya 관념, 명상적 관념
pravṛtti 동작, 동작 성향, 행위, 행위 촉구
prāyaścitta 속죄의식
puṇya 선행, 공덕
purāṇa 뿌라나(전설집)
puruṣa 뿌루샤, 사람, 영혼
puruṣārtha 인간의 목표
pūrvapakṣa 전론(前論)
rāddhānta 정론(定論)
rāga 애욕
ṛṣi 성자
śabda 성언, 말, 직접적인 말
sādhana 성취수단, 수단, 실증
sadyomukti 즉각적 해탈
saguṇa 유(有)속성
sākṣātkaraṇa 직접지각
sākṣin 관찰자
śakti 내재력, 권능, 힘
śama 마음억제
samādhi 삼매
sāmānādhikaraṇya 동격 관계
samanvaya 조화

sāmānya 보편, 일반적 진술
samavāya 내속
samavāyikāraṇa 내속적 원인, 물질적 원인
saṃkalpa 결의
saṃnidhāna 근접
saṃnyāsa 유랑기, 탈속, 세속 떠나기, 떠남
saṃnyāsin 유랑자
saṃpad 결합하기
saṃpatti 결합, 가상적 결합, 융합
saṃpradāya 전통 계승, 계승된 전통, 전통
saṃprasāda 적정(寂靜)
saṃprasāda-sthāna 숙면 (적정) 상태
saṃsāra 윤회, 윤회세계
saṃsārin 윤회하는 자
saṃśaya 의문, 의심
saṃskāra 정화하기, 정화의식, 신성한 의례, 잠재인상
samuccaya 공조(共助), 공동, 공동적인 것
samyag-darśana 참된 직관, 참된 지식
samyag-jñāna 참된 지식
samyag-vijñāna 참된 지식
saṃyoga 결합, 접촉
śarīra 육체, 신체, 몸, 몸통, 육신
śārīra 육화된 자
śārīrātman 육화된 아뜨만
śārīratva 육화(肉化) 상태
sarvagata 편재(遍在)
sarvajña 전지
sarvaśakti 전능
sarvavyāpin 편재(遍在)
śāstra 성전, 논서, 교서
sat 존재
satkāryatā(-tva) 결과가 미리 존재한다는 것
satkāryavāda 결과가 미리 존재한다는 이론
satya 진리, 진실, 실재, 존재
satyatva 실재성
saviśeṣa 유(有)특성
siddhānta 정론, 정설
śloka 시구
smaraṇa 전승, 전승서(傳承書)
smṛti 전승, 전승서(傳承書)
śoka 슬픔
sphoṭa 스포따
śraddhā 믿음
śravaṇa 듣기, 계시
śreṣṭha 최고위(最高位),

최고인 것
śreyas 지선(至善)
śruti 계시, 계시서(啓示書), 계시어(啓示語)
sthāvara 비(非)동물
sthūla 가시적(可視的)
stuti 찬양
śuddha-brahman 순수한 브라흐만
sukha 즐거움, 행복
sūkṣma 미시적(微視的)
śūnyavāda 허무주의
suṣupta 숙면
suṣupti(suṣupta)-avasthā 숙면 상태
sūtra 수뜨라
sūtrakāra 수뜨라 저자
svādhyāya 성전 공부
svapakṣa 자기이론
svapna 꿈, 꿈속
svapna-avasthā(sthāna) 꿈 상태
svarga 천국
tādātmya 본질의 동일성
tamas 무명, 어둠
tantra 딴뜨라, 지식체계
tarka 추리, 논리, 논의
tārkika 추리학자
tātparya 취지, 전심전념
tattva 실재, 실체, 존재, 원리, 본질, 진리
timira 복시증(複視症), 암흑
upacāra 비유적 의미, 비유적 적용(사용)
upādāna 물질적 원인, 수용
upādāna-kāraṇa 물질적 원인
upādeya 수용할 수 있는 것
upādhi 한정자
upamā 유비
upamāna 비교
upanayana 입문식(入門式)
upaniṣad 비밀스러운 가르침, 비밀스러운 이름, 비밀스러운 명상
upapatti 합당, 추리
upasaṃhāra 공유
upāsaka 명상자
upāsanā(upāsana, upāsā) 계속적 명상
upāsya 명상대상
upāya 수단, 방편
utpatti 생성
uttarapakṣa 후론(後論)
vāc 언어, 말, 발성기관
vacana 말, 의미, 글귀
vāda 이론, 논(론)

vairāgya(virāga) 무욕(無慾)
vākya 문장
vākya-bheda 문장적(의미적) 분열
vākya-śeṣa 문장의 생략어, 보조적 문장, 나머지 문장
vānaprastha 은퇴기, 은퇴자
varṇa 계급(바르나)
vāsanā 잠재습성, 인상
vastu 사물, 실재, 본질, 사실, 대상
veda 베다
vedana(vedanā) 감각, 앎, 지식
vedāṅga 베다보조학
vedānta 베단따
vedānta-vākya 베단따 문장
vicāra 탐구, 검토
vidhi 명령
vidhikāṇḍa 명령편
vidyā 지식, 명상적 지식
vijñāna 지식, 인식, 명상적 인식
vijñānamaya 인식으로 이루어진 것
vijñānātman 인식적 아뜨만
vikalpa 의심, 가정, 택일
vikāra 변형, 변형물
vikriyā 변형, 변화
vikṛti 변형, 변형물
vipāka 과보
viparyaya 그릇된 관념
vipratipatti 이견, 불일치
vipratiṣedha 상호모순
viśaya 의문
viṣaya 대상, 사물, 주제, 영역
viṣayin 주관
viśeṣa 특징, 특성, 징표, 한정, 특이점, 차별점, 차이, 특수(성), 특정적 진술, 세부사항
viśeṣaṇa 한정어, 특성, 특징
viveka 분별(分別)
vrata 서약
vṛtti 변용, 양상, 작용, 기능, 어법
vyabhicāra 반례, 이탈(무효화)
vyākaraṇa(vyākriyā) 전개
vyavahāra 경험작용, 관습적 사용, 용법, 교섭
yajña 제의
yogin 요가 수행자
yoni 원천
yukti 추리, 논증

제2장

무모순(無矛盾): avirodha

제1절

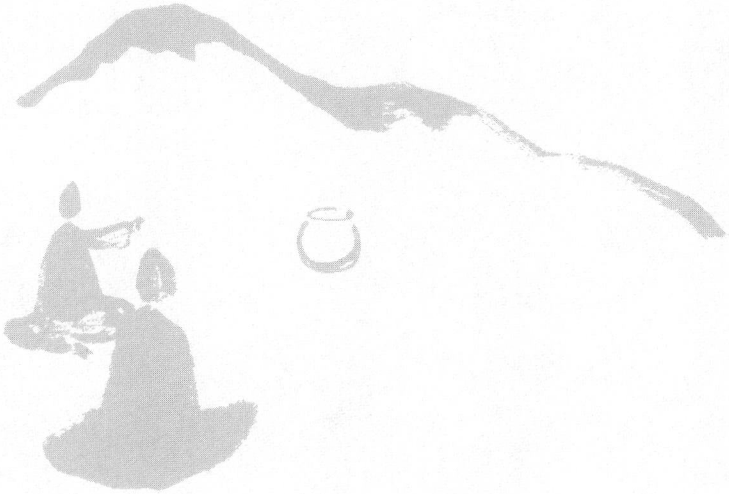

{ 1. '전승서'라는 주제: 수뜨라 1-2 }

제1장에서는, 전지한 '모든 것의 신'이란 찰흙 · 금 등이 항아리 · 금 목걸이 등을 생성하듯이 세계를 생성하는 원인이고, 환술사가 환술을 유지하듯이 생성된 세계를 지배자로서 유지하는 원인이며, 또 대지가 4종류의 생물을 철회하듯이 펼쳐진 세계를 또다시 오직 자기 자체로 철회하는 원인이라는 점을, 그리고 바로 그것(모든 것의 신)이 우리들 모두의 아뜨만이라는 점을,[1] 베단따 문장들의 조화를 확립하는 것을 통해 제시했다. 또한 성언을 벗어나는 것인 쁘라다나 원인론 등을 부인했다.

이제 제2장은, 자기이론에서 전승서 · 논리와의 모순을 제거하는 것, 쁘라다나주의 등이 그럴듯한 논리에 의해 지지된다는 것, 또 각각의 베단따마다 창조 등의 양상이 상위하지 않다는 것을, 즉 이러한 총체적 목적을 확립하기 위해 시작된다.[2]

이 가운데 우선, 전승서와의 모순에 관해 제시하고 나서 [그것을] 논박한다.

1. 만약 [브라흐만이 세계의 원인인 경우에] 전승서로서의 여지가 없는 결함이 수반된다고 한다면, 아니다; [신이 원인이라고 말하는] 다른 전승서들에 여지가 없는 결함이 수반되기 때문이다.

smṛtyanavakāśadoṣaprasaṅga iti cen

1_ 간략하게 말해, '브라흐만이 세계의 생성 · 유지 · 소멸에 대한 유일한 원인이고, 그 브라흐만이 곧 아뜨만이라는 점을'.

2_ 이러한 3가지 목적들 가운데, 첫 번째 목적은 제1절에서, 두 번째 목적은 제2절에서, 세 번째 목적은 제3절과 제4절에서 각각 확립된다.

nānyasmṛtyanavakāśadoṣaprasaṅgāt ‖1‖

[전론]: 오직 전지한 브라흐만이 세계의 원인이라고 주장한 것은 합리적이지 않다.

어떤 근거에서? 전승서로서의 여지가 없는 결함이 수반되기 때문이다. '딴뜨라'라고 불리는 전승서는 위대한 현자가 저술했고 식자(識者)들이 수용했으며, 또 [바로] 그것을 다른 전승서들이 좇는다. 그와 같을 경우에[3] 그것들에 [전승서로서의] 여지가 없다는 [결함이] 수반될 수 있다. 왜냐하면 그것들에서는 비의식체인 쁘라다나가 독립적으로 세계의 원인이라고 논의하기 때문이다. 먼저 '마누의 전승서' 등은, 아그니호뜨라 등의 '신성한 명령을 특징으로 하는 총체적 다르마'에 의해 요구되는 것을 전달함으로써 여지를 가지게 된다. [예컨대], 어떤 계급(바르나)이 어떤 시간에 [행하는] 어떤 의례를 통한 입문식, 이러이러한 행위규범, 저러저러한 베다 학습, 이러이러한 '학습 후 귀향', 또 저러저러한 '다르마 실행을 도울 여성과의 결합'(결혼)이다. 마찬가지로 가지가지의 '인간의 목표들, 4개의 계급(바르나)과 인생단계에 따르는 다르마들'을 규정한다. 그와 달리 '까삘라의 전승서' 등은 '실행해야만 하는 대상'에 대해서 여지가 없다. 왜냐하면 그것들은 오직 해탈의 성취수단인 참된 직관(지식)을 주제로 삼아 저술되었기 때문이다.[4] 만약 그 경우에조차 여지가 없다면, 그것들의 무용성(無用性) 자체가 수반될 것이다. 따라서 그것들과의 모순 없이 베단따들을 설명해야만 한다.[5]

3_ 오직 전지한 브라흐만이 세계의 원인일 경우에.

4_ '마누의 전승서' 등과는 달리 '까삘라의 전승서' 등은 해탈로 이끄는 참된 지식을 주제로 삼기 때문에 행위, 의례, 다르마 등과 관련하여 그 어떤 여지도 없다.

5_ 만약 행위에 관해서 여지가 없는 '까삘라의 전승서' 등이 지식에 관한 경우에조차 여지가 없다면, 결과적으로 그러한 전승서들이 모든 면에서 무용하다는 결말이 생긴다. 따라서 브라흐만주의자들은 쁘라다나를 논의하는 전승서들과의

[반박]: 그렇다면 '마음으로 바라보기' 등의 근거들로부터[6] 오직 전지한 브라흐만이 세계의 원인이라고 확정된 '계시서의 의미'를, '전승서로서의 여지가 없는 결함이 수반되는 것'을 통해 어떻게 또다시 반박한다는 말인가?

[전론]: 자립적 지성을 가진 자들은 그렇게 반박하지 않을 수 있다. 하지만 주로 종속적 지성을 가진 사람들은 자립적으로 계시서의 의미를 확정할 수 없기 때문에, '널리 알려져 있는 저자를 가지는 전승서들'에 기댈 것이다. 그리고 그것들에 힘입어 계시서의 의미를 이해하고자 할 것이다. 또한 전승서의 저자들을 지극히 존경함으로 말미암아, 당신들이 행한[7] 설명을 신뢰하지 않을지도 모른다. 게다가 까삘라 등은 장애가 없는 '성자의 지식'을 가진다고 전승된다. 더욱이 "태초에 태어나는 성자 까삘라를 보았고, 또 탄생한 그를 교양들로 채웠다."〈슈베 5.2〉라는 계시도 있다. 따라서 그들의 의견을 진실하지 못한 것으로 간주할 수는 없다. 또한 그들은 논리에 의지함으로써 의미를[8] 정초한다. 따라서 또한, 전승서에 힘입어 베단따들을 설명해야만 한다고 또다시 반박한다.

이에 대한 해결책이다. "아니다 … 다른 전승서들에 여지가 없는 결함이 수반되기 때문이다."

[후론]: 만약 전승서로서의 여지가 없는 결함이 수반됨으로써 신 원인론이 반박된다면, 그런 식으로 또한 '신이 원인이라고 말하는 다른 전승서들'에 여지가 없음이 수반될 것이다.

모순 없이 우빠니샤드들을 해석해야만 한다.

6_ "[상크야 학자들이 제안하는 세계의 원인인 쁘라다나는 베단따들에서 견지될 수] 없다; [그것은] 성언을 벗어나기 [때문이다]; '마음으로 바라보기' 때문에 [성언을 벗어난다]."<수뜨라 1.1.5>라는 등의 근거들로부터.

7_ 당신들이 행한=브라흐만주의자들이 행한.

8_ 의미를=그들의 해설을, 또는 그들의 입장을.

우리는 그것들을 인용할 것이다. "미시적(微視的)이고 알려질 수 없는 그것은"이라며 지고한 브라흐만을 주제로 삼은 후, "실로 존재들의 내부 아뜨만이고 몸을 아는 자라고 묘사됩니다."라고 언급한 뒤에, "브라흐마나여, 그것으로부터 3구나를 가지는 미현현자가 생성됩니다."라고 말한다. 마찬가지로 다른 곳에서도, "브라흐만이여, 미현현자가 무속성의 뿌루샤에 완전히 소멸됩니다."라고 말한다. 뿌라나(전설집)에서는 "따라서 또한, 이러한 핵심을 듣도록 하라. 태고의 나라야나는 이 모든 것이다. 그는 창조기에 모든 것을 만들고, 소멸기에 그것을 다시 파괴한다."라고 말한다. 또한 『바가바드 기따』에서도, "나는 모든 세계의 기원이요, 또한 최후입니다."〈기따 7.6〉라고 한다. 그리고 아빠스땀바는 바로 그 지고한 아뜨만을 주제로 삼은 후, "그것으로부터 모든 육신들이 발생한다. 그것은 근원이고, 그것은 불변적인 것이며 영원이다."〈다르마-수 1.8.23.2〉라고 언급한다.[9] 이와 같이 다양한 방식으로, 전승서들에서도 신은 동작적 원인으로 또 물질적 원인으로 드러나게 된다.

[수뜨라 저자는] '전승서에 힘입어 대립해 있는 자에 대하여 우리는 오직 전승서에 힘입어 답변을 말할 것이다'라는 [의도를] 통해, '다른 전승서들에 여지가 없는 결함'이라며 그렇게 진술한다.[10]

한편, 계시서들은 신 원인론을 취지로 한다고 [이미] 밝혔다. 그리고 전승서들의 이견(異見) 가운데 어느 하나를 수용하고 다른 하나를 폐기

9_ 아빠스땀바(Āpastamba)는 <다르마-수>를 비롯한 몇몇 전승서의 저자로 알려져 있는 전설적 인물이다. 그가 쓴 <다르마-수>는 *Āpastamba Kalpasūtra*의 일부를 구성한다. <다르마-수>에서는 4계급(바르나)과 4인생단계에 수반되는 의무들, 16가지 정화의식 등을 다룬다.

10_ 수뜨라 저자가 수뜨라의 뒷부분인 '다른 전승서들에 여지가 없는 결함'을 언급하는 이유는, 전승서에 힘입어 대립하는 것을 바로 그 전승서에 힘입어 물리치는 전략을 구사하고자 하는 데 있다.

하는 것을 불가피하게 행해야만 한다면, 계시서를 따르는 전승서들이 권위를 가진다. 다른 것들은 무시해야만 한다.[11] 이는 '지식수단(증명수단)의 장(章)'에서,[12] "한편 [계시서와] 모순되는 경우에 [전승서를] 무시해야 한다. 실로 [모순이] 없는 경우에 [전승서가 계시서를 따른다고] 추론한다."〈미맘사-수 1.3.3〉라고 언급된다.

게다가 누군가가 계시서 없이 초감각적 대상들을 안다고는 짐작할 수 없다. 근거가 없기 때문이다.

[전론]: 까삘라 등의 초인(超人)들은 장애가 없는 지식을 가짐으로 말미암아 가능하다.

[후론]: 아니다. 심지어 초능력도 의존적이기 때문이다. 실로 초능력은 다르마의 실행에 의존한다. 그리고 그 다르마는 신성한 명령으로 지시된다. 이로부터 또한, 이전에 확립된 신성한 명령의 의미는 나중에 확립된 사람의 말에 좌우된 채로 의문시될 수 없다.[13] 비록 초인에 의존한다고 가정할지라도, 밝혀진 바대로 전승서들 사이에 이견이 있는 경우에 초인들이 다수임으로 말미암아, '계시서에 의존하는 것'과는 별도로 '확정의 근거'가 존재하지 않는다.[14]

심지어 종속적 지성을 가진 자가 까닭 없이 특정한 전승서와 관계하

11_ 전승서들 사이에 이견이 있는 경우에 계시서를 따르는 전승서들은 권위(pramāṇa)를 가진다. 이 경우에 권위를 가진다는 것은 지식수단이라는 의미이다. 결국 계시서를 따르지 않는 다른 전승서들은 권위를 가지지 않고 지식수단이 아니므로 무시해야만 한다.

12_ '지식수단의 장'(pramāṇa-lakṣaṇa)에서=<미맘사-수>의 제1장에서.

13_ '신성한 명령'(codanā)의 의미는 모든 초인들이 가지는 초능력보다 앞서 확립된 것이다. 따라서 나중에 초능력을 가지게 되는 초인의 말에 의해 그 의미가 의문시되는 경우란 불가능하다.

14_ 비록 계시서 없이 초인들에 의존하여 초감각적 대상들을 안다고 용인할지라도, 초인들은 다수이기 때문에, 전승서들 사이에 이견이 있을 경우에 계시서에 의존하지 않는다면 달리 확정할 수 있는 근거가 없게 된다.

여 편향되는 것은 합리적이지 않다. 누군가가 그 어떤 것에 편향되는 경우에, 사람의 견해가 다양함으로 말미암아 확립되지 않은 진리(실재)가 수반되기 때문이다. 따라서 전승서들 사이의 이견을 제시함으로써, 또 계시서를[15] 따르거나 따르지 않는 영역을 구별함으로써, 그의 지성마저 옳은 길에 고정되어야만 한다.

한편 [당신이] 까삘라의 탁월한 지식을 밝히면서 예시한 계시가 있다고 해서,[16] 다만 계시서와 모순되는 까삘라의 의견을 믿게 될 수는 없다. [그 계시는] '까삘라'에 대한 '계시서의 일반적 진술'일 뿐이기 때문이다.[17] 그리고 다른 까삘라는 사가라의 아들들을 불태운 자로서 '바수데바'라는 이름으로 전승되기 때문이다.[18] 또한 다른 목적을 보여주고 유효함이 없는 [문장은] 증명수단(근거)이 아니기 때문이다.[19]

게다가 마누의 위대함을 드러내는, "마누가 말한 것은 무엇이든지 간에 치료제이다."〈따잇-상 2.2.10.2〉라는 다른 계시가 있다. 또한 "모

15_ * Nirnaya에 'smṛty-'(전승서를)라는 표현이 등장하지만, Samata에 따라 'śruty-'(계시서를)라고 읽는다.

16_ 예시한 계시가 있다고 해서=예시한 계시인 <슈베 5.2>가 있다고 해서.

17_ <슈베 5.2>의 계시는 그저 '까삘라'라는 이름만을 제시하는 일반적 진술로서, 특정한 까삘라에 대한 특정적 진술이 아니기 때문이다.

18_ 까삘라(Kapila)는 상크야 학파의 시조를 지시하기도 하지만 바수데바(Vāsudeva)를 지시하기도 한다. 전승에 따르면, 아요드야의 전설적인 왕인 사가라(Sagara)는, 첫째 왕비와의 사이에 하나의 아들을 두었고, 둘째 왕비와의 사이에 6만 아들들을 두었다. 둘째 부인이 6만 개의 씨앗이 담긴 호리병박을 낳은 뒤에 그 씨앗들이 아들들로 변했다고 한다. 그들은 바수데바인 까삘라를 공격하다가 모두 그에게 죽임을 당했다고 한다.

19_ 비록 <슈베 5.2>에서 까삘라가 언급될지라도 그 문장의 숨은 취지는 지고한 아뜨만이다. 즉 <슈베 5.2>는 다른 목적을 보여주는 문장인 것이다. 게다가 그 문장이 까삘라의 탁월한 지식을 말한다는 것을 밝힐 수 있는 그 어떤 수단도 그 문장의 전후에 존재하지 않는다. 이에 따라 그 문장은 논리적 유효함(prāpti)이 없는 우연적인 문장 즉 지고한 아뜨만과 관계하는 반복진술(anuvāda)일 뿐이다. 결국 그 문장은 결코 까삘라의 탁월한 지식을 뒷받침하는 증명수단(sādhaka) 즉 근거일 수 없다.

든 존재들에서 아뜨만을, 또 아뜨만에서 모든 존재들을 동등하게 봄으로써, 실로 아뜨만을 숭배하는 자는 자치권(自治權)을 획득한다."〈마누 12.91〉에서는, 마누가 '모든 것을 아뜨만으로 함'이라는 직관을 찬양함으로써 까삘라의 의견을 비난한다고 알려진다. 실로 까삘라는 '모든 것을 아뜨만으로 함'이라는 직관을 승인하지 않는다. 아뜨만의 차이를 용인하기 때문이다.[20] 그리고 『마하바라따』에서도, "브라흐마나여, 뿌루샤는 다수입니까, 아니라면 오직 하나일 뿐입니까?"라고 질문한 후, "왕이시여, 상크야 · 요가 탐구자들에게는 뿌루샤가 다수입니다."라며 상대이론을 제시한 뒤에, 이를 거부하면서 "실로 예컨대, 수많은 사람들이 하나의 원천(땅)을 가진다고 말하듯이, 마찬가지로 속성들을 넘어서는 그 우주적 뿌루샤를 제가 알려줄 것입니다."라고 시작한 다음, "그것은 저와 당신의 내부 아뜨만이고, 다른 모든 육신적 존재들의 관찰자인 것이며, 그 누구에 의해서도 그 어디에서도 파악될 수 없습니다. 모든 머리와 모든 팔, 모든 발 · 눈 · 코를 가지는 [그] 유일자는, 존재들 속에서 즐거운 바대로 자유롭게 움직입니다."〈마하〉라며 오직 '모든 것을 아뜨만으로 함'을 확정한다. 또한 "모든 존재들이 아뜨만 자체가 된다는 것을 안다면, 그 경우에 [아뜨만의] 유일성을 바라다보는 자에게 무슨 미혹이 있겠고 무슨 슬픔이 있겠는가!"〈이샤 7〉라며, '모든 것을 아뜨만으로 함'에 관한 이와 같은 종류의 계시가 있다.

따라서 또한, 까삘라의 지식체계(딴뜨라)는 단지 독립적인 쁘라끄리띠를 가정하는 것뿐만 아니라 아뜨만의 차이를 가정하는 것을 통해서도, 베다와 모순되고 또 베다를 따르는 '마누의 말'과도 모순된다고 확립된다.[21] 왜냐하면 태양이 [사물의] 색깔(형태)과 관계하여 독립적으로

20_ '아뜨만의 차이'(ātmabheda)란 아뜨만의 다수성이다. 까삘라의 상크야 학파에서는 아뜨만이 하나이지 않고 다수라고 주장한다.

21_ 주석가는 상크야 학파가 비판을 받는 두 가지 이유를 밝힌다. 하나는 세계의

진리성을 가지듯이, 베다는 자체적 내용에 대해서 독립적으로 진리성을 가지기 때문이다. 반면에 사람의 말들은,[22] 다른 근거(진리성)에 의존하고 또 화자(話者)의 기억이 개입되므로, [베다와는] 거리가 멀다.

그러므로 '베다와의 모순'과 관계하여 전승서로서의 여지가 없는 결함이[23] 수반되는 것은 결함이 아니다.‖1‖

또 어떤 근거에서 전승서로서의 여지가 없는 결함이[24] 수반되는 것은 결함이 아닌가?

2. 또한 '[쁘라다나와는] 다른 것들'이 [즉 '쁘라다나로부터 전변된 것들'이 베다와 일상에서] 알려지지 않기 때문에, [전승서로서의 여지가 없는 결함이 수반되는 것은 결함이 아니다].
itareṣāṃ cānupalabdheḥ ‖2‖

전승서에서 형성된 마하뜨(위대한 것) 등의 '쁘라다나로부터 전변된 것들'은 즉 '쁘라다나와는 다른 것들'은, 베다에서 혹은 일상(세속)에서 알려지지 않는다. 먼저 원소들과 기관들은[25] 일상과 베다에서 잘 알려져 있기 때문에 전승서에서 알려질 수 있다. 반면에 마하뜨 등에 대해서는, 육감(六感)의 대상처럼 일상과 베다에서 잘 알려져 있지 않기 때문에, 전승서가 적절하지 않다.[26] 비록 어떤 곳에서 그것들(마하뜨 등)

원인으로 독립적인 쁘라끄리띠(쁘라다나)를 용인하는 것이고, 또 하나는 뿌루샤(아뜨만)의 다수성을 용인하는 것이다.

22_ 사람의 말들은=전승서 저자의 말들은.

23_ * '결함이'(-doṣa-)라는 표현은 Samata에만 추가로 등장한다.

24_ * '결함이'(-doṣa-)라는 표현은 Samata에만 추가로 등장한다.

25_ 원소들과 기관들은='5유, 5대'라는 원소들과 '5인식기관, 5행위기관'이라는 기관들은.

을 의도하는 듯한 계시가 보일지라도, "[만약] 추론된 것조차 [즉 추론에 의해 확정된 쁘라다나조차] 어떤 자들에게 [성언에서 주어지는 것으로 알려진다고]"〈수뜨라 1.4.1〉라는 곳에서, 그 또한 그것들을 의도하지 않는다고 [이미] 설명했다. 결과에 대한 전승서에 권위(진리성)가 없기 때문에 원인에 대한 전승서에도 권위가 없음은 합리적이라는 것이 [이 수뜨라의] 의도이다.[27]

그러므로 또한, 전승서로서의 여지가 없는 결함이 수반되는 것은 결함이 아니다.

한편, [상크야를] 논리적으로 옹호하는 것은, "[브라흐만은 세계의 물질적 원인이] 아니다; [이것(세계)과] 상이하기 때문이다."〈수뜨라 2.1.4〉라고 시작한 뒤에 논파할 것이다.‖2‖

{ 2. '요가가 논박됨'이라는 주제: 수뜨라 3 }

3. 이로부터 [즉 상크야 전승서를 반박하는 것으로부터], 요가 [전승서마저] 논박된다.

etena yogaḥ pratyuktaḥ ‖3‖

26_ 원소들과 기관들을 언급하는 전승서의 내용은 일상과 베다에서도 검증되므로 전승서로서의 여지를 가진다. 하지만 마하뜨 등을 언급하는 전승서의 내용은 일상과 베다에서 검증되지 않으므로 전승서로서의 여지를 가지지 못한다. 따라서 상크야의 전승서에 전승서로서의 여지가 없는 결함이 수반되는 것은 결함이 아니다.

27_ 전변의 결과인 마하뜨 등을 언급하는 전승서에 권위가 없기 때문에 전변의 원인인 쁘라다나를 언급하는 전승서에도 권위가 없다는 것이 이 수뜨라의 또 다른 취지이다.

[후론]: 이로부터 즉 상크야 전승서를 반박하는 것으로부터, 요가 전승서마저 반박된 것으로 간주할 수 있다고, 연장 적용한다. 이 경우에도, 쁘라다나가 오직 독립적인 원인이고 또 일상과 베다에서 잘 알려져 있지 않은 마하뜨 등이 결과들이라고, 계시서와 모순되게 가정한다.

[전론]: 그와 같을 경우에 논리적 유사성으로 말미암아 바로 앞의 [수뜨라에] 이 [수뜨라가] 포함되지 않는가? 무엇 때문에 또 다시 연장 적용하는가?

[후론]: 왜냐하면 이 경우에 추가적 의심이 있기 때문이다. 실로 참된 직관의 수단인 요가는 "들어야만 하고 숙고해야만 하고 깊이 명상해야만 합니다."〈브리 2.4.5〉라며 베다에서 규정된다. 또한 "셋을[28] 세운 채로 몸을 균형 잡고"〈슈베 2.8〉라는 등, 『슈베따슈바따라 우빠니샤드』에서는 아사나(좌법) 등의 구성을 필두로 하여 요가 수행법이 풍부하게 상술된다고 알려진다. 게다가 요가와 관계하는 수많은 '베다의 전거들'이 알려진다. "감관을 고정적으로 제어하는 것을 그들은 요가라고 간주한다."〈까타 6.11〉, "이러한 지식과 또 요가의 전적인 방법을 [얻고 나서]"〈까타 6.18〉라고 이렇게 운운하는 것들이다. 요가 교서에서도 "이제, 요가는 실재에 대한 직관(지식)의 수단이다."[29]라며 요가를 오직 참된 직관의 수단으로 받아들인다. 이로부터 내용의 한 부분이 일치되기 때문에, '아슈따까' 등에 대한 전승서와 같이, 요가 전승서도 부인해서는 안 될 것이다.[30]

28_ 셋을=가슴, 목, 머리를.

29_ * Nirnaya에 '실재'(tattva-)라는 표현이 등장하는 것과 달리, Samata에는 '그것'(tad-)이라는 표현이 등장한다. Samata에서는 이 문장을 "이제, 요가는 그것에 대한 직관(지식)의 수단이다."라고 읽는다.

30_ '아슈따까'(Aṣṭakā, '8일' 또는 '조상'을 뜻함)는 겨울의 4달(11월-2월)에 걸쳐 달이 그믐을 향하는 8일 동안 조상을 숭배하는 의례이다. 이 의례는 베다에 규정되어 있지 않고 전승서에만 언급되어 있다. 그러나 전승서란 반드시 계시서

이러한 추가적 의심마저 연장 적용을 통해 파기된다. 내용의 한 부분이 일치함에도, 앞서 언급한 대로 내용의 다른 부분에서 불일치가 살펴지기 때문이다.

비록 아뜨만과 관련되는 것을 주제로 삼는 수많은 전승서들이 있을지라도, 단지 상크야와 요가 전승서만을 논박하는 데 노력을 기울였다. 왜냐하면 상크야와 요가는 궁극적인 '인간의 목표'에 대한 성취수단으로 이 세상에서 널리 알려져 있고, 식자들에 의해 수용되며, 또 "상크야와 요가를 통해 도달되는[31] 그 원인을 신으로 알고 나서, 모든 굴레들로부터 해방된다."〈슈베 6.13〉라는 베다의 전거를 통해 지지되기 때문이다.

하지만 지고선은 베다에 의존하지 않는 상크야 전승서의[32] 지식을 통해 혹은 요가의 길을 통해 획득되지 않는다는 것이 [우리의] 논박이다. 왜냐하면 계시서는 아뜨만의 유일성에 대한 베다의 지식과는 별도로 다른 '지고선의 성취수단'을 부인하기 때문이다. "오직 그를 앎으로써 죽음을 넘어선다. 가야 할 다른 길은 없다."〈슈베 3.8〉에서이다. 실로 이원론자인 그들은 즉 상크야 학자들과 요가 학자들은, 아뜨만의 유일성을 보지 않는다.

한편 "상크야와 요가를 통해 도달되는 그 원인을"이라며 예시를 말

에 그 내용적 근거를 둔다고 판단되기 때문에, 미맘사 학파에서는 계시서에 언급되지 않은 이 의례를 수용하면서 그것에 대한 전승서에 권위를 부여한다. 이 의례에 대한 계시서는 상실되었을 수도 있기 때문이다. 마찬가지로 계시서와 요가 전승서 사이에 내용의 한 부분이 일치됨으로써 요가 전승서가 계시서에 그 내용적 근거를 둔다고 판단되기 때문에, 요가를 수용하면서 그것에 대한 전승서에 권위를 부여해야만 한다. 바로 이 점이 후론자가 말하는 '추가적 의심'이다.

31_ * <주석>에 '도달되는'(-abhipannaṃ)이라는 표현이 등장하는 것과 달리, Olivelle은 '알 수 있는'(-adhigamyaṃ, 알려질 수 있는)이라고 읽는다.

32_ * '전승서의'(-smṛti-)라는 표현은 Samata에만 추가로 등장한다.

한 경우에는, '상크야'와 '요가'라는 말로부터 단지 베다의 '지식'과 '명상'이 지시된다. 밀접함 때문이라고 이해해야만 한다.[33]

물론 [계시서와] 모순되지 않는 부분을 통해 상크야와 요가의 전승서에 여지가 있는 것은 [우리에게도] 바람직할 뿐이다. 그러한 예를 들어, "왜냐하면 이 뿌루샤는 집착이 없기 때문입니다."〈브리 4.3.15〉라고 이렇게 운운하는 계시에서 실로 잘 알려져 있는 뿌루샤의 순수성을, 상크야 학자들은 무속성인 뿌루샤의 형태로 용인한다. 또한 마찬가지로, "이제 출가자는, 무색의 옷을 입고 머리칼이 없으며 소유하지 않고"[34]〈자발 5〉라고 이렇게 운운하는 계시에서 실로 잘 알려져 있는 행위 억제의 상태를, 요가 학자들마저 출가승(出家僧) 등에 대한 지침으로 준수한다.

이로 말미암아 모든 '논리의 전승서들'은 논박되어야만 한다.[35]

[전론]: 그것들도 논리와 추리를 통해 실재에 대한 지식을 돕는다.

[후론]: 도울지도 모른다. 하지만 실재에 대한 지식은, "베다에 정통하지 않은 자는 그 대(大)존재를 숙고하지 못한다."〈따잇-브 3.12.9.7〉, "우빠니샤드에 속하는 그러한 뿌루샤에 관해, 나는 당신에게 묻습니다."〈브리 3.9.26〉라고 이렇게 운운하는 계시들로부터, 즉 오로지 베단따 문장들로부터 발생한다.‖3‖

33_ "상크야와 요가를 통해 도달되는 그 원인을"<슈베 6.13>에서 상크야와 요가는 학파를 지시하지 않고 각각 지식과 명상을 지시한다. 지식은 상크야와, 명상은 요가와 각각 밀접함(pratyāsatti)을 가지기 때문이다.

34_ '소유하지 않음'을 뜻하는 'aparigraha'는 '아내가 없음'을 뜻하기도 한다.

35_ 상크야와 요가의 전승서들이 논박되는 논리와 동일한 논리를 통해 느야야 학파의 전승서들도 논박되어야만 한다.

{ 3. '상이함'이라는 주제: 수뜨라 4-11 }

4. [브라흐만은 세계의 물질적 원인이] 아니다; 이것(세계)과 상이하기 때문이다; [의식체를 물질적 원인으로 한다는 것이 유일하게 성언을 의지처로 삼지만, 바로 그] 성언으로부터 또한 그와 같다 [즉 세계는 물질적 원인과 상이하다].

na vilakṣaṇatvād asya tathātvaṃ ca śabdāt ‖4‖

브라흐만이 이 세계의 동작적 원인이자 물질적 원인(원물질)이라는 그러한 입장에 대해서 [상크야가] 전승서에 입각하여 반박하는 것을 논박했다. 이제 [상크야가] 논리에 입각하여 반박하는 것을 논박한다.

[반박]: 그렇다면 성전의 그러한 의미가 확정된 경우에, 어떻게 논리에 입각하여 반박하는 것에 여지가 있겠는가! 성전은, 다르마에 대해서처럼, 브라흐만에 대해서도 자립적인 [권위를] 가져야만 하지 않는가?[36]

[전론]: 만약 실행대상의 형태인 다르마처럼 이 주제(브라흐만)가 다른 지식수단을 통해 접근될 수 없고 오직 성전을 통해 알려질 수 있다면, 이는 옹호 가능하다.[37] 하지만 브라흐만은 완성된 형태[38]라고 알려진

36_ 베다 성전(āgama)은 다르마에 대해서 자립적인 권위를 가지는 것처럼 브라흐만에 대해서도 자립적인 권위를 가진다. 따라서 확정된 성전의 의미에 대해 논리에 입각하여 반박할 수는 없다.

37_ 여기서 전론자는 다르마의 경우와 브라흐만의 경우가 상이하다는 것을 주장한다.

38_ 완성된 형태(pariniṣpanna-rūpa)=실행대상의 형태(anuṣṭheya-rūpa)인 다르마와는 달리, 실행될 필요가 없이 이미 확립되고 존재하는 것으로서 완성된 형태.

다. 그리고 완성된 사물의 경우에는, 예컨대 흙 등에서처럼, 다른 지식수단들이 여지를 가진다.[39] 또한 예컨대, 계시서들 사이에 상호 모순이 있는 경우에 하나에 힘입어 다른 것들이 결정되듯이, 마찬가지로 [계시서가] 다른 지식수단과 모순되는 경우에도 실로 그것(다른 지식수단)에 힘입어 계시서가 결정되어야 한다. 게다가 가시적인 것과의 합치를 통해 비가시적인 대상을 실증하는 추리란 지각(직각)과 가깝다. 반면에 계시서란 단순한 전설(傳說)을 통해 자체적 의미를 언급하기 때문에 [지각과] 멀다.[40] 더욱이 지각(직각)으로 귀착되는 '브라흐만에 대한 지식'은, 무지를 파기하고 또 해탈을 야기하는 '가시적 결과'를 가진다고 간주된다.[41] 계시서도 "들어야만 하고 숙고해야만 하고"〈브리 2.4.5〉라며 듣기와는 별도로 숙고하기를 규정함으로써, 논리마저 그 경우에 존중되어야만 한다는 것을 보여준다. 따라서 "[브라흐만은 세계의 물질적 원인이] 아니다; 이것(세계)과 상이하기 때문이다."라며 논리에 입각하여 반박하는 것이 새로이 행해진다.

의식체인 브라흐만이 세계의 원인 즉 물질적 원인(원형물)이라고 주장한 것은 합당하지 않다. 무엇 때문에? 이것(세계)과 즉 변형물과 원형물이 상이하기 때문이다. 실로 브라흐만의 결과물로 여겨지는 이 세

39_ 전론자는, 다르마와는 달리 브라흐만에 대해서는, 성전뿐만 아니라 지각, 추론 등이 지식수단일 수 있다고 주장한다. 예컨대, 완성된 사물의 일종인 흙 등과 같은 원소들에 대해서 지각이라는 지식수단이 적용될 수 있는 것과 같다.

40_ 추리(yukti)란 가시적인 것과의 합치(sāmya)를 통해 비가시적인 대상을 실증하는 것이다. 예를 들어 가시적인 연기와의 합치를 통해 비가시적인 불을 실증하는 것이 추리 · 추론이다. 따라서 추리는 지각(anubhava)에 가깝다. 이와 달리 계시서는 지각의 영역에 있지 않은 간접적인 전설(aitihya)을 통해 자체적 의미를 언급하기 때문에 지각과는 관계가 멀다.

41_ 브라흐만에 대한 지식이 가시적인 직각(anubhava)으로 귀착되면서 가시적인 결과인 해탈을 낳기 때문에, 지각과 거리가 먼 계시서와 달리 지각과 더 가까운 추리는 브라흐만에 대해서 여지가 있다. 따라서 추리 · 논리는 브라흐만과 관련된 문제에 충분히 적용될 수 있다.

계는, 브라흐만과는 상이하다고 즉 비의식체이고 불순하다고 알려진다. 그리고 브라흐만은, 세계와는 상이하다고 즉 의식체이고 순수하다고 계시된다. 결국 상이함에서는[42] 원형물과 변형물의 관계가 살펴지지 않는다. 왜냐하면 금목걸이 등의 변형물들은 찰흙을 원형물로 하지 않고, 또 접시 등의 변형물들은 금을 원형물로 하지 않기 때문이다. 반면에 오직 찰흙을 통해 '찰흙에 귀속되는 변형물들'이 만들어지고, 또 금을 통해 '금에 귀속되는 변형물들'이 만들어진다. 마찬가지로, 비의식체이자 즐거움 · 괴로움 · 어리석음에 귀속되어 있는 이 세계마저, '한갓 비의식체이자 즐거움 · 괴로움 · 어리석음을 본질로 하는 원인'의 결과여야만 하므로, [세계는 그 자체와는] 상이한 브라흐만의 [결과가] 아니다.

게다가 이 세계가 브라흐만과 상이하다는 것은, [세계가] 불순하고 비의식체라는 것을 관찰함으로써 이해될 수 있다. 실로 이 세계는 불순하다. 즐거움 · 괴로움 · 어리석음을 본질로 하는 것으로서[43] 행복 · 고통 · 미망 등의 원인이기 때문이고, 또 천국 · 지옥 등 다양한 종류의 복합현상계이기 때문이다. 그리고 이 세계는 비의식체이다. 신체 · 기관의 상태가 됨으로써 '의식체에 도움을 주는 것'이라고 수용되기 때문이다. 실로 유사함(동등함)이 있는 경우에는 도움을 받는 것과 도움을 주는 것의 관계가 나타나지 않는다.[44] 예를 들어 두 등불은 서로 돕지

42_ 상이함에서는=상이한 본질을 가지는 두 사물 사이에는.

43_ * Samata에는 'pratīyate'(이해된다)라는 술어가 등장하지만 이 술어를 읽지 않는다. 만약 이 술어를 읽는다면 다음과 같을 것이다: "실로 이 불순한 세계는 즐거움 · 괴로움 · 어리석음을 본질로 하는 것이라고 이해된다. 행복 · 고통 · 미망 등의 원인이기 때문이고, …"

44_ 두 사물 사이에 유사함(동등함)이 있는 경우에는 '도움을 받는 것(upakārya)과 도움을 주는 것(upakāraka)의 관계' 즉 '도움을 받고 도움을 주는 관계'가 성립되지 않는다. 그런데 세계는 의식체(브라흐만)에 도움을 준다. 따라서 브라흐만과 세계는 유사하지 않고 상이하다.

않는다.

[반박]: 비록 신체 · 기관이 의식체일지라도, 주인과 종자라는 논리에 따라 향유주체를 돕지 않겠는가?[45]

[전론]: 아니다. 주인과 종자의 경우에도 단지 비의식체인 부분만이 의식체에 도움을 주는 것이기 때문이다. 실로 '하나의 의식체에 대한 부속물'인 지성 등의 바로 그 '비의식체인 부분'이 다른 의식체를 돕는다. 그와 달리 의식체가 바로 그 자체로 다른 의식체를 돕거나 해를 주지는 않는다. 왜냐하면 의식체들은 차별을 가지지 않고 행위주체가 아니라고 상크야 학자들이 생각하기 때문이다.[46] 따라서 신체 · 기관은 비의식체이다. 또한 장작 · 흙덩이 등이 의식체라는 것에 대해서는 그 어떤 증명수단도 없다.[47] 그리고 의식체와 비의식체에 대한 이러한 구분은 이 세상에서 잘 알려져 있다. 따라서 이 세계는 브라흐만과 상이함으로 말미암아 그것을 물질적 원인으로 하지 않는다.

[반박]: 누군가가 심지어 [이렇게] 말할지도 모른다. 나는, 세계가 의식체를 물질적 원인으로 한다는 것을 들은 뒤 바로 그것에 힘입어 전 세계가 의식체라고 알릴 것이다. 물질적 원인(원형물)의 특성이 변형물에 연속하는 것을 보기 때문이다. 하지만 전변의 특수성으로 말미암아 [변형물에서] 의식이 현현하지 않게 될 것이다. 예컨대 명백한 의식을 가진 자들조차 수면 · 기절 등의 상태들에서 자신들의 의식을 알지 못

45_ 만약 신체 · 기관이 의식체라면, 의식체인 종자가 의식체인 주인을 돕듯이, 의식체인 신체 · 기관이 의식체인 향유주체를 도울 수 있다. 따라서 본질의 유사함이 있는 경우에도 도움을 받는 것과 도움을 주는 것의 관계가 성립된다.

46_ '차별을 가지지 않음'(niratiśaya)이란 무속성을 뜻하기 때문에 행위와도 무관하다.

47_ 의식체인 브라흐만의 결과물이 의식체여야만 한다고 반박한다면, 장작 · 흙덩이와 같은 결과물이 의식체라는 것은 그 무엇에 의해서도 증명되지 않는다고 대답한다.

하듯이, 마찬가지로 장작 · 흙덩이 등도 [그 자체들의] 의식을 알지 못할 것이다. 그리고 [의식의] '알려짐과 알려지지 않음'[48]에 의해 야기된 바로 이러한 차별점 때문에,[49] 또 형태 등의 '존재함과 존재하지 않음' 때문에, 비록 신체들 · 기관들과 아뜨만들이 의식체인 것은 한결같을지라도 [양자 사이에 발생하는] 우열관계는 모순되지 않을 것이다. 또한 예컨대, 비록 고기 · 수프 · 밥 등이 흙에서 나온 것임은 한결같을지라도 각각 자체에 존재하는 차별점 때문에 서로 돕는 것이 되듯이, 마찬가지로 이 경우에도 그러할 것이다.[50] 바로 이로부터 [의식체와 비의식체에 대해] 잘 알려져 있는 구분조차도 모순되지 않을 것이다.

[전론]: 다만 그로부터 의식체와 비의식체로 지시되는 상이함은 어쨌든 회피될 수 있다. 하지만 순수함과 불순함으로 지시되는 상이함은 결코 회피되지 않는다.

게다가 다른 하나의 상이함마저[51] 회피될 수 없으므로, [수뜨라 저자는] "[바로 그] 성언으로부터 또한 그와 같다."라고 말한다.

실로 '모든 사물이 의식체라는 점'은 이 세상에서 알려지지 않을 뿐이지만, [모든 사물이] 의식체를 물질적 원인으로 한다는 계시를 통해 [그 점이] 유일하게 성언을 의지처로 삼는다고 추측할 수 있다. 이 또한 성언 자체와 모순된다.[52] 바로 그 성언으로부터 '그와 같음'이 알려

48_ 알려짐과 알려지지 않음=현현하게 됨과 현현하지 않게 됨.

49_ 사람 · 짐승 등에서는 의식이 알려지고(현현되고) 장작 · 흙덩이 등에서는 의식이 알려지지(현현되지) 않는다. 바로 이러한 차별점 때문에.

50_ 고기 · 수프 · 밥 등이 서로 돕는다는 것은, 인간이 음식을 먹을 때 그것들이 맛의 조화를 만들어낸다는 뜻이다. 이와 마찬가지로 모두 의식체에 다름 아닌 '신체들 · 기관들'과 '아뜨만들'은 서로 우열관계(guṇa-pradhāna-bhāva)를 가지면서 또는 각각의 차별점을 가지면서 서로 돕게 될 것이다.

51_ 다른 하나의 상이함마저=의식체와 비의식체로 지시되는 상이함마저.

52_ 모든 사물(세계)이 의식체라는 점은 우선 이 세상에서 지각이나 추론을 통해 알려지지 않는다. 그래서 오직 의식체가 물질적 원인이라고 말하는 성언을 통

지는 까닭에서이다. '그와 같음'이라는 것은 [세계가] 물질적 원인과는 상이하다는 것을 말한다. "인식이 있는 것과 인식이 없는 것"〈따잇 2.6.1〉이라는 성언 자체는, [세계의] 어떤 부분이 비의식체라는 것을 알려줌으로써 '의식체인 브라흐만'과는 상이한 '비의식체인 세계'를 알려준다.‖4‖

[반박]: 비의식체라고 가정되는 원소들·기관들이 심지어 의식체라고 가끔 계시되지 않는가? 예컨대, "흙이 말했다. … 물이 말했다."〈샤따-브 6.1.3.2-4〉, "그 불은 … 마음으로 바라보았다."〈찬도 6.2.3〉, "그 물은 … 마음으로 바라보았다."〈찬도 6.2.4〉라고 이렇게 운운하는 계시들은 원소들과 관계하여 의식체라는 것을 [말한다]. 또한 기관들과 관계하여[53] "그러한 그 기관들은 자기 우월에 대해 논쟁하면서 브라흐만에게 갔다."〈브리 6.1.7〉라고 한다. "그들은 발성기관에게 말했다: 그대는 우리를 위해 우드기타를 노래해 주시오."〈브리 1.3.2〉라고 이렇게 운운하는 계시들은 기관들과 관계하여 의식체라는 것을 [말한다].

이로부터 답변을 한다.

5. 하지만, [만약 비의식체라고 가정되는 원소들, 기관들이 의식체라고 가끔 계시된다고 한다면, 이는] 주관하는 신격에 대한 언급이다; 차이와 내재 때문이다; [따라서 이 세계는 브라흐만과 상이하다].

abhimānivyapadeśas tu viśeṣānugatibhyām ‖5‖

해서만 모든 사물이 의식체라는 점이 알려진다고 추측할 수 있다. 하지만 이 점을 말하는 성언마저 다른 성언과 모순될 뿐이다.

53_ * Nirnaya에 'indriyaviṣayāṇi'라는 표현이 등장하지만, Samata에 따라 'indriyaviṣayā api'(또한 기관들과 관계하여)라고 읽는다.

[전론]: '하지만'이라는 말은 의심을 몰아낸다. 실로 "흙이 말했다."라는 이러한 유형의 계시를 통해, 원소들 · 기관들이 의식체라고 의문시해서는 안 된다. 그것은 주관하는 신격[54]을 언급하는 까닭에서이다. 흙 등을 자기로 가정하고 또 발성기관 등을 자기로 가정하는 의식체인 신격들이 '말하기 · 대화하기 등 의식체에 어울리는 경험작용들'과 관계하여 언급될 뿐, 원소들 · 기관들 자체는 아니다.

무엇 때문에? 차이와 내재 때문이다.

실로 향유주체들과 원소들 · 기관들 사이의 차이는 의식체와 비의식체라는 구분으로 지시된다고 이미 언급했다. 그리고 만물이 의식체인 경우에 이것(차이)은 합당하지 않을 것이다. 더 나아가 까우쉬따낀들은 '생기(기관)들의 대화'에서, "실로 그러한 신격들은 자기 우월에 대해 논쟁하면서"〈까우 2.14〉라며, 기관 그 자체라는 의심을 파기하고 주재자로서의 의식체를 수용하기 위해 '신격들'이라는 말을 통해 [기관들을] 한정한다. 또한 "실로 그러한 그 모든 신격들은 생기의 지고함을 안 다음에"〈까우 2.14〉에서이다.

게다가 만뜨라, 아르타바다(의미진술), 이띠하사(서사집), 뿌라나(전설집) 등으로부터, 자기가정을 하는 의식체로서의 신격들이 모든 곳에 내재한다고 알려진다.[55] 또한 "불은 발성기관이 된 채 입으로 들어갔다."〈아이 1.2.4〉라고 이렇게 운운하는 계시는 기관들에 내재하는 '은총의 신격'을 보여준다. 더욱이 '생기들의 대화'[56]의 보조적 문장에서

54_ 수뜨라의 'abhimānin'은 '어떤 것을 자기로 가정함'을 뜻하는데, 이는 '주관하는 신격'이라는 의미로 파생된다. 어떤 대상(예컨대, 흙)을 자기로 가정하는 신격(예컨대, 흙의 신격)은 바로 그 대상을 주관하는 신격이다.

55_ 자기가정을 하는 의식체로서의 신격들이 모든 곳에 내재한다고 알려진다=모든 대상들에는 그 대상을 자기로 가정하는 의식체로서의 신격들이 내재해 있다고 알려진다.

56_ 앞서 인용한 <까우 2.14>와 <찬도 5.1>은 생기(기관)들이 모두 모여 어느 것

는, 즉 "그 생기(기관)들은 아버지인 쁘라자빠띠에게 가서 말했다."〈찬도 5.1.7〉에서는, 지고함을 확정하기 위해 쁘라자빠띠에게 가는 것과, 또 그의 말에 따라 하나씩 이탈함으로써 연속과 불연속을 통해 [으뜸인] 생기의 지고함을 인식하는 것을 [보여준다].[57] 그리고 우리들(인간들) 등의 [경험작용과도] 같이 ['생기들의 대화'에서] 수반되는 '그것에게 공물 제공하기'[58]라는 이러한 유형의 경험작용은, [기관들과 관계하는 계시가] '주관하는 신격'에 대한 언급이라는 것을 확고히 한다. "그 불은 … 마음으로 바라보았다."에서마저, 그 마음으로 바라보기는 '자체의 변형물들에 내재하는 바로 그 지고한 주재자로서의 신격'에 대한 언급이라고 이해해야만 한다.

따라서 이 세계는 브라흐만과 상이할 뿐이다.

[후론]: 결국 상이함으로 말미암아 브라흐만을 물질적 원인으로 하지 않는다고 반박하는 경우에, [수뜨라 저자는 이에 대하여] 대꾸한다.‖5‖

6. 하지만 [상이함으로 말미암아 이 세계가 브라흐만을 물질적 원인으로 하지 않는다는 것은 절대적이지 않다]; [이 세상에서는 '어떤 것'으로부터 '그것과는 상이한 것'이 발생한다고] 관찰되기 [때문이다]; [따라서 의식체인 원인을 수용해야만 한다].

dṛśyate tu ‖6‖

이 가장 지고한가 하는 문제를 놓고 서로 다투는 내용이다. 대화의 형태로 전개되기 때문에 '생기들의 대화'라고 부른다.

57_ 자기가 가장 우월하다가 다투던 생기(기관)들이 쁘라자빠띠의 충고를 듣고 나서 각각 하나씩 한 해 동안 육체를 떠나보지만 육체는 으뜸인 생기 덕택에 건재하다. 마지막으로 으뜸인 생기가 육체를 떠나려고 하자 다른 모든 생기들이 그것의 지고함을 인정하고 떠나는 것을 만류한다.

58_ '공물 제공하기'가 등장하는 <브리 6.1>의 '생기들의 대화'는 <찬도 5.1>과 그 줄거리가 매우 흡사하다. <브리 6.1.13-14>에서 다른 모든 생기들은 으뜸인 생기의 지고함을 인식한 뒤에 바로 그 생기에게 '공물 제공하기'를 실행한다.

'하지만'이라는 말은 전론을 배제한다. 상이함으로 말미암아 이 세계가 브라흐만을 물질적 원인으로 하지 않는다고 [전론자가] 주장한 것은 절대적이지 않다. 왜냐하면 이 세상에서는 의식체라고 잘 알려져 있는 사람 등으로부터 [의식체와는] 상이한 머리카락 · 손톱 등이 발생하고, 또 비의식체라고 잘 알려져 있는 소똥 등으로부터 [비의식체와는 상이한] 전갈 등이 발생한다고 관찰되기 때문이다.

[전론]: 단지 비의식체인 '사람 등의 육체들'이 비의식체인 머리카락 · 손톱 등의 원인이고, 또 단지 비의식체인 '전갈 등의 육체들'이 비의식체인 소똥 등의 결과이지 않는가?[59]

[이에 대하여] 대답한다.

[후론]: 그렇다고 할지라도 어떤 비의식체는 의식체의 처소인 것이 되지만 어떤 비의식체는 되지 않는다는 차이점이 분명 존재한다.[60]

그리고 전변을 겪는 그러한 것에서 본질의 간극은 중요하다. 사람 등과 머리카락 · 손톱 등 사이에 형태[61] 등의 차이가 있기 때문이다. 소똥 등과 전갈 등 사이에도 마찬가지이다. 또한 지극히 동일한 형태인 경우에는 물질적 원인(원형물)과 변형물의 관계 자체가 사라질 것이다. 이제 만약, 사람 등이나 소똥 등이 가지는 '흙에서 나온 것 등이라는 어떤 본질'이 머리카락 · 손톱 등이나 전갈 등에 존속하고 있다고 말한다면, 이 경우 심지어 브라흐만이 가지는 '존재(실재)로 지시되는 본질'도

59_ 의식체로부터 비의식체가 발생하거나 비의식체로부터 의식체가 발생하지 않고, 다만 비의식체로부터 비의식체가 발생할 뿐이다.

60_ 어떤 비의식체인 '전갈 등의 육체들'은 의식체인 전갈의 처소가 되지만, 다른 비의식체인 소똥 등은 의식체인 전갈의 처소가 되지 않는다. 이러한 차이점 때문에, 비의식체인 소똥으로부터 비의식체인 '전갈의 육체'가 발생하는 경우에, '전갈의 육체를 처소로 하는 의식체인 전갈'마저 '비의식체인 소똥'으로부터 발생한다고 주장할 수 있다.

61_ * Nirnaya에 'svarūpa-'(자체의 형태)라는 표현이 등장하지만, Samata에 따라 'sva-'라는 말을 읽지 않는다.

에테르 등에 존속한다고 알려진다.[62]

게다가 상이함을 근거로 하여 세계가 브라흐만을 물질적 원인으로 한다는 것을 반증하는 자는, '상이함'이 '브라흐만의 본질이 완전히 존속하지 않음'을 의미하는지, 아니면 '어떤 것이[63] 존속하지 않음'을 의미하는지, 아니면 '의식이[64] 존속하지 않음'을 의미하는지 말해야만 한다. 첫 번째 택일에서는 모든 '물질적 원인과 변형물의 관계'가 절멸되는 것이 수반된다. 왜냐하면 [결과에] 추가적인 것이 없는 경우에 '물질적 원인과 변형물의 관계'[65]라는 것이 존재하지 않기 때문이다.[66] 그리고 두 번째에서는 [반증 자체가] 성립되지 않는다. 왜냐하면 존재로 지시되는 '브라흐만의 본질'이 에테르 등에 존속한다고 알려지는 것에 관해 [이미] 언급했기 때문이다. 반면에 세 번째에서는 예시가 부재한다. 실로 '의식이 주어지지 않은 것'(비의식체)이 브라흐만을 물질적 원인으로 하지 않는다고 관찰된다는 것을, 어떻게 브라흐만 원인론자를[67] 향

62_ 원인이 전변을 겪으면서 결과와의 사이에 '본질의 간극'(svabhāva-viprakarṣa)을 가지는 것은 매우 중요하다. 바로 이 '본질의 간극' 때문에, 단지 비의식체로부터 비의식체가 발생한다고 말할 수는 없다. 만약 그러한 간극이 없이 원인과 결과가 동일한 형태라면, '원형물과 변형물의 관계' 자체가 아예 불가능하다. 그래서 이제 만약 '본질의 간극'이 있는 바로 그 경우에 원인의 본질이 결과에 존속할 수 있는지 묻는다면, 이는 전혀 문제가 되지 않는다. 그 경우에도 브라흐만의 '존재'(sattā)라는 본질이 결과인 에테르 등에 존속한다고 알려지기 때문이다. 따라서 단지 비의식체로부터 비의식체가 발생한다고 주장해서는 안 된다.

63_ 어떤 것이=브라흐만의 본질 가운데 어떤 것이.

64_ 의식이=브라흐만의 '의식(caitanya)이라는 본질'이.

65_ * Samata에 앞선 문장과 이 문장에서 '물질적 원인과 변형물의 관계(-bhāva)'라는 표현이 등장하는 것과 달리, Nirnaya에는 '관계'라는 말이 생략된다.

66_ 예컨대 찰흙(원인)에 무언가가 더해져 항아리(결과)가 되듯이, 물질적 원인에 '추가적인 것'(atiśaya)이 더해짐으로써 변형물이 된다. 즉 찰흙에 무언가가 추가되지 않으면 동일한 찰흙으로 존재할 뿐 항아리가 생성되지는 않는다. 따라서 브라흐만의 본질이 세계에 완전히 존속하지 않는다면, 그 추가적인 것이 불가능함으로써 원형물과 변형물의 관계가 성립되지 않는다.

해 예시하겠는가! [그들은] 이 모든 총체적 사물이 브라흐만을 물질적 원인으로 한다고 용인하기 때문이다.[68]

결국 [전론자의 주장이] 성전과 모순된다는 것은 분명 확립되었다. 의식체인 브라흐만이 세계의 동작적 원인이자 물질적 원인이라는 성전의 취지가 증명되었기 때문이다.

한편, 브라흐만에 대해서, 완성된 것이기 때문에, 다른 지식수단들이 적합할 것이라고 주장한 것마저 희망사항일 뿐이다. 왜냐하면 이 대상(브라흐만)은 형태(색깔) 등이 없음으로 말미암아 지각의 영역에 속하지 않고, 또 표징 등이 없음으로 말미암아 추론 등의 영역에 속하지 않기 때문이다.[69] 반면에 이 대상은 다르마처럼 오직 성전을 통해 알려질 수 있을 뿐이다. 또한 그와 같이 계시서는, "소중한 이여, 이러한 식견은 논리를 통해 얻을 수 없다. 오직 다른 이가[70] 가르침으로써 잘 알게 된다."〈까타 2.9〉라고 한다. 그리고 "실로 누가 알고, 누가 이 세상에서 말했겠는가? 이 창조가 무엇으로부터 비롯되었는지,"〈리그 10.129.6〉라는 이러한 『리그베다』의 두 시구들은 초인적인 신들에게조차 세계의 원인이 불가해하다는 것을 보여준다. 전승서 역시 그러하다. "실로 생각할 수 없는 존재들은 논리와 관련시키지 말아야 한다."에서이다.

67_ * Samata에 '브라흐만 원인론자'라는 표현이 등장하는 것과 달리, Nirnaya에는 '원인'(-kāraṇa-)이라는 말이 생략된다.

68_ 세 번째 택일에서는 브라흐만의 본질인 의식이 세계에 존속하지 않으므로, 양자의 상이함은 '브라흐만의 의식'과 '세계의 비의식' 사이에 존재하게 된다. 그렇다면 비의식체도 브라흐만을 물질적 원인으로 한다고 용인하는 브라흐만 원인론자들을 향해서, 비의식체가 브라흐만을 물질적 원인으로 하지 않는다는 것을 증명하기 위해 전론자는 그 어떤 예시도 들 수가 없다. 의식체와 비의식체 모두가 브라흐만을 물질적 원인으로 한다고 용인하는 브라흐만 원인론자의 입장을 향해, 비의식체가 브라흐만을 물질적 원인으로 하지 않는다는 것에 관한 예시를 드는 것은 아무런 의미가 없기 때문이다.

69_ 표징 등(liṅga-ādi)=표징, 유사성 등. 추론 등=추론, 유비 등.

70_ 다른 이가=논리학자가 아닌 베다에 정통한 자가.

그리고 “그것은 현현되지 않은 것이고, 그것은 생각할 수 없는 것이며, 그것은 불변하는 것이라고 말합니다.”〈기따 2.25〉에서이다. 또한 “나의 기원은 신의 무리들도 알지 못하고 위대한 성자들도 알지 못합니다. 왜냐하면 나는 전적으로 신들과 위대한 성자들의 근원이기 때문입니다.”〈기따 10.2〉라는 이러한 유형에서이다.

그리고 성언 자체가 듣기와는 별도로 숙고하기를 규정함으로써 논리마저 존중되어야만 한다는 것을 보여준다고 주장한 것에 관해서는, 그러한 구실로 말미암아 이 경우에 건조한(공허한) 논리[71]가 성립되는 것은 적합하지 않다. 왜냐하면 이 경우에는 오직 ‘계시서를 따르는 논리’만이 직각(直覺)에 보조적인 것으로 받아들여지기 때문이다. [다음은] 이러한 유형의 [실례들이다]: ‘꿈의 상태와 생시의 상태’라는 양자는 서로 무효화하기 때문에[72] 아뜨만과 관계되지 않는다. 그리고 적정(숙면)에서는 복합현상계를 여읨으로써 [개별적 아뜨만이] ‘존재로서의 아뜨만’과 결합하기 때문에 초현상적인 ‘존재로서의 아뜨만’으로 된다. 복합현상계는 브라흐만을 기원으로 하기 때문에 원인과 결과의 동일성이라는 논리에 따라 브라흐만과 다르지 않다.[73] 게다가 [수뜨라 저자는] “또한 논리는 불확증적이기 때문에 …”〈수뜨라 2.1.11〉라며 단독적인 논리의 기만성을 보여줄 것이다.

실로 의식체가 원인이라는 계시에 힘입어 전 세계가 의식체라고 추측하는 자마저, “인식이 있는 것과 인식이 없는 것”〈따잇 2.6.1〉이라며 의식체와 비의식체를 구분하는 계시는 의식이 현현하는 것과 현현

71_ ‘건조한(공허한) 논리’(śuṣka-tarka)=근거가 없고 결과가 없는 논리. 이 표현은 샹까라에 앞서 Bhartṛhari가 *Vākyapadīya* 2.484에서 먼저 사용한 바 있다.

72_ 서로 무효화하기 때문에=서로 반례가 되기 때문에.

73_ 이 3가지는 ‘오직 계시서를 따르는 논리만이 직각에 보조적인 것으로 받아들여진다’라는 후론자의 주장을 지지하는 전형적인 실례들이다.

하지 않는 것을 [뜻하기] 때문에, [그 계시와] 융화될 수 있을 뿐이다.[74] 반면에 구분에 대한 바로 그 계시는, 바로 그 논적에게 합리적이지 않다. 어떻게? 왜냐하면 "인식이 있는 것과 인식이 없는 것이 되었다."[75] 라는 곳에서는 궁극적 원인이 전 세계를 아뜨만으로 하면서 현존하는 것을 말하기 때문이다.

이러한 사정에서, 상이함으로 말미암아 의식체가 비의식체로 되는 것이 가능하지 않듯이, 마찬가지로 심지어 비의식체가 의식체로 되는 것은 가능하지 않다. 하지만 '상이함'은 논박되었기 때문에, 실로 계시서에 따라 의식체인 원인을 수용해야만 한다.[76]‖6‖

7. 만약 [의식체가 비의식체의 원인인 경우에 생성 이전에 결과가] 존재하지 않는다고 한다면, 아니다; [그 부정은] 단순한 부정이기 때문이다.

asad iti cen na pratiṣedhamātratvāt ‖7‖

[전론]: 만약 '순수하고 소리 등이 없는 의식체인 브라흐만'이 그것과 상반되는 '불순하고 소리 등을 가지는 비의식체인 결과'의 원인이라고

74_ <주석 2.1.4>에서 '전 세계가 의식체라고 알릴 것'이라며 반박을 제기한 자의 입장은 <따잇 2.6.1>의 계시와 조화를 이룰 수 있다.

75_ * <따잇 2.6.1>의 원문에는 '되었다'(abhavat)라는 술어가 '인식이 있는 것과 인식이 없는 것'이라는 표현에 연결된 채로 등장하지 않는다. 하지만 '되었다' 라는 술어는 이 문장에 앞서는 문장에서 등장하므로 그것을 이 문장으로 가져와서 읽어도 무방하다.

76_ 전론자(논적)는 즉 상크야 학자는 '상이함'을 근거로 하여 의식체(브라흐만)가 비의식체로 되는 것이 가능하지 않다고 주장한다. 그런데 바로 그 '상이함'을 근거로 한다면, 전론자의 비의식체(쁘라다나)가 의식체로 되는 것도 가능하지 않다. 하지만 '상이함'을 근거로 하는 전론자의 주장은 논박되었기 때문에, 최종적 근거인 계시서에 따라 오직 의식체가 원인이라는 후론자의 주장을 수용해야만 한다.

가정된다면, 그 경우 생성 이전에 결과가 존재하지 않는다는 부조리한 결말이 생길 것이다. 그리고 이는 '결과가 미리 존재한다는 이론'[77]을 주장하는 당신에게 바람직하지 못하다.

[후론]: 그러한 결함은 없다. [당신의 그 부정은] 단순한 부정이기 때문이다. 실로 그 단순한 부정이란 그 부정에 부정대상이 없는 것이다. 확실히 그 부정은 '생성 이전에 결과가 존재하는 것'을 부정할 수 없다.[78]

어떻게? 왜냐하면 심지어 현재에 어떤 결과가 '원인을 본질로 하는 것'으로서 존재하는 바로 그러한 바와 같이, 생성 이전에도 마찬가지라고 이해되기 때문이다. 실로 심지어 현재에 어떤 결과는 원인을 본질로 하지 않은 채 그저 독자적으로 존재하지 않는다. "만물은, 만물을 아뜨만과는 다른 것으로 아는 자를 내쫓습니다."〈브리 2.4.6〉라는 등이 계시되기 때문이다. 결국 결과가 생성 이전에 원인을 본질로 하면서 존재하는 것은 [현재와] 똑같다.[79]

[전론]: 세계의 원인인 브라흐만은 소리 등이 없지 않는가?

[후론]: 정말이다. 하지만 소리 등을 가지는 결과는 생성 이전에나 현재에나 원인을 본질로 하지 않은 채로는 존재하지 않는다. 이로 말미암아 생성 이전에 결과가 [미리] 존재하지 않는다고 말할 수는 없다. 그리고 이를, 원인과 결과의 동일성에 대한 논의에서[80] 우리는 자세하

77_ '결과가 미리 존재한다는 이론'(satkāryavāda)은 흔히 인중유과론(因中有果論)으로 잘 알려져 있는 것이다.

78_ 당신의 부정은 그저 부정대상(pratiṣedhya)이 없는 단순한 부정에 지나지 않는다. 당신의 부정은 생성 이전에 결과가 존재한다는 사실을 결코 부정할 수 없다.

79_ 결과가 원인을 본질로 하면서 존재하는 바는 생성 이전에도 생성 이후인 현재에도 차이가 없이 한결같다.

80_ <수뜨라 2.1.14> 또는 <주석 2.1.14>에서.

게 말할 것이다.‖7‖

8. [만약 결과가 브라흐만을 원인으로 한다고 가정된다면, 결과가 원인으로] 되들어갈 때에 [원인인 브라흐만이] 그것(결과)처럼 [불순성 등을] 수반함으로 말미암아 [브라흐만이 세계의 원인이라는 우빠니샤드의 통찰은] 이치에 맞지 않다.

apītau tadvat prasaṅgād asamañjasam ‖8‖

이에 대하여 말한다.

[전론]: 만약 '가시성(可視性)·유(有)부분성·비(非)의식성·제한성·불순성 등의 특성을 가지는 결과'가 브라흐만을 원인으로 한다고 가정된다면, 그 경우 되들어갈 때에 즉 소멸할 때에 되들어가는 결과가 '원인과의 구분 없음'에 다다르면서 그 자체에 속하는 특성으로써 원인을 더럽힐 것이므로, 되들어갈 때에 심지어 원인인 브라흐만이 결과처럼 불순성 등의 특성을 수반함으로 말미암아 전지한 브라흐만이 세계의 원인이라는 우빠니샤드의 그 통찰은 이치에 맞지 않다.

더 나아가 [되들어갈 때에] 모든 구분이 구분 없음에 도달함으로 말미암아 재(再)생성할 때에 규칙의 근거가 없기 때문에,[81] 향유주체·향유대상 등의 구분에 따르는 생성이 수반되지 않는다는 점도, 이치에 맞지 않다.

더 나아가 '지고한 브라흐만과는 구분되지 않은 채 존재하는 향유주체들'에서 업(행위) 등의 [재생을 위한] 근거가 소멸해버린 때에도, [세계의] 재생성이 가정되는 경우에 심지어 해탈한 자들에게 재생(再生)이

81_ 재(再)생성할 때에 '규칙의 근거'(niyama-kāraṇa)가 없기 때문에=세계를 재창조할 때에 영혼·물질 등을 구분할 수 있게끔 하는 규칙이 상실되고 없기 때문에.

수반됨으로 말미암아 [우빠니샤드의 그 통찰은] 이치에 맞지 않다.[82]

이제 만약 되들어갈 때조차 이 세계가 지고한 브라흐만과는 분명 구분(분리)된 상태로 있다고 [주장한다면], 그렇다고 할지라도 [그 경우에는] 되들어감 [그 자체가] 또한 가능하지 않다. 그리고 [그 경우에는] 결과가 원인으로부터 분리되지 않는다는 것이 가능하지 않으므로,[83] [결국 우빠니샤드의 그 통찰은] 이치에 맞지 않을 뿐이다.‖8‖

이에 대하여 대답한다.

9. 하지만 [그 통찰에 '이치에 맞지 않음'은] 없다; [결과가 원인을 더럽히지 않는다는] 예시가 있기 때문이다; [따라서 우빠니샤드의 그 통찰은 이치에 맞다].

na tu dṛṣṭāntabhāvāt ‖9‖

[후론]: 우리의 통찰에는 결코 그 어떤 '이치에 맞지 않음'도 없다.

먼저 원인에 되들어가는 결과가 그 자체에 속하는 특성으로써 원인을 더럽힐 것이라는 진술은 문제가 되지 않는다.

무엇 때문에? 예시가 있기 때문이다. 실로 '원인에 되들어가는 결과가 그 자체에 속하는 특성으로써 원인을 더럽히지 않는다'는 그런 식

82_ 향유주체 즉 개별자아와 지고한 브라흐만 사이에 구분이 없는 상태는 곧 해탈이다. 이 상태에서는 업 등과 같은 재생의 근거들이 모두 소멸해버린다. 그러나 만약 세계의 되들어감(소멸) 이후에 새로운 생성이 가정된다면, 재생의 근거들이 모두 소멸한 '해탈한 자'들조차도 속박된 자들과 마찬가지로 새롭게 태어날 것이다. 이러한 점은 이치에 맞지 않다.

83_ 이제 만약 이상의 난점들을 피하기 위해 세계가 되들어갈 때에 브라흐만과는 구분된 상태로 있다고 주장한다면, 그 경우에는 일단 되들어감 자체가 성립되지 않는다. 또한 그 경우에는 '결과가 원인을 본질로 한다는 것'(결과가 원인으로부터 분리되지 않는다는 것)도 성립되지 않는다.

의 예시들이 있다. 이 경우의 예를 들어, 찰흙을 물질적 원인으로 하는 변형물인 접시 등은 [원인과의] 분리 상태에서 높고 낮고 중간인 [특성으로] 구분된 채 존재하지만 다시 물질적 원인에 되들어가면서 그 자체에 속하는 특성으로써 그것(찰흙)을 뒤섞지 않는다. 또한 금의 변형물인 금목걸이 등도 다시 [금에] 되들어갈 때에 그 자체에 속하는 특성으로써 금을 뒤섞지 않는다. 흙의 변형물인 4종류의 생물은 [흙에] 되들어갈 때에 그 자체에 속하는 특성으로써 흙을 뒤섞지 않는다.

반면에 당신의 입장에서는 그 어떤 예시도 없다. 왜냐하면 만약 결과가 바로 그 자체의 특성과 함께 원인에 머무른다면 되들어감 자체가 가능하지 않을 것이기 때문이다.[84] 우리는, 원인과 결과가 동일한 경우마저 결과가 원인을 본질로 할 뿐이고 원인이 결과를 본질로 하지 않는다는 것을, "기원 등의 성언들 때문이다."〈수뜨라 2.1.14〉라는 곳에서 말할 것이다.

게다가 결과가 되들어갈 때에 그 자체에 속하는 특성으로써 원인을 뒤섞을 것이라고 말하는 것은 빈약한 [논거이다]. 실로 [창조한 것을] 유지할 때에도 [불순성 등을] 그렇게 수반하는 것은 똑같다. 원인과 결과의 동일성이 용인되기 때문이다.[85] 실로, "이러한 모든 것이 [바로] 그 아뜨만입니다."〈브리 2.4.6〉, "정녕 아뜨만은 이 모든 것입니다."〈찬도 7.25.2〉, "실로 그것은 불멸인 브라흐만이다. 앞쪽(동쪽)에 [브라흐만이며]"〈문다 2.2.11〉, "이 모든 것은 실로 브라흐만이다."〈찬도 3.14.1〉라고 이렇게 운운하는 계시들은 한결같이 3시기들 모두에서

84_ 예컨대, 접시가 둥근 형태라는 그 자체의 특성과 함께 찰흙에 머무르는 것은 가능하지 않다. 즉 되들어감 자체가 가능하지 않다.

85_ 원인이 결과처럼 불순성 등을 수반하는 것은 되들어감(소멸)보다 시간적으로 앞서는 세계의 유지(sthiti) 상태에서도 똑같다. 왜냐하면 브라흐만 원인론에 따르면 생성 · 유지 · 소멸의 모든 3시기에 원인과 결과의 동일성이 용인되기 때문이다.

결과가 원인과 동일하다는 것을 들려준다. 그 경우에[86] 결과와 그 특성들은 무지에 의해 덧얹힌 것이기 때문에 그것들이 원인을 뒤섞지 않는다는 [우리의] 논박은, 되들어감의 경우에도 똑같이 [적용된다].[87]

또한 이러한 다른 예시가 있다. 예컨대, 환술사는 스스로 표출한 환술에 의해 3시간들[88] 모두에서 영향받지 않는다. [환술이] 비(非)실재이기 때문이다. 마찬가지로 지고한 아뜨만도 윤회세계의 환영(환술)에 의해 영향받지 않는다. 그리고 예컨대, 꿈꾸는 어떤 자는 꿈에서 보는 환영에 의해 영향받지 않는다. [그 환영이] 생시와 적정(숙면)에서 동반되지 않기 때문이다. 마찬가지로 3가지 상태들에[89] 대한 하나의 불변적인 관찰자는, 가변적인 3가지 상태들에 의해 영향받지 않는다. 왜냐하면 지고한 아뜨만이 3가지 상태들이라는 형태로 나타나는 것은, 마치 밧줄이 뱀 등의 상태로 나타나듯이 '환영일 뿐인 것'(단순한 환영)이기 때문이다. 이에 대하여 베단따의 전통적 의미(취지)에 정통한 대스승들은 "시초가 없는 환술에 의해 잠자던 개별자아는, 깨어날 때에, 태어나지 않고 잠이 없으며 꿈이 없는 비이원성을 깨우친다."〈만두-까 1.16〉라고 말한다. 이러한 사정에서, 되들어갈 때에 심지어 원인이 결과처럼 가시성 등의 결점을 수반한다고 주장한 것은 합리적이지 않다.

그리고 [되들어갈 때에] 모든 구분이 구분 없음에 도달함으로 말미암아, 구분에 따라 재생성할 때에 규칙의 근거가 가능하지 않다고 그렇게 주장한 것조차 결함이 아니다. 실로 예시가 있기 때문이다. 실로 예컨대, 자연스럽게 구분 없음에 도달하게 되는 숙면・삼매 등에서조

86_ 그 경우에=세계의 유지에서.

87_ 후론자의 이러한 논박은, 왜 전론자의 논증이 '빈약한 논거'에 바탕을 두고 있는지 설명하는 것이기도 하다.

88_ 3시간들=과거, 현재, 미래.

89_ '3가지 상태들'이란 '세계의 생성(창조), 유지, 소멸(되들어감)의 상태들'을 가리키지만, '생시, 꿈, 적정(숙면) 상태들'을 가리킬 수도 있다.

차 거짓된 지식이 사라지지 않음으로 말미암아 다시 깨어날 때에 이전처럼 구분이 발생하듯이, 마찬가지로 이 경우에도[90] 구분이 발생할 것이다. 그리고 이에 대한 계시가 있다. "이러한 모든 창조물들은 '존재'에 융합하면서 '우리는 존재에 융합한다'라고 알지 못한다. 호랑이이거나 사자이거나 늑대이거나 멧돼지이거나, 벌레이거나 나방이거나 각다귀이거나 모기이거나, 이 세상에 있었던 무엇이든지 간에 그것들은 그것들이 된다."[91] 〈찬도 6.9.2-3〉에서이다.

실로 구분이 없는 지고한 아뜨만에서조차 꿈에서처럼 거짓된 지식과 결부된 '구분하는 경험작용'이 방해 없이 유지된다고 알려지듯이, 마찬가지로 되들어갈 때에도 단지 거짓된 지식과 결부된 '구분하는 힘'이 추론될 것이다. 이로부터 해탈한 자들에게 재생이 수반된다는 것은 답변된다. 참된 지식을 통해 거짓된 지식이 사라지기 때문이다.[92]

한편 마지막에, '이제 만약 되들어갈 때조차 이 세계가 지고한 브라흐만과는 분명 구분(분리)된 상태로 있다면'이라며 그렇게 다른 가정을 생각해낸 것마저, [우리가 이를] 실로 용인하지 않기 때문에 부정된다.

그러므로 우빠니샤드의 그 통찰은 이치에 맞다.‖9‖

90_ 이 경우에도=재생성할 때에도.

91_ 그것들은 그것들이 된다=그것들은 존재(sat)로부터 다시 태어날 때에 이전에 있었던 바대로 태어난다.

92_ 세계의 유지에서 거짓된 지식과 결부된 '구분하는 경험작용'이 있듯이, 마찬가지로 세계의 소멸에서도 거짓된 지식과 결부된 '구분하는 힘'(vibhāga-śakti)이 있다고 추론된다. 따라서 참된 지식을 얻은 해탈한 자들의 경우에는 거짓된 지식이 파기됨으로써 그 구분하는 힘마저 사라지므로, 새로운 생성에서 그들에게 재생이 수반된다고 전론자가 주장한 것은 논박된다.

10. 또한 [논적] 자신의 입장에 [그러한] 결함이 [공통적으로 드러나기] 때문에, [우빠니샤드의 그 통찰은 이치에 맞다].

svapakṣadoṣāc ca ‖10‖

또한 논적 자신의 입장에 그러한 결함들이 공통적으로(마찬가지로) 드러날 것이다. '어떻게?'라고 한다면, 대답한다.

먼저 상이함으로 말미암아 이 세계가 브라흐만을 물질적 원인으로 하지 않는다는 진술은, 쁘라다나를 물질적 원인으로 한다는 경우에도 공통적이다.[93] 소리 등이 없는 쁘라다나로부터 소리 등을 가지는 세계가 생성되는 것을 용인하기 때문이다. 그리고 바로 이로부터 [원인과는] 상이한 결과가 생성되는 것을 용인하기 때문에, 생성 이전에 결과가 미리 존재하지 않는다는 이론이 수반되는 것은 공통적이다.[94] 또한 되들어갈 때에 원인과는 구분되지 않는[95] 결과를 용인하기 때문에, [원인이] 그것처럼 [불순성 등을] 수반하는 것마저 공통적이다.[96]

더욱이 되들어갈 때에 '모든 특징들이 소거된 변형물들'이 구분 없음이라는 상태에 도달한 경우에, 이것이 이 사람의 물질적 원인이고 저것이 저 사람의 물질적 원인이라며 소멸(되들어감) 이전에 각각의 사람

93_ 쁘라다나를 물질적 원인으로 한다는 경우에도 즉 상크야의 경우에도, 바로 그 '상이함으로 말미암아' 이 세계는 쁘라다나를 물질적 원인으로 하지 않는다.

94_ 원인과는 상이한 결과가 생성되는 것을 용인한다는 측면에서는 베단따도 상크야도 모두 생성 이전에 '결과가 미리 존재하지 않는다는 이론'(asatkāryavāda, 因中無果論)을 주장하는 것과 다를 바 없다.

95_ * Nirnaya에 'kāraṇavibhāga-'(원인과는 구분되는)라는 표현이 등장하지만, Samata에 따라 'kāraṇāvibhāga-'(원인과는 구분되지 않는)라고 읽는다.

96_ <수뜨라 2.1.8>과 <주석 2.1.8> 참조. 전론자는, 세계가 되들어갈 때에 결과가 원인과는 구분되지 않는 상태가 된다면, 결과가 그 자체의 특성으로써 원인을 더럽히게 된다고 주장했다. 이러한 논리는 브라흐만뿐만 아니라 쁘라다나에도 적용된다. 즉 세계가 되들어갈 때에 원인인 쁘라다나가 '그것처럼' 즉 '결과처럼' 불순성 등의 특성을 수반하는 것은 마찬가지이다.

마다 확고했던 차이들이, 재생성할 때에 바로 그와 같이 주어질 수는 없다. 근거가 없기 때문이다. 그리고 전혀 근거가 없는 채로 [재생성할 때의] 규칙을 용인하는 경우에, 동등하게 근거가 부재함으로 말미암아, 해탈한 자들에게도 다시 속박이 수반된다.[97] 이제 만약 되들어갈 때에 어떤 차이(구분)들은 구분 없음에 도달하고 어떤 차이들은 도달하지 않는다면,[98] 도달하지 않는 것들은 쁘라다나의 결과가 아니라는 결말이 생긴다.[99]

이렇게 하여, 이러한 결함들이 공통적임으로 말미암아 [이것들이] 둘 중의 한 입장에는 적용되지 않아야만 하므로, 이것들이 분명 결함이 아니라는 것을 확고히 한다. 불가피하게 받아들여야만 하기 때문이다.[100]‖10‖

11. 또한 논리는 불확증적이기 때문에 [성전을 통해 알려질 수 있는 대상과 관계하여 단독적인 논리가 대립해서는 안 된다]; 만약 다른 방식으로 [즉 불확증적이라는 결함이 가능하지 않는 식으로] 추론할 수 있다고 한다면, 그렇다고 할지라도 해탈의 부재가 수반된

97_ 앞서 전론자(상크야)가 해탈과 관련하여 '후론자의 결함'이라고 제시한 것을 여기서는 후론자가 전론자에게 고스란히 되돌려준다. 요컨대, 상크야의 경우 재생성할 때에 규칙의 근거가 없다면 해탈한 자들에게도 재생이라는 속박이 수반될 것이다.

98_ 만약 전론자가 자신과 후론자에게 공통적인 결함을 피하기 위해 이렇게 주장한다면.

99_ 모든 것들이 원인인 쁘라다나의 결과여야만 함에도, 되들어갈 때에 원인에 도달하지 않는 어떤 차이(구분)들이 있다면 그 차이들은 쁘라다나의 결과가 아니라는 결말이 생긴다. 따라서 쁘라다나 원인론에서 대안을 제시하더라도 결함은 여전하다.

100_ 전론과 후론 가운데 한 입장에는 결함들이 없어야만 하므로, 이러한 결함들은 앞서 논증한 바와 같이 베단따의 경우에 결함들이 될 수 없다는 점을 확고히 한다. 베단따의 입장을 수용해야만 하기 때문이다.

다; [따라서 의식체인 브라흐만이 세계의 동작적 원인이자 물질적 원인이다].

tarkāpratiṣṭhānād apy anyathānumeyam iti ced evam apy avimokṣaprasaṅgaḥ ‖11‖

이로 말미암아 또한, 성전을 통해 알려질 수 있는 대상과 관계하여 단독적인 논리(논증)가 대립해 있어서는 안 된다. 성전을 벗어나고 단지 사람의 추측에 근거하는 논리들은 '확증되지 않는 것'인 까닭에서이다. 추측은 무제한적이기 때문이다. 그러한 증거로서, 어떤 숙달자들이 공들여 추측한 논리들은 더 나은 다른 숙달자들에 의해 사이비가 된다고 알려진다. 심지어 그들이[101] 추측하고 있는 것들도 더 나아가 다른 자들에 의해 사이비가 되므로, 논리들이 확증적이라는 것은 받아들일 수 없다. 사람의 생각은 다양하기 때문이다. 만약 위대하다고 잘 알려져 있는 어떤 자의 즉 까삘라나 또는 다른 자의 '승인된 논리'를 확증적이라고 받아들인다면, 그렇다고 할지라도 분명 확증적이지는 않다. 위대하다고 잘 알려져 있는 공인된 자들 즉 까삘라 · 까나부끄(까나다)[102]를 비롯한 창시자들에게서마저 상호 이견이 있는 것을 보기 때문이다.

그러면 [이에 대하여] 말할지도 모른다.

[전론]: 우리는 다른 방식으로 즉 '불확증적임'이라는 결함이 가능하지 않는 식으로 추론할 것이다. 실로 확증적인 논리 자체가 없다고 말할 수는 없다. 왜냐하면 심지어 논리들이 그렇게 불확증적이라는 것도

101_ 그들이=더 나은 다른 숙달자들이.

102_ '까나부끄'(Kaṇabhuk, Kaṇabhuj)는 글자 그대로 '극미(kaṇa) 즉 원자에 대한 이론을 향유(bhuj)하는 자'이다. 바이셰쉬까 학파의 창시자인 까나다(Kaṇāda)를 달리 부르는 이름이다.

오직 논리에 의해 확증되기 때문이다. 어떤 논리들이 불확증적이라는 것을 봄으로써 그러한 종류의 다른 논리들마저 불확증적이라고 추정하기 때문이다. 또한 모든 논리가 확증되지 않는 경우에 일상적 경험작용의 절멸(종결)이 수반된다. 왜냐하면 사람들은 과거·현재의 행로(行路)와 합치함으로 말미암아 미래의 행로에서도 즐거움을 획득하고 괴로움을 회피하기 위해 나아간다고 살펴지기 때문이다.[103] 게다가 계시서의 의미에 대해 이견이 있을 때, '그럴듯한 의미를 부인함으로써 참된 의미를 확정하는 것'은 오직 논리를 통해 문장에 대한 해석을 확정하는 형태로 이루어진다. 더욱이 마누 역시, "다르마의 청정함을 얻고 싶어 하는 자는,[104] 지각, 추론, 다양한 전통에 따르는 성전이라는 3가지를 잘 알려고 해야만 한다."〈마누 12.105〉라고, 또 "'베다'와 '다르마를 가르치는 [전승서]'를, 베다 성전과 모순되지 않는 논리를 통해 탐구하는 자가 다르마를 알 뿐, 다른 자는 알지 못한다."〈마누 12.106〉라고 말함으로써, 바로 그와 같이 생각한다.

결국 실제로 불확증적이라는 바로 그 점이 논리의 장신구(미덕)이다.[105] 왜냐하면 그렇게 하여 결함이 있는 논리를 폐기함으로써 결함이 없는 논리를 수용할 수 있게 되기 때문이다. 예를 들어, '바보인 조상이 있었다고 해서 자신마저도 바보여야만 한다'는 것에는 그 어떤 증거(증명수단)도 없다. 따라서 논리가 불확증적인 것은 결함이 아니다.

103_ 미래의 경험작용이 과거와 현재의 경험작용과 합치할 것이라고 추정하는 것은 논리의 작용이다. 따라서 경험작용의 일관성을 뒷받침하는 논리 덕택에 미래를 향한 사람들의 경험작용도 가능하므로, 논리는 확증적인 것임에 틀림없다.

104_ 다르마의 청정함을 얻고 싶어 하는 자는=다르마가 아닌 것으로부터 다르마를 구별해서 알고자 하는 자는.

105_ 논리의 확증적이지 않은 본질이야말로 곧 논리를 치장해주는 장신구(alaṃkāra) 즉 논리의 미덕이나 영예이다.

[후론]: 그렇다고 할지라도 해탈의 부재가 수반된다. 비록 어떤 경우와 관계해서 논리가 확증적이라고 간주될지라도, 여전히 논제 그 자체와 관계해서는 논리가 불확증적이라는 결함으로 말미암아 해탈의 불가능함이 수반될 뿐이다.[106] 왜냐하면 매우 심오하고 존재의 진정한 본질이며 해탈이 근거하는 그것은, 성전이 없이는 추측할 수조차 없기 때문이다. 실로 그 대상은 형태(색깔) 등이 없음으로 말미암아 지각의 영역에 속하지 않고, 또 표징 등이 없음으로 말미암아 추론 등의 영역에 속하지 않는다고 우리는 말했다.

더 나아가 모든 해탈론자들은 '참된 지식을 통한 해탈'이라는 것을 용인한다. 그리고 그 참된 지식은 단일한 형태이다. 사물에 의존하기 때문이다. 실로 단일한 형태로 지속되는 대상은 실재이다. 이 세상에서는 그것과 관계하는 지식을, 예컨대 '불이 뜨겁다'라고 말하듯이, 참된 지식이라고 말한다. 그래서 이와 같을 경우에, 참된 지식에 대해 사람들이 이견을 가지는 것은 가능하지 않다. 반면에 논리적 지식들은 서로 모순되기 때문에 이견이 있다고 잘 알려져 있다. 실로 이 세상에서는 어떤 추리학자가 '바로 이것이 참된 지식이다.'라고 확증한 것에 대해[107] 다른 자가 이의를 제기하고, 심지어 그(다른 자)가 확증한 것에 대해서도 더 나아가 다른 자가 이의를 제기한다고 잘 알려져 있다. 어떻게 '단일한 형태로 지속되지 않는 대상'을 가지는 것이자 논리로부터

106_ 수뜨라의 'avimokṣa'(해탈의 부재)라는 표현과 이곳의 'anirmokṣa'(해탈의 불가능함)라는 표현은 각각 '[결함으로부터] 벗어나지 못함', '[결함으로부터] 자유로워지지 않음'을 의미한다고도 볼 수 있다. 이 경우에는, 논리의 불확증성 그 자체가 결함은 아니라고 전론자가 주장한 것에 대해, '그렇다고 할지라도 [결함으로부터] 벗어나지 못함이 수반된다'는 것이 수뜨라 저자 또는 후론자의 반박이 된다.

107_ * Nirnaya에 'pratipāditaṃ'이라는 표현이 등장하고, Samata에 'pratiṣṭhāpitam' 이라는 표현이 등장하지만, 두 표현은 모두 '증명, 확증'과 관련되므로 그 뜻에 차이가 없다.

기원하는 것이 참된 지식일 수 있다는 말인가! 게다가 쁘라다나주의자가 논리에 정통한 자들 가운데 최고여야만 그의 교의가 참된 지식이라고 우리가 간주할 수 있는데, 모든 추리학자들은 이를 수용하지 않는다. 더욱이 과거 · 현재 · 미래의 추리학자들은, 어떤 견해가 '단일한 형태와 단일한 내용과 관계하는 참된 견해'일 수 있도록 동일한 장소와 시간에 모일 수 없다.[108] 한편, 베다가 영원한 경우에 또 베다가 지식의 발생 근거인 경우에 베다가 '정초된 대상'과 관계한다는 것이 합당하기 때문에, 과거 · 현재 · 미래의 모든 추리학자들조차 그것(베다)으로부터 발생한 지식이 '참'이라는 것을 부인할 수는 없다. 이로부터 우빠니샤드의 바로 그 지식이 참된 지식이라고 정립된다. 그것을 배제한 채로는 참된 지식이라는 것이 가능하지 않기 때문에, 윤회로부터 해탈하는 것의 부재 그 자체가 수반될 것이다.

그러므로 성전에 힘입어 또 성전을 따르는 논리에 힘입어 의식체인 브라흐만이 세계의 동작적 원인이자 물질적 원인이라고 확립된다.‖11‖

{ 4. '식자들이 수용하지 않음'이라는 주제: 수뜨라 12 }

12. 이로 말미암아 [즉 쁘라다나 원인론을 부인하는 근거로 말미암아], 식자들은 심지어 [원자 원인론 등도] 수용하지 않는다고 설명된다.
etena śiṣṭāparigrahā api vyākhyātāḥ ‖12‖

[후론]: 쁘라다나 원인론은 베다의 사상과 가깝기 때문에, 꽤 설득력

108_ 모든 시간대에 존재하는 추리학자들은, 그들 모두가 합의하는 지식이 참된 지식이라는 것을 확정하기 위해, 한 자리에 모일 수 없다.

있는 논리적 위력을 가지기 때문에, 또 베다를 따르는 어떤 식자들이 어떤 측면에서 수용하기 때문에, 그것에 의거한 채 베단따 문장들에 대하여 제기된 '논리에 입각한 반박'을 먼저 논박했다. 이제 어떤 우둔한 자들이 심지어 원자론 등에 의거한 채 또 다시 베단따 문장들에 대하여 논리에 입각한 반박을 제기하므로, 그로부터 '주된 선수 물리치기'라는 금언에 따라 연장 적용한다.

'[그것들이] 수용된다'라는 것이 '수용되는 것들'이고, '수용되는 것들이 아님'이 '수용되지 않는 것들'이며, '식자들에게서 수용되지 않는 것들'이 [수뜨라의 복합어인] '식자-수용되지 않는 것들'이다.

이로 말미암아 즉 논제로 말미암아 즉 쁘라다나 원인론을 부인하는 근거로 말미암아, 식자들은 즉 마누, 브야사 등은, 심지어 원자 원인론 등을 '부정되는 것'으로 그 어떤 점조차[109] 수용하지 않는다고 설명된다 즉 [원자 원인론 등을] 부인한다고 간주되어야만 한다. 부인하는 근거가 같기 때문이다.[110] 이 경우에 또다시 의문시될 수 있는 것은 전혀 없다. 이 경우에도 '궁극적으로 심오한 세계의 원인에 대해 논리가 접근할 수 없음', '논리가 불확증적임', '다른 방식으로 추론하는 경우에도 해탈의 부재가 [수반됨]', '성전과의 모순'이라는, [앞서 제시된] 이러한 유형의 '부인하는 근거'는 같다.‖12‖

109_ 그 어떤 점조차=베다를 따르는 어떤 식자들이 수용할 가능성이 있는 그 어떤 측면조차.

110_ 쁘라다나 원인론을 부인하는 근거와 원자 원인론 등을 부인하는 근거가 같기 때문이다.

{ 5. '향유주체로 됨'이라는 주제: 수뜨라 13 }

13. 만약 [브라흐만 원인론에서는 향유주체와 향유대상이 그 원인인 브라흐만과 동일함으로 말미암아 향유대상이] 향유주체로 되기 때문에 [양자의] 구분이 없어진다고 [한다면], 세상에서처럼 [브라흐만 원인론에서도 구분이] 가능하다.

bhoktrāpatter avibhāgaś cet syāl lokavat ‖13‖

[전론]: 이제는 다른 방식으로, 실로 논리에 힘입어 브라흐만 원인론을 반박한다.

비록 계시서가 그 자체 영역에서 지식수단이 될지라도, 다른 지식수단에 의해 영역을 빼앗기는 경우에는 다른 것을 의도해야만 한다.[111] 예컨대, 만뜨라나 아르타바다(의미진술)에서이다.[112] 논리 또한 [단지] 그 자체 영역과는 다른 곳에서 확증적이지 않을 것이다. 예컨대, 다르마나 다르마가 아닌 것에서이다.[113]

[반박]: 만약 이와 같다면, 그로부터 어떻게 되는가?

[전론]: 그로부터 계시서가 '다른 지식수단에 의해 확립된 것'을 지양시키는 점은 합리적이지 않다.

111_ 계시서의 어떤 내용이 다른 지식수단과 상충되는 경우에는 그것을 일차적 의미가 아닌 이차적(비유적) 의미로 해석해야만 한다.

112_ 예컨대, 아르타바다 가운데 '제의의 말뚝은 태양이다.'와 같은 문장은 지각과 상충되기 때문에 일차적 의미가 아닌 비유적 의미로 해석해야 한다.

113_ 전론자는, 계시서가 그 자체 영역에서 권위를 가지듯이, 논리의 확증성도 그 자체 영역에서는 가능하다고 주장한다. 바꿔 말해서, 오로지 베다로부터만 알려지는 다르마나 다르마가 아닌 것에 대해 논리가 적용되는 경우에 불확증적인 것처럼, 논리는 그 자체 영역을 벗어난 경우에만 확증적이지 않을 뿐이라고 주장한다.

[반박]: 그렇다면 다른 지식수단에 의해 확립된 것을, 어떻게 계시서가 지양시킨다는 말인가?

이에 대하여 말한다.

[전론]: 실로 이 세상에서는, 향유주체란 의식체이자 육화된 자이고 향유대상들이란 소리 등의 대상들이라며, 향유주체와 향유대상에 대한 그러한 구분이 잘 알려져 있다. 예컨대, 데바닷따는 향유주체이고 음식은 향유대상이다. 그리고 만약 향유주체가 향유대상의 상태로 된다면, 혹은 만약 향유대상이 향유주체의 상태로 된다면, 그러한 구분의 부재가 수반될 것이다. 결국 [이 둘이] 궁극적 원인인 브라흐만과 동일함으로 말미암아, 이 둘은 서로 동일한 것이 되고 말 것이다. 하지만 잘 알려져 있는 그 구분이 지양되는 것은 합리적이지 않다. 그리고 현재에 향유주체와 향유대상에 대한 구분이 관찰되듯이, 마찬가지로 과거와 미래에서도 [그 구분은] 추정되어야만 한다. 따라서 향유주체와 향유대상에 대해 잘 알려져 있는 그 구분의 부재가 수반되기 때문에, 브라흐만이 원인이라고 그렇게 확정하는 것은 합리적이지 않다.

누군가가 [이렇게] 이의를 제기한다면, 그에게 대답해야 한다.

[후론]: 세상에서처럼 [구분이] 가능하다. 우리의 입장에서도 그 구분은 분명 가능하다. 그와 같이 이 세상에서 관찰되기 때문이다. 그러한 예시로서, 바다의 변형들인 물거품, 큰 물결(파도), 물결, 거품 등은 물을 본질로 하는 바다와 동일함에도, 그것들에서는 상호 구분과 상호 합체 등으로 지시되는 작용이 지각된다. 하지만 바다의 변형들인 물거품, 물결 등은 물을 본질로 하는 바다와 동일함에도, 서로 동일한 것이 되지는 않는다. 그리고 비록 그것들이 서로 동일한 것이 되지 않을지라도 바다의 본질과 차이가 있지는 않다. 마찬가지로 이 경우에도 향유주체와 향유대상은 서로 동일한 것이 되지 않고, 또 [이 둘은] 지고한 브라흐만과 차이가 있지 않을 것이다. “그것(모든 것)을 창조하고 나서,

바로 그것에 그는 들어갔다."〈따잇 2.6.1〉에서 불변적인 창조주 자체가 결과물에 들어감으로써 향유주체가 된다고 계시되기 때문에, 비록 향유주체가 브라흐만의 변형물이 아닐지라도, 공간이 항아리 등의 한정자에 기인하는 구분을 가지듯이 '결과물에 들어간 것'은 한정자에 기인하는 구분을 가진다.

그래서 결국 [향유주체와 향유대상이] 궁극적 원인인 브라흐만과 동일함에도, 바다와 물결 등의 논리에 따라 향유주체와 향유대상으로 지시되는 구분이 가능하다고 말한다.‖13‖

{ 6. '기원'이라는 주제: 수뜨라 14-20 }

14. [하지만 실재적으로는 향유주체와 향유대상으로 지시되는 구분이 존재하지 않는다]; 그것들의 [즉 원인인 브라흐만과 결과인 세계 사이의] 동일성이 [알려진다]; 기원 등의 성언들 때문이다.

tadananyatvam ārambhaṇaśabdādibhyaḥ ‖14‖

[후론]: 실로 향유주체와 향유대상으로 지시되는 그 경험적인 구분을 가정한 채 "세상에서처럼 [브라흐만 원인론에서도 구분이] 가능하다."〈수뜨라 2.1.13〉라는 논박을 행했다. 그러나 실재적으로는 그 구분이 존재하지 않는다. 그 둘의 즉 원인과 결과의 동일성이 알려지는 까닭에서이다. 결과란 에테르 등의 수많은 복합현상계로서 세계이고, 원인이란 지고한 브라흐만이다. 실재적으로 결과는 그 원인과 동일하다고 즉 [그 원인과는] 별도로 존재하지 않는다고 알려진다.[114]

어떤 근거에서? 기원 등의 성언들 때문이다. 먼저 '기원'이라는 성언은, '하나에 대한 지식을 통한 모든 것에 대한 지식'을 확언(약조)한 뒤에 예시를 필요로 하는 곳에서 즉 "얘야, 마치 하나의 찰흙덩이를 [아는 것을] 통해 찰흙으로 이루어진 모든 것을 알 수 있듯이, [찰흙의] 변형이란 언어에 기원(근거)하고 있으며 명칭 자체이고 오직 찰흙이라는 것만이 실재이다."〈찬도 6.1.4〉에서 언급된다.

말한 바는 이러하다: 하나의 찰흙덩이가 실재적으로 찰흙을 본질로 한다고 알려짐으로써, 항아리 · 접시 · 단지 등의 찰흙으로 이루어진 모든 것들은 찰흙을 본질로 하는 것이라고 한결같이 알려질 수 있다. '[찰흙의] 변형이란 언어에 기원하고 있으며 명칭 자체'인 까닭에서이다. 즉 [변형이란] 전적으로 언어 자체에 의해 존재한다고 파악된다. 변형이란 항아리이고 접시이고 단지이므로, 결국 실재적 어법에서는, '변형'이라고 불리는 것은 그 무엇도 존재하지 않는다. 왜냐하면 단지 명칭 자체인 그것은 비실재이고, '오직 찰흙이라는 것만이 실재'이기 때문이다.

이는 브라흐만에 대한 예시로서 전해진다. 이곳에서는, 다만 '예시되는 것'(브라흐만)과 관계하여 '언어에 기원하고 있으며'라는 성언이 계시되기 때문에, 브라흐만과는 별도로 결과물의 총체가 존재하지 않는다고 이해된다. 한층 나아가, 불 · 물 · 흙이 브라흐만의 결과물이라는 것을 말한 뒤에, 불 · 물 · 흙의 결과물들이 불 · 물 · 흙과는 별도로 존재하지 않는다는 것을, "[그래서] '불의 불인 상태'는 사라진다. 변형이란 언어에 기원(근거)하고 있으며 명칭 자체이고 오직 3색깔들이라는 것만이 실재이다."〈찬도 6.4.1〉라는 등을 통해 언급한다.[115]

114_ '결과가 원인과 동일하다는 것'은 '결과가 원인과는 별도로 존재하지 않는다는 것'과 같은 의미이다.

115_ 가시적인 불은 미시적인 '붉은 불, 흰 물, 검은 흙'이 결합된 것이다. 가시적인 물과 흙도 마찬가지이다. 결국 가시적인 불 등의 결과물들은 미시적인 불 ·

'기원 등의 성언들 때문이다'에서 '등'이라는 말로 말미암아, "이 모든 것은 그것을 아뜨만(본질)으로 한다. 그것은 존재이다. 그것은 아뜨만이다. [슈베따께뚜여], 그것이 너이다."〈찬도 6.8.7〉, "이러한 모든 것이 [바로] 그 아뜨만입니다."〈브리 2.4.6〉, "실로 브라흐만은 이 모든 것이고"〈문다 2.2.11〉, "정녕 아뜨만은 이 모든 것입니다."〈찬도 7.25.2〉, "이곳에는 다양함이 조금도 없으리라."〈브리 4.4.19〉라고 이렇게 운운하는 것들마저, 아뜨만의 유일성을 제시하려고 하는 글귀의 유형들로 인용되어야만 한다.

게다가 다른 방식으로는 '하나에 대한 지식을 통한 모든 것에 대한 지식'이 생기지 않는다. 따라서 [복합현상계는] 나타나고 사라지는 본질을 가짐으로 말미암아 실로 그 본질이 규정될 수 없기 때문에 예컨대 항아리 속의 공간, 물병 속의 공간 등이 우주적 공간과 동일하듯이, 또 예컨대 물의 신기루 등이 염류(鹽類)지대 등과 동일하듯이, 마찬가지로 향유주체 · 향유대상 등의 그 총체적 복합현상계는 브라흐만과 별도로 존재하지 않는다고 알려져야만 한다.[116]

[전론]: 브라흐만은 다양성을 본질로 하지 않는가? 예컨대 나무가 여러 가지들을 가지듯이, 마찬가지로 브라흐만은 여러 내재력과 작용을 가진다. 이로부터 단일성과 다양성이라는 양자 모두가 존재할 따름이다. 예컨대, 나무라는 것은 단일성이고, 가지들이라는 것은 다양성이다. 또한 예컨대, [바다는] 바다를 본질로 함으로써 단일성이고, 물거품 · 물결 등을 본질로 함으로써 다양성이다. 그리고 예컨대, [찰흙은]

물 · 흙(3색깔들)과는 별도로 존재하지 않는다.

116_ 나타나고(보이고) 사라지는 본질을 가짐으로 말미암아 실로 그 본질이 규정될 수 없는 '항아리 속의 공간 등', '물의 신기루 등'은 각각 '우주적 공간', '염류지대 등'과는 별도로 존재하지 않는다. 예시에 등장하는 염류지대는 종종 착시에 의해 물의 신기루로 보인다. 착시가 사라지면 물의 신기루도 사라지고 염류지대 그 자체로 드러난다.

찰흙을 본질로 함으로써 단일성이고, 항아리 · 접시 등을 본질로 함으로써 다양성이다. 이 경우에 단일성이라는 측면에서 지식을 통한 '해탈의 실천'이 확립될 것이다. 반면에 다양성이라는 측면에서 행위편(行爲篇)에 의존하는 세속적인(일상적인) 실천과 베다적인 실천이 확립될 것이다. 결국 이렇게 하여 찰흙 등의 예시들이 적합하게 될 것이다.

[후론]: 그러할 수는 없다. "오직 찰흙이라는 것만이 실재이다."라는 예시에서는 오직 물질적 원인만이 실재라는 것을 확정하기 때문이다. 또한 '언어에 기원하고 있으며'라는 말을 통해 변형의 총체가 비실재라는 것을 언급하기 때문이다. 게다가 바로 그 예시되는 것과 관계하여, "이 모든 것은 그것을 아뜨만(본질)으로 한다. 그것은 존재이다."라며, 유일한(단일한) 궁극적 원인 그 자체가 실재라는 것을 확정하기 때문이다. 더욱이 "그것은 아뜨만이다. 슈베따께뚜여, 그것이 너이다."라며 육화된 자가 브라흐만 상태라는 것을 가르치기 때문이다. 실로 그 육화된 자가 '자체적으로 확립된 브라흐만으로서의 아뜨만'이라고 가르칠 뿐 '다른 노력을 통해 확립될 수 있는 것'이라고 가르치지는 않는다.

따라서 또한, 성전과 관련된 그 '브라흐만으로서의 아뜨만이라는 [관념]'을 용인하는 것은,[117] 고유적인 '육화된 자로서의 아뜨만이라는 [관념]'을[118] 지양시키게 된다. 밧줄 등에 대한 관념들이 뱀 등에 대한 관념들을 [지양시키게 되는 바와] 같다. 그리고 육화된 자로서의 아뜨만

117_ * Samata에 '용인하는 것은'(abhyupagamyamānaṃ)이라는 현재분사가 등장하는 것과 달리, Nirnaya에는 '이해하는 것은'(avagamyamānaṃ)이라는 현재분사가 등장한다.

118_ 고유적인 '육화된 자로서의 아뜨만이라는 [관념]'을=자신을 '브라흐만으로서의 아뜨만'이 아니라 '육화된 자로서의 아뜨만'이라고 가정하는 고유적인(svābhāvika) 관념을. 여기서 '고유적인'이라는 용어는 '성전과 관련된'이라는 용어와 대비된다. 이는 '무지에 의해 야기된 소박하고 자연스러운'이라는 뜻이다.

이라는 것이 지양되는 경우에 그것에 의존하는 모든 고유적인 경험작용이 지양되고 만다. [사실은] 그것(경험작용)을 확립하기 위해 브라흐만에 대해서 다양성이라는 다른 측면이 가정되어야 한다. 또한 "하지만 모든 것이 오직 '그의 아뜨만'이 될 경우에, 그러면, 무엇을 통해 무엇을 보아야 하겠습니까?"〈브리 4.5.15〉라는 등을 통해, 브라흐만으로서의 아뜨만을 보는 자에게는 행위 · 행위수단 · 행위결과로 지시되는 모든 경험작용이 부재하다는 것을 보여준다. 게다가 경험작용의 이러한 부재가 특정한 상태와 결부된 채로 언급된다고 말하는 것은 합리적이지 않다.[119] "그것이 너이다."에서 브라흐만으로서의 아뜨만은 특정한 상태와 결부되지 않기 때문이다. 더욱이 도둑에 대한 예시를 통해 허위에 몰입한 자의 속박과 진실에 몰입한 자의 해탈을 보여줌으로써, 바로 그 유일성을 즉 유일한 '실재적인 것'을 보여준다.[120] 또한 거짓된 지식에 의해 노출되는 다양성을 [보여준다]. 실로 양자가 진실인 경우에, 어떻게 다만 경험작용을 영역으로 하는 생명체에 대해 허위에 몰입한다고 말할 수 있다는 말인가![121] 그리고 "이곳에 마치 다양함이 있는 듯이 보는 자는, 죽음으로부터 죽음으로 가리라."〈브리 4.4.19〉에서는 차이에 대한 견해(관점)를 부인함으로써 바로 이 점을 보여준다. 또한 그러한 주장에서는[122] '지식을 통한 해탈'이라는 것이 합당하지

119_ 계시서에서는 모든 경험작용의 부재가 단지 해탈의 어느 특정한 상태에서만 가능하다는 식으로 결코 언급되지 않는다.

120_ <찬도 6.16.1-3>에 나오는 예시이다. 진실에 몰입하는 자가 해탈을 얻을 수 있다는 이 예시에서, 진실 또는 진리는 유일한 실재 그 자체와 다르지 않다.

121_ 단일성(유일성)과 다양성이라는 양자가 모두 진실인 경우에, 경험작용 즉 다양성을 영역으로 할 뿐인 생명체들에 대해 결코 허위에 몰입한다고 말할 수는 없다. 다시 말해, 양자가 모두 진실인 경우에, 계시서는 그 무엇이든지 간에 경험작용의 영역에 속하는 것에 관해 허위에 몰입한다는 식으로 결코 그렇게 말하지 않았을 것이다.

122_ 그러한 주장에서는=단일성과 다양성 양자가 진실이라는 주장에서는.

않다. '참된 지식에 의해 제거될 수 있는 그 어떤 거짓된 지식'이 윤회의 원인으로 용인되지 않기 때문이다. 실로 양자가 진실인 경우에, 어떻게 단일성(유일성)에 대한 지식을 통해 다양성에 대한 지식이 제거된다고 말한다는 말인가!

[전론]: 절대적 유일성이 용인되는 경우에는, 기둥 등에 대한 [지식을 통해] 사람 등에 대한 지식이 무효화되듯이, 다양성이 없음으로 말미암아 지각 등의 일상적 지식수단들은 무효화되지 않겠는가? 대상이 없기 때문이다.[123] 마찬가지로 명령과 금지에 대한 성전도 차이에 의존하기 때문에, 그것(차이)이 없는 경우에 무효화될 것이다. 해탈에 대한 성전마저 제자와 선생 등의 차이에 의존하기 때문에, 그것이 없는 경우에 붕괴될 것이다. 결국 허위적인 '해탈에 대한 성전'을 통해 '아뜨만의 유일성'이 진실로서 제시되는 것은, 어떻게 합당할 수 있다는 말인가?

이에 대하여 말한다.

[후론]: 그러한 결함은 없다. 브라흐만이 곧 아뜨만이라는 지식 이전에는, 깨어나기 이전에 꿈의 경험작용이 진실인 것처럼, 모든 경험작용들 그 자체가 진실이라는 것이 합당하기 때문이다. 실로 진실한 '아뜨만의 유일성'에 대한 이해가[124] 없는 한, 그런 만큼 지식수단 · 지식대상 · 결과로 지시되는 변형들과 관계하여 허위라는 생각은 조금도

123_ 지각 등의 일상적 지식수단들은 대상을 필요로 한다. 그런데 '절대적 유일성'(ekatvaikānta)만이 용인되는 경우에는 다양성이 없음으로 말미암아 대상도 없기 때문에, 그것들은 무효화되고 만다. 이는 마치 '기둥을 바로 그 기둥으로 아는 참된 지식'을 통해 '기둥을 사람 등으로 아는 거짓된 지식'이 무효화되는 것과 같다.

124_ * '진실한 아뜨만의 유일성에 대한 이해가'(satyātmaikatva-pratipattiḥ)라는 부분에서 '진실한'은, 앞서 전론자가 제기한 질문을 고려한다면, '아뜨만의 유일성'을 수식할 가능성이 크다. 그와 달리 '진실한'을 '이해'에 대한 수식어로 간주할 경우에는, 이 부분을 '아뜨만의 유일성에 대한 진실한 이해가'라고 읽을 수 있다.

생기지 않는다. 그리고 모든 사람들은 무지로 말미암아, 본유적인 '브라흐만으로서의 아뜨만'을 버린 채, 변형들 그 자체를 '나'라는 '자신'의 상태로 간주하고 [또] '나의 것'이라는 '자신에 속하는 것'의 상태로 간주한다. 따라서 브라흐만이 곧 아뜨만이라는 깨우침 이전에는 세속적(일상적)이고 베다적인 모든 경험작용이 합당하다. 예컨대, 잠자는 보통의 사람이 꿈에서 다양한 종류의 존재들을 보는 동안에, 깨어나기 이전에는 지각을 통해 승인된 지식이 실로 확정적인 것이 되고 또 그 동안에는 사이비 지각이라고 여기지 않듯이, 그와 마찬가지이다.

[전론]: 하지만 진실이 아닌 베단따 문장을 통해 진실인 '브라흐만으로서의 아뜨만'을 이해하는 것이, 어떻게 합당할 수 있다는 말인가? 왜냐하면 밧줄에 [덧놓인] 뱀에 의해 물린 자가 죽지는 않기 때문이다. 또한 물의 신기루에 의해 마시기 · 목욕하기 등의 유용함이 생기지는 때문이다.

[후론]: 그러한 결함은 없다. 독 등이라는 의심에 기인하여 죽음 등의 결과가 [생기는 것을] 관찰하기 때문이다.[125] 그리고 꿈을 꾸는 상태에 있는 자에게서 뱀에 물림, 물에서 목욕함 등의 결과가 [생기는 것을] 보기 때문이다.

[전론]: 그 결과는 여전히 허위일 뿐이다.

이 경우에 우리는 말한다.

[후론]: 비록 꿈을 꾸는 상태에 있는 자에게 뱀에 물림, 물에서 목욕함 등의 결과는 허위일지라도, 그것에 대한 앎은 분명 진실한 결과이다. 심지어 [그 앎은] 깨어난 자에게서 지양되지 않기 때문이다. 실로 꿈에서 깨어난 자는, 꿈에서 경험한 뱀에 물림, 물에서 목욕함 등의 결과가

125_ 밧줄에 덧놓인 뱀에 실제로 물리지 않았음에도, 물렸다는 의심과 독이 몸에 퍼졌다는 의심을 통해 실제로 죽음이라는 결과를 맞이할 수 있기 때문이다.

거짓이라고 생각함에도, 심지어 그 앎이 거짓이라고는 그 누구도 생각하지 않는다. 꿈을 꾸는 자의 앎이 이렇게 지양되지 않음으로써, 단순한 육체가 아뜨만이라는 이론은 결함이 있다고 이해해야만 한다.

이와 같은 연관에서 계시서는, "선택적 의례 중에[126] 꿈에서 여인을 볼 때에는, 꿈의 그 암시로부터 그것(의례)이 성공할 것이라고 알아야 한다."〈찬도 5.2.8〉라며, 꿈에서 보는 허위에 의해 그 결과인[127] 진실한 성공이 획득되는 것을 보여준다. 마찬가지로 [어떤 문헌은], 지각을 통해 그 어떤 '죽음의 불길한 징후들'이 분명하게 경험되는 것과 관계하여 "어쨌든 오래 살 수 없을 거라고 그는 알아야 한다."라고 언급한 뒤에, "이제 꿈에서 검은 이빨의 검은 사람을 본다면, 그는 그(검은 사람)에 의해 죽는다."라는 등을 통해 꿈에서 경험한 그러그러한 허위 자체에 의해 진실한 죽음이 지시되는 것을 보여준다.[128] 그리고 이와 같거나 저와 같은 꿈의 경험에 의해 좋은 일이나 나쁜 일이 지시된다는 점은, 이 세상에서 연속과 불연속의 [방법에] 정통한 자들에게 잘 알려져 있다. 또한 '선'(線)이라는 허위의 글자를 이해하는 것으로부터 자모(字母) '아' 등의 진실한 글자를 이해하는 것이 살펴진다.[129]

더 나아가 아뜨만의 유일성에 대한 그 지식수단이[130] 최종적이라고

126_ '선택적 의례 중에'(karmasu kāmyeṣu)에서 '선택적 의례'란, 천국 등의 원하는 어떤 것을 얻기 위해 보상을 욕망하는 마음에 바탕을 둔 채 선택적으로 행하는 의례를 가리킨다.

127_ * '그 결과인'(phala-)이라는 표현은 Samata에만 추가로 등장한다.

128_ 여기서 어떤 문헌이 언급하는 내용은 다음과 같다: 어떤 사람이 생시에서 여러 '죽음의 불길한 징후'들을 직접 경험한다. 그 경우 그 사람은 자신이 오래 살 수 없다는 것을 알아야 한다. 그런데 만약 꿈에서 검은 이빨의 검은 사람 즉 저승사자가 나타난다면, 바로 이 징후에 의해 그 사람은 생시에서 곧 죽음을 맞이하게 될 것이다.

129_ 종이 위에 쓰인 산스크리트 자모(알파벳) '아'(a)는 약속에 의해 그렇게 쓰기로 정해진 것일 뿐 선으로 이루어진 허위의 글자에 지나지 않는다. 그럼에도 이 허위의 글자를 통해 진실한 글자인 음절 '아'를 이해할 수 있다.

확립되면, 그로부터 다른 그 어떤 기대도 생기지 않는다. 실로 예컨대, 이 세상에서 '제의를 행해야 한다'라고 말하는 경우에 '누가, 무엇으로써, 어떻게'라고 기대되는 것과 달리, '그것이 너이다', '나는 브라흐만이다'라고 말하는 경우에는 다른 그 어떤 기대도 생기지 않는다. 모든 것을 아뜨만으로 하는 [브라흐만의] 유일성을 영역으로 삼는다고 알려지기 때문이다. 실로 다른 무언가가 남아 있는 경우에 기대가 생길 것이다. 하지만 아뜨만의 유일성과는 별도로, 다른 무언가가 기대할 수 있는 것으로 남지는 않는다.

게다가 이러한 직접적 앎이 발생하지 않는다고 말할 수는 없다. "그를 통해 그것을 알게 되었다."[131] 〈찬도 6.16.3〉라는 등이 계시되기 때문이다. 또한 '직접적 앎의 성취수단들인 듣기 등'과 베다 암송하기 등이 명령되기 때문이다.[132] 그리고 이 직접적 앎이 무용하다거나 착오라고 말할 수는 없다. 무지가 파기되는 결과를 보기 때문이고, 또 [직접적 앎을] 지양시키는 다른 지식이 없기 때문이다. 더욱이 아뜨만의 유일성에 대한 직접적 앎 이전에는 베다적이고 세속적인 진실과 허위의 모든 경험작용이 무효화되지 않는다고 우리는 [이미] 말했다. 따라서 최종적인 지식수단을 통해 아뜨만의 유일성이 확립되는 경우에, 이전에 [존재하던] 차이에 관한 모든 경험작용이 지양됨으로 말미암아 브라흐만이 다수성을 본질로 한다고 가정할 만한 여지는 없다.

[전론]: 찰흙 등의 예시를 참조한다면 '브라흐만이 전변을 겪는다는 것'에 성전이 동의한다고 이해되지 않는가? 왜냐하면 찰흙 등의 사물

130_ 여기서 '그 지식수단'이란 성전 또는 우빠니샤드이다.

131_ 그를 통해 그것을 알게 되었다=슈베따께뚜가 자신의 아버지를 통해 아뜨만을 알게 되었다.

132_ 듣기 등은 직접적 앎의 성취수단이고, 베다 암송하기 등은 간접적 앎의 성취수단이다.

들은 전변을 한다고 이 세상에서 알려지기 때문이다.[133]

[후론]: 아니라고 말한다. "실로 그러한 그 위대하고 생성되지 않은 아뜨만은, 늙음이 없는 것이고, 죽음이 없는 것이며, 불멸이고, 두려움이 없는 것이며, 브라흐만이다."〈브리 4.4.25〉, "그러한 이 아뜨만은 이러한 것도 아니고 그러한 것도 아닙니다."〈브리 3.9.26〉, "그것은 광대하지도 않고 미세하지도 않으며"〈브리 3.8.8〉라는 등으로부터, 즉 모든 변화를 부정하는 계시들로부터 브라흐만이 불변적이라고[134] 알려지기 때문이다. 실로 하나의 브라흐만이 전변의 속성을 가지고 동시에 그것(전변의 속성)을 가지지 않는다고 간주될 수는 없다.

[전론]: 멈춤과 움직임처럼 가능하다.[135]

[후론]: 아니다. [브라흐만이 가지는] 불변이라는 특징 때문이다. 실로 불변의 브라흐만은 멈춤이나 움직임과 같은 여러 속성들의 소재지일 수 없다. 그리고 [계시서에서] 모든 변화를 부정하기 때문에 브라흐만은 불변하고 영원하다고 우리는 말했다.

게다가 '브라흐만이 곧 유일한 아뜨만이라는 직관(지식)'이 해탈의 성취수단이듯이 마찬가지로 '[브라흐만이] 세계라는 형태로 전변한다는 직관'마저 실로 독립적으로 그 어떤 결과를 낳는다고는 의도되지 않는다. 증거가 없기 때문이다. 실로 결과란 '불변적인 브라흐만이 곧 유일한 아뜨만이라는 지식' 그 자체로부터 [나온다고] 성전은 보여준다. "그러한 이 아뜨만은 이러한 것도 아니고 그러한 것도 아닙니다."〈브리 4.2.4〉라고 시작한 뒤에 "자나까여, 당신은 실로 두려움이 없음

133_ 예시인 찰흙이 전변을 겪는다면, 예시되는 것인 브라흐만도 전변을 겪는다고 성전에서 말한 셈이다.

134_ '불변적'이라는 말의 원어는 'kūṭastha'이다.

135_ 하나의 사물이 어떤 시간에는 멈춤(sthiti)이라는 속성을 보이고 다른 시간에는 움직임(gati)이라는 속성을 보이듯이, 브라흐만도 창조의 시기에는 전변의 속성을 가지고 소멸의 시기에는 전변의 속성을 가지지 않는다고 말할 수 있다.

에 도달했습니다."〈브리 4.2.4〉라고 하는, 이와 같은 유형에서이다.

그래서 다음과 같이 확립된다: 브라흐만이 주제인 곳에서 오로지 '모든 속성과 특성을 결여하는 브라흐만'[136]을 직관함으로써 결과가 달성되는 경우에, '브라흐만이 세계라는 형태로 전변한다는 것' 등은 단지 브라흐만에 대한 직관의 수단으로 고용(사용)될 뿐 [독립적인] 결과를 가지지 않는다고 확인된다. '결과를 가지지 않는 것'이 '결과를 가지는 것'에 근접한 경우에 그것(결과를 가지는 것)에 종속되는 바와 같다. 확실히 독립적으로 결과를 낳는다고 간주되지는 않는다.[137] 예를 들어, [브라흐만이] 전변을 겪는다는 지식을 통해 '아뜨만이 전변을 겪는 것'과 [같은 독립적인] 결과가 가능하다고 말하는 것은 합리적이지 않다. 해탈은 불변하고 영원하기 때문이다.[138]

[전론]: 불변적인 브라흐만이 곧 아뜨만이라고 말하는 자에게서 절대적 동일성으로 말미암아 지배주체와 지배대상이 없는 경우에는, '신이 원인이라고 확언하는 것'과 모순되지 않는가?[139]

136_ '모든 속성과 특성을 결여하는 브라흐만'이라는 표현을 '속성에 의해 [야기되는] 모든 특성을 결여하는 브라흐만'으로 읽을 수도 있다.

137_ 결과를 가지지 않는 행위가 결과를 가지는 행위와 관련되는 경우에, 전자는 후자에 종속(aṅga)된다. 이는 미맘사의 원칙으로서, 성전에 그 결과가 규정되지 않은 제의는 그 결과가 규정된 제의에 대해 부차적이거나 보조적일 뿐이라는 의미이다. 그리고 그와 같이 종속되는 것은 결코 그 자체로 독립적인 결과를 가지지 못한다.

138_ 쉽게 말해, 브라흐만의 전변에 대한 지식이 아뜨만의 전변이라는 결과를 낳는다고 말해서는 안 된다. 이 경우에 아뜨만의 전변이란 자신이 브라흐만에 대해 명상하는(아는) 바대로 바로 그것이 될 수 있는 것을 의미한다. 그렇게 말해서는 안 되는 이유는 해탈이 불변하고 영원하다는 데 있다. 즉 아뜨만의 전변이라는 결과는 해탈이라는 결과가 아니기 때문이다. 따라서 전변에 대한 지식은 독립적인 결과를 가지지 않는다.

139_ 브라흐만과 아뜨만의 절대적 동일성을 주장하는 입장에서는 지배주체(īśitṛ)와 지배대상(īśitavya)의 관계가 가능하지 않다. 그런데 신이 이 세계의 원인이라는 입장에서는 그러한 관계가 분명 가능하다. 따라서 절대적 동일성을 주장

[후론]: 아니다. 전지한 자는[140] '무지를 본질로 하는 명칭과 형태'라는 씨앗이 전개되는 데 필요하기 때문이다. "그러한 이 아뜨만으로부터 실로 허공(에테르)이 산출되었다."〈따잇 2.1.1〉라는 등의 문장들을 통해, 세계의 창조 · 유지 · 소멸이 '비의식체인 쁘라다나나 다른 것'으로부터가 아니라 '영원 · 순수 · 자각 · 자유를 본질로 하고 전지하며 전능한 신'으로부터 [가능하다는] 그러한 의미가, "그 무엇으로부터 이것(세계)의 생성 등이 [초래되는데, 그 무엇이 곧 브라흐만이다]."〈수뜨라 1.1.2〉라는 [수뜨라에서] 확언되었다. 그 확언은 본래 그대로일 뿐이고,[141] 그것(확언)과 모순되는 내용을 여기서 다시 말하지는 않는다.

[전론]: 아뜨만이 지극히 유일하고 제2자를 가지지 않는다고 말하는 자가 어째서 [모순되는 내용을 여기서] 말하지 않는다는 말인가?

[후론]: 말하지 않는 바를 들어보라.[142] 전지한 신의 본질로 존재하는 듯하고 무지에 의해 상상된 것이며 실재라고도 다른 것이라고도 말할 수 없는 명칭과 형태는, 윤회세계인 복합현상계의 씨앗인 것으로서 '전지한 신이 가지는 환술로서의 내재력 또는 원물질(쁘라끄리띠)'이라고 계시서와 전승서에서 언급된다. "'허공'이라고 불리는 것은 명칭과 형태의 산출자이다. 안에 그것들을 가지는 것은 브라흐만이다."〈찬도 8.14.1〉라며 전지한 신이 그것과는[143] 다르다고 계시되기 때문이다. 또한 "명칭과 형태를 전개하리라."〈찬도 6.3.2〉, "모든 형태들을 현현

하는 입장은 <수뜨라 1.1.2>에서 이미 확언된 바 있는 신 원인론과 모순될 뿐이다.

140_ 전지한 자는=신은.

141_ 그 확언은 본래 그대로일 뿐이고=<수뜨라 1.1.2>에서 확언된 것은 확언된 바대로 아무런 문제가 없고.

142_ 확언과 모순되는 내용을 여기서 말하고 있지 않다는 것에 관해 한 번 들어보라.

143_ 그것과는=명칭과 형태와는.

시킨 뒤에 명칭들을 붙인 다음, 지성체(뿌루샤)는 그것들을 계속해서 부른다."〈따잇-아 3.12.7〉, "하나의 씨앗을 여럿으로 만든다."〈슈베 6.12〉라는 등이 계시되기 때문이다.

이와 같이 공간이 항아리 · 물병 등의 한정자와 호응하게 되듯이, 신은 '무지에 의해 야기된 명칭과 형태'의 한정자와 호응하게 된다. 또한 경험적 영역에서 그(신)는, 항아리 속의 공간과 유사한 것들이자 오직 [신] 자신의 본질로 존재하는 것들이자 '무지에 의해 가공(架空)된 명칭과 형태'가 만드는 신체와 기관의 집합체와 호응하는 것들이자 '개별자아'라고 불리는 인식적 아뜨만들을 지배한다. 이러한 연관에서 신의 지배권 · 전지성 · 전능성이란 단지 '무지를 본질로 하는 한정자'에 의해 제한된 견지에서 합당할 뿐, 실재적으로는 '지식을 통해 모든 한정자가 폐기된 상태인 아뜨만'과 관계하여 지배주체 · 지배대상 · 전지성 등의 경험작용이 합당하지 않다. 또한 마찬가지로 "다른 것을 보지 않고 다른 것을 듣지 않고 다른 것을 알지 않는 경우에, 그것이 극대(極大)입니다."〈찬도 7.24.1〉, "하지만 모든 것이 오직 '그의 아뜨만'이 될 경우에, 그러면, 무엇을 통해 무엇을 보아야 하겠습니까?"〈브리 4.5.15〉라는 등이 언급된다.

이렇게 하여 모든 베단따(우빠니샤드)들은 실재적 입장에서 모든 경험작용이 소멸된다고 말한다. 마찬가지로 '신의 노래'[144]에서도 "행위주체가 아닌 주인은 세상의 행위를 낳지도 않고 행위 결과와의 연결을 낳지도 않습니다. 하지만 [물질적] 본성이 작용합니다. 주인은 그 무엇의 악행이나 선행도 결코 취하지 않습니다.[145] [그런데] 무지에 의해 지식이 가려집니다. 그로 인해 사람들은 미혹에 빠집니다."〈기따 5.14-

144_ 신의 노래(īśvara-gītā)=<기타>.

145_ 육체의 주인인 영혼은 육체나 마음이 행한 그 어떤 선행이나 악행에 의해서도 결코 영향받지 않는다는 뜻이다.

15〉라며 실재적 입장에서 지배주체 · 지배대상 등의 경험작용이 소멸된다는 것을 밝힌다. 반면에 경험적 입장에서는 심지어 계시서에서도 "그것은 모든 것의 신이고, 그것은 존재들의 지배자이며, 그것은 존재들의 보호자이고, 그것은 이 세상들이 뒤섞이지 않도록 지지하는 다리(둑)입니다."〈브리 4.4.22〉라며 신 등의 경험작용을 말한다. 또한 마찬가지로 '신의 노래'에서도 "아르주나여, 신은 모든 존재들의 심장부에 거주합니다. 기계에 올라앉은 [듯한] 모든 존재들을, 환술을 통해 회전시키면서!"〈기따 18.61〉라고 한다. 수뜨라 저자마저 실재적 의도에서 "그것들의 [즉 원인인 브라흐만과 결과인 세계 사이의] 동일성이 [알려진다]"〈수뜨라 2.1.14〉라고 말한다. 반면에 경험적 의도에서는 "세상에서처럼 [브라흐만 원인론에서도 구분이] 가능하다."〈수뜨라 2.1.13〉라며 브라흐만이 대양(大洋) 등과 유사하다고 언급한다.[146]

[수뜨라 저자는] 유속성 [브라흐만에 대한] 계속적 명상들이 소용에 닿도록 '결과로서의 복합현상계'와 '전변의 양상(방법론)'을 결코 부정하지 않으면서 받아들인다.‖14‖

15. 또한 [원인이] 존재하는 경우에 [결과가] 지각되고 [존재하지 않는 경우에 지각되지 않기] 때문에, [결과는 원인과 동일하다].

bhāve copalabdheḥ ‖15‖

이로 말미암아 또한, 결과는 원인과 동일하다. 실로 원인이 존재하는 경우에 결과가 지각되고, 존재하지 않는 경우에 지각되지 않는 까닭에서이다. 이 경우의 예를 들어, 찰흙이 존재할 때 항아리가 지각되

146_ 〈주석 2.1.13〉에서 주석가는 브라흐만을 바다(대양)에 비유하고 그 변형들을 물거품, 큰 물결 등에 비유한 바 있다.

고, 또 실이 존재할 때 천이 지각된다.[147] 하지만 어떤 것이 존재할 때 다른 것이 지각된다고는 반드시 알려지지 않는다. 예를 들어, 소가 존재하는 바로 그 경우에 '소와는 다른 것으로 존재하는 말'이 지각되지는 않는다. 또한 도공이 존재하는 바로 그 경우에 항아리가 지각되지는 않는다. 비록 동작의 원인과 동작의 결과라는 관계가 있을지라도, [양자는 동일하지 않고] 상이하기 때문이다.[148]

[전론]: 예컨대 불이 존재하는 경우에 연기가 지각되는 것처럼, 어떤 것이 존재하는 바로 그 경우에 다른 것에 대한 지각이 항상 알려지지 않는가?

[후론]: 아니라고 말한다. 심지어 불이 꺼진 경우에도 소치기의 단지 등에 가두어진 연기가 관찰되기 때문이다.

[전론]: 그러나 만약 특정한 상태의 연기로 한정한다면, 그와 같은 연기는 불이 존재하지 않는 경우에 존재하지 않는다.[149]

[후론]: 그렇다고 할지라도 그 어떤 결함도 없다. 실로 원인과 결과의 존재에 의해 영향을 받는 관념이 그사이의 동일성에 대한 근거라고 우

147_ <주석 2.1.14>에서 밝히듯이 '결과가 원인과 동일하다는 것'은 '결과가 원인과는 별도로 존재하지 않는다는 것'을 가리킨다. 여기서 주장하는 바는, 원인이 존재하는 경우에 결과가 지각되고 원인이 존재하지 않는 경우에 결과가 지각되지 않는 연속과 불연속의 논리 때문에, 결과가 원인과는 별도로 존재하지 않는다는 것이다. 물론 '찰흙과 항아리', '실과 천'의 예시에서 보듯이 두 사물 사이에 인과적 관계가 있어야 하고 또 그 인과적 관계가 물질적 원인과 그 결과의 차원이어야만 한다.

148_ 도공과 항아리의 관계는 '동작의 원인'(nimitta)과 '동작의 결과'(naimittika)라는 관계임으로 말미암아 전자가 존재하는 경우에 반드시 후자가 지각되지는 않는다. 물질적인 관계가 아니라 동작적인 관계인 도공(원인)과 항아리(결과) 사이에서 항아리가 도공과 동일하다고는 결코 말할 수 없기 때문이다.

149_ 특정한 상태의 연기란 예를 들어 땅에서부터 하늘로 올라가는 연기이다. 그와 같은 연기는 반드시 불이 존재해야만 존재하기에 불이 존재하지 않으면 존재하지 않는다.

리는 말한다. 그리고 불과 연기 사이에는 이것이 존재하지 않는다.[150]

혹은 수뜨라는 "또한 지각의 존재로부터 [원인과 결과의 동일성이 알려진다]."이다.[151] 원인과 결과의 동일성이 성언 그 자체로부터 [알려질] 뿐만 아니라 그 둘의 동일성은 직접적(직각적) 지각의 존재로부터도 [알려진다는] 의미이다. 실로 원인과 결과의 동일성에 관한 직접적 지각이 존재한다. 이 경우의 예를 들어, 실이 집성된 것인 천의 경우에, 천이라고 불리는 결과는 실과 별도로 결코 지각되지 않지만 유일하게 씨줄과 날줄을 이루는 실들이 직접적으로 지각된다. 마찬가지로 실의 경우에는 섬유가, 섬유의 경우에는 그것(섬유)의 성분(부분)이 지각된다.

이러한 직접적 지각을 통해 붉은색, 흰색, 검은색의 3색깔이 [알려지고],[152] 이로부터 미세한 공기, 미세한 에테르라는 것이 추론될 수 있다. 이로부터 유일무이한 지고한 브라흐만이 추론될 수 있다.[153] 우리

150_ 인과관계가 성립하기 위해서는, 첫째, '하나의 대상이 다른 하나의 대상과는 별도로 존재하지 않는 것'이 즉 대상적 차원의 의존관계가 있어야 하고, 둘째, '하나에 대한 관념(buddhi)이 다른 하나에 대한 관념과는 별도로 존재하지 않는 것'(하나에 대한 관념이 다른 하나에 대한 관념에 의존하는 것)이 즉 관념적 차원의 의존관계가 있어야 한다. 항아리와 찰흙, 연기와 불은 모두 첫 번째 조건을 충족시킨다. 하지만 두 번째 조건에 대해서는 전자가 충족시키는 것과 달리 후자는 그렇지 못하다. 항아리에 대한 관념은 찰흙에 대한 관념에 의존하지만, 연기에 대한 관념은 불에 대한 관념에 의존하지 않기 때문이다. 즉 찰흙에 대한 관념이 없이는 항아리에 대한 관념이 생길 수 없지만, 불에 대한 관념이 없이도 연기에 대한 관념이 생길 수 있기 때문이다.

151_ <수뜨라 2.1.15>에 대한 대안적 수뜨라이다. 이 대안적 수뜨라의 원문은 'bhāvāc copalabdheḥ'이다.

152_ <찬도 6.4.1> 참조: "[가시적인] 불에서, 붉은 색깔은 불의 색깔이고, 흰 색깔은 물의 색깔이며, 검은 색깔은 흙의 색깔이다. [그래서] '불의 불인 상태'는 사라진다. 변형이란 언어에 기원(근거)하고 있으며 명칭 자체이고 오직 3색깔들이라는 것만이 실재이다."

는 그것(브라흐만)에 모든 지식수단들이 근거한다고 [이미] 말했다.‖15‖

16. 또한 뒤의 것인 [결과가 생성되기 이전에 원인에] 존재한다고 [계시되기] 때문에, [결과는 원인과 동일하다].

sattvāc cāvarasya ‖16‖

이로 말미암아 또한, 결과는 원인과 동일하다. 시간적으로 뒤의 것인 결과가, 생성되기 이전에 '원인을 본질로 하는 것 그 자체'로서 원인에 존재한다고 계시되는 까닭에서이다. "얘야, 태초에 이것(세계)은 오직 존재였다."〈찬도 6.2.1〉, "실로 태초에 이것(세계)은 오직 하나의 아뜨만이었다."〈아이 1.1.1〉라는 등에서 '이것'이라는 말로 파악되는 결과가 원인과 동격 관계를 이루기 때문이다.[154] 그리고 예컨대 기름이 모래로부터 생성되지 않듯이, 어떤 것이 '다른 것을 본질로 하는 것'으로서 그 다른 것에 [미리] 존재하지 않으면 그 다른 것으로부터 생성되지 않는다. 따라서 생성 이전의 동일성으로 말미암아 바로 그 생성된 결과가 원인과 동일할 뿐이라고 알려진다.

게다가 원인인 브라흐만의 '존재함'이 세 시간들에서 무효화되지 않듯이, 마찬가지로 결과인 세계의 '존재함'마저 세 시간들에서 무효화되지 않는다.[155] 그리고 '존재함'이란 여전히 하나이다. 결국 이로부터 결

153_ 미시적인(미세한) 3색깔(불 · 물 · 흙)로부터 그 원인인 '미세한 공기'(vāyumātra)가 추론될 수 있고, 미세한 공기로부터 그 원인인 미세한 에테르가 추론될 수 있고, 미세한 에테르로부터 그 원인인 지고한 브라흐만이 추론될 수 있다.

154_ 두 인용문에서 '이것은'(idam)이라는 말이 지시하는 것은 결과로서의 세계이다. 이 결과가 태초에 '원인을 본질로 하는 것'으로서 원인 그 자체에 존재한다는 점은, 결과를 지시하는 말인 '이것은'과 원인을 지시하는 말인 '존재'(sat), '아뜨만'(ātmā) 사이에 동격 관계가 있다는 사실로부터 알려진다. 모두 주격 단수이다.

155_ 브라흐만이나 세계의 '존재함'(sattva)이 세 시간들에서 무효화되지 않는다는

과는 원인과 동일하다.‖16‖

17. 만약 [계시서에서 결과가 생성 이전에] 존재하지 않는다고 언급하기 때문에 [존재하지] 않는다고 한다면, 아니다; [전개되지 않은 명칭과 형태와 전개된 명칭과 형태가 가지는] 특성의 차이 때문에 [생성 이전에 결과가 존재하지 않는다고 그렇게 언급한다]; [이는] 보조적 문장을 통해 [알려진다].

asadvyapadeśān neti cen na dharmāntareṇa vākyaśeṣāt ‖17‖

[전론]: 결과가 생성 이전에 다만 존재하지 않는다고 계시서는 어디선가 언급하지 않는가? "태초에 이것(세계)은 오직 비존재였다."〈찬도 3.19.1〉, "실로 태초에 이것(세계)은 비존재였으리라."〈따잇 2.7.1〉에서이다. 따라서 존재하지 않는다고 언급하기 때문에 결과는 생성 이전에 존재하지 않는다.

[후론]: 아니라고 우리는 말한다. 왜냐하면 존재하지 않는다고 그렇게 언급한 것은 생성 이전에 결과가 완전하게 존재하지 않는다는 의도가 아니기 때문이다. 그렇다면 무엇을 의도하는가? '전개되지 않은 명칭과 형태라는 특성'은 '전개된 명칭과 형태라는 특성'과는 다르고, 결과가 원인의 형태와 동일하게 존재할 뿐임에도 이러한 특성의 차이 때문에 생성 이전에 존재하지 않는다고 그렇게 언급한다.[156]

어떻게 이것이 알려지는가? 보조적 문장을 통해서이다. 시작하는

것은 브라흐만이나 세계가 세 시간들에서 그 '존재함'으로부터 이탈하지 않는다는 것을 의미한다.

156_ 결과는 원인과 동일하기 때문에 생성 이전에 원인에 미리 존재한다. 그럼에도 명칭과 형태로서의 그 결과가 '전개되지 않은'(avyākṛta) 특성을 가지는 경우에 계시서는 마치 결과가 존재하지 않은 듯이 언급하곤 한다.

문장에서 그 의미가 불명료한 것은 보조적인 [문장을] 통해 확정된다. 이 경우에는 먼저, "태초에 이것(세계)은 오직 비존재였다."라는 시작에서 '비존재'라는 말로 지시되는 바로 그 어떤 것은, 다시 "그것은 존재가 되었다."〈찬도 3.19.1〉[157]에서 '그것'이라는 말로 지시된 뒤에 '존재'라고 한정된다. 게다가 비존재는 이전이나 이후의 시간과 무관함으로 말미암아 [그것에 대해] '였다'라는 말이 부당하기 때문이다.[158] "실로 태초에 이것(세계)은 비존재였으리라."라는 경우마저도 "그것은 그 자체를 스스로 만들었도다."〈따잇 2.7.1〉[159]라는 보조적 문장에 [등장하는] 한정어 때문에, [비존재란] 완전하게 존재하지 않는 것은 아니다.[160]

따라서 바로 그 특성의 차이 때문에 생성 이전에 결과가 존재하지 않는다고 그렇게 언급한다. 실로 이 세상에서는 명칭과 형태로 전개된 사물이 '존재'라는 말에 적합하다고 잘 알려져 있다. 그러므로 ['비존재였다'라는 것은] 명칭과 형태가 전개되기 이전에 '비존재인 듯했다'라는 [의미에 대한] 비유적인 사용이다.‖17‖

157_ 이 문장은 <찬도 3.19.1>의 시작하는 문장인 "태초에 이것은 오직 비존재였다."라는 것에 바로 이어지는 보조적 문장이다.

158_ 이 문장은 '어떻게 이것이 알려지는가?'라는 질문에 대한 또 하나의 근거(이유)이다. "태초에 이것은 오직 비존재였다."에서 '였다'(āsīt)라는 술어는 과거 시제이다. 그런데 만약 '비존재'라는 말이 완전하게 존재하지 않는 것을 의미한다면, 이 문장은 논리적으로 합당하지 않다. 왜냐하면 비존재란 이전이나 이후의 시간에 존재하지 않는 것이므로 그 비존재에 과거 시제가 적용될 수는 없기 때문이다. 따라서 '비존재'라는 말은 완전하게 존재하지 않는 것이 아니다.

159_ <따잇 2.7.1> 참조: "실로 태초에 이것(세계)은 비존재였으리라. 그것으로부터 존재가 태어났으리라. 그것은 그 자체를 스스로 만들었도다."

160_ "그것은 그 자체를 스스로 만들었도다."라는 보조적 문장은 행위주체와 행위대상을 암시한다. 따라서 "실로 태초에 이것은 비존재였으리라."에서 '비존재'라는 말은 완전하게 존재하지 않는 것이어서는 안 된다. 완전한 비존재일 경우 결코 행위와 관련될 수가 없기 때문이다.

18. 추리로부터 또 다른 성언으로부터 [결과가 생성 이전에 존재하고 또 원인과 동일하다는 것이 알려진다].

yukteḥ śabdāntarāc ca ‖18‖

또한 추리로부터 결과가 '생성 이전에 존재한다는 것'과 '원인과 동일하다는 것'이 알려진다. 또한 다른 성언으로부터 알려진다.

먼저 추리를 설명한다.

이 세상에서는 응고된 우유, 항아리, 금목걸이 등을 열망함으로써 각각에 배정된 원인인 우유, 찰흙, 금 등을 사용한다고 관찰된다. 실로 응고된 우유를 열망함으로써 찰흙을 사용하지는 않고, 항아리를 열망함으로써 우유를 사용하지는 않는다. 이는 '결과가 미리 존재하지 않는다는 이론'과 어울릴 수 없다.[161] 실로 생성 이전에 만물이 동등하게 모든 곳에서 존재하지 않는다면, 무엇 때문에 찰흙이 아닌 우유로부터만 응고된 우유가 생성되고, 또 우유가 아닌 찰흙으로부터만 항아리가 생성되는가? 만약 [생성] 이전에 [만물이] 동등하게 존재하지 않을지라도 찰흙이 아닌 우유에서만 응고된 우유가 어떤 차별점(특성)을 가지고, 또 우유가 아닌 찰흙에서만 항아리가 어떤 차별점을 가진다고 말한다면,[162] 그 경우 [생성] 이전의 상태에서 차별점을 가짐으로 말미암아 '결과가 미리 존재하지 않는다는 이론'이 폐기되고 '결과가 미리 존재한다는 이론'이 확립된다. 또한 결과를 지배하기 위해 원인의 내재력을 가정한다면, [내재력은 원인과 결과로부터] 차이 있는 것이거나

161_ 각각에 배정된 원인으로부터 그 결과가 산출된다는 것은 '결과가 미리 존재한다는 이론'과 어울린다. '결과가 미리 존재하지 않는다는 이론'과는 어울리지 않는다.

162_ 만약 결과가 원인에 미리 존재하지 않는다는 이론을 추종하는 사람들이 즉 느야야 학자들이, 비록 결과가 원인에 미리 존재하지 않을지라도 특정한 결과가 특정한 원인에서만 어떤 차별점(atiśaya)을 가진다고 가정한다면.

[결과처럼] 존재하지 않는 것으로서, 결과를 지배할 수는 없다. 차이성도 한결같고, 또 비존재성도 한결같기 때문이다.[163] 따라서 내재력은 원인의 본질로 존재하고, 또 결과는 내재력의 본질로 존재한다.[164]

더 나아가 말과 물소 사이와 달리 원인과 결과 사이나 실체와 성질 등의 사이에는 차이에 대한 관념이 없음으로 말미암아 본질의 동일성이 용인되어야만 한다. 내속(內屬)을 가정하더라도, 내속이 내속항(內屬項)들과 관계한다고 용인되는 경우에 그것들 각각의 상호 관계가 가정되어야만 하므로, 무한소급이라는 부조리한 결말이 생긴다.[165] 그리고 용인되지 않는 경우에 단절이라는 부조리한 결말이 생긴다.[166] 만약 내속이 그 자체로 관계의 형태이기 때문에 다른 관계에 결코 의존하지 않은 채로 관계를 가진다면, 그 경우 결합마저도 그 자체로 관계의 형

163_ 만약 결과가 원인에 미리 존재하지 않는다는 입장에서 결과의 산출을 설명하기 위해 이제 원인의 차별점 또는 내재력(śakti)을 가정한다면, 그 내재력은 결과가 원인과 '차이 있는 것'이듯이 원인과 결과 모두로부터 '차이 있는 것'에 지나지 않고, 결과가 '존재하지 않는 것'이듯이 '존재하지 않는 것'에 지나지 않는다. 즉 그 내재력은 결과가 그러한 것처럼 한결같이 차이성(anyatva)을 가지고 비존재성(asattva)을 가진다. 따라서 원인과 결과로부터 '차이 있는 것'이거나 결과처럼 '존재하지 않는 것'인 그 내재력은 결과를 지배할 수 없다. 즉 결과와는 다른 어떤 것을 산출할 수밖에 없다.

164_ 원인의 본질은 내재력이고 내재력의 본질은 결과이기 때문에 원인과 결과는 동일하다고 알려진다.

165_ 만약 원인과 결과가 다르다면 말과 물소의 경우처럼 양자가 차이를 가진다고 인식되어야 한다. 그런데 원인과 결과 사이에는 차이가 인식되지 않기 때문에 양자는 본질적으로 동일하다. 이에 대하여 원인과 결과의 차이성을 옹호하는 논적은 그렇게 차이가 인식되지 않는 이유가 내속(samavāya) 때문이라고 주장할 수 있다. 하지만 내속 자체가 또다시 실체와 성질과 같은 '내속항(samavāyin) 즉 내속의 관계를 가지는 항'과 관계를 가져야 하기 때문에 무한소급의 오류가 발생한다. 내속에 대한 주석가의 상세한 비판은 <주석 2.2.13>을 참조하시오.

166_ 내속과 내속항들 사이의 관계가 용인되지 않는 경우에는 내속항들이 내속을 가지지 못하므로 내속항들 사이의 관계가 단절되고 마는 부조리한 결말이 생긴다.

태이기 때문에 내속에 결코 의존하지 않은 채로 관계를 가질 것이다.[167] 게다가 실체와 성질 등이 본질의 동일성을 가진다고 알려짐으로 말미암아 내속을 가정하는 것은 무의미하다.

또한 [원인과 결과 사이에 내속을 가정하는 경우에] 어떻게 '전체로서의 실체'[168]로 존재하는 결과가 '부분으로서의 실체'인 원인들에 존재한다는 말인가? 모든 부분들에 존재할 것인가, 아니면 각각의 부분에 존재할 것인가? 먼저 만약 모든 [부분들에] 존재한다면, 그 경우에 전체를 지각하지 못하는 부조리한 결말이 생길 것이다. 모든 부분들과 접촉하는 것이 불가능하기 때문이다.[169] 실로 모든 소재지들에 존재하는 다수성은 개별적인 소재지를 지각하는 것을 통해 파악되지 않는다. 만약 모든 [부분들에] 부분으로 존재한다면, 그 경우에도 산출하는 부분들과는 별도로 '산출하는 부분들에서 전체가 부분으로 존재할 수 있게끔 하는 [새로운] 부분들'을 전체에서 가정해야 한다.[170] 예를 들어

167_ 무한소급을 피하기 위해 내속 자체가 관계의 형태라고 가정한다면, 느야야 학파에서 성질들 가운데 하나로 간주되는 결합(saṃyoga) 자체도 관계의 형태여야 한다. 그리고 결합 자체가 관계의 형태라면 내속에 의존하지 않은 채로 관계를 가질 수 있을 것이다. 하지만 느야야 학파에 따르면 결합이란 반드시 내속에 의존한 채로 관계를 가져야 한다. 따라서 내속이 그 자체로 관계의 형태라고 말할 수는 없다.

168_ 전체로서의 실체(avayavidravya)=부분을 가지는 실체 즉 '실로 이루어진 천'처럼 물질적이고 부분적인 원인으로부터 생겨난 사물.

169_ 느야야 학파에서는 지각을 감각기관과 대상 사이의 접촉(saṃnikarṣa)이라고 정의한다. 그런데 만약 결과가 원인의 모든 부분들에 존재한다면, 결코 그 모든 부분들을 지각할 수 없다. 왜냐하면 감각기관이 그 모든 부분들과 결코 접촉할 수는 없기 때문이다.

170_ 만약 결과가 모든 부분들에 '전체로' 존재하지 않고 '부분으로' 존재한다면, 그 경우에는 산출하는(ārambhaka) 그 부분들 즉 원인의 역할을 하는 그 부분들과는 별도로 새로운 부분들을 결과에서 가정해야 한다. 즉 '원인인 부분들'에 '결과인 전체'가 부분으로 존재하게끔 하기 위해서는 '원인인 부분들'과는 별도로 새로운 부분들을 '결과인 전체'에서 가정해야 한다. 왜냐하면 단지 부분들이 부분들에 존재할 수 있기 때문이다.

칼집의 부분들과는 별도로 [새로운] 부분들을 통해 칼은 칼집을 가득 채운다.[171] 이와 같이 또한 무한소급이라는 부조리한 결말이 생길 것이다. 그 각각의 부분들에 존재하도록 다른 새로운 부분들을 가정해야만 하기 때문이다.[172] 이제 만약 각각의 부분에 존재한다면, 그 경우에 한 곳에서 놓일 때 다른 곳에서는 놓이지 않을 것이다.[173] 예를 들어 데바닷따가 스루그나에 현존한다면 바로 그 날에 빠딸리뿌뜨라에도 현존하지는 못한다.[174] 여러 곳에서 동시적으로 존재하는 경우, 데바닷따는 스루그나에 머물고 야즈냐닷따는 빠딸리뿌뜨라에 머무는 것과 같이, 다수의 [전체들을 가정하는] 부조리한 결말이 생길 것이다.[175]

[전론]: '소'라는 것 등과 같이 [내속의 경우에 전체가] 각각의 개체를 완전히 점유하기 때문에 결함은 없다.

[후론]: 아니다. 그와 같이 인지되지 않기 때문이다. 만약 '소'라는 것 등과 같이 전체가 각각의 개체를 완전히 점유한다면, '소'라는 것이 각각의 개체에서 직접적으로 파악되듯이 마찬가지로 전체도 각각의 부분에서 직접적으로 파악되어야 한다. 하지만 그와 같이 항상 파악되지

171_ A에 B가 존재하기 위해서는 'A의 부분들'과는 별도로 새로운 'B의 부분들'을 가정해야 한다는 것을 정당화하는 예시이다. 칼집을 칼이 완전히 점유하기 위해서는 '칼집의 부분들'과는 별도로 새로운 '칼의 부분들'이 필요하다.

172_ A의 부분들에 전체인 B가 부분으로 존재하도록 A의 부분들과는 다른 새로운 B의 부분들을 가정해야 하고, 바로 그 새로운 B의 부분들에 전체인 B가 존재해야만 A의 부분들에 전체인 B가 존재할 수 있으므로, 또 다시 바로 그 새로운 B의 부분들에 전체인 B가 부분으로 존재하도록 새로운 부분들을 가정해야 한다. 이것이 바로 무한소급이다.

173_ '결과인 전체'가 원인의 한 부분에서만 놓이는(존재하는) 것은 내속을 가정하는 입장에서 바람직하지 못하다.

174_ 스루그나(Srughna)와 빠딸리뿌뜨라(Pāṭaliputra)라는 지역의 명칭은 샹까라의 생존 연대를 파악하는 데 중요한 실마리가 된다.

175_ 만약 '결과인 전체'가 원인의 여러 부분들에서 동시적으로 존재한다고 주장하면, 하나의 전체가 아닌 다수의 전체를 가정해야 하는 오류가 발생한다.

는 않는다. 게다가 각각의 개체를 완전히 점유하는 경우에, 전체는 일에 대한 특권을 가지기 때문에 또 그것(전체)은 하나이기 때문에, 심지어 뿔이 젖의 일을 행하고 가슴이 등의 일을 행할지도 모른다. 하지만 그와 같이 관찰되지는 않는다.[176]

더욱이 생성 이전에 결과가 존재하지 않는 경우에 생성은 동작주체도 가지지 않고 실체도 가지지 않을 것이다. 그러나 '생성'이라고 불리는 것은 동작이다. 그것은 감(가는 것) 등처럼 실로 동작주체를 가져야만 한다. 또한 '동작'이라고 불리는 것이 가능하면서 동작주체를 가지지 않는다면, [이는] 이율배반적일 것이다. '항아리의 생성'을 말하면서 항아리가 동작주체가 아니라면, 그 경우 다른 무언가가 동작주체로 가정되어야만 할 것이다. 마찬가지로 심지어 '[항아리] 반쪽 등의 생성'을 말하면서도 실로 다른 동작주체가 가정되어야 한다.[177] 그리고 그와 같을 경우에는 '항아리가 생성된다'라는 언급이 '도공 등의 원인들이 생성된다'라는 말이어야 한다. 하지만 이 세상에서는 항아리가 생성된다는 언급과 관계하여 도공 등마저 생성되고 있다고는 알려지지 않는다. [도공 등은 항아리가 생성되는 경우에 이미] '생성된 것'이라고 알려지기 때문이다.[178]

176_ 만약 전체가 각각의 부분을 '소'라는 것 등과 같이 '완전히 점유한다면'(parisamāpti), 전체는 각 부분들로써 엉뚱한 일을 행할지도 모른다. 왜냐하면 그 전체는 모든 부분들에 존재하면서도 '하나'인 것이자 모든 부분들에게 일을 부여할 특권을 가지기 때문이다. 이에 따라, 예컨대 소는 자신의 뿔로써 송아지에게 젖을 줄지도 모른다. 하지만 이 세상에서는 그와 같이 관찰되지 않는다.

177_ 심지어 항아리의 두 반쪽을 붙여서 온전한 항아리를 만드는 경우에도 두 반쪽 자체가 동작주체는 아니다. 두 반쪽과는 다른 것이 동작주체로 가정되어야 한다.

178_ 주석가가 주장하는 바는 다음과 같다: '소가 간다'라는 동작에서 소는 '가는 동작(kriyā)'의 동작주체이다. 마찬가지로 '항아리가 생성된다'라는 동작에서도 항아리는 '생성되는 동작'의 동작주체이다. 이에 따라 항아리는 '생성되는 동

이제 만약 생성이란 '[존재하지 않는 것인] 결과'가 '그 자체의 원인이 존재하는 것'과 가지는 관계일 뿐이라고 즉 [결과의] 자체적 성립[179]이라고 한다면, 어떻게 해서 본질적으로 성립(생성)되지 않은 것이 관계를 가질 수 있는지 대답해야만 한다. 실로 관계란 두 존재하는 것들 사이에서 가능하며, 존재하는 것과 존재하지 않는 것 사이나 존재하지 않는 것들 사이에서는 가능하지 않다.[180] 그리고 '존재하지 않는 것'(비존재)이란 언설불가함으로(비실재임으로) 말미암아 '생성 이전에'라며 한계를 만드는 것이 합당하지 않다.[181] 왜냐하면 이 세상에서는 들판 · 집 등의 존재하는 것들이 경계를 가지며, 존재하지 않는 것들은 경계를 가지지 않는다고 관찰되기 때문이다. 예를 들어 '석녀의 아들이 뿌르나바르만의 대관식 이전에 왕이 되었다'라는 이와 같은 유형의 한계를 만든다고 해서, 언설불가한(비실재인) 석녀의 아들이 왕이 되었다거나 된다거나 될 것이라고 한정되지는 않는다. 그리고 만약 '석녀의 아들' 마저 인과적 원인이 작용한 이후에 존재한다면, 그로부터 '[생성 이전에] 비존재인 결과'마저 인과적 원인이 작용한 이후에 존재한다는 [당

작' 이전에 항아리의 물질적 원인(찰흙)으로 미리 존재해야만 그 동작주체일 수 있다. 그런데 만약 '결과가 미리 존재하지 않는다는 이론'에 따라 항아리를 '생성되는 동작'의 동작주체로 간주하지 않는다면, 반드시 다른 동작주체가 가정되어야 한다. 다른 동작주체로는 도공과 같은 원인을 들 수 있다. 그래서 '항아리가 생성된다'라는 말은 곧 '도공 등의 원인들이 생성된다'라는 말이라고 이해될 수 있다. 하지만 이 세상에서는 그렇게 이해되지 않는다. 왜냐하면 도공 등은 항아리가 생성되는 경우에 이미 '생성된 것'(utpanna)으로 존재하고 있기 때문이다.

179_ 자체적 성립(ātmalābha)=자기 생성.

180_ 이와 거의 흡사한 내용을 <브리-우 1.2.1>에 대한 주석가의 주석에서 찾아볼 수 있다.

181_ 비존재(abhāva)란 '언설불가한 것'(nirupākhya) 즉 실재가 아닌 것이기 때문에 그 어떤 한계(maryādā)도 가질 수 없다. 그런데 느야야 학파에서는 '생성 이전에 결과는 미리 존재하지 않는다'라는 식으로 '비존재인 결과'에 대해 '생성 이전에'라며 한계를 만든다. 이는 합당하지 않다.

신의] 경우도 합당할 것이다. 하지만 우리는, 석녀의 아들과 비존재인 결과가 한결같이 존재하지 않기 때문에 석녀의 아들이 인과적 원인이 작용한 이후에 존재하지 않을 것이듯이 마찬가지로 비존재인 결과마저 인과적 원인이 작용한 이후에 존재하지 않을 것이라고 전망한다.

[전론]: 그와 같을 경우에 인과적 원인의 작용이 무의미해지는 부조리한 결말이 생기지 않겠는가? 실로 예컨대, [원인이] 이전에 확립되어 있기 때문에 다만 원인의 본질을 확립하기 위해 아무도 활동하지 않듯이, 마찬가지로 [결과가] 이전에 확립되어 있고 또 그것(원인)과 다르지 않기 때문에 다만 결과의 본질을 확립하기 위해 아무도 활동하지 않을 것이다. 하지만 [사람들은] 활동한다. 결국 인과적 원인의 작용이 의미 있기 위해서는 생성 이전에 결과가 존재하지 않는다고 우리는 생각한다.

[후론]: 그러한 결함은 없다. 인과적 원인의 작용은 원인을 결과의 양상으로 확립(전환)하는 것을 통해 의미를 가질 수 있는 까닭에서이다. 그 자체의 본질이 아닌 것은 산출될 수 없기 때문에 원인은 비록 결과의 양상일지라도 그 본질로서 존재할 뿐이라고 우리는 말했다. 그리고 단순히 특이성이 보인다고 해서 사물의 차이성이 생기지는 않는다. 예를 들어 데바닷따가 손과 발을 수축하거나 손과 발을 확장하는 특이성을 보인다고 해도 사물의 차이성으로 나아가지는 않는다. [언제나] '그' 자신이라고 인지되기 때문이다. 마찬가지로 아버지 등이 매일 다양한 자태로 있더라도[182] 사물의 차이성이 생기지는 않는다. '나의 아버지', '나의 형제', '나의 아들'이라고 인지되기 때문이다.

[전론]: 그 경우에는 생성(태어남)과 절멸(죽음)이 갈라놓지 않음으로 말미암아 [그렇게 인지되는 것이] 합리적이지만, 다른 경우에는 합리적

182_ 아버지 등이 매일 다양한 자태로 있더라도=아버지, 형제, 아들 등이 각자 매일 여러 가지의 다른 자세나 모습을 보이더라도.

이지 않다.[183]

[후론]: 아니다. 심지어 우유 등은 응고된 우유 등의 양상으로 형성되는 동안에 지각 가능하기 때문이다. 심지어 [눈에] 보이지 않는 무화과 나무 씨앗 등에 대해서는, 동일한 종류의 다른 부분(세포)들이 첨가됨으로써 [마침내] 새싹 등의 상태로 [눈에] 보이는 영역에 도달할 때, '생성'이라고 부른다. 바로 그 부분들이 쇠퇴함으로써 [눈에] 보이지 않게 될 때, '절멸'이라고 부른다. 여기서 만약 이와 같은 생성과 절멸이 갈라놓기 때문에 존재하지 않는 것이 존재하는 것이 된다면, 또 존재하는 것이 존재하지 않는 것이 된다면,[184] 그와 같을 경우에 자궁에 있는 [아이와 태어나서] 누워 있는 [아이가] 다르다는 부조리한 결말이 생긴다. 그와 같은 연관에서 [한 사람이] 심지어 소년기, 청년기, 노년기마다 다르다는 부조리한 결말이 생긴다. 또한 '아버지' 등과 [같은 말의] 용법이 철폐되는 부조리한 결말이 생긴다.

이로 말미암아 [불교도의] 찰나 소멸론을 반박할 수 있다.

또다시, 생성 이전에 결과가 존재하지 않는다는 자에게는 인과적 원인의 작용이 대상을 가지지 않게 될 것이다. 존재하지 않는 것이 대상일 수는 없기 때문이다. 허공을 죽일 목적으로 칼 등의 무수한 무기를 사용하는 것과 같다.

[전론]: 인과적 원인의 작용은 내속적(內屬的) 원인[185]을 대상으로 삼을 것이다.

[후론]: 아니다. 어떤 대상을 가지는 '인과적 원인의 작용'이 다른 것

183_ '데바닷따'나 '아버지 등'의 예시에서는 특이성과 특이성 사이를 갈라놓는 생성과 절멸을 고려하지 않았기 때문에 차이성 없이 인지되는 것이 가능하지만, 생성과 절멸을 고려해야만 하는 경우에는 가능하지 않다.

184_ * Nirnaya에는 '또 존재하는 것이 존재하지 않는 것이 된다면'이라는 표현이 등장하지 않는다.

185_ 내속적 원인(samavāyikāraṇa)=흙 등과 같은 물질적 원인.

을 산출함으로 말미암아 확대적용이 생기기 때문이다.[186]

[전론]: 결과란 내속적 원인 그 자체의 본질에 '추가적인 것'이다.

[후론]: 아니다. [그 경우에는] '결과가 미리 존재한다는 것(이론)'에 빠지기 때문이다. 따라서 우유 등의 실체 자체가 응고된 우유 등의 상태로 존재하면서 결과라는 이름을 얻으므로, 결과가 원인과 다르다고는 심지어 백 년 동안에도 확정할 수 없다. 그리고 근원적 원인 그 자체는 최종적 결과에 이르기까지 배우처럼 이러저러한 [모든] 결과의 양상으로 [나타남으로써] 모든 경험작용의 토대가 된다.[187]

이와 같이 추리로부터 결과가 '생성 이전에 존재한다는 것'과 '원인과 동일하다는 것'이 알려진다.

이는 또한 다른 성언으로부터 알려진다.

앞선 수뜨라에서 비존재를 언급하는 성언이 예시되었기 때문에, 다른 성언이란 '그것과는 다르게[188] 존재를 언급하는 성언'이다. [그것은] "얘야, 태초에 이것(세계)은 오직 존재였다. 유일무이한 것이었다."〈찬도 6.2.1〉라는 등이다. "이에 대하여 실로 혹자들은 말한다: 태초에 이것은 단지 비존재였다."〈찬도 6.2.1〉라며 비존재의 입장을 넌지시 알리고 나서 "어떻게 비존재로부터 존재가 태어날 수 있다는 말이냐!"〈찬도 6.2.2〉라고 반박한 뒤에, "얘야, 태초에 이것은 오직 존재였다."〈찬도 6.2.2〉라고 확정한다. 이곳에서 '이것'이라는 말이 지시하는 '생성 이전의 결과'는 '존재'라는 말이 지시하는 원인과 동격 관계를 가진다고 확인되므로, '존재한다는 것'과 '동일하다는 것'이 확립된다. 하

186_ 내속적 원인을 대상으로 삼을 경우에, 물질적인 것(내속적 원인)을 대상으로 가지는 '인과적 원인의 작용'이 물질적이지 않은 다른 것을 산출함으로 말미암아 확대적용(atiprasaṅga)의 오류가 발생하기 때문이다.

187_ 근원적 원인이 모든 결과의 양상으로 나타나는 것은 마치 배우가 분장이나 의상을 통해 여러 배역으로 연기하는 것과 같다.

188_ 그것과는 다르게=비존재를 언급하는 성언과는 다르게.

지만 만약 생성 이전에 결과가 존재하지 않고 나중에 생성되면서 원인에 내속한다면, 그것(결과)은 원인과 다른 것이어야 한다. 이 경우에 "듣지 못한 것을 듣게끔 하고"〈찬도 6.1.3〉라는 그 확언은 침해당할 것이다. 반면에 그 확언은 '존재한다는 것'과 '동일하다는 것'이 알려짐으로써 실증된다.‖18‖

19. 또한 천과 같이, [결과는 원인과 동일하다].

paṭavac ca ‖19‖

또한 예컨대, 접힌 천은 '이것은 천인가, 혹은 다른 물체인가?'라는 [의심 때문에] 선명하게 파악되지 않는다. 바로 그것이 펼쳐지면, 펼침을 통해 접힌 물체가 바로 그 천이라고 명백하게 파악된다. 그리고 예컨대, 접혀 있을 때는 천이라고 파악됨에도 특정한 길이와 넓이가 파악되지 않지만, 바로 그것이 펼쳐질 때는 특정한 길이와 넓이가 파악되면서 접힌 형태와는 다른 그 천이 '상이하지 않은 것'이라고 파악된다. 마찬가지로 천 등의 결과는 실 등의 원인 상태에서 불분명하게 존재하지만, 북 · 베틀 · 직공 등 인과적 원인의 작용을 통해 현현된 채로 분명하게 파악된다.

그러므로 '접힌 천'과 '펼쳐진 천'이라는 바로 그 논리에 따라 결과는 원인과 다르지 않다는 것이 [수뜨라의] 의미이다.‖19‖

20. 또한 예컨대 쁘라나 등과 [같이, 결과는 원인과 동일하다].

yathā ca prāṇādi ‖20‖

또한 예컨대 이 세상에서는, 호흡 조절을 통해 쁘라나, 아빠나 등[189] 생기의 변형들이 멈춘 채 단순한 원인의 형태로 존재하는 경우, 수축과 팽창 등 다른 결과는 이어지지 않고 단지 생명이라는 결과만 이어진다. 바로 그 생기의 변형들이 다시 작용하는 경우, 생명과 더불어 수축과 팽창 등 다른 결과마저도 이어진다.[190] 또한 생기의 변형들은 비록 [그 각각이] 구분될지라도 생기 [그 자체와] 다르지 않다. 한결같이 공기를 본질로 하기 때문이다. 마찬가지로 결과는 원인과 다르지 않다.

그러므로 또한 모든 세계는 브라흐만의 결과이고 또 그것과 다르지 않기 때문에 저 계시서의 확언인 "듣지 못한 것을 듣게끔 하고 생각하지 못한 것을 생각하게끔 하고 인식하지 못한 것을 인식하게끔 하는" 〈찬도 6.1.3〉이라는 것이 실증된다.‖20‖

{ 7. '다른 것에 대한 언급'이라는 주제: 수뜨라 21-23 }

21. [의식체로부터 세계가 창조된다고 받아들인다면] 유익한 것 등을 행하지 않는 결함들이 수반된다; 다른 것(육화된 자)에 대한 언급 때문이다.[191]

189_ 쁘라나, 아빠나 등=쁘라나, 아빠나, 브야나, 우다나, 사마나. 5가지 숨의 기능에 관해서는 <주석 2.4.12> 참조.

190_ 간단하게 말해, '호흡 조절'(prāṇāyāma)을 통해 모든 숨을 멈출 때 수축과 팽창 등의 육체적 활동마저 멈추지만 생명 그 자체는 지속된다. 그리고 숨을 다시 쉴 때는 육체적 활동도 다시 되살아난다.

191_ 이 수뜨라의 뜻은 다음과 같다: 브라흐만(의식체) 원인론을 받아들이는 경우, 계시서에서 '다른 것' 즉 '브라흐만 그 자체인 개별자아'를 언급하는 이상, 그 자립적인 개별자아는 마치 창조주처럼 오직 유익한 것을 행해야만 한다. 하지만 이 세상에서는 개별자아가 유익한 것을 행하지 않고 유해한 것을 행한다고 관찰된다. 따라서 브라흐만 그 자체인 개별자아가 유익한 것을 행하지 않는 결함이 수반되므로 브라흐만 원인론을 받아들여서는 안 된다.

itaravyapadeśād dhitākaraṇādidoṣaprasaktiḥ ‖21‖

[전론]: 이제 다른 방식으로 '의식체 원인론'을 반박한다. 실로 의식체로부터 세계가 창조된다고 받아들인다면 유익한 것 등을 행하지 않는 결함들이 수반된다.

어떤 근거에서? 다른 것에 대한 언급 때문이다. 계시서는 다른 것 즉 육화된 자가 '브라흐만으로서의 아뜨만'이라고 언급한다. "그것은 아뜨만이다. 슈베따께뚜여, 그것이 너이다."〈찬도 6.8.7〉라고 일깨우기 때문이다. 그렇지 않으면, [계시서는] 다른 것 즉 브라흐만이 육화된 아뜨만이라고 언급한다. "그것(모든 것)을 창조하고 나서, 바로 그것에 그는 들어갔다."〈따잇 2.6.1〉에서, 바로 그 창조주로서 변형을 겪지 않는 브라흐만이 결과에 들어감으로써 육화된 아뜨만이 되는 것을 보여주기 때문이다. 또한 "그러한 개별자아로써 즉 [나의] 아뜨만으로써 [이러한 세 신격들에] 들어가, 명칭과 형태를 전개하리라.'"〈찬도 6.3.2〉에서, 지고한 신이 '개별자아'와 '아뜨만'이라는 말로 지시됨으로써 육화된 자가 브라흐만과 상이하지 않다는 것을 보여준다. 따라서 브라흐만에 대해 '창조주'라고 하는 것은 바로 그 육화된 자에 대해 ['창조주'라고 하는 것과 다르지 않다].

결국 이로부터[192] 자립적인 행위주체로 존재하는 것(육화된 자)은 '태어남 · 죽음 · 늙음 · 병듦 등 다양한 해악 덩어리 즉 유해한 것'이 아니라 '자신에게 만족을 일으키는 것 즉 유익한 것' 그 자체를 만들어야 한다. 왜냐하면 자유로운 자라면 아무도 자신의 감옥을 만든 뒤에 [그곳에] 들어가지는 않기 때문이다. 또한 그 자체로 지극히 순수하게 존재

192_ * Samata에 '결국 이로부터'(ataś ca)라는 표현이 등장하는 것과 달리, Nirnaya에는 '이로부터 … 그것(육화된 자)은'(ataḥ sa)이라는 표현이 등장한다.

하는 것(육화된 자)은 지극히 불순한 육체를 자신으로 인정하지 않는다. 여하튼 괴로움을 일으키는 것을 만들었다손 치더라도 의지에 따라 그것을 버릴 것이다. 그리고 즐거움을 일으키는 것을 받아들일 것이다. 게다가 [육화된 자는] '이 황홀한 구체(球體)로서의 세계를 내가 산출했다.'라고 기억할 것이다. 왜냐하면 모든 사람들은 결과를 만든 뒤에 '내가 이것을 만들었다.'라고 분명하게 기억하기 때문이다. 더욱이 예컨대 환술사가 스스로 펼친 환술을 전혀 어렵지 않게 의지에 따라 철회하듯이, 마찬가지로 육화된 자도 이 창조를 철회할 수 있다. [하지만] 육화된 자는 심지어 스스로의 육체에 관해서도 쉽게 철회할 수가 없다.

이처럼 유익한 것 등을 실행하는 것이 관찰되지 않기 때문에 의식체로부터 세계가 창조된다는 것은 비논리적이라고 이해된다.‖21‖

22. 하지만 [육화된 자보다] 더 위대한 [브라흐만이 창조주이다]; [계시서가] 차이를 지시하기 때문이다.

adhikaṃ tu bhedanirdeśāt ‖22‖

[후론]: '하지만'이라는 말은 전론을 배제한다. '전지하고 전능하며 영원·순수·자각·자유를 본질로 하고 육화된 자보다 더 위대하며 [육화된 자와는] 다른 브라흐만'이 세계의 창조주라고 우리는 말한다. 그것(브라흐만)에게는 유익한 것 등을 행하지 않는 결함들이 수반되지 않는다. 실로 그것에게는 행해야만 하는 그 어떤 유익한 것도 없고, 혹은 피해야만 하는 그 어떤 유해한 것도 없다. 영원한 자유를 본질로 하기 때문이다. 또한 그것에게는 지식의 장애나 내재력의 장애가 그 어떤 경우에도 없다. 전지하기 때문이고, 또 전능하기 때문이다. 반면에 육화된 자는 이와 같은 종류의 [존재가] 아니다. 그것에게는 유익한 것 등을 행하지 않는 결함들이 수반된다. 결국 우리는 그것(육화된 자)을

세계의 창조주라고 말하지 않는다.

어찌하여 그러한가? 차이를 지시하기 때문이다. "여보 [마이뜨레이여], 실로 아뜨만을 보아야만 하고 들어야만 하고 숙고해야만 하고 깊이 명상해야만 합니다."〈브리 2.4.5〉, "그것을 추구해야만 하고, 그것을 탐구해야만 한다."〈찬도 8.7.1〉, "얘야 … 그 경우에 존재와 융합하게 된다."〈찬도 6.8.1〉, "최상의 지성인 아뜨만이 올라앉은 이 육화된 아뜨만은"〈브리 4.3.35〉이라는 이러한 유형의 [계시들은] 행위주체 · 행위 등의 차이를 지시하면서 브라흐만이 개별자아보다 더 위대하다는 것을 보여준다.

[전론]: "그것이 너이다."라는 이러한 유형의 [계시들은] 심지어 무(無)차이를 지시하는 것으로 제시되었지 않는가? 어떻게 모순되는 차이와 무차이가 [동시에] 가능할 수 있다는 말인가?

[후론]: 그러한 결함은 없다. '우주적 공간'[193]과 '항아리 속의 공간'이라는 논리에 따라 양자가 가능하다는 것을 여기저기에서 정초했기 때문이다.

더 나아가 무차이를 지시하는 "그것이 너이다."라는 이러한 유형의 [계시를] 통해 무차이를 깨닫게 되는 경우에 '개별자아가 윤회하는 것'과 '브라흐만이 창조하는 것'은 사라지고 만다. 거짓된 지식에 의해 노출된 '차이에 관한 모든 경험작용'이 참된 지식을 통해 지양되기 때문이다. 그 경우 실로 어디에 창조가 있겠고, 또 어디에 유익한 것 등을 행하지 않는 결함들이 있겠는가? '유익한 것 등을 행하지 않는 것'으로 지시되는 윤회란, 실로 '무지에 의해 가공된 명칭과 형태가 만드는 신체와 기관의 집합체인 한정자'에 대한 무분별이 야기한 착오일 뿐, 실

193_ * Samata에 '우주적 공간'(mahākāśa-)이라는 표현이 등장하는 것과 달리, Nirnaya에는 '공간'(ākāśa-)이라는 표현이 등장한다.

재적으로는 존재하지 않는다고 우리는 수차례 언급했다. 태어남, 죽음, 잘림, 깨짐 등의 자기가정과 같다.[194] 하지만 차이에 관한 경험작용이 지양되지 않은 경우에는, "그것을 추구해야만 하고, 그것을 탐구해야만 한다."라며 차이를 지시하는 이러한 유형의 [계시들을] 통해 브라흐만의 위대성이 이해되고, [이로부터 브라흐만에] 유익한 것 등을 행하지 않는 결함들이 수반되는 것은 배격된다.[195]‖22‖

23. 또한 돌 등처럼, 그것은 [즉 논적이 추정한 결함들은] 합당하지 않다.

aśmādivac ca tadanupapattiḥ ‖23‖

또한 예컨대 이 세상에서는, 비록 돌들이 '흙'이라는 것에 공통적으로 귀속될지라도,[196] 어떤 것들은 금강석 · 청금석(青金石) 등 매우 귀중한 보석이고 다른 것들은 일장석(日長石) 등 보통의 효용을 가지고 또 다른 것들은 개나 까마귀에게 던져줄 만한 버려진 돌이므로, 수많은 종류의 다양성이 관찰된다. 또한 예컨대, 비록 많은 종류의 씨앗들이 동일한 흙에 의존할지라도, 백단향 · 마전(馬錢) 등에서 잎 · 꽃 · 열매 · 냄새 · 맛 등의 다양성이 관찰된다. 또한 예컨대, 비록 음식의 맛이 동일할지라도, 피 등과 머리카락 · 털 등의 다양한 결과물들이 초래된다.

194_ 예를 들어 '나는 죽는다'라고 자기가정을 하는 경우에, 죽음이란 한정자인 육체와 관계할 뿐이므로 실재적으로는 존재하지 않는다. 윤회의 일부분인 죽음은 단지 한정자에 대한 무분별이 야기한 착각에 지나지 않는다.

195_ 차이에 관한 경험작용이 남아 있는 한, 개별자아와 브라흐만의 차이를 지시하는 계시들은 브라흐만의 위대성을 알려주는 것으로서 충분히 유용하다.

196_ 비록 돌들이 '흙'이라는 것에 공통적으로 귀속될지라도=비록 모든 돌들이 예외 없이 '흙'이라는 원소로 이루어져 있을지라도.

마찬가지로 비록 브라흐만은 동일할지라도 '개별자아와 최상의 지성[197]으로 분리하는 것'과 '결과의 다양성'이 합당하므로, 이로부터 그것은 합당하지 않다. 논적이 추정한 결합들이 합당하지 않다는 뜻이다.

게다가 '계시서의 진리성 때문에', 또 '변형이란 단지 언어에 기원(근거)하기 때문에',[198] 또 '꿈에서 보일 수 있는 존재들의 다양성처럼'[199]이라는 [3가지가] 추가적 [논거]이다.[200]‖23‖

{ 8. '모으는 것을 봄'이라는 주제: 수뜨라 24-25 }

24. 만약 모으는 것을 보기 때문에 [즉 이 세상에서 여러 인과적 원인들을 모으고 그것들을 통해 결과를 만든다고 관찰되기 때문에 의식체인 브라흐만은 세계의 원인이] 아니라고 한다면, 아니다; 왜냐하면 우유처럼 [다양하게 전변하는 것이 합당하기] 때문이다.

upasaṃhāradarśanān neti cen na kṣīravad dhi ‖24‖

197_ '최상의 지성'(prājña)=신 또는 지고한 아뜨만. 'prājña'라는 말은 가끔 신의 전지성에 대비하여 개별자아의 미미한 지성을 가리키는 데도 쓰인다. 하지만 여기서는 최고의 지성을 가진 존재를 가리킨다.

198_ <찬도 6.1.4> 참조: "[찰흙의] 변형이란 언어에 기원(근거)하고 있으며 명칭 자체이고 오직 찰흙이라는 것만이 실재이다."

199_ 꿈에서는 비록 꿈을 꾸는 사람이 동일할지라도 다양한 존재들이 보인다.

200_ 수뜨라의 'ca'(또한)를 독립적으로 읽으면, 수뜨라는 "돌 등처럼, 또한 [추가적 논거 때문에], 그것은 [즉 논적이 추정한 결합들은] 합당하지 않다."라고 풀이될 수 있다. 이 경우에 '계시서의 진리성 때문에'를 비롯한 3가지가 바로 그 추가적 논거이다.

[전론]: 유일하고 제2자를 가지지 않는 의식체로서의 브라흐만이 세계의 원인이라고 주장한 것은 합당하지 않다.

무엇 때문에? 모으는 것을 보기 때문이다. 실로 여기 이 세상에서는, 항아리 · 천 등을 만드는 자인 도공 등이 찰흙 · 막대기 · 바퀴 · 실 · 물[201] 등 여러 인과적 원인들을 모으고 그 모은 수단들을 통해 이러저러한 결과를 만든다고 관찰된다. 그러나 당신은 브라흐만이 보조자를 가지지 않는다고 의도하는데, 그것(브라흐만)이 다른 수단들을 채택하지 않는 경우에 어떻게 창조주가 될 수 있을 것이란 말인가? 따라서 브라흐만은 세계의 원인이 아니다.

[후론]: 그러한 결함은 없다. 우유처럼 실체가 가지는 특정한 본질로 말미암아 [그것이] 합당한 까닭에서이다. 실로 예컨대, 이 세상에서 우유나 물이 외부적 수단에 의존하지 않은 채 단지 그 자체로 응고된 우유나 얼음의 상태로 전변하듯이, 이 경우에도 그와 같이 가능하다.

[전론]: 우유 등조차 응고된 우유 등의 상태로 전변하면서 열 등의 외부적 수단에 분명 의존하지 않는가? 어떻게 해서 "왜냐하면 우유처럼 [다양하게 전변하는 것이 합당하기] 때문이다."라고 말하는가?

[후론]: 그러한 결함은 없다. 왜냐하면 어떤 전변이든지 간에 우유가 단지 그 자체로 전변의 진행을 겪고, 또 얼마만큼의 전변이든지 간에[202] 단지 그런 만큼 열 등은 우유의 상태를 촉진하기 때문이다. 그리고 만약 [우유가] 응고된 우유 상태의 성향을 그 자체로 가지지 않는다면, 심지어 열 등을 통해서도 결코 강제로 응고된 우유 상태가 되지는 않을 것이다. 예를 들어 공기나 에테르는 열 등을 통해 강제로 응고된 우유 상태가 되지 않는다.

201_ * '물'(-salila-)이라는 표현은 Samata에만 추가로 등장한다.

202_ 얼마만큼의 전변이든지 간에=전변의 진행에서 우유가 그 자체로 얼마만큼의 전변을 겪든지 간에.

그리고 그것(우유)은 수단들을 결집함으로써[203] 온전함에 도달한다. 반면에 브라흐만은 [그 자체로] 온전한 권능(힘)을 가진다. 그것(브라흐만)은 다른 그 어떤 것을 통해 온전함에 도달할 필요가 없다. 또한 계시서도 "그에게는 신체도 감관도 없다. 그와 동등한 것도 그를 능가하는 것도 보이지 않는다. 그의 지고한 권능은 실로 다양하다고 들린다. 또한 그가 지식을 행하는 것과 권위를 행하는 것은 자발적이다."〈슈베 6.8〉라고 한다.

그러므로 비록 브라흐만은 유일할지라도 다양한 권능의 덕택으로 우유 등처럼 다양하게 전변하는 것이 가능하다.‖24‖

25. [만약 의식체가 외부적 수단 없이 전변하는 것은 불가능하다고 한다면], 이 세상에서는, 신격 등과 같은 [이들이] 심지어 [의식체임에도 그 자체로 창조한다고 알려진다].

devādivad api loke ‖25‖

[전론]: 이러할 수도 있다. 비의식체인 우유 등이 심지어 외부적 수단에 의존하지 않은 채 응고된 우유 등으로 되는 것은 가능하다. 관찰되기 때문이다. 그 반대로 의식체인 도공 등은 오직 결집된 수단에 의존한 채 이러저러한 결과로 나아간다고 관찰된다. 어떻게 의식체로 존재하는 브라흐만이 보조자 없이 [결과로] 나아갈 수 있다는 말인가?

[후론]: '신격 등과 같은'이라고 우리는 말한다. 예컨대 이 세상에서는, 신격들 · 조상들 · 성자들 등등과 같이 위대한 힘을 가진 이들이, 심지어 의식체로 존재함에도 그 어떤 외부적 수단에 결코 의존하지 않은 채 탁월한 권능의 덕택으로 단순히 의욕을 통해 바로 그 자체로 여

203_ 수단들을 결집함으로써=수단들의 협조를 얻음으로써.

러 다양한 형상의 신체들 · 궁전들 · 마차들 등을 창조한다고, 만뜨라, 아르타바다(의미진술), 이띠하사(서사집), 뿌라나(전설집)의 전거(典據)로부터 알려진다. 또한 거미는 바로 그 자체로 줄을 뿜어낸다. 학 암컷은 정자가 전혀 없어도 임신한다. 그리고 연꽃 대는 움직이는 그 어떤 수단에도 의존하지 않은 채 한 연못에서 다른 연못으로 움직인다. 마찬가지로 비록 브라흐만은 의식체일지라도 외부적 수단에 결코 의존하지 않은 채 바로 그 자체로 세계를 창조할 것이다.

어쩌면 그(전론자)는 [이렇게] 말할지도 모른다.

[전론]: 브라흐만에 대한 예시로 수용된 이러한 신격 등은 '예시되는 것'(예시의 대상)인 브라흐만과 유사하지 않다. 왜냐하면 신격 등이 가진 비의식체인 신체 자체는 다른 신체 등[204]을 위한 권능이 생성되는 데 물질적 원인인 반면에, 의식체인 아뜨만은 물질적 원인이 아니기 때문이다. 또한 거미의 경우에는 더 작은 벌레를 먹어 침이 굳어지게 됨으로써 줄이 생긴다. 학 암컷은 천둥을 들음으로써 임신한다. 그리고 연꽃 대는 나무의 덩굴처럼 의식이 주어진 채 비의식체 그 자체인 신체를 통해 한 연못에서 다른 연못으로 움직일 뿐,[205] 비의식체가 단지 그 자체로[206] 다른 연못으로의 움직임을 이끌지는 않는다. 따라서 이것들은 브라흐만에 대한 예시가 아니다.

그에게 대답해야 한다.

204_ 다른 신체 등=여러 다양한 형상의 신체들 · 궁전들 · 마차들 등.

205_ 식물인 덩굴이 나무를 기어오르는 것은 의식과 연계된 신체(비의식체)의 작용이다. 마찬가지로 식물인 연꽃 대도 의식과 연계되어야 움직이지만, 실제로 움직이는 것은 비의식체인 바로 그 연꽃 대의 신체 그 자체이다.

206_ * '비의식체가 단지 그 자체로'에 대한 <주석>의 원문은 'svayam evācetanā'이다. 이 원문을 'svayam eva cetanā'의 오기(誤記)라고 간주할 수 있다. 후자를 따를 경우, 그 뜻은 '의식체가 단지 그 자체로'이다. 맥락을 고려한다면 후자가 더 적합할 것이다.

[후론]: 그러한 결함은 없다. 도공 등의 예시와 단지 상이하다는 것을 말하고자 했기 때문이다. 실로 도공 등과 신격 등이 공통적으로 의식체일 경우에 도공 등은 결과를 산출할 때 외부적 수단에 의존하지만 신격 등은 의존하지 않듯이, 마찬가지로 브라흐만은 비록 의식체일지라도 외부적 수단에 의존하지 않는다. 이러한 만큼이 우리가 신격 등에 대한 예시를 통해 말하고자 하는 바이다.

그러므로 '한 경우에 적절함이 보이는 바대로 심지어 모든 경우에도 그러해야만 한다는 것'은 절대적이지 않다고[207] [우리는] 의도한다. ‖25‖

{ 9. '전체의 수반'이라는 주제: 수뜨라 26-29 }

26. [만약 브라흐만이 그 자체로 전변한다면], 전체의 수반이라는 [즉 브라흐만의 전체가 결과의 형태로 전변한다는 결말이 생기고] 혹은 '부분을 가지지 않음' 등의 성언이 침해된다.

kṛtsnaprasaktir niravayavatvaśabdakopo vā ‖26‖

유일하고 제2자를 가지지 않는 의식체로서의 브라흐만이 우유 등처럼 또 신격 등처럼 외부적 수단에 의존하지 않은 채 그 자체로 전변함으로써 세계의 원인이 된다는 것을 확립했다. 하지만 성전의 의미를 명료화하기 위해 또 다시 [그러한 입장을] 반박한다.

207_ 앞서 전론자는 의식체인 도공 등이 오직 결집된 수단에 의존한 채 이러저러한 결과로 나아간다고 주장한 바 있다. 하지만 이러한 하나의 경우에 적절함(sāmarthya)이 살펴진다고 해서 신격 등과 같은 경우에나 브라흐만의 경우에도 그러한 적절함이 반드시 살펴진다고 간주하는 것은 올바르지 않다.

[전론]: '브라흐만의 전체가 결과의 형태로 전변하는 것' 즉 전체의 수반이라는 결말이 생긴다. [브라흐만은] 부분을 가지지 않기 때문이다. 만약 브라흐만이 흙 등처럼 부분을 가진다면, 그 경우에 그것의 한 부위는 전변을 겪고 다른 부위는 남아 있을 것이다. 하지만 브라흐만은 부분을 가지지 않는다고 계시서들로부터 알려진다. "부분이 없고 동작이 없으며 평온이고 과실이 없으며 오점이 없는 그를!"〈슈베 6.19〉, "뿌루샤는 실로 신성하고 형상이 없으며, 실로 안과 밖 모두이고 생성되지 않은 것이며"〈문다 2.1.2〉, "이 위대한 존재는 무한이고 무한정이며 인식 덩어리일 뿐입니다."〈브리 2.4.12〉, "그러한 이 아뜨만은 이러한 것도 아니고 그러한 것도 아닙니다."〈브리 3.9.26〉, "그것은 광대하지도 않고 미세하지도 않으며"〈브리 3.8.8〉라는 등은 모든 차이(특성)를 부정한다. 이로부터 또한, 한 부위에서 전변이 불가능함으로 말미암아 전체의 전변이 수반되는 경우에, 근원이 붕괴되는 부조리한 결말이 생길 것이다.[208] 그리고[209] [브라흐만에 대해] '보아야만 하는 것'이라고 가르치는 것이 무의미해지는 곤란에 빠진다.[210] [브라흐만의] 결과가 노력 없이도 보이기 때문이고, 또 그것(결과)과는 별도의 브라흐만이 불가능하기 때문이다. 결국 [브라흐만과 관계하는] '생성되지 않은 것' 등의 성언이 침해된다.

만약 이러한 결함을 회피하려는 의도에서 단지 부분을 가지는 브라흐만을 용인한다면, 그 럼에도 부분을 가지지 않는다는 것을 제시하기

208_ 부분을 가지지 않는 브라흐만이 그 전체로서 전변을 겪는다면, 실재 그 자체인 브라흐만에서 '근원이 붕괴되는'(mūla-uccheda) 심각한 결함이 초래되고 만다.

209_ 전체의 전변이 수반되는 경우에 발생하는 또 다른 문제점을 이어나간다.

210_ * Nirnaya에는 'āpannam'(곤란에 빠진다)이라는 과거분사 형태의 술어가 등장하고, Samata에는 'āpadyeta'(곤란에 빠질 것이다)라는 원망법 동사 형태의 술어가 등장한다.

위해 예시된 성언들이 침해될 것이다. 그리고 부분을 가지는 경우에는 무상함이라는 부조리한 결말이 생긴다.

[따라서] 그러한 입장은[211] 모든 면에서 어우러질 수 없다고 반박된다.‖26‖

27. 하지만 계시됨으로 말미암아 [그러한 결함들은 없다]; [브라흐만이] 성언을 근원(지식수단)으로 하기 때문이다.

śrūtes tu śabdamūlatvāt ‖27‖

[후론]: '하지만'이라는 말은 반박을 물리친다. 실로 우리의 입장에는 그 어떤 결함조차도 없다.

먼저 전체의 수반이 없다. 어떤 근거에서? 계시되기 때문이다. 실로 브라흐만으로부터 세계가 생성된다고 바로 그렇게 계시되듯이, 심지어 변형물(變形物)과는 별도로 브라흐만이 남아 있다고도 계시된다. "그러한 이 신은 '자, 나는, 그러한 개별자아로써 즉 [나의] 아뜨만으로써 이러한 세 신격들에 들어가, 명칭과 형태를 전개하리라.'라고 마음으로 바라보았다."〈찬도 6.3.2〉, "그러한 만큼이 그(가야뜨리)의 위대성이지만, 그보다 더 위대한 것이 또 뿌루샤이도다. 모든 존재들은 그의 한 발이고, 천상에서 불멸인 그의 세 발."〈찬도 3.12.6〉이라는 이러한 유형의 [계시들로부터] 원형물과 변형물의 차이가 언급되기 때문이다. 또한 심장을 처소로 한다는 글귀 때문이고, 또 존재와 융합한다는 글귀 때문이다. 게다가 만약 브라흐만의 전체가 결과의 형태로 나아간다면, "얘야, [이 사람이 '잠잔다'라고 말할 때], 그 경우에 존재와 융합하

211_ 그러한 입장은=브라흐만이 그 자체로 전변함으로써 세계의 원인이 된다는 입장은.

게 된다."〈찬도 6.8.1〉에서 숙면에 존재하는 특별성은 합당하지 않게 될 것이다. 변형된 브라흐만과 영원히 융합하기 때문이고, 또 변형되지 않은 브라흐만은 존재하지 않기 때문이다.[212] 그리고 브라흐만이 감관에 지각된다는 것은[213] 부정되기 때문이고, 또 변형물이 감관에 지각된다는 것은 합당하기 때문이다. 따라서 변형되지 않은 브라흐만은 존재한다.

또한 부분을 가지지 않는다는 성언이 침해되지도 않는다. 실로 계시됨으로 말미암아 부분을 가지지 않는 [브라흐만] 역시 용인되기 때문이다.

'성언을 근원으로 함'이란 브라흐만이 감관 등을 지식수단으로 하지 않고 성언을 지식수단으로 한다는 것이다. 이는 성언이 [전하는] 바대로 용인되어야만 한다는 것이다. 그리고 성언은 브라흐만에 대해 '전체의 수반이 없음'과 '부분을 가지지 않음'이라는 두 가지 모두를 증명한다. 심지어 보석 · 만뜨라 · 약초를 비롯한 세속적인 것들도 공간 · 시간 · 계기의 다양성으로 말미암아 상충되는 여러 결과들과 관계하는[214] 힘을 가진다고 관찰된다. 바로 그것(힘) 자체는, '이러한 사물은 이러한 만큼의 힘을 가지고 이러한 것의 도움을 받으며 이러한 것을 대상으로 삼고 이러한 것을 목적으로 한다'는 가르침이 없이 오로지 논리만으로 이해될 수 없다. '불가사의한 본질을 가지는[215] 브라흐만'

212_ 개별자아는 숙면 이전에 브라흐만(존재)과 분리되어 있다가 숙면에서 브라흐만과 융합한다. 즉 개별자아는 숙면에서 '변형되지 않은' 브라흐만과 '임시적으로' 융합한다. 바로 이 점이 숙면에 존재하는 특별성(viśeṣaṇa)이다. 그러나 만약 브라흐만이 그 전체로 전변을 겪는다면, 변형되지 않은 브라흐만은 존재하지도 않고 또 개별자아는 오직 '변형된' 브라흐만과 '영원히' 융합한 상태로 있기 때문에, 계시를 통해 알려지는 숙면의 그 특별성이 합당하지 않게 된다.

213_ * '감관에 지각된다는 것은'(indriya-gocaratva)이라는 표현은, 글자 그대로 풀이할 경우에 '감관의 영역에 속한다는 것은'이라는 뜻이다.

214_ 상충되는 여러 결과들과 관계하는=상충되는 여러 결과들을 낳는.

의 특성이 성언 없이는 확정될 수 없다는 것은 얼마나 더 그러하겠는가! 또한 마찬가지로 뿌라나(전설집)의 저자들은 말한다. "실로 불가사의한 존재들에 대해서는 논리가 적용될 수 없다. 그리고 원형물들을 넘어서는 것이야말로 불가사의한 [존재의] 징표이다." 따라서 초감각적인 대상의 진정한 본질은 오직 성언을 근원으로 해서 알려진다.

[전론]: 바로 그 성언이 '모순되는 내용'을 즉 '부분을 가지지 않는 브라흐만이 전변하되 그 전체로서 전변하지는 않는다는 것'을 전달할 수는 없지 않는가? 만약 브라흐만이 부분을 가지지 않는다면, 결코 전변하지 않을 것이거나 오직 전체로서 전변할 것이다.[216] 이제 만약 [브라흐만이] 어떤 양상에서는 전변하고 또 어떤 양상에서는 남아 있다면, 양상의 차이를 가정함으로 말미암아 [브라흐만이] 한갓 부분을 가지는 것이라는 부조리한 결말이 생길 것이다. 실로 행위와 관계하여 즉 '아띠라뜨라에서 소마 잔을 잡는다', '아띠라뜨라에서 소마 잔을 잡지 않는다'라는 이러한 유형에서 다만 모순이 알려지는 경우에는 모순을 피하는 방편으로 하나를 선택하게 된다. 실행이란 사람에 의존하기 때문이다. 하지만 이 경우에는 심지어 하나를 선택하더라도 모순을 피하는 것이 불가능하다. 사물은 사람에 의존하지 않기 때문이다. 따라서 이 [모순을 피하는 것은] 어렵다.

[후론]: 그러한 결함은 없다. 양상의 차이란 무지에 의해 상상된 것이라고 용인되기 때문이다. 실로 무지에 의해 상상된 양상의 차이를 통해 [어떤] 사물이 부분을 가지는 것이 되지는 않는다. 예를 들어 복시증(複視症)에 걸린 눈을 통해 달이 마치 여러 개인 듯 보인다고 해서 [달

215_ 불가사의한 본질을 가지는(acintya-svabhāva)=불가사의한 힘을 가지는.

216_ 부분을 가지지 않는 브라흐만이 전변하지 않는다고 주장하거나 오직 전체로서 전변한다고 주장해야 할 뿐, 그 브라흐만이 전변하되 전체로서 전변하지는 않는다고 주장할 수는 없다.

이] 바로 그 여러 개로 되지는 않는다.

그리고 '무지에 의해 상상되고, 전개되거나 전개되지 않은 본질을 가지며, 실재라고도 다른 것이라고도 말할 수 없는 명칭과 형태'로 지시되는 양상의 차이로 말미암아, 브라흐만은 전변 등 모든 경험작용의 토대라고 간주된다. 하지만 실재적인 양상에서 [브라흐만은] 모든 경험작용을 초월하고 전변하지 않은 상태로 있다. 게다가 무지에 의해 상상된 명칭과 형태의 차이란 단지 언어에 근거(기원)하기 때문에, 브라흐만이 부분을 가지지 않는다는 것을 침해하지 않는다. 더욱이 전변에 관한 그러한 계시는 전변을 제시하려는 목적을 가지지 않는다. 그것을 취할 때[217] 결과를 얻지 못하기 때문이다. 반면에 그러한 [계시는] '모든 경험작용을 결여하는 브라흐만이 곧 [모든 것의] 아뜨만이라는 것'을 제시하려는 목적을 가진다. 이것을 취할 때[218] 결과를 얻기 때문이다. "그러한 이 아뜨만은 이러한 것도 아니고 그러한 것도 아닙니다."〈브리 3.9.26〉라고 시작한 뒤에 "자나까여, 당신은 실로 두려움이 없음에 도달했습니다."〈브리 4.2.4〉라고 말한다.

그러므로 우리의 입장에는 그 어떤 결함조차도 수반되지 않는다. ‖27‖

28. [유일한 브라흐만에서 전혀 본질에 해가 없이 무수한 양상이 창조될 수 있다]; 왜냐하면 아뜨만에서도 또한 그와 같고, 또 [이 세상에서도 그와 같이] 다양한 것들이 [창조되기] 때문이다.

ātmani caivaṃ vicitrāś ca hi ‖28‖

217_ 그것을 취할 때=전변을 제시하려는 목적을 가진다고 이해할 때.

218_ 이것을 취할 때='모든 경험작용을 결여하는 브라흐만이 곧 [모든 것의] 아뜨만이라는 것'을 제시하려는 목적을 가진다고 이해할 때.

더 나아가 이 경우에는 '어떻게 유일한 브라흐만에서 전혀 본질에 해가 없이 무수한 양상(형태)이 창조될 수 있다는 말인가?'라고 결코 말해서는 안 된다. 꿈을 보는 유일한 아뜨만에서마저 전혀 본질에 해가 없이 무수한 양상이 창조된다고 언급하는 까닭에서이다. "거기에는 마차들이 없고 말들도 없으며 길들도 없습니다. 이제 그는 마차들과 말들과 길들을 창조합니다."〈브리 4.3.10〉라는 등에서이다. 또한 이 세상에서는, 신격 등과 환술사 등에서 전혀 본질에 해가 없이 다양한 코끼리, 말 등이 창조된다고 알려진다.

이와 같이, 비록 브라흐만은 유일할지라도, 전혀 본질에 해가 없이 무수한 양상을 창조하는 것이 가능하다.‖28‖

29. 또한 [논적들] 자신의 입장에 [그러한] 결함이 [수반되는 것은 동일하기] 때문에, [둘 중의 한 입장에 대해 책임을 지워서는 안 된다].

svapakṣadoṣāc ca ‖29‖

논적들에게도 또한 자신의 입장에 그러한 결함이 동일하게 [수반된다]. 실로 '부분이 없고 제한이 없으며 소리 등을 결여하는 쁘라다나'가 '부분이 있고 제한이 있으며 소리 등을 가지는 결과'의 원인이라는 것이 바로 그 쁘라다나주의자 자신의 입장이다. 심지어 그 경우에도 쁘라다나가 부분을 가지지 않음으로 말미암아 전체의 수반이라는 결말이 생기고 혹은 부분을 가지지 않는다는 주장이 침해된다.

[전론]: 그들은[219] 쁘라다나가 부분을 가지지 않는다고는 결코 용인하지 않지 않는가? 실로 삿뜨바 · 라자스 · 따마스라는 세 가지 구나(속성)들이 있고,[220] 그것들의 균형 상태가 쁘라다나이며, 바로 그러한 부

219_ 그들은=쁘라다나주의자들은 또는 상크야 학자들은.

분들로 말미암아 그것(쁘라다나)은 부분을 가진다.

[후론]: 그와 같은 유형의 '부분을 가지는 것'을 통해서는 논의하고 있는 결함을 피할 수 없다. 삿뜨바 · 라자스 · 따마스조차도 그 하나하나가 '부분을 가지지 않음'은 동일한 까닭에서이다.[221] 그리고 다른 둘의 지지를 받는 바로 그 하나하나가 동종적(同種的)인 복합현상계의 물질적 원인이므로, 자신의 입장에 결함이 수반되는 것은 동일하기 때문이다.[222]

[전론]: 논리는 불확증적이기 때문에 [쁘라다나는] 부분을 가질 뿐이다.

[후론]: 그렇다고 할지라도 무상함 등의 결함이 수반된다.

만약 결과의 다양성에 의해 지시되는 [쁘라다나의] 힘 자체가 부분들이라고 의도한다면, 결국 그것(힘)은 브라흐만주의자에게도 공통적이다.[223]

원자론자에게도 마찬가지이다. 원자가 다른 원자와 결합하면서, 만약 부분을 가지지 않음으로 말미암아 전체로써 결합한다면, 그 경우에

220_ * Samata에 '실로 삿뜨바 · 라자스 · 따마스라는 세 가지 구나(속성)들이 있고'라는 표현이 등장하는 것과 달리, Nirnaya에는 '삿뜨바 · 라자스 · 따마스라는 세 가지 구나(속성)들은 영원하고(nitya)'라는 표현이 등장한다.

221_ 각각의 구나가 부분을 가지지 않기 때문에 논의하고 있는 두 가지 결함을 피할 수 없다. 즉 전체의 수반이라는 결말이 생기고 혹은 부분을 가지지 않는다는 주장이 침해된다.

222_ 만약 부분을 가지지 않는 3구나가 연계함으로써 세계를 창조한다면 '부분을 가지지 않음'이라는 결함을 피할 수 있을지도 모른다. 하지만 그 경우에는 다른 두 구나들의 지지를 받는 각각의 구나가 동종적인 복합현상계의 물질적 원인이므로 이종적인 복합현상계를 창조할 수 없는 결함이 생긴다. 따라서 이종적인 다양한 세계를 위해 또 다시 각각의 구나가 세계를 창조한다고 말해야만 한다. 그 경우에는, 각각의 구나가 부분을 가지지 않기 때문에, 결함이 수반되는 것은 여전히 동일하다.

223_ 쁘라다나주의자가 가정하는 힘(śakti)은 브라흐만주의자도 공통적으로 가정할 수 있다.

크기의 [증대가] 불가능하기 때문에 원자의 크기가 수반된다.[224] 이제 만약 [오직] 한 부위와 결합한다면, 그렇다고 할지라도 부분을 가지지 않는다는 주장이 침해된다. 이로써 자신의 입장에서조차 그러한 결합은 동일하다.

또한 [결함이] 동일하기 때문에, 단지 둘 중의 한 입장에 대해 책임을 지워서는 안 된다. 그리고 브라흐만주의자는 자신의 입장에 [수반되는] 결함을 논박했다.‖29‖

{ 10. '모두 주어짐'이라는 주제: 수뜨라 30-31 }

30. 또한 [지고한 신에게는] 모든 [힘이] 주어진다; [계시서가] 그렇게 보여주기 때문이다.

sarvopetā ca taddarśanāt ‖30‖

비록 브라흐만은 유일할지라도 다양한 힘을 가지기 때문에 다양한 '변형물의 복합현상계'가 가능하다고 언급했다.

[전론]: 이 경우에 또 다시, 어떻게 지고한 브라흐만이 다양한 힘을 가진다고 알려진다는 말인가?

이에 대하여 말한다. "또한 … 모든 … 주어진다 … 그렇게 보여주기 때문이다."

[후론]: 또한 지고한 신에게는 모든 힘이 주어진다고 용인해야만 한

224_ 각각의 원자가 서로 결합할 때 원자에는 부분이 없기 때문에 서로가 전체로써 결합하는 수밖에 없다. 그 경우에는 원자의 크기(prathiman)가 증대하지 않기 때문에 하나의 원자가 가지는 크기만이 남는다. 즉 하나의 원자만이 남는다.

다.[225]

어떤 근거에서? 그렇게 보여주기 때문이다. 그러한 예시로서, 계시서는 지고한 신에게 모든 힘이 주어진다는 것을 보여준다. "모든 행위를 하고, 모든 욕망을 가지며, 모든 냄새를 가지고, 모든 맛을 가지며, 이 모든 것을 점유하고, 언어를 가지지 않으며, 갈망이 없다."〈찬도 3.14.4〉, "진실한 욕망과 진실한 결의를 가진다."〈찬도 8.7.1〉, "모든 것을 [넓게] 알고 모든 것을 [깊게] 알며"〈문다 1.1.9〉, "가르기여, 정녕 이 불멸체의 통치 하에서 해와 달이 제어된(지지된) 채로 존재합니다."〈브리 3.8.9〉라는 이와 같은 유형에서이다.‖30‖

31. 만약 [지고한 신에게] 기관이 없기 때문에 [힘이 주어질 수] 없다고 한다면, 이는 [이미] 언급했다.

vikaraṇatvān neti cet tad uktam ‖31‖

[전론]: 이러할 수도 있다. "눈도 없고 귀도 없으며, 발성기관도 없고 마음도 없으며"〈브리 3.8.8〉라는 이러한 유형의 성전은 지고한 신에게 기관이 없다고 가르친다. [그런데] 비록 모든 힘이 주어진 채로 그(지고한 신)가 존재할지라도, [기관이 없이] 어떻게 일을 할 수 있다는 말인가? 왜냐하면 모든 힘이 주어진 채로 의식체인 신격 등이 존재하더라도, 몸과 관련된 신체와 기관이 주어져야만 그들 각각의 일을 할 수 있다고 알려지기 때문이다. 또한 어떻게 "이러한 것도 아니고 그러한 것도 아닙니다."〈브리 3.9.26〉라며 모든 특성이 부정되는 신에게 모든 힘이 주어질 수 있다는 말인가?

225_ 모든 힘이 주어진다고=전능함이 주어진다고. 이 '주제'에서 주석가는 특이하게도 '지고한 신'을 뜻하는 원어로 'parā devatā'를 사용한다.

[후론]: 이 경우에 언급할 수 있는 것은 이미 앞에서 언급했다. 매우 심오한 이 브라흐만은 계시서를 통해 접근할 수 있을 뿐 논리를 통해 접근할 수 없다. 게다가 하나가 힘을 가진다고 알려지는 바대로[226] 다른 하나마저 그와 같이 힘을 가져야만 한다는 원칙이 있지는 않다. [더욱이] 비록 브라흐만에 대해 모든 특성이 부정된다고 할지라도, 무지에 의해 상상된 양상의 차이가 제시됨으로써 모든 힘이 주어질 수 있다는 점마저, 이미 [앞에서] 언급했다. 또한 마찬가지로 성전은 "그는 손도 없이 붙잡고 발도 없이 날쌔며, 눈도 없이 보고 귀도 없이 듣는다."〈슈베 3.19〉라며 브라흐만에 기관이 없더라도 모든 힘이 주어진다는 것을 보여준다.‖31‖

{ 11. '동기를 가짐'이라는 주제: 수뜨라 32-33 }

32. [의식체인 지고한 아뜨만은 동작주체로서 세계를 산출할 수가] 없다; [동작들은] 동기를 가지기 때문이다; [따라서 세계는 의식체로부터 창조되지 않는다].

na prayojanavattvāt ‖32‖

이제 다른 방식으로 의식체가 세계의 동작주체라는 것을 반박한다.

[전론]: 실로 의식체인 지고한 아뜨만은 이 구형(球形)의 세계를 산출할 수가 없다.

어떤 근거에서? 행위(동작)들은 동기를 가지기 때문이다. 실로 이 세

226_ 하나가 힘을 가진다고 알려지는 바대로=하나가 힘을 가지는 방식대로.

상에서는, 지성을 앞세운 채 행하는 의식체인 사람은, 행위를 하기 이전에 행위가 자신의 동기에 유용하지 않는 이상 시작이 늦춰지더라도 행위를 시작하지 않는다고 관찰된다. 더 거대한 일에는 얼마나 더 그러하겠는가! 그리고 세상에 잘 알려져 있는 것과 부합하는 계시도 있다. "여보, 실로 만물에 대한 사랑에서 만물이 소중하게 되지 않고, 그와 달리 아뜨만에 대한 사랑에서 만물이 소중하게 됩니다."〈브리 2.4.5〉에서이다. 그리고 더 거대한 일이란 다양한 종류의 복합현상계로 [이루어진] 구형의 세계를 산출해야만 하는 그러한 행위이다. 만약 이 행위조차 의식체인 지고한 아뜨만의 경우에 그 자신의 동기에 유용한 것이라고 [당신이] 생각한다면, 지고한 아뜨만이 완전하게 만족해 있다는 계시가 지양될 것이다.

혹은 동기가 없는 경우에는 심지어 행위도 없게 될 것이다. 이제 만약 미친 자는 의식체로 존재하더라도 지성의 결함으로 말미암아 그 자신의 동기가 전혀 없이 행위를 한다고 관찰되고, 지고한 아뜨만마저 그와 같이 행위를 할 것이라고 [당신은] 말할 수 있다. 이와 같을 경우에 지고한 아뜨만이 전지하다는 계시가 지양될 것이다.[227]

따라서 의식체로부터 [세계가] 창조된다는 것은 온당하지 않다.‖32‖

33. 하지만 세상에서처럼, [신의 창조는 그 어떤 동기에도 의존하지 않는] 단순한 유희이다.

lokavat tu līlākaivalyam ‖33‖

[후론]: '하지만'이라는 말은 반박을 물리친다. 예컨대 이 세상에서 욕망이 충족된 어떤 왕이나 왕의 수행원이[228] 그 어떤 별도의 동기도 갖

227_ 지고한 아뜨만이 지성의 결함을 가지기 때문이다.

지 않은 채 놀이와 오락에서 단순히 '유희로 이루어진 행위'를 즐기듯이, 또한 예컨대 그 어떤 외적인 동기도 갖지 않은 채 그저 자동적으로 들숨과 날숨 등이 가능하듯이, 마찬가지로 신 또한 다른 그 어떤 동기에도 의존하지 않은 채 그저 자동적으로 단순히 '유희로 이루어진 행위'를 할 것이다. 실로 신이 어떤 동기를 가진다고 확정하는 것은 논리로부터도 계시서로부터도 가능하지 않다. 또한 본성에 대해 이의를 제기할 수는 없다.[229]

비록 구형의 세계를 산출하는 그것이 우리에게 매우 거대한 일로 보일지라도, 지고한 신에게는 그것이 단순한 유희일 뿐이다. 측정할 수 없는 힘을 가지기 때문이다. 만약 이 세상에서 [사람들이] 혹시라도 유희에마저 미묘한 어떤 동기가 있다고 추측한다면, 그럼에도 이 경우에는 그 어떤 동기도 결코 추측할 수 없다. 욕망이 충족되어 있다고 계시되기 때문이다. 게다가 '행위 없음'이나 '미친 행위'도 아니다. 창조가 계시되기 때문이고, 또 전지함이 계시되기 때문이다.[230] 더욱이 창조에 대한 그러한 계시는 실재적 영역이 아니다. [그러한 계시는] '무지에 의해 상상된 명칭과 형태'와 관계하는 경험작용을 영역으로 하기 때문이고, 또 브라흐만이 곧 아뜨만이라는 것을[231] 제시하려고 의도하기 때문이다. 이러한 점도 결코 망각해서는 안 된다.‖33‖

228_ * '왕이나 왕의 수행원이'(rājño rājāmātyasya)라는 표현은 Samata에만 추가로 등장한다.

229_ '그저 자동적으로'(svabhāvād eva)라는 발언과 관련하여, 누군가는 신이 창조를 하지 않는 편이 차라리 낫지 않느냐고 질문할 수 있다. 하지만 창조를 향한 신의 본성은 불가피하기 때문에 자동적으로 창조하는 그러한 본성에 대해 이의를 제기할 수는 없다.

230_ 창조라는 행위가 계시되기 때문에 '행위 없음'(apravṛtti)이 아니고, 전지함이 계시되기 때문에 '미친 행위'(unmatta-pravṛtti)가 아니다.

231_ 브라흐만이 곧 아뜨만이라는 것을='브라흐만'이 곧 '창조된 모든 것들의 아뜨만'이라는 것을.

{ 12. '불공평함과 잔인함'이라는 주제: 수뜨라 34-36 }

34. [만약 신이 세계의 원인인 경우에 신에게 불공평함과 잔인함이 수반된다고 한다면, 신에게는] 불공평함과 잔인함이 [수반되지] 않는다; [신에게는] 의존하는 것이 [즉 다르마와 다르마가 아닌 것이] 있기 때문이다; 왜냐하면 [계시서가] 그와 같이 보여주기 때문이다.

vaiṣamyanairghṛṇye na sāpekṣatvāt tathā hi darśayati ‖34‖

이제는 또, 주장한 내용을 확고하게 하기 위해서 '기둥 세우기'라는 금언에 따라 신이 세계의 생성 등에 대한 원인이라는 것을 반박한다.[232]

[전론]: 신이 세계의 원인이라는 것은 합당하지 않다.

어떤 근거에서? 불공평함과 잔인함이 수반되기 때문이다. [즉] 신은 '지극한 즐거움을 겪고 있는 신격 등의 그 어떤 것, 지극한 괴로움을 겪고 있는 동물 등의 그 어떤 것, 보통의 향유를[233] 겪고 있는 인간 등의 그 어떤 것'이라는 그러한 불공평한 창조를 야기함으로써 비천한 사람처럼 애욕과 혐오를 가질 수 있기 때문이다. [이 경우에] 계시서와 전승서에서 확정된 청정함 등이라는 신의 본질은 어긋나게 되고 말 것이다. 마찬가지로 [신이] 괴로움을 가지게끔 하기 때문에 또 모든 창조물을 끝장내기 때문에, [신에게는] 사악한 사람들조차 끔찍해하는 잔인함

232_ 기둥을 튼튼하게 세우기 위해서는, 그것을 땅 속으로 밀어 넣은 뒤 다시 살짝 끌어올리면서 또 다시 밀어 넣는, 그러한 과정을 반복하는 게 좋다. 이것이 바로 '기둥 세우기'(sthūṇā-nikhanana)라는 금언이다. 마찬가지로 후론자가 주장한 내용을 확고하게 하기 위해서는, 반박을 허용하면서 그에 대해 방어를 하는, 그러한 과정을 반복하는 게 좋다.

233_ 보통의 향유를=보통의 즐거움과 보통의 괴로움을.

과 잔학함이 수반될 것이다. 따라서 불공평함과 잔인함이 수반되기 때문에 신은 원인이 아니다.

이와 같은 귀결에서 우리는 말한다.

[후론]: 신에게는 불공평함과 잔인함이 수반되지 않는다.

무엇 때문에? [신에게는] 의존하는 것이 있기 때문이다. 실로 만약 의존하는 것이 전혀 없는 신이 불공평한 창조를 야기한다면, 불공평함과 잔인함이라는 그러한 결함들이 있을 것이다. 하지만 의존하는 것이 없는 창조주란 존재하지 않는다. 실로 의존하는 것이 있는 신이 불공평한 창조를 야기한다.

[전론]: 무엇에 의존하는가?

[후론]: 다르마와 다르마가 아닌 것[234]에 의존한다고 우리는 말한다. 따라서 불공평한 창조란 창조되고 있는 생명체가 가진 다르마와 다르마가 아닌 것에 의존하므로, 신은 그러한 결함을 가지지 않는다. 그리고 신은 비와 같다고 알려질 수 있다. 실로 예컨대, 비는 쌀 · 보리 등의 생산에 공통적인 원인이지만 바로 그 각각의 씨앗에 담긴 개별적인 능력이 쌀 · 보리 등의 불공평한 [생산에] 원인이 된다. 마찬가지로 신은 신격 · 인간 등의 창조에 공통적인 원인이다. 하지만 바로 그 각각의 개별자아에 담긴 개별적인 업(행위)이 신격 · 인간 등의 불공평한 [창조에] 원인이 된다. 이와 같이 신에게는 의존하는 것이 있음으로 말미암아 불공평함과 잔인함이라는 결함이 없다.

[전론]: 그렇다면 의존하는 것이 있는 신이 낮거나 중간이거나 높은 윤회세계를 창조한다고 어떻게 알려진다는 말인가?

[후론]: 왜냐하면 계시서가 그와 같이 보여주기 때문이다. "바로 그것

234_ 다르마와 다르마가 아닌 것=각각의 개별자아가 지은 공덕 행위(선업)와 배덕 행위(악업).

은, 실로 '이 세상들로부터 끌어올리고자 하는 자'로 하여금 선행을 행하게끔 한다. 바로 그것은, 실로 '이 세상들로부터 끌어내리고자 하는 자'로 하여금 악행을 행하게끔 한다."〈까우 3.8〉에서이다. 또한 "실로 선한 행위를 통해 선하게 되고, 악한 행위를 통해 악하게 된다."〈브리 3.2.13〉에서이다. 그리고 전승서도 오로지 생명체의 특정한 행위(업)에 의존한 채로 신이 은총을 주거나 벌을 주는 것을 보여준다. "나에게 다가오는 방식대로, 바로 그와 같이 나는 그들에게 베풉니다."〈기따 4.11〉라는 이와 같은 유형에서이다.‖34‖

35. 만약 [창조 이전에] 구분이 [확정되지] 않음으로 말미암아 [불공평함을 위한] 업(행위)이 [존재하지] 않는다고 한다면, 아니다; [윤회세계는] 시초를 가지지 않기 때문이다.

na karmāvibhāgād iti cen nānāditvāt ‖35‖

[전론]: "얘야, 태초에 이것(세계)은 오직 존재였다. 유일무이한 것이었다."〈찬도 6.2.1〉에서는 창조 이전에 구분이 확정되지 않음으로 말미암아, 불공평한 창조가 의존해야 하는 업(행위)이 존재하지 않는다.[235] 실로 창조 이후의 시간에는, 업이 신체 등의 구분에 의존하고 또 신체 등의 구분이 업에 의존한다. 이로써 상호의존이라는 부조리한 결말이 생길 것이다. 결국 구분이 [만들어진] 이후에 업에 의존하여 신이 작용할지도 모른다. 구분이 [만들어지기] 이전에는 다양성(불공평함)의 근거인 업이 존재하지 않기 때문에 최초의 창조가 실로 균등하다는[236]

235_ 태초에 유일무이한 것만 있었다는 말은 창조 이전에 구분(vibhāga) 또는 차별이 확정되지 않았다는 뜻이다. 이와 같이 구분이 부재하기 때문에 업도 부재한다.

236_ 균등하다는=다양성(불공평함)을 가지지 않는다는.

결말이 생긴다.

[후론]: 그러한 결함은 없다. 윤회세계는 시초를 가지지 않기 때문이다. 만약 그 윤회세계가 시초를 가진다면 그러한 결함이 있을 것이다. 하지만 윤회세계에 시초가 없는 경우에는, 씨앗과 새싹처럼 '업'과 '모든 불공평함'이 원인과 결과의 관계로서 작용하는 것은 모순되지 않는다.[237] ‖35‖

[전론]: 그렇다면 그 윤회세계가 시초를 가지지 않는다고 어떻게 알려진다는 말인가?

이로부터 답변을 한다.

36. 더 나아가, [만약 윤회세계가 시초를 가지지 않는다고 어떻게 알려지느냐고 한다면, 윤회세계에 시초가 없는 것은] 합당하고, 또 [계시서 등에서] 알려진다.

upapadyate cāpy upalabhyate ca ‖36‖

[후론]: 또한 윤회세계에 시초가 없는 것은 합당하다. 실로 시초를 가지는 경우에는, 윤회세계가 까닭 없이 발생함으로 말미암아 해탈한 자들에게마저 또 다시 윤회세계가 발생하는 부조리한 결말이 생기고, 또 즐거움·괴로움 등의 불공평함에 원인이 없음으로 말미암아 행하지 않은 결과가 도출되고 행한 결과가 소실되는[238] 부조리한 결말이 생긴다.

237_ 만약 윤회세계가 시초를 가지지 않는다면, '업'과 '모든 불공평함'(다양성)이 '원인과 결과의 관계'(hetuhetumadbhāva)를 이룬 채 창조에서 작용하는 것은 충분히 가능한 일이다.

238_ * '행한 결과가 소실되는'(-kṛtavipraṇāśa-)이라는 표현은 Samata에만 추가로 등장한다.

게다가 신이 불공평함의 원인은 아니라고 [이미] 언급했다. 또한 무지가 단독으로 불공평함의 원인은 아니다. 동질적이기 때문이다.[239] 반면에 무지는 '애욕 등과 [같은] 번뇌의 잠재습성에 의해 영향을 받는 업'에 의존한 채로 불공평함을 만들 수 있다.

더욱이 '업이 없이는 신체가 가능하지 않고 또 신체가 없이는 업이 가능하지 않다'며 상호의존이라는 부조리한 결말이 생기지만, '씨앗과 새싹'이라는 논리에 따라 [윤회세계에] 시초가 없는 경우에는 합당하기 때문에, 그 어떤 결함도 없다.

또한 윤회세계가 시초를 가지지 않는 것은 계시서와 전승서에서 알려진다. 먼저 계시서에서는 "[나는], 그러한 개별자아로써 즉 [나의] 아뜨만으로써"〈찬도 6.3.2〉라며 '개별자아'(살아 있는 영혼)[240]라는 말을 통해 육화된 아뜨만을 '창조의 시초에 생명을 유지시키는 원인'으로 지시함으로써 윤회세계가 시초를 가지지 않는다는 것을 보여준다.[241] 그와 달리 시초를 가지는 경우에는 [창조] 이전에 생명이 [존재한다고] 확정되지 않은 이상, 어떻게 '개별자아'라는 말을 통해 [육화된 아뜨만을] '창조의 시초에 생명을 유지시키는 원인'으로 지시할 수 있다는 말인가? 그리고 그것은 '[생명을] 유지시킬 것이다'라는 것을 지시할 수 없다.[242] 실로 미래의 관계보다는 과거의 관계가 더 중요하다. [후자는 이미] 이루어진 것이기 때문이다. 게다가 만뜨라의 전언도 "조물주는 해와 달을 … 예전대로 만들어 냈도다."〈리그 10.190.3〉라며 이전의 겁

239_ 무지는 그 자체로 동질적이기 때문에 '다양성으로 이루어진 불공평함'의 원인이 될 수 없다.

240_ 여기서는 '개별자아'라는 말을 '살아 있는 영혼'으로 이해하는 편이 좋다.

241_ 이 해석에 따르면, "[나는], 그러한 개별자아로써"라는 말은 "[나는], 시초를 가지지 않는 육화된 아뜨만으로써"라는 뜻이다.

242_ 그것은='개별자아'라는 말은. '개별자아'(살아있는 영혼)라는 말은 육화된 아뜨만을 '미래에 생명을 유지시키는 원인'으로 지시할 수 없다.

(劫)이 존재한다는 것을 보여준다. 전승서에서도 윤회세계가 시초를 가지지 않는다는 것이 알려진다. "이 세상에서는 그것의 형태가 그와 같이 알려지지 않고, 그것의 시작도 끝도 지속도 알려지지 않습니다." 〈기따 15.3〉에서이다. 그리고 뿌라나(전설집)에서도 과거와 미래의 겁들이 잴 수 없는 것이라고 확립한다.‖36‖

{ 13. '모든 특성들이 합당함'이라는 주제: 수뜨라 37 }

37. 또한 [브라흐만을 원인으로 수용하는 경우에 원인의] 모든 특성들이 합당하기 때문에, [우빠니샤드에 근거하는 사상은 전혀 의문시될 수 없다].

sarvadharmopapatteś ca ‖37‖

[후론]: 의식체인 브라흐만이 세계의 동작적 원인이자 물질적 원인이라는 것을 베다의 의미로 확정하면서 대스승은 논적들이 던진 '상이함' 등의 결함들을[243] 논박했다. 이제 상대이론을 부정하는 것이 주가 되는 장절(章節)을 시작하면서 자기이론을 수용하는 것이 주가 되는 장절을 끝맺는다.

브라흐만을 원인으로 수용하는 이 경우에, [이미] 밝혀진 바대로 '브라흐만은 전지하고 전능한 것이자 대(大)환술이다'라는 원인의 모든 특성들은 합당하다. 그러므로 우빠니샤드에 근거하는 이러한 사상(직관)은 전혀 의문시될 수 없다.‖37‖

243_ '상이함' 등의 결함들을="[브라흐만은 세계의 물질적 원인이] 아니다; 이것(세계)과 상이하기 때문이다 …"<수뜨라 2.1.4>와 같은 것들을.

제2절

{ 1. '설계가 부당함'이라는 주제: 수뜨라 1-10 }

비록 이 교서가 베단따 문장들의 취지[1]를 확정하기 위해 시작되었고 논리 교서처럼 오로지 논증들로써 어떤 정론을 입증하거나 반증하기 위해 시작되지 않았을지라도, 베단따 문장들을 석명(釋明)하는 자들은 참된 직관(사상)의 대립이론으로 존재하는 상크야 등의 사상들을 부인해야만 하므로, 이를 위하여 다음의 절(節)이 나아간다.

그리고 베단따 [문장들의] 의미를 확정하는 것은 참된 직관을 의도하기 때문에, 그렇게 확정하는 것을 통해 우선 자기이론을 확립했다. 왜냐하면 그것이 상대이론을 부정하는 것보다 더 바람직하기 때문이다.

[반박]: 해탈을 욕구하는 자들에게는, 참된 직관을 확정하기 위해 유일하게 자기이론을 확립하는 것 자체만이 해탈의 성취수단으로 합리적이지 않는가? 다른 자들의 반감(혐오)을 불러일으키는 '상대이론을 부정하는 것'은 무슨 소용이 있는가?

[후론]: 정말 그와 같다. 그럼에도 어떤 우둔한 자들은, 출중한 사람들이 수용하고 참된 직관을 구실로 삼아 나아가는 상크야 등의 위대한 지식체계들을 본 뒤에, 참된 직관을 위해 그것들마저 수용해야만 한다고 간주할지도 모른다. 게다가 논증이 심오할 수 있기 때문에, 또 전지한 자들이 말했기 때문에, [그들은] 그것들을 믿을지도 [모른다]. 그래서 결국 그것들이 무가치하다는 것을 증명하기 위해 [이와 같이] 힘쓴다.

[반박]: "[상크야 학자들이 제안하는 세계의 원인인 쁘라다나는 베단따들에서 견지될 수] 없다; [그것은] 성언을 벗어나기 [때문이다]; '마음

1_ '취지'의 원어인 'aidaṃparya'는 'tātparya'의 동의어이다.

으로 바라보기' 때문에 [성언을 벗어난다]."〈수뜨라 1.1.5〉, "또한 욕망이 [지시되기] 때문에, 추론된 것인 [쁘라다나는 '환희로 이루어진 것'으로] 간주되지 않는다."〈수뜨라 1.1.18〉, "이로 말미암아 [즉 쁘라다나 원인론을 부정하는 논리의 다발로 말미암아], 모든 [입장들이 '부정되는 것'으로] 설명되었다; 설명되었다."〈수뜨라 1.4.28〉라며 앞선 곳에서도 상크야 등의 입장에 대해 반박을 행했지 않는가? 행한 것을 다시 행하는 것은 무슨 소용이 있는가?

이에 대하여 말한다.

[후론]: 상크야 등은 자기이론을 확립하기 위해 심지어 베단따 문장들을 인용한 뒤 단지 자기이론에 호응시켜 적용한 채로 [그것들을] 설명한다. 그들의 해설은 그럴듯한 해설일 뿐 참된 해설이 아니라는 그러한 만큼을 앞서 행했다. 반면에 여기서는 [베단따] 문장들에 의존하지 않고 독립적으로 그들의 논증에 대해 반박을 행하므로, [바로] 이것이 차별점이다.[2]

1. [상크야의 비의식체가 세계의 원인으로] 추론되어서는 안 [된다]; 설계가 부당하기 때문이고, 또 [연속 등이 부당하기 때문이다].

racanānupapatteś ca nānumānam ‖1‖

이러한 사정에서 상크야 학자들은 생각한다.

[상크야]: 이 세상에서 항아리 · 접시 등의 차별자(差別者)들이 찰흙이라는 본질에 수반됨으로써[3] '찰흙으로 이루어진 것'이라는 공통적인 기

2_ <수뜨라>의 2장 2절을 특별히 '논리의 절'(tarka-pāda)이라고 부른다. 왜냐하면 여기서는 계시서의 문장들에 의존하지 않은 채 단지 논리만으로 다른 학파의 사상이나 정설을 비판하기 때문이다.

3_ 찰흙이라는 본질에 수반됨으로써=찰흙이라는 본질에 귀속됨으로써.

인을 가진다고 알려지듯이, 마찬가지로 그저 모든 외부적이고 신체적인 차별자들도 즐거움 · 괴로움 · 어리석음이라는 본질에 수반됨으로써 '즐거움 · 괴로움 · 어리석음으로 이루어진 것'이라는 공통적인 기인을 가질 수 있다.[4] '즐거움 · 괴로움 · 어리석음으로 이루어진 것'과 동일한 것이란 찰흙처럼 비의식체이자 3구나를 가지는 쁘라다나로서, 그것은 의식체인 뿌루샤의 목적을 성취하기 위해 오직 자발적으로 다양한 '변형의 형태'로 변전(變轉)한다.[5] 또한 '[차별자들의] 제한' 등의 논거들을 통해서도, 바로 그것은 쁘라다나라고 추론된다.[6]

이에 대하여 우리는 말한다.

[후론]: 만약 그저 예시에 힘입어 이렇게 확정된다면, 의식체에 의해 지배되지 않는 독립적인 비의식체가 [어떤] 인간의 어떤 특정한 목적을 성취하는 데 적합한 변형물들을 산출한다고 이 세상에서는 살펴지지 않는다.[7] 왜냐하면 이 세상에서 집 · 궁전 · 침상 · 좌석 · 연회장 등

4_ 상크야에 따르면 전개의 근본원인인 쁘라다나가 3구나로 이루어져 있듯이 전개의 결과인 차별자(bheda)들도 3구나로 이루어져 있다. 즐거움(sukha)은 삿뜨바 구나를, 괴로움(duḥkha)은 라자스 구나를, 어리석음(moha)은 따마스 구나를 각각 가리킨다. <상크야-까 12> 참조: "구나들은 즐거움(prīti)과 괴로움(aprīti)과 어리석음(viṣāda)을 본질로 하고, 광명(prakāśa)과 동작(pravṛtti)과 제지(niyama)를 목적으로 하며, 상호 예속적이고 의존적이며 산출적이고 협조적인 기능을 가진다."

5_ 여기서 '변전한다'(vivartate)라는 동사는 가현설(vivarta-vāda)과 무관하다. 오히려 이 동사는 '전변한다'(pariṇamate)라는 동사와 유사한 뜻이다. 후자는 <주석 2.2.4-5>에서 등장한다. * Nirnaya에 '변전한다'라는 표현이 등장하는 것과 달리, Samata에는 '바뀐다'(pravartate)라는 표현이 등장한다.

6_ <상크야-까 15>에서는 쁘라다나가 존재하는 것을 증명하기 위해 5가지 논거를 내세운다. '[차별자들의] 제한'이라는 논거는 <상크야-까 15>에서 '차이를 가지는 것들이 제한되기 때문에'(bhedānāṃ parimāṇāt)라는 형태로 등장한다: "차이를 가지는 것들이 제한되기 때문에, 동질적이기 때문에, 내재력(śakti)을 통해 작동하기 때문에, 원인과 결과로 구분되기 때문에, 만물(vaiśvarūpya)은 구분되지 않기 때문에"

7_ 만약 예시에 힘입어 비의식체가 변형물들의 근본원인이라고 주장한다면, 예시

은 지성을 가지는 기술자들에 의해 적당한 시간 동안 즐거움을 획득하거나 괴로움을 회피하는 데 알맞게 만들어졌다고 살펴지기 때문이다. 그 경우, 다양한 행위의 결과를 향유하는 데 알맞은 '흙 등의 외부적인 세계'를, 또 다양한 종(種)에 동반되고 부위들의 정렬이 확고하며 무수한 행위의 결과를 경험하는 토대로 알려지는 '육체 등의 신체적인 세계'를, 지성을 가진 가장 명망 있는 기술자들에 의해 생각으로조차 고려될 수 없는 것인 이러한 전 세계를, 어떻게 비의식체인 쁘라다나가 설계할 수 있다는 말인가! [비의식체인] 흙덩이 · 돌 등에서 [설계가] 살펴지지 않기 때문이다. 다만 찰흙 등의 경우에는 도공(陶工) 등이 주도하는 특정한 형태의 설계가 살펴진다. 그와 마찬가지로 쁘라다나의 경우에도 다른 의식체가 주도한다는 부조리한 결말이 생긴다.[8] 그리고 근본원인을 단지 '찰흙 등의 물질적 원인 그 자체에 의거하는 속성'을 통해 확정해야만 하고 '외부적인 도공 등에 의거하는 속성'을 통해 확정해서는 안 된다는, 어떤 제약(원칙)이 존재하지는 않는다.[9]

결국 이와 같을 경우에, 조금의 모순도 없으며 도리어 계시서에 의해 지지된다. [계시서는] 의식체인 원인을 제시하기 때문이다. 따라서 '설계가 부당하기 때문이고, 또'라는 논거로 말미암아, 비의식체가 세계의 원인으로 추론되어서는 안 된다.

에 힘입어 그 주장을 반박할 수 있다. 즉 이 세상에서는 비의식체가 독립적으로 인간의 목적을 성취하기 위해 변형물들을 산출한다는 그 어떤 예시도 관찰되지 않는다.

8_ 쁘라다나가 독립적으로 변형물들을 산출한다는 상크야의 입장에서는, 다른 의식체가 변형물들의 설계를 주도한다는 결론 자체가 부조리한 결말에 지나지 않는다.

9_ 결과를 통해 근본원인(mūlakāraṇa)을 추론할 때, 물질적 원인에 의거하는 '결과의 속성(dharma)'을 통해 (물질적) 원인을 확정해야만 할 뿐 외부적인 동작적 원인에 의거하는 '결과의 속성'을 통해 (동작적) 원인을 확정해서는 안 된다는 원칙은 존재하지 않는다.

'또'라는 말은 '또 연속(連續) 등이 부당하기 때문이다'라는 것으로서, 논거의 '불충분'을 연결한다.[10] 왜냐하면 외부적이고 신체적인 차별자들에서 '즐거움 · 괴로움 · 어리석음으로 이루어진 것'과의 연속은 합당하지 않기 때문이다.[11] 그리고 즐거움 등은 내부적인 것으로 알려지기 때문이고, 또 소리 등은 그것과는 다른 것으로[12] 알려지기 때문이다. 게다가 [소리 등은] 그것(즐거움 등)의 원인으로 알려지기 때문이다.[13]

10_ 수뜨라에서 '또'(ca)라는 말은 '또 연속(anvaya) 등이 부당하기 때문이다'라는 뜻이다. 이에 따라 '또'라는 말은 '설계가 부당하기 때문이다'에 '연속 등이 부당하기 때문이다'라는 것을 연결한다. 그리고 '연속 등의 부당함'은 곧 '논거의 불충분(asiddhi)'에 다름 아니다. 느야야에 따르면 타당한 논거는 '보편관계'(vyāpti, 매개념과 대개념 사이의 보편적 주연관계)와 '소개념에서 매개념의 현존'(pakṣadharmatā)이라는 2가지 조건을 충족시켜야 한다. 이 2가지 가운데 하나 또는 둘이 충족되지 않은 것을 논거의 '불충분'이라고 부르고, 2가지 모두가 충족된 것을 논거의 '충분'(siddhi)이라고 부른다. 결국 연속 등이 즉 연속과 불연속(vyatireka)이 합당해야만 보편관계가 충족되고, 보편관계가 충족되어야만 논거의 충분에 도달할 가능성이 있다. 그런데 상크야가 비의식체를 근본원인으로 추론하는 경우에는 연속 등이 부당할 뿐이므로 논거의 불충분이라는 결말이 생긴다.

11_ 앞서 제시된 상크야의 논증에서 대개념은 '즐거움 · 괴로움 · 어리석음으로 이루어진 것'이고, 매개념은 '외부적이고 신체적인 차별자'이며, 소개념은 '세계'이다. 이 경우에 '세계'(소개념)에서 '외부적이고 신체적인 차별자'(매개념)가 현존하는 것은 성립된다. 하지만 보편관계가 성립되지 않는다. 매개념과 대개념 사이의 보편관계가 성립되기 위해서는 연속과 불연속이 합당해야 한다. 예컨대, '연기가 있으면, 불이 있다.'라는 논리적 연속과 '불이 없으면, 연기가 없다.'라는 논리적 불연속이 합당할 때, 연기와 불 사이의 보편관계가 성립된다. 그런데 상크야의 논증에서는 '외부적이고 신체적인 차별자가 있으면, 즐거움 · 괴로움 · 어리석음으로 이루어진 것이 있다.'라는 논리적 연속이 합당하지 않다. 또한 '즐거움 · 괴로움 · 어리석음으로 이루어진 것이 없으면, 외부적이고 신체적인 차별자가 없다.'라는 논리적 불연속도 합당하지 않다. 그 이유들은 바로 이어지는 문장들에서 제시된다. 따라서 상크야의 논증에는 보편관계가 성립되지 않기에 논거의 불충분이라는 결말이 생긴다.

12_ 그것과는 다른 것으로=외부적인 것으로.

13_ 이와는 반대로 즐거움 등이 소리 등의 원인이어야만 상크야의 논증에서 논리적 연속과 불연속이 합당하게 된다.

더욱이 소리 등이 동일한 경우에도, 심상(心象)의 차이로 말미암아 즐거움 등의 차이가 지각되기 때문이다.[14]

마찬가지로 뿌리 · 새싹 등의 제한적인 차별자들이 혼합된 기인들을 가진다고 살핌으로써 외부적이고 신체적인 차별자들이 제한적이기 때문에 혼합된 기인들을 가진다고 추론하는 자에게는, 삿뜨바 · 라자스 · 따마스마저도 혼합된 기인들을 가진다는 부조리한 결말이 생긴다. 한결같이 제한적이기 때문이다.[15]

한편, 숙고를 앞세운 채 만들어진 침상 · 좌석 등에서 인과관계가 살펴지므로, 외부적이고 신체적인 차별자들이 인과관계로 말미암아 비의식체를 기인으로 가진다고 추정할 수는 없다.[16]‖1‖

2. 또한 동작 성향이 [부당하기] 때문에, [비의식체가 세계의 원인으로 추론되어서는 안 된다].

14_ 비록 동일한 소리를 들을지라도 어떤 사람은 즐거움을 어떤 사람은 괴로움을 경험한다. 만약 상크야의 가정에 따라 모든 결과물들이 즐거움 등으로 이루어진 것이라면, 결과물에 다름 아닌 동일한 소리는 항상 동일하게 즐거움만으로 경험되거나 또는 괴로움만으로 경험되어야 한다. 하지만 실제로 동일한 소리라도 듣는 사람이 가진 심상(bhāvanā)의 차이에 따라 다르게 경험된다. 따라서 즐거움 등은 원인일 수가 없다.

15_ 상크야에서는, 차별자들이 제한적이기 때문에 '혼합된 기인'(saṃsarga-pūrvaka)들을 가지므로, 3구나라는 혼합된 기인(원인)들로 이루어진 쁘라다나를 추론한다. 만약 그러하다면, 3구나마저도 혼합된 기인들을 가지므로 다수의 혼합된 쁘라다나를 수용해야 하는 부조리한 결말이 생기고 만다. 왜냐하면 3구나도 서로 제한함으로써 차별자들처럼 제한적인 특성을 가지기 때문이다. 이 부분은 <상크야-까 15>의 '차이를 가지는 것들이 제한되기 때문이다'라는 논거에 대한 비판이다.

16_ <상크야-까 15>의 '원인과 결과로 구분되기 때문이다'(kāraṇakārya-vibhāgāt)라는 논거에 대한 비판이다. 원인으로부터 발생한 결과가 원인과는 확연하게 구분된다는 논거이다. 이에 대해 주석가는 이 세상에서 동작적 원인이 알려지기 때문에 인과관계에서 그 근본원인을 물질적 원인(비의식체)으로만 한정해서는 안 된다고 비판한다.

pravṛtteś ca ‖2‖

그 설계에 관해서는 제쳐 놓자. 그것(설계)의 성립을 위한 동작 성향마저, 즉 삿뜨바 · 라자스 · 따마스가 균형 상태를 상실하고 주종관계의 형태로 변환하며 특정한 결과물을 향하여 동작하려고 하는 것마저, 비의식체인 쁘라다나에서는 독자적으로 합당하지 않다. [비의식체인] 찰흙 등에서, 또 마차 등에서 [동작 성향이] 살펴지지 않기 때문이다. 실로 그 자체로 비의식체인 것들인 찰흙 등이나 마차 등은, 의식체들인 도공 등이나 말 등이 주도하지 않으면 특정한 결과물을 향한 동작 성향을 가지지 않는다고 알려진다. 그리고 '관찰되는 것'을 통해 '관찰되지 않는 것'이 실증된다.[17] 따라서 또한 '동작 성향이 부당하기 때문에'라는 근거로 말미암아, 비의식체가 세계의 원인으로 추론되어서는 안 된다.

[상크야]: 심지어 의식체도 단독으로 동작 성향을 가진다고는 알려지지 않지 않는가?

[후론]: 그것은 사실이다. 그렇다고 할지라도 마차 등의 비의식체는 의식체와 결합됨으로써 동작 성향을 가진다고 알려진다.

[상크야]: 하지만 의식체가 비의식체와 결합됨으로써 동작 성향을 가진다고는 알려지지 않는다.[18]

[후론]: 그렇다면 이 경우에 어느 것이 합리적인가? 그 자체에서 동작 성향이 알려지는 어떤 것(비의식체)의 그것(동작 성향)인가, 아니면 '그

17_ 관찰되는 찰흙 · 마차 등의 경우를 통해 관찰되지 않는 쁘라다나의 경우가 실증된다.

18_ '마차'라는 비의식체는 '말'이라는 의식체와 결합됨으로써 동작 성향을 가진다. 하지만 '잠자는 말'이라는 의식체는 '깃털'이라는 비의식체와 결합됨으로써 동작 성향을 가지지 않는다. 다시 말해, 잠자는 말은 깃털이 몸 위에 떨어져도 깨어나지 않는다.

자체와 결합된 것'(비의식체)에서 [동작 성향이] 알려지는 어떤 것(의식체) 자체의 그것(동작 성향)인가?[19]

[상크야]: '그 자체에서 동작 성향이 알려지는 어떤 것 자체의 그것(동작 성향)'이라고 하는 것이 합리적이지 않는가? 양자가[20] 지각 가능하기 때문이다. 반면에 단순한 의식체는, 마차 등과는 달리, 동작 성향의 소재지로서 지각 가능하지 않다. 하지만 한갓 '동작 성향의 소재지인 육체 등'과 결합된 의식체는 존재한다고 실증된다. 살아 있는 육체란 단순한 비의식체인 마차 등과는 상이하다고 알려지기 때문이다.[21] 그리고 바로 이로부터, 즉 육체가 지각 가능한 경우에 의식이[22] 관찰되기 때문에 또 육체가 지각 가능하지 않는 경우에 의식이 관찰되지 않기 때문에, 유물론(로까야따)자들은 심지어 의식이 육체 자체에 속한다고 간주한다. 따라서 오직 비의식체만이 동작 성향을 가진다.

이에 대하여 말한다.

[후론]: '그 자체에서 동작 성향이 알려지는 비의식체의 그것(동작 성향)'이 아니라고 우리는 말하지 않는다. 바로 그것(비의식체)의 그것(동작 성향)이라고 하자. 하지만 그것(동작 성향)은 의식체로부터 초래된다고 우리는 말한다. 그것(의식체)이 존재하는 경우에 [동작 성향이] 존재하기 때문이고, 또 그것이 존재하지 않는 경우에 [동작 성향이] 존재하

19_ 상크야는 비의식체 자체에서 알려지는 '비의식체의 동작 성향'을 주장하고, 후론자는 '의식체 자체와 결합된 것'인 비의식체에서 알려지는 '의식체의 동작 성향'을 주장한다.

20_ 양자가='동작 성향'과 '그 자체에서 동작 성향이 알려지는 어떤 것' 즉 '동작 성향의 소재지(āśraya)'가.

21_ 단순한 의식체는 동작 성향의 소재지로서 지각되지 않는다. 하지만 '동작 성향의 소재지로서 지각되는 비의식체 즉 육체'와 결합된 의식체가 존재한다는 것은 실증된다. 바로 추론을 통해서이다. 즉 '살아 있는 육체'(jīvaddeha)란 단순한 비의식체일 뿐인 마차 등과는 상이하다고 알려지기 때문이다.

22_ * '의식이'(caitanyasya)라는 표현은 Samata에만 추가로 등장한다.

지 않기 때문이다. 예컨대, 비록 '탐'과 '빛남'이라는 특징을 가지는 변형들이 장작 등에 의존할지라도, 또 비록 [그것들이] 단순한 불에서는[23] 보이지 않을지라도, [그것들은] 오직 불로부터 초래된다. 그것(불)과 결합된 경우에 [그것들이] 관찰되기 때문이고, 또 그것(불)과 분리된 경우에 [그것들이] 관찰되지 않기 때문이다. [이 경우에도] 그와 마찬가지이다.[24] 유물론자들마저 '의식체 자체인 육체'가 '비의식체들인 마차 등'의 동인(動因)으로 알려진다고 하므로, 의식체가 동인이라는 것에는 논란의 여지가 없다.

[상크야]: 당신의 경우에, 심지어 육체 등과 결합되는 아뜨만이 인식을 본질로 할 뿐이고 그와 별도로 '동작 성향'을 가지는 것은 부당하기 때문에, [아뜨만이] 동인이라는 것은 합당하지 않지 않는가?[25]

[후론]: 아니다. 자석처럼 또 색깔 등처럼, 심지어 '동작 성향이 없는 것'이 동인으로 되는 것은 가능하기 때문이다. 예컨대, 지남철(指南鐵)은 그 자체로 동작 성향이 없는 것임에도 쇠의 동인이 된다. 또는 예컨대, 색깔(형태) 등의 대상들은 그 자체로 동작 성향이 없는 것들임에도 눈 등의 동인들이 된다.[26] 마찬가지로 신은 [그 자체로] 동작 성향이 없는 것임에도, 모든 것에 널리 미치고 모든 것을 아뜨만으로 하며 전지하고 전능하기 때문에, 모든 것들을 동작하게끔 할 수 있다는 것이 합

23_ 단순한 불에서는=장작과는 별도로 불이 단독으로 있을 때에는.

24_ 장작을 소재지로 하는 '탐'(dāha), '빛남'(prakāśa) 등의 변형들은 불만 단독으로 있는 경우에 보이지 않지만, 그것들은 오직 불로부터 초래된다. 마찬가지로 비의식체를 소재지로 하는 동작 성향은 의식체만 단독으로 있는 경우에 보이지 않지만, 그것은 오직 의식체로부터 초래된다.

25_ 베단따의 경우에 아뜨만 즉 의식체는 인식(vijñāna)만을 본질로 하기 때문에, 그러한 본질과는 별도로 동작 성향을 가지는 것이 부당하고 그에 따라 동인이 될 수도 없다.

26_ 예를 들어 아름다운 색깔을 가진 대상은 눈이 그것을 향해 움직이게끔 한다. 또 달콤한 냄새를 가진 대상은 코가 그것을 향해 움직이게끔 한다.

당하다.

[상크야]: [신의] 유일성으로 말미암아 동작대상이 없는 경우에 [신이] 동인이라는 것은 합당하지 않다.

[후론]: 아니다. [신이] '무지에 의해 가공(架空)된 명칭과 형태'에 허구로 들어가는 것에 힘입어 [그러하다고] 수차례 답변했기 때문이다.[27]

그러므로 동작 성향이란 전지자(全知者)가 원인인 경우에 가능할 뿐, 비의식체가 원인인 경우에는 가능하지 않다.‖2‖

3. 만약 [비의식체의 동작 성향이] 우유나 물과 같이 [자발적이라고 한다면], 그 경우에서조차 [우유나 물의 동작 성향은 오직 의식체에 의해 주도된다].

payombuvac cet tatrāpi ‖3‖

[상크야]: 이러할 수도 있다. 예컨대 비의식체인 우유가 그저 자발적으로 송아지의 성장을 위해 흘러나오듯이, 또 예컨대 비의식체인 물이 그저 자발적으로 인간에게 도움을 주기 위해 흐르듯이, 마찬가지로 비의식체인 쁘라다나마저 그저 자발적으로 뿌루샤의 목적을 성취하기 위해 동작할 것이다.[28]

[후론]: 이는 온당하지 않은 말이다. 그 경우에서조차 우유나 물의 동

27_ 신이 동작대상(pravartya)에 즉 명칭과 형태에 '허구로(māyā) 들어가는 것(āveśa)'에 힘입어, 즉 신이 명칭과 형태와 허구적으로 연관됨으로 말미암아, 신의 유일성도 존속되고 동작대상도 존재하게 된다고 우리는 앞서 수차례 언급했다.

28_ 여기서 '뿌루샤의 목적을 성취하기 위해'라는 부분을 '인간의 목표를 성취하기 위해'라고 읽을 수도 있다. <상크야-까 57> 참조: "예컨대 송아지의 성장에 입각하여 [어미 소에게서] 의식이 아닌 우유가 흘러나오듯이, 마찬가지로 뿌루샤(순수정신)의 해탈에 입각하여 [의식이 아닌] 쁘라다나가 동작한다."

작 성향은 오직 의식체에 의해 주도된다고 우리가 추론하는 까닭에서이다. 양측의 논자(論者)들에 의해[29] 단순한 비의식체로 잘 알려져 있는 마차 등에서는 동작 성향이 관찰되지 않기 때문이다. 또한 "물에서 살지만 … 물을 안으로부터 지배하는 것."〈브리 3.7.4〉, "가르기여, 정녕 이 불멸체의 통치 하에서 어떤 강들은 … 동쪽으로 흐릅니다."〈브리 3.8.9〉라는 이러한 유형의 성전은, 이 세상에서 움직이는 모든 것들이 신에 의해 주도된다는 것을 들려준다. 따라서 [우유나 물은] 증명대상의 소개념에 놓이기 때문에, '우유나 물과 같이'라는 것은 실패한 논거이다.[30]

게다가 의식체인 암소가 [송아지를] 사랑하는 본능으로 말미암아 우유의 동인이 되는 것은 합당하기 때문이다. 그리고 송아지가 [젖을] 빠는 것에 의해 우유가 끌려나오기 때문이다. 더욱이 물조차도 완전하게 자립적이지는 않다. [물의] 흐름은 비탈진 땅 등에 의존하기 때문이다. [앞서] 제시했듯이 실로 모든 경우에 의식체에 의존한다.

한편, "만약 모으는 것을 보기 때문에 [즉 이 세상에서 여러 인과적 원인들을 모으고 그것들을 통해 결과를 만든다고 관찰되기 때문에 의식체인 브라흐만은 세계의 원인이] 아니라고 한다면, 아니다; 왜냐하면 우유처럼 [다양하게 전변하는 것이 합당하기] 때문이다."〈수뜨라

29_ 양측의 논자들에 의해=상크야 학자와 후론자에 의해.

30_ 상크야에서 증명대상(sādhya, 증명되어야 하는 것)은 '단순한 비의식체(소개념)에 동작 성향(대개념)이 존재한다.'라는 것이다. 그리고 우유나 물이라는 예시들은 바로 그 비의식체이다. 논증에서 예시가 타당하기 위해서는, 양측에 의해 그 예시가 승인되고, 또 소개념(우유, 물)에서 대개념(동작 성향)이 존재한다고 확인되어야만 한다. 그런데 우유나 물의 예시들은 양측에 의해 승인되지도 않고, 또 단순한 비의식체인 그것들에 동작 성향이 존재한다고 확인되지도 않는다. 결국 우유나 물은 '증명대상'(단순한 비의식체에 동작 성향이 존재한다)의 소개념(단순한 비의식체)에 놓이기(해당되기) 때문에, 우유나 물은 증명대상과 관계하여 실패한 논거(예시)가 되고 만다.

2.1.24〉라는 곳에서는, 외부적인 원인에 의존하지 않음에도 그 자체에 근거하여 '[동작의] 결과'가 초래된다는 점을 일상의 관점에서 예시했다. 그와 달리 이제 [이 수뜨라에서는] 성전의 관점에서 실로 모든 경우에 신에 의존한다는 점을 도출함으로써, [두 예시는] 배치되지 않는다.[31] ‖3‖

4. [쁘라다나와는] 별도로 [쁘라다나가 의존할 수 있는 그 어떤 외부적인 것도] 남아 있지 않음으로 말미암아 [쁘라다나는 자립적이고], 또한 자립적이기 때문에 [마하뜨 등의 양상으로 한때는 전변하고 한때는 전변하지 않는다는 것은 합리적이지 않다].

vyatirekānavasthiteś cānapekṣatvāt ‖4‖

상크야 학자들에게는 세 구나들이 균형의 상태로 있는 것이 쁘라다나이다. 하지만 그것과는 별도로 쁘라다나의 동인(動因)이거나 휴지인(休止因)으로서 '[쁘라다나가] 의존할 수 있는 그 어떤 외부적인 것'도 남아 있지 않다. 그리고 뿌루샤는 부동체(不動體)로서 동인도 아니고 휴지인도 아니다. 그래서 결국 쁘라다나는 자립적이다.

또한 자립적이기 때문에, 쁘라다나가 마하뜨(위대한 것) 등의 양상으로 한때는 전변하고 한때는 전변하지 않는다고 하는 것은 합리적이지 않다.[32] 반면에 신은, 전지하기 때문에, 전능하기 때문에, 또 대(大)환

31_ 만약 <수뜨라 2.1.24>에 등장하는 '우유'의 예시가 자발성을 용인하기 위한 것으로 사용되기 때문에 이 수뜨라와 모순된다고 한다면, 그곳에서는 '일상의 관점'(lokadṛṣṭi)에서 특정한 의도를 가진 채 그렇게 우유를 예시했고 이곳에서는 '성전의 관점'(śāstradṛṣṭi)에서 특정한 의도를 가진 채 이렇게 우유를 예시한다고 대답한다. 따라서 두 수뜨라의 예시는 모순되지 않는다.

32_ 쁘라다나가 자립적(anapekṣa)이라는 것은 다른 동인이나 휴지인과 관계를 가지지 않는다는 것이다. 그리고 쁘라다나는 비의식체이다. 따라서 쁘라다나가

술을 가지기 때문에, '동작 성향'이나 '비(非)동작 성향'과 상충되지 않는다.‖4‖

5. 또한, [만약 다른 원인이 관찰됨으로 말미암아 풀 등의 전변이 자발적이지 않은 경우에 어떻게 다른 원인이 관찰되느냐고 한다면], 다른 경우에는 [즉 암소가 먹고 남겨진 경우나 황소 등이 먹은 경우에는 우유가 되지 않으므로 풀 등의 자발적인 전변이] 부재하기 때문이다; [따라서] 풀 등처럼 [쁘라다나의 전변은 자발적이지] 않다.

anyatrābhāvāc ca na tṛṇādivat ‖5‖

[상크야]: 이러할 수도 있다. 예컨대, 풀 · 잎 · 물 등이 다른 원인에 의존하지 않은 채 그저 자발적으로 우유 등의 양상으로 전변하듯이,[33] 마찬가지로 쁘라다나마저 마하뜨(위대한 것) 등의 양상으로 전변할 것이다.

[후론]: 하지만 어떻게 풀 등이 다른 원인에 의존하지 않는다고 알려진다는 말인가?

[상크야]: 다른 원인이 관찰되지 않기 때문이다. 실로 만약 우리가 다른 어떤 원인을 찾는다면, 그 경우에 뜻하는 바대로 풀 등을 이러저러한 원인과 함께[34] 사용함으로써 우리가 우유를 생산할 것이지만, 우리는 결코 생산하지 않는다. 따라서 풀 등의 전변은 자발적이며, 쁘라다나의 전변마저 마찬가지일 것이다.

어느 때 여러 가지 양상(ākāra)들로 전변한다거나 어느 때 전변하지 않는다는 것은 이치에 맞지 않다.

33_ 암소에게 먹힌 풀 · 잎 · 물 등이 우유로 전변한다는 뜻이다.

34_ * Samata에 '이러저러한 원인과 함께'(tena tena nimittena)라는 표현이 등장하는 것과 달리, Nirnaya에는 '그것(원인)과 함께'(tena)라는 표현이 등장한다.

이에 대하여 말한다.

[후론]: 만약 바로 그 풀 등의 전변이 자발적이라고 용인된다면, 쁘라다나의 전변마저 풀 등처럼 자발적으로 가능하다. 그러나 용인되지 않는다. 다른 원인이 관찰되기 때문이다.

[상크야]: 어떻게 다른 원인이 관찰된다는 말인가?

[후론]: 다른 경우에는 [풀 등의 자발적인 전변이] 부재하기 때문이다. 예컨대, 오직 암소가 먹은 풀 등이 우유가 될 뿐, 남겨진 것이나 황소 등이 먹은 것은 우유가 되지 않는다. 실로 만약 원인이 없이 이것(전변)이 가능하다면, 심지어 암소의 몸과 연계되지도 않은 채 풀 등은 우유가 될 것이다.[35]

게다가 인간들이 뜻하는 바대로 [우유를] 산출할 수 없다고 해서 그로부터 [전변의] 원인이 없게 되지는 않는다.[36] 왜냐하면 어떤 결과는 인간에 의해 산출될 수 있고, 어떤 결과는 신성에 의해 산출될 수 있기 때문이다. 인간들마저 스스로 적당한 방도를 통해 풀 등을 사용함으로써 [더 많은] 우유를 분명 산출할 수 있다. 왜냐하면 다량의 우유를 원하는 자들은 다량의 풀을 암소에게 먹이기 때문이다. 결국 그로부터 다량의 우유를 얻는다.

그러므로 풀 등처럼 쁘라다나의 전변은 자발적이지 않다.‖5‖

6. [쁘라다나의 동작 성향이 자발적이라고] 용인하는 경우에도, [쁘라다나가] 목적을 [필요로 하지] 않기 때문에 [뿌루샤의 목적을 성취하

35_ 풀 등의 자발적인 전변이 황소 등과 같은 다른 경우에 발생하지 않기 때문에, 그 전변은 자발적이지 않고 오직 암소 등을 (동작적) 원인으로 가진다고 알려진다.

36_ 인간들이 마음먹은 대로 우유를 생산할 수 없다는 바로 그 사실 때문에 풀 등이 우유가 되는 그 전변에서 다른 원인(동작적 원인)이 없다고 생각해서는 안 된다.

기 위해 동작한다는 주장은 폐기된다]; [따라서 쁘라다나는 뿌루샤를 목적으로 하는 동작 성향을 가지지 않는다].

abhyupagame 'py arthābhāvāt ‖6‖

쁘라다나의 동작 성향은 자발적이지 않다고 확립되었다. 그리고 만약 우리가 당신의 신념에 호응하면서 쁘라다나의 동작 성향이 오직 자발적이라고 용인한다손 치더라도, 여전히 결함이 부속될 수밖에 없다. 어떤 근거에서? 목적이 없기 때문이다.

먼저, 만약 쁘라다나의 동작 성향이 자발적이고 그 경우에 다른 어떤 것을 필요로 하지 않는다고 말한다면, 그로부터 [쁘라다나가] 실로 그 어떤 협조자도 필요로 하지 않듯이 마찬가지로 그 어떤 목적조차도 필요로 하지 않을 것이다. 그래서 결국 쁘라다나가 뿌루샤의 목적을 성취하기 위해 동작한다는 그 주장(확언)은 폐기될 것이다.[37]

만약 단지 협조자만을 유일하게 필요로 하지 않을 뿐 목적까지는 아니라고 그(상크야 학자)가 말한다면, 그렇다고 할지라도 쁘라다나의 동작 성향이 가지는 목적을 분별해야만 한다. 그 목적은 향유이거나 해방이거나[38] 혹은 양자일 것이다. 만약 [목적이] 향유라면, 탁월성이 추가될 수 없는 뿌루샤에 대해 어떤 종류의 향유가 될 것인가?[39] 또한 해

37_ 그 주장은 <상크야-까 21, 56-58>에 등장한다: "이와 같이 마하뜨에서 시작하여 차별화된 원소로 끝나는 이 [창조에서], 원형물이 야기한 것들은 각각의 뿌루샤가 해탈하는 것을 목적으로 한다. 자신을 위하는 듯하지만 타자를 위한 일이다(56). 예컨대 송아지의 성장에 입각하여 [어미 소에게서] 의식이 아닌 우유가 흘러나오듯이, 마찬가지로 뿌루샤(순수정신)의 해탈에 입각하여 [의식이 아닌] 쁘라다나가 동작한다(57). 예컨대 열망의 파기를 목적으로 사람들의 동작이 나아가듯이, 그와 마찬가지로 뿌루샤의 해탈을 목적으로 미현현자도 나아간다(58)."

38_ 향유(bhoga)란 즐거움 · 괴로움 등을 경험하는 것을, 해방(apavarga)이란 해탈을 각각 뜻한다.

탈의 불가능함이라는 부조리한 결말이 생긴다.[40] 만약 [목적이] 해방이라면, 심지어 [쁘라다나의] 동작 성향 이전에 해방은 '성립된 것'(확립된 것)이기 때문에, 동작 성향은 무용하게 될 것이다.[41] 또한 소리 등이 지각되지 않는다는 부조리한 결말이 생긴다.[42] 양자를 목적으로 한다고 용인하는 경우에도, 향유되어야만 하는 '쁘라다나의 변양(變樣)들'이 무한수(無限數)임으로 말미암아, 해탈의 불가능함이라는 부조리한 결말이 생길 뿐이다.[43]

게다가 동작 성향은 열망의 파기를 목적으로 하지 않는다.[44] 왜냐하면 비의식체인 쁘라다나에서 열망이란 가능하지 않기 때문이다. 또한 불순이 없고 부분이 없는 뿌루샤에서도 열망은 [가능하지] 않다.[45] 만약 '[뿌루샤가 가지는] 관조력과 [쁘라다나가 가지는] 창조력의 무용성'에 대한 위험으로부터 [쁘라다나의] 동작 성향을 [말한다면],[46] 그 경우

39_ 만약 쁘라다나의 동작 성향이 가지는 목적이 향유라면, 가장 '탁월한 것'(atiśaya)인 뿌루샤에 대해 도대체 어떤 종류의 향유를 가능케 할 것이며 그로부터 어떤 종류의 탁월성을 더 추가시킬 것인가?

40_ 왜냐하면 쁘라다나의 동작 성향이 뿌루샤의 향유만을 목적으로 하고 해탈을 목적으로 하지는 않기 때문이다.

41_ 심지어 쁘라다나의 동작 성향이 있기 이전에 '영원히 자유로운 뿌루샤'의 해방은 이미 '성립된 것'(siddha)이기 때문에, 해방을 목적으로 하는 동작 성향 그 자체가 무의미하다.

42_ 동작 성향이 향유(경험)를 목적으로 하면 해방(해탈)이 불가능하고, 동작 성향이 해방을 목적으로 하면 향유가 불가능하다. '소리 등을 지각하는 것'이란 향유를 가리킨다.

43_ 만약 동작 성향이 양자를 목적으로 한다면, 뿌루샤는 쁘라다나의 무한한 변양(변형물)들을 향유해야만 하기 때문에 향유의 끝이 없게 되고 그에 따라 해방도 불가능해진다.

44_ 사람들이 '열망(autsukya)의 파기(nivṛtti)'를, 다른 말로 '열망의 충족'을 목적으로 행동한다는 예시를 <상크야-까 58>에서 찾아볼 수 있다.

45_ * '부분이 없는'(niṣkalasya)이라는 표현과 '열망은'(autsukyam)이라는 표현은 Nirnaya에만 추가로 등장한다.

46_ 뿌루샤의 본질인 관조력(dṛkśakti)과 쁘라다나의 본질인 창조력(sargaśakti)이

관조력이 절멸되지 않듯이 창조력도 절멸되지 않음으로 말미암아 윤회가 절멸되지 않기 때문에, 해탈의 불가능함이라는 부조리할 결말이 생길 뿐이다.

그러므로 쁘라다나가 뿌루샤를 목적으로 하는 동작 성향을 가진다는 것은 합리적이지 않다.‖6‖

7. 만약 [앉은뱅이인] 사람, 지남석(자석)과 같이 [뿌루샤가 쁘라다나를 동작하게끔] 한다면, 그럼에도 [결합으로부터 자유로워지지 않는다].

puruṣāśmavad iti cet tathāpi ‖7‖

[상크야]: 이러할 수도 있다. 예컨대, 관조력은 있지만 동작력(창조력)이 없는 앉은뱅이인 어떤 사람은, 동작력은 있지만 관조력이 없는 장님인 다른 사람에게 올라앉은 채로 [장님을] 움직이게끔 한다.[47] 혹은 예컨대, 지남석(자석)은 그 자체로 움직이지 않음에도 쇠를 움직이게끔 한다. 마찬가지로 뿌루샤는 쁘라다나를 동작하게끔 할 것이다.

[상크야는 이러한] 예시들에 근거하여 또다시 대립한다.

이에 대하여 말한다.

[후론]: 그럼에도 결코 결합으로부터 자유로워지지 않는다. 먼저 전제된 것을 포기하는 결함에 빠진다. [당신의 전제에서는] 쁘라다나의

무용해지는 위험을 피하기 위해서 쁘라다나의 동작 성향을 상크야 학자가 말한다면. 사실 관조력과 창조력에 관한 논의는 현존하는 상크야 문헌들에서 찾아볼 수 없다. 따라서 현존하지 않는 문헌으로부터 주석가가 이를 인용했거나 주석가 자신이 이를 가정했을 수 있다.

47_ <상크야-까 21> 참조: "뿌루샤가 [쁘라다나를] 보기 위해 또한 쁘라다나가 [뿌루샤의] 독존을 위해, 앉은뱅이와 장님처럼 양자도 연계한다. 이로부터 창조가 행해진다."

동작 성향이 독자적으로 용인되기 때문이고, 또 뿌루샤가 동인이라는 것은 용인되지 않기 때문이다.

게다가 어떻게 부동체인 뿌루샤가 쁘라다나를 동작하게끔 할 수 있다는 말인가! 실로, 다만 앉은뱅이는 말(언어) 등을 통해 장님인 사람을 움직이게끔 한다. 그와 달리 뿌루샤가 촉발시키는 작용이란 조금이라도 존재하지 않는다.[48] [뿌루샤에는] 동작이 없기 때문이고, 또 속성이 없기 때문이다.[49] 더욱이 자석과는 달리 [뿌루샤는] 단순한 근접을 통해 [쁘라다나를] 동작하게끔 할 수 없다. 근접의 영구성으로 말미암아 동작 성향의 영구성이라는 부조리한 결말이 생기기 때문이다.[50] 반면에 자석의 근접이란, 영구적이지 않은 근접임으로 말미암아, 자체적 작용으로 존재한다.[51] 또 그것(자석)은 '깨끗이 함' 등을 필요로 한다.[52] 그래서 '[앉은뱅이인] 사람, 지남석(자석)과 같이'라는 것은 실패한 논거이다.

그리고 쁘라다나가 '비(非)의식'임으로 말미암아, 또 뿌루샤가 '부동체'임으로 말미암아, 그 둘을 연계시키는 제3자가 없기 때문에, [그 둘의] 연계는 가능하지 않다. 게다가 정합성(整合性)에 기인하는 연계인

48_ 뿌루샤에 비유되는 앉은뱅이의 경우에는 말(언어)을 통해 방향 · 속도 · 장애물 등을 지시함으로써 쁘라다나에 비유되는 장님을 움직이게끔 할 수 있다. 하지만 뿌루샤 그 자체는 그 어떤 작용도 촉발시키지 않는다.

49_ * '속성이 없기 때문이다'(nirguṇatvāt)라는 표현은 Samata에만 추가로 등장한다.

50_ 자석과 쇠는 서로 근접함(saṃnidhi)으로써 자석이 쇠를 동작하게끔 할 수 있다. 하지만 뿌루샤와 쁘라다나가 서로 근접한다고 주장할 경우에는, 그 근접이 영원함으로 말미암아 '동작 성향'(동작)마저 영원히 지속되고 마는 부조리한 결말이 생긴다. 동작의 영구성은 해탈의 불가능함을 수반한다.

51_ 자석과 쇠는 조건적으로 근접하기 때문에 그 근접이 자석의 끌어당기는 힘, 자석의 위치 등 자석 그 자체의 작용에 의존한다.

52_ 그와 달리 뿌루샤는 본질적으로 불순이 없는 깨끗함 그 자체이기 때문에 깨끗이 하는 것을 필요로 하지 않는다.

경우에도, 정합성이 절멸되지 않기 때문에 해탈의 불가능함이라는 부조리한 결말이 생긴다.[53] 더욱이 앞선 [수뜨라에서와] 같이 이 경우에도[54] 목적이 없다는 것을 고려해야만 한다. 반면에 지고한 아뜨만은 그 자체에 의거하는 부동체이고 또 환술에 의거하는 동인이므로, [그것은] 우월한 점을 가진다.‖7‖

8. 또한 [3구나들이] '주된 것과 [종속적인 것의 관계'를] 가지는 것이 부당하기 때문에, [쁘라다나의 동작 성향은 가능하지 않다].

aṅgitvānupapatteś ca ‖8‖

이로 말미암아 또한, 쁘라다나의 동작 성향은 가능하지 않다. 왜냐하면 삿뜨바 · 라자스 · 따마스가 상호 우열관계[55]를 피한 채 균형으로 [또] 고유성 그 자체로[56] 남아 있는 것이 쁘라다나 상태이기 때문이다. 그 상태에서는, [구나들 각각의] 고유성이 상실되는 위험으로 말미암아, 독립적인 고유성들이 각각 상호 주종관계를 가지는 것이 부당하기 때문이다. 또한 외부에서 교란하는 그 어떤 것도 없기 때문에,[57] 구나들의 불균형에 기인하는 '마하뜨 등의 생성'은 불가능하다.[58]‖8‖

53_ 예컨대 '불'이라는 것이 '타다'라는 것과 정합적이듯이, '보는(아는) 주체'인 뿌루샤와 '보이는(알려지는) 대상'인 쁘라다나가 정합적이기 때문에 연계가 가능하다고 주장하는 경우에도, 그 정합성(yogyatā)이 종결되지 않음으로 말미암아 연계가 영원하기 때문에 해탈의 불가능함이 수반될 뿐이다.

54_ 이 경우에도=뿌루샤와 쁘라다나의 연계를 다루는 이 수뜨라의 경우에도.

55_ 우열관계(guṇapradhāna-bhāva)=주종관계(aṅgāṅgi-bhāva).

56_ 균형으로 [또] 고유성(svarūpa) 그 자체로=서로 균형을 이루면서 또 각각의 고유한 특성을 유지한 채로.

57_ 여기서 '교란하는 것'(kṣobhayitṛ)이란 동작적 원인을 가리킨다.

58_ 구나들 각각이 고유성을 상실하지 않으려고 하기 때문에 주종관계(우열관계, 불균형)가 자체적으로 가능할 수는 없다. 그렇다고 해서 구나들의 불균형을 야기하기 위해 외부에서 교란하는 그 어떤 것도 없다. 따라서 마하뜨 등을 창조하

9. 또한 [구나들이 균형 상태임에도 심지어 불균형으로 나아갈 수 있다고] 다른 방식으로 추론하는 경우에, [쁘라다나가] 지력을 결여하기 때문에 ['설계의 부당함' 등의 결함들은 그대로이다].

anyathānumitau ca jñaśaktiviyogāt ‖9‖

[상크야]: 한편 이러할 수 있다. 우리는, 말하자면 바로 이전의 그러한 결함이 수반되지 않도록, 다른 방식으로 추론한다. 실로 우리는 구나들이 본성적으로 독립적이고 또 불변적이라고 용인하지 않는다. 증거가 없기 때문이다. 반면에 구나들의 본성은 [그것들의] 결과물에 좌우된다고 용인된다. 결과물의 생성이 합당하면 할수록, 그러그러한 바대로 그것들의 본성이 용인되어야만 한다.[59] 그리고 구나들의 성향이 불안정하다는 것은 용인되어 있다. 따라서 구나들은 균형 상태임에도 심지어 불균형으로 나아갈 수 있는 상태로 있다.

[후론]: 그럼에도 쁘라다나가 지력(知力)을 결여하기 때문에, '설계의 부당함' 등 앞서 언급한 결함들은 [이 경우에도] 본래 그대로일 뿐이다.

한편 [쁘라다나의] 지력마저도 [상크야 학자가] 추론한다면, 그는 [우리의] 논적이 되는 것을 그만두어야 한다. 유일한 의식체가 다양한 복합현상계로서의 세계에 대한 물질적 원인이라는 것 즉 브라흐만주의를 [지지하게 되는] 부조리한 결말이 생기기 때문이다.

비록 구나들이 불균형으로 나아갈 수 있을지라도, 균형 상태에서는 동작적 원인이 없기 때문에 결코 불균형을 겪지 않을 것이다. 혹은 [불균형을] 겪고 있다면, 동작적 원인이 없는 것은 한결같기 때문에 그저 영원히 불균형을 겪을 것이다.[60] 그래서 다만 바로 이전의 그러한 결함

려는 쁘라다나의 동작 성향은 불가능하다.

59_ 결과물들이 구나들로부터 생성되는 것이 합당한 바에 따라, 그 결과물들처럼 구나들은 의존적이고 또 가변적이라고 알려져야만 한다.

이 수반될 뿐이다.‖9‖

10. 또한 [상크야 학자들의 사상은] 상호모순 때문에 이치에 맞지 않다.

vipratiṣedhāc cāsamañjasam ‖10‖

또한 상크야 학자들의 그러한 주장은 상호 모순된다. 어떤 곳에서는 일곱 개의 기관을, 어떤 곳에서는 열한 개의 기관을 열거한다.[61] 그리고 어떤 곳에서는 미시(微視)요소가 마하뜨(위대한 것)로부터 창조된다고, 어떤 곳에서는 아항까라(자아의식)로부터 창조된다고 가르친다.[62] 그리고 어떤 곳에서는 내부기관이 세 개라고, 어떤 곳에서는 한 개라고 설명한다.[63] 물론 [그들의 주장이] '신이 원인이라고 말하는 계시서'와 모순되고 또 '그것(계시서)을 따르는 전승서'와 모순되는 것은 잘 알려져 있을 따름이다. 따라서 또한, 상크야 학자들의 사상은 이치에 맞

60_ 비록 구나들이 불안정함으로써 불균형으로 나아갈 수 있다고 할지라도, 균형 상태와 불균형 상태 모두에서 '동작적 원인'(nimitta)이 없기 때문에 부조리한 결말이 생길 뿐이다. 첫째, 균형 상태로 있다면 그 균형을 깨뜨릴 동작적 원인이 없기 때문에 구나들은 불균형을 겪지 않는다. 둘째, 불균형 상태를 한 번 겪게 되면 그 불균형을 멈출 동작적 원인이 없기 때문에 구나들은 영원히 불균형을 겪는다. 따라서 첫째에서는 생성(전개)이 불가능하다는, 둘째에서는 생성 자체가 무한하다는 부조리한 결말이 생긴다.

61_ 5인식기관(buddhīndriya), 5행위기관(karmendriya), 마음(manas)을 합하여 11개의 기관을 열거하는 것이 일반적이지만, 5인식기관(귀, 피부, 눈, 혀, 코)을 피부의 변형들로 간주할 경우에는 피부, 5행위기관, 마음을 합하여 7개의 기관을 열거한다.

62_ 일반적으로 소리, 감촉, 형태(색깔), 맛, 냄새의 5미시요소(tanmātra, 五唯)는 아항까라로부터 창조된다고 알려져 있지만, 어떤 곳에서는 그것이 '아항까라의 원인인 마하뜨'로부터 창조된다고 가르친다.

63_ 일반적으로 마하뜨(붓디), 아항까라, 마음(마나스)이라는 3가지 내부기관이 알려져 있지만, 어떤 곳에서는 마하뜨(붓디)만이 유일한 내부기관이라고 설명한다.

지 않다.

이에 대하여 말한다.

[상크야]: 심지어 우빠니샤드 추종자들의 사상도 이치에 맞지 않을 뿐이지 않는가? 고통을 받는 것과 고통을 주는 것[64] 사이에 범주의 차이가 있다고 용인하지 않기 때문이다. 실로 유일한 브라흐만이 모든 것을 아뜨만으로 하고 모든 복합현상계의 원인이라고 용인하는 자들은, 고통을 받는 것과 고통을 주는 것이 오직 유일한 아뜨만의 두 양상일 뿐 범주의 차이가 있는 것들은 아니라고 용인해야만 할 것이다. 그리고 만약 그러한 고통을 받는 것과 고통을 주는 것이 유일한 아뜨만의 두 양상이라면, 그것(아뜨만)은 그러한 고통을 받는 것과 고통을 주는 것으로부터 자유로워질 수 없으므로, 고통을 정지시키기 위해 참된 직관을 가르치는 성전은 무용하게 될 것이다. 왜냐하면 열과 빛이라는 속성(성질)을 가지는 등불이, 바로 그(등불) 상태로 있는 동안 그것들로부터 자유로워지는 것은 가능하지 않기 때문이다. '물'과 '물결, 큰 물결, 물거품 등'을 제안하는 경우조차, 유일한 물 자체가 가지는 '큰 물결 등의 양상들'은 나타남과 사라짐의 형태를 통해 영원할 따름이므로, 물 자체가 큰 물결 등으로부터 자유로워지지 않는 것은 [등불의 경우와] 유사하다.[65]

게다가 고통을 받는 것과 고통을 주는 것 사이에 범주의 차이가 있

64_ '고통을 받는 것'(tapya)과 '고통을 주는 것'(tāpaka)=개별자아와 세계.

65_ 우빠니샤드 추종자들은, 등불의 경우에는 열과 빛이라는 등불의 속성이 등불에 본질적이기 때문에 양자가 불가분적이지만, 물의 경우에는 '큰 물결 등 물의 양상들'은 무상하고 '물 자체'는 영원하기 때문에 양자가 가분적이라며, '물 자체'와 '그 양상들'이라는 다른 예시를 통해 반박할 수 있다. 하지만 그러한 양상들은 그 자체로 영원하지 않지만 물이 존재하는 동안 그것들이 영원히 나타나고 사라지기 때문에, 물이 그러한 양상들로부터 자유로워지지 않는 것은 등불의 경우와 마찬가지이다.

다는 것은 이 세상에서 잘 알려져 있다. 그러한 예시로서, 희구주체(희구하는 것)와 희구대상(희구되는 것)은 서로 차이 있는 것들이라고 이해된다. 만약 희구주체 그 자체가 희구대상과 상이하지 않다면, 어떤 희구주체에서 '대상에 대한 희구로서의 희구대상'은 이미 영원히 획득된(확립된) 것이므로, 그것(희구주체)에서 그 대상에 대한 희구는 생기지 않을 것이다.[66] 예컨대, 빛 자체인 등불에서 '빛'이라고 불리는 희구대상은 이미 영원히 획득된 것이므로, 그것(등불)에서 그 대상에 대한 희구는 생기지 않는다. 왜냐하면 희구대상이 획득되지 않은 경우에 희구주체에서 희구가 생길 것이기 때문이다. 마찬가지로 희구대상마저 희구대상으로 존재하지 않을 것이다. 만약 존재한다면, 단지 '그 자체를 위한 대상인 것'으로 존재해야 한다.[67] 하지만 그렇지는 않다. 왜냐하면 이러한 희구주체와 희구대상이라는 것은 상관 명사(名詞)[68]들이기 때문이다. 그리고 관계(상관)란 관계하는 둘에 대해서 가능할 뿐, 오직 하나에 대해서는 가능하지 않다. 따라서 이러한 희구대상과 희구주체는 차이 있는 것들이다. 기피대상과 기피주체 역시 마찬가지이다. 희구주체와 상응하는 것이 '희구대상'이고 상치하는 것이 '기피대상'이며, 한 [사람이] 이러한 양자와 번갈아 관계를 맺는다. 이 경우에 희구대상이 더 적음으로 말미암아, 또 기피대상이 더 많음으로 말미암아, 희구

66_ 만약 희구주체(arthin)와 희구대상(artha)이 상이하지 않다면, 이는 희구주체가 희구대상을 영원히 획득하고 있는 것에 지나지 않기 때문에, 희구주체가 희구대상을 희구하는 사태가 생기지 않는다. 따라서 희구주체와 희구대상 사이에는 범주의 차이가 있다고 알려진다.

67_ 만약 희구주체와 희구대상이 상이하지 않다면, 희구주체가 더 이상 주체일 수 없듯이 희구대상마저 더 이상 대상일 수 없다. 그래도 여전히 희구대상으로 존재한다면, 희구주체와 관계없이 '그 자체를 위한 대상인 것'으로 즉 '희구대상을 위한 희구대상인 것'으로 존재해야 할 뿐이다.

68_ 상관 명사(saṃbandhi-śabda)=아버지와 아들처럼 두 사물 사이의 관계를 바탕으로 하는 개념(명사).

대상과 기피대상인 양자 모두가 단지 기피대상이므로, 그것(기피대상)은 '고통을 주는 것'이라고 불린다.[69] 결국 '고통을 받는 것'이란 양자와[70] 번갈아 관계를 맺는 [단] 한 사람이므로, 그러한 고통을 받는 것과 고통을 주는 것이 동일한 본질을 가지는 경우에 해탈은 가능하지 않다. 반면에 [고통을 받는 것과 고통을 주는 것 사이에] 범주의 차이가 있는 경우에는, 그것들이 결합되는 원인을 제거함으로써[71] 혹시라도 가끔씩 해탈이 가능하다.

이에 대하여 대답한다.

[후론]: 아니다. [아뜨만의] 바로 그 유일성으로 말미암아 고통을 받는 것과 고통을 주는 것의 관계는 가능하지 않기 때문이다. 만약 고통을 받는 것과 고통을 주는 것이 동일한 본질을 가지는 경우에 각각이 주관인 것과 대상인 것으로 간주된다면, 그러한 결함이 초래될 것이다. 하지만 그렇지는 않다. [아뜨만의] 바로 그 유일성 때문이다.[72] 실로 하나로서 존재하는 불은, 열과 빛 등과 [같이] 속성들의 차이를 가지는 경우에도 또 전변을 하는 경우에도, 자기 자신을 태우거나 비추지 않는

69_ 즐거움(행복), 괴로움(불행)과 관계하여 인도철학에서 자주 사용하는 논리이다. 즐거움은 소량이고 괴로움은 다량이기 때문에 즐거움과 괴로움 모두가 괴로움이다. 즉 희구대상(artha)이 더 적고 기피대상(anartha)이 더 많기 때문에 희구대상과 기피대상 모두가 기피대상이다. 이 기피대상이 바로 그 '고통을 주는 것'이다.

70_ 양자와=희구대상과 기피대상과.

71_ 그것들이 결합되는 원인을 제거함으로써=고통을 받는 것과 고통을 주는 것이 즉 뿌루샤와 쁘라다나(붓디)가 결합되는 원인인 무지(무분별)를 제거함으로써.

72_ 고통을 받는 것과 고통을 주는 것이 동일한 본질을 가지는 경우에도 반드시 해탈의 불가능함이라는 결함이 초래되지는 않는다. 만약 그것들 각각이 주관인 것과 대상인 것으로 간주된다면 그러한 결함이 초래될 뿐이다. 하지만 베단따에서는 고통을 받는 것과 고통을 주는 것이 각각 주관과 대상으로서 관계를 가진다는 점을 부정한다. 아뜨만의 유일성(ekatva) 때문이다. 물론 경험적 관점에서는 고통을 받는 것과 고통을 주는 것 사이에 주관과 대상의 관계가 가능하지만, 실재적 관점에서는 오직 아뜨만이 유일하게 존재한다.

다. 불변하고 유일한 브라흐만의 경우에는 고통을 받는 것과 고통을 주는 것의 관계가 얼마나 더 불가능하겠는가!

[상크야]: 그렇다면 고통을 받는 것과 고통을 주는 것의 그러한 관계는 어디에 존재할 것인가?

[이에 대하여] 대답한다.

[후론]: [뜨거운 태양 볕을 쬐는 행위에서] 행위대상으로 존재하는 '살아 있는 육체'가 고통을 받는 자이고, '태양'이 고통을 주는 자라고, 당신은 보지 못하는가?

[상크야]: '고통'이라고 불리는 것은 괴로움이며, 그것은 의식체에 속할 뿐 비의식체인 육체에 속하지 않지 않는가? 왜냐하면 만약 고통이 오직 육체에 속한다면, 그것은 육체가 소멸할 때에 바로 자동적으로 소멸하므로 그것을 소멸시키기 위한 수단이 요청되지 않아야만 할 것이기 때문이다.[73]

[이에 대하여] 대답한다.

[후론]: 심지어 육체가 없을 때, 의식체에 단독으로 고통이 알려지지는 않는다. 또한 당신마저도 '고통'이라고 불리는 변형이 의식체에 단독으로 속한다고 간주하지는 않는다. 게다가 육체와 의식체의 연계도 아니다. '[의식체와 관계하는] 불순 등의 결점'이라는 부조리한 결말이 생기기 때문이다.[74] 더욱이 고통이 바로 그 고통에 속한다고 당신은 용

73_ 고통(tapti)은 육체에 속하지 않는다. 만약 고통이 육체에 속한다면, 그것은 육체의 소멸 즉 죽음과 함께 자동적으로 소멸하기 때문에 그것을 소멸시키기 위해 별도의 노력이 필요하지 않다. 그런데 사람들은 살아 있는 동안 고통을 소멸시키기 위해 여러 수단(sādhana)들을 필요로 한다. 따라서 고통은 육체가 아니라 의식에 속한다.

74_ 육체와 의식체의 연계를 통해 고통을 경험한다고 상크야 학자들이 주장한다면, 그 연계로 말미암아 바로 그들이 전제하는 '뿌루샤(의식체)의 순수성'이 훼손되고 말 것이다. 따라서 그러한 연계도 대안이 될 수 없다.

인하지 않는다.

심지어 당신의 경우에, 고통을 받는 것과 고통을 주는 것의 관계는 무엇이란 말인가?

[상크야]: 고통을 받는 것은 삿뜨바이고 고통을 주는 것은 라자스이다.[75]

[후론]: 아니다. 그것들과 의식체의 연계는 합당하지 않기 때문이다.[76]

[상크야]: 바로 그 의식체는 삿뜨바와 호응하기 때문에 고통받는 듯하다.[77]

[후론]: 그 경우 실재적으로는 결코 고통받지 않는다고 여겨진다. [당신이] '듯하다'라는 말을 사용하기 때문이다. 만약 [의식체가 실재적으로] 고통받지 않는다면, '듯하다'라는 말은 결함이 아니다.[78] 왜냐하면 '둔두바(독 없는 뱀)는 독사인 듯하다.'라는 그러한 만큼에 의해 [둔두바가] 독이 있게 되지는 않기 때문이다. 혹은 '독사는 둔두바인 듯하다.' 라는 그러한 만큼에 의해 [독사가] 독이 없게 되지는 [않기 때문이다]. 따라서 또한, 고통을 받는 것과 고통을 주는 것의 그러한 관계는 무지에 의해 야기된 것일 뿐 실재적인 것이 아니라고, [당신은] 용인해야만 한다. 이와 같을 경우에 우리에게도 전혀 결함이 없다. 그러나 만약,

---

75_ 이 경우에 삿뜨바 구나가 '고통을 주는 것인 라자스 구나'에 의해 고통을 받는 것이 되고 또 삿뜨바 구나가 의식체와 호응하기 때문에, 고통은 의식체에 속할 수 있다.

76_ 삿뜨바, 라자스 구나와 의식체(뿌루샤)의 연계가 합당하지 않는 이상, 어떻게 고통이 의식체에 속하는지 즉 의식체가 어떻게 고통을 경험하는지 다시 설명해야 한다.

77_ 의식체(뿌루샤)가 반사된 것이 삿뜨바이기 때문에 의식체도 고통을 받는 '듯하다'(iva).

78_ * 원문의 'doṣāya'(결함이)는 4격으로서 문맥상 'doṣāya dātum'으로 읽을 수 있다.

의식체가 오직 실재적으로 고통을 받는 것이라고 당신이 용인한다면, 바로 당신에게서 더더욱 해탈의 불가능함이라는 부조리한 결말이 생길 것이다. 또한 고통을 주는 것이 영원하다고 [당신이] 용인하기 때문이다.[79]

[상크야]: 비록 고통을 받는 것의 내재력과 고통을 주는 것의 내재력이 영원할지라도, 고통은 '원인과 함께하는 결합'에 의존하기 때문에, 결합의 원인인 몰이해가 파기되는 경우에 결합이 궁극적으로 정지되고, 결국 이로부터 궁극적인 해탈이 가능하다.[80]

[후론]: 아니다. 몰이해를 [본질로 하는] 따마스가 영원하다고 용인하기 때문이다.[81] 그리고 구나들의 발현(상승)과 쇠멸(하락)이 확고하지 않음으로 말미암아 결합의 원인을 정지하는 것이 확고하지 않으므로, 분리마저 확고하지 않음으로 말미암아 상크야 자체에서 해탈의 불가능함은 피할 수 없을 것이다.[82] 반면에 우빠니샤드 추종자에게는, 아뜨

79_ 만약 당신이 의식체가 실재적으로 '고통을 받는 것'이라고 용인한다면, 해탈의 불가능함이 수반될 것이다. 그런데 당신은 '고통을 주는 것'인 라자스 구나도 영원하다고 용인하기 때문에, 당신에게는 더더욱 해탈의 불가능함이 수반될 것이다.

80_ 고통을 받는 것과 고통을 주는 것의 내재력(śakti)이 영원하다는 것과는 별도로, 고통은 실제로 '어떤 원인을 가지고 있는 결합(saṃyoga)'에 의해 발생한다. 바꿔 말해서, '고통을 받는 것(뿌루샤)과 고통을 주는 것(쁘라다나)의 본질을 분별하지 못하는 몰이해(adarśana)'를 원인으로 하여 양자 사이에 결합이 있고, 그 결과 고통이 발생한다. 따라서 그 원인인 몰이해가 파기되는 경우에 결합도 중지되므로 고통의 소멸로서 해탈이 가능하게 된다.

81_ 삿뜨바와 라자스가 영원하다는 결함을 피하기 위해 '몰이해를 원인으로 하는 결합'을 주장하더라도, 몰이해를 본질로 하는 따마스마저 영원하다고 용인하기 때문에 '몰이해의 파기'를 수단으로 하는 해탈은 불가능하다.

82_ 후론자의 반박에 대해 상크야 학자는 이렇게 주장할 수 있다: 따마스가 영원하다고 해서 몰이해의 파기가 불가능한 것은 아니다. 왜냐하면 지식을 통해 삿뜨바 구나의 발현(udbhava)과 따마스 구나의 쇠멸(abhibhava)이 있을 경우에 몰이해의 파기는 가능하기 때문이다. 하지만 후론자는 이렇게 재반박한다: 구나들의 발현과 쇠멸이 확고하지 않기 때문에 결합의 원인인 몰이해를 정지(파기)

만의 유일성을 용인하기 때문에, 또 유일자(唯一者)에 대해서는 대상과 주관의 관계가 가능하지 않기 때문에, 또 변형들의 차이가 단지 언어에 근거한다고 계시되기 때문에,[83] 해탈의 불가능함에 대한 의심이 꿈속에서라도 일어나지 않는다.

한편 경험적으로는, 고통을 받는 것과 고통을 주는 것의 관계가 관찰되는 경우에 그것은 바로 그와 같으므로, 이의를 제기하거나 논박하지 않아야만 한다.‖10‖

{ 2. '크고 김'이라는 주제: 수뜨라 11 }

'쁘라다나 원인론'을 부인했다. 이제 '단원자(單原子)[84] 원인론'을 부인해야만 한다. 이러한 사정에서 먼저 시작에서는, 브라흐만주의자가 가지는 결함이라고 원자론자가 추측한 것을 바로잡는다.

이 경우에 바이셰쉬까 학자들은 이렇게 주장한다: '원인으로서의 실체'[85]에 내속(內屬)하는 성질들은 동종(同種)인 다른[86] 성질을 '결과로서

하는 것도 확고하지 않다. '몰이해의 정지'가 확고하지 않기 때문에 그것을 수단으로 하는 '뿌루샤와 쁘라다나의 분리(viyoga)'마저도 확고하지 않다. 따라서 분리에 수반되는 해탈이란 불가능할 뿐이다.

83_ <찬도 6.1.4> 참조: "얘야, 마치 하나의 찰흙덩이를 [아는 것을] 통해 찰흙으로 이루어진 모든 것을 알 수 있듯이, [찰흙의] 변형이란 언어에 근거(기원)하고 있으며 명칭 자체이고 오직 찰흙이라는 것만이 실재이다."

84_ 바이셰쉬까에서 'paramāṇu'(단원자)는 단원자(單原子)인 원자만을 가리키는 용어이고, 'aṇu'(원자)는 단원자와 이원자(二原子)를 포괄하는 용어이다. 하지만 <주석>에서 주석가는 'paramāṇu'와 'aṇu'를 모두 단원자를 지칭하는 데 사용하고, 'dvyaṇuka'(dvyaṇu)를 이원자를 지칭하는 데 사용한다.

85_ 실체(dravya)=바이셰쉬까 학파에서 주창하는 6가지 범주(padārtha) 즉 실체, 성질(guṇa), 운동(karma), 보편(sāmānya), 특수(viśeṣa), 내속(samavāya) 가

의 실체'에서 산출한다. 하얀 실들로부터 하얀 천이 산출되는 것을 보기 때문이고, 또 그 반대를[87] 보지 못하기 때문이다. 따라서 의식체인 브라흐만이 세계의 원인이라고 용인되는 경우에는, 심지어 결과인 세계에도 의식이 내속할 것이다. 하지만 이는 관찰되지 않기 때문에, 의식체인 브라흐만은 세계의 원인이 될 수 없다. 이러한 주장을 [수뜨라 저자는] 바로 그들에게 속하는 방법론을 통해 무효화한다.

그들의 방법론은 이러하다: 소위 단원자들은 특정 시기에,[88] 결과물들을 산출하지 않고, 적절하게 색깔 등의 [성질들을] 가지며, 또 '극미구체성'(極微 球體性, 지극히 작고 둥근 성질)이라는 부피를 가지고 존재한다.[89] 그리고 그것들은 그 후에 '보이지 않는 힘' 등을 필두로 하고, 또 결합의 보조를 받으면서 이원자(二原子) 등의 차례로 모든 '결과물의 총체'를 산출한다.[90] 원인(원자)에 [내속하는] 성질들마저 다른 성질들을

운데 가장 중요한 것이다. 실체에는 '흙, 물, 불, 공기, 에테르, 공간, 시간, 영혼(아뜨만), 마음'이라는 9가지가 있다. 참고로, 후대에 첨가된 7번째 범주인 비존재(abhāva)는 주석가의 시대 이후에 등장한 것이기 때문에 논외가 된다. '비존재'라는 범주의 맹아는 <바이-수 9>에서 살펴볼 수 있다. 그리고 범주란, '단어나 말(pada)의 의미 또는 대상(artha)'으로서, 사유의 대상을 뜻한다.

86_ 여기서 '다른'(antara)은 '또 다른, 별개의, 새로운'이라는 뜻일 뿐 '상이한'이라는 뜻은 아니다. 앞으로 전개되는 논의에서도 '다른'은 전자를 뜻한다.

87_ 그 반대를=하얀 실들로부터 검은 천, 빨간 천 등이 산출되는 것을.

88_ 특정 시기에=원자들의 운동이 없는 소멸(pralaya)의 시기에.

89_ 원자들로 이루어진 흙, 물, 불, 공기라는 4가지 실체들은 각각이 '극미 구체성'(pārimāṇḍalya)을 가지는 원자의 상태에서 영원하다. 4가지 원자들은 각각에 적절하게 즉 각각에 고유하게, 냄새, 맛, 색깔, 감촉이라는 성질들을 가진다. '극미 구체성'이란, 불가분적이고 비가시적이며 비소멸적인 원자(단원자)가 즉 '극미한 구체'(parimaṇḍala)로서의 원자가 가지는 영원한 부피(성질 가운데 하나)이다.

90_ 보이지 않는 힘(adṛṣṭa)='후생에서의 행복이나 불행'을 결정짓는 '전생에서의 공덕행위와 배덕행위의 결과'로서, 개인의 영혼(미시적 신체)에 존재하는 보이지 않는 어떤 잠재력이다. 이 힘은 미래의 어느 적합한 시간에 그 결과를 낳은 뒤 사라진다. 본문의 '보이지 않는 힘 등'에서 '등'은 원자에 운동을 부여하는 신

결과에서 [산출한다]. 두 개의 단원자가 이원자를 산출할 때, 단원자에 존재하는 '흰색 등과 [같은] 색깔 등의 특정한 성질들'은, 다른 흰색 등을 이원자에서 산출한다. 반면에 단원자의 특별한 성질(부피)인 극미 구체성은 다른 극미 구체성을 이원자에서 산출하지 않는다. 이원자는 상이한 부피를 가진다고 용인하기 때문이다. 실로 그들은 '미세함'과 '짧음'이 이원자에 존재하는 부피라고 설명한다.[91] 두 개의 이원자가 사원자를 산출할 때에도,[92] 여전히 이원자에 내속하는 흰색 등을 [사원자에서] 산출하는 것은 똑같다. 하지만 미세함과 짧음은, 이원자에 내속하는 것임에도, 결코 산출하지 않는다. 사원자는 '큼'과 '김'이라는 부피를 가진다고 용인하기 때문이다. 여러 단원자들, 혹은 여러 이원자들, 혹은 이원자와 결합된 단원자가 결과물을 산출할 때에도,[93] 여전히

의 작용을 가리킨다. 세계의 원인으로서 원자는 그 자체가 물질적 원인 또는 ① 내속적 원인(samavāyi-kāraṇa, 內屬因)이 되고, 보이지 않는 힘과 신을 ② 동작적 원인으로 하고, 결합(saṃyoga)을 ③ 비내속적 원인(asamavāyi-kāraṇa)으로 하여, 이 세계의 모든 결과물들을 산출한다.

91_ 바이셰쉬까에 따르면 단원자와 이원자는 '미세함'(aṇutva)과 '짧음'(hrasvatva)을 부피로 하고, 삼원자 이상은 '큼'(mahattva)과 '김'(dīrghatva)을 부피로 한다. 일반적으로 '미세함'과 '짧음'이 공존하고, '큼'과 '김'이 공존하기 때문이다. 이 경우에 '미세함'과 '큼'은 모든 종류의 부피 즉 크기 · 길이 · 넓이 등에서 그러하다는 것을 뜻하고, '짧음'과 '김'은 오직 길이라는 부피에서 그러하다는 것을 뜻한다. 그래서 흔히 '미세함'과 '큼'이라는 부피만이 각각 대표적인 것으로 사용된다. 비슷한 연관에서 단원자와 이원자의 부피인 '미세함'과 '짧음'은 각각 우등함(utkṛṣṭa)과 열등함(apakṛṣṭa)으로 지시되기도 한다.

92_ 주석가는 여기서 두 개의 이원자가 사원자(caturaṇuka, 4개의 단원자)를 산출한다고 한다. 이에 따라 삼원자는 3개의 단원자로 이루어진 것이 된다. 하지만 바이셰쉬까의 통상적인 견해에 따르면, 단원자 2개가 이원자이고, 이원자 3개가 삼원자(6개의 단원자)이며, 삼원자 3개가 사원자(18개의 단원자)이다. 각각의 원자들을 이루는 원자의 개수는 이곳의 논의에서 그다지 중요하지 않다.

93_ '여러 이원자들'이 결과물을 산출하는 것은 잘 알려진 견해이지만, '여러 단원자들' 또는 '이원자와 결합된 단원자'가 결과물을 산출하는 것은 잘 알려지지 않은 견해이다.

이와 똑같이 적용된다.

11. [바이셰쉬까에서] 짧은 [이원자나] 극미한 구체인 [단원자로부터] 크고 긴 [삼원자 등이 산출되는] 것처럼, 오히려 [의식체인 브라흐만으로부터 비의식체인 세계가 산출될 것이다].
mahaddīrghavad vā hrasvaparimaṇḍalābhyām ‖11‖

[후론]: 이러한 연관에서, 단원자로부터 즉 극미한 구체인 것으로부터 미세하고 짧은 이원자와 크고 긴 삼원자 등이 산출될 뿐 극미한 구체가 산출되지 않듯이, 혹은 이원자로부터 즉 미세하고 짧은 것으로부터 크고 긴 삼원자가 산출될 뿐 미세함도 짧음도 산출되지 않듯이, 마찬가지로 의식체인 브라흐만으로부터 비의식체인 세계가 산출될 것이라고 [우리가] 용인하는 경우에, 당신이 잃는 것은 무엇이겠는가![94]

이제 당신은 생각한다.

[바이셰쉬까]: [원인의 부피와] 반대되는 다른 부피에 의해 에워싸인 것이 결과로서의 실체인 이원자 등이므로, 이로부터 '원인에 존재하는 극미 구체성' 등은 산출자(산출하는 것)들이 아니라고 우리는 용인한다. 그와 달리 세계는, 원인에 존재하는 의식이 다른 의식을 결과에서 산출할 수 없게끔 하는 '의식과 반대되는 다른 성질'(비의식)에 의해 에워싸이지 않는다.[95] 실로 '비의식'이라는 이름의 '의식과 반대되는 그 어

94_ 단원자로부터 이원자 등이, 이원자로부터 삼원자 등이 산출되는 과정에서, 원인의 여러 성질들은 결과에서 산출되지만 '부피'라는 원인의 성질은 결과에서 산출되지 않는다. 그렇다면 의식체로부터 비의식체가 산출될 뿐이라고 브라흐만주의자가 용인하는 것에 대해 당신이 반박할 이유가 어디 있겠는가!

95_ 바이셰쉬까에서 결과라는 것은 '원인의 부피를 산출할 수 없게끔 하는 다른 부피'(원인의 부피와 반대되는 부피)에 의해 에워싸여 있다. 하지만 브라흐만주의에서는 결과(세계)가 '원인의 성질인 의식을 산출할 수 없게끔 하는 다른 성질'

떤 성질'도 존재하지 않는다. [비의식이란] 단지 '의식의 부정'이기 때문이다.[96] 따라서 [의식의 경우에는 원자의] 극미 구체성 등과 상이하기 때문에, 의식은 [다른 의식의] 산출자라는 결말이 생긴다.[97]

[후론]: 그와 같이 생각하지 말아야 한다. 극미 구체성 등이 원인에 존재하고 있음에도 산출자가 아니듯이 의식조차 그와 같으므로, 이러한 점은 [양측에서] 똑같기 때문이다. 또한 '다른 부피에 의해 에워싸임'이 '극미 구체성 등이 산출자가 아니라는 것'에 대한 이유는 아니다. 다른 부피를 산출하기 이전에 극미 구체성 등의 [부피가] 산출자라는 것은 합당하기 때문이다.[98] 심지어 산출된 '결과로서의 실체'가 성질을 산출하기 이전에 잠시 동안 무(無)성질로 존재한다고 [당신이] 용인하기 때문이다.[99]

게다가 극미 구체성 등이 다른(상이한) 부피를 산출하는 데 몰입한다고 해서, 그로부터 그 자체와 동종인 다른(새로운) 부피를 산출하지 않

(원인의 성질과 반대되는 성질, 즉 비의식)에 의해 에워싸여 있지 않다. 따라서 두 경우는 상이하다.

96_ 바이셰쉬까에서는 '비의식'을 성질(guṇa)의 하나로 받아들이지 않는다.

97_ 결과적으로 의식은 다른 의식을 산출하기 때문에, 의식으로부터 비의식이 산출된다는 브라흐만주의자의 주장은 옳지 않다.

98_ 결과가 다른 부피에 의해 에워싸여 있으므로 원인의 부피(극미 구체성 등)는 산출자(ārambhaka)가 아니라고 바이셰쉬까에서 주장하는 것은 합당하지 않다. 원인이 다른 부피를 결과에서 산출하기 이전에, 즉 결과의 부피가 나타나기 이전에, 원인의 부피가 산출자로 작용하는 것만큼은 분명하기 때문이다.

99_ 결과로서의 실체가 산출되고 나서 그 실체는 잠시 동안 성질을 가지지 않은 상태로 있다가 성질을 산출한다고 바이셰쉬까에서 용인하기 때문이다. 바이셰쉬까에 따르면, 원인으로서의 성질이 결과로서의 성질을 산출할 때 그 인과관계가 성립하려면 양자 사이에 '연속성'이 있어야 하며 '동시성'이 있어서는 안 된다고 한다. 원인과 결과가 동시적으로 발생하게 되면 인과관계가 불가능하기 때문이다. 그리고 동시성이 아니라 연속성을 받아들이는 경우, 그 연속성이 무성질(aguṇa)인 찰나적 상태를 초래한다. 따라서 원인의 성질과 결과의 성질 사이에 이러한 시간적 공백은 원인의 부피가 산출자일 수 있다는 것을 방증해준다.

지는 않는다. 다른(새로운) 부피는 다른 원인을 가진다고 [당신이] 용인하기 때문이다.[100] 실로 까나부끄(까나다)의 수뜨라들은 "원인의 '여럿임'으로부터, 원인의 '큼'으로부터, 또 특정한 '성긴 결합'으로부터, '큼'이 [산출된다]."[101] 〈바이-수 7.1.16〉, "그것(큼)과 상반되는 것은 '지극한 미세함'이다."[102] 〈바이-수 7.1.17〉, "이로써 '김'과 '짧음'을 설명했다." 〈바이-수 7.1.23〉라고 한다.

더욱이 [결과와의] 특별한 근접으로 말미암아 어떤 원인이 가지는 '여럿임' 등만을 [결과에서] 산출하고 극미 구체성 등을 산출하지 않는다고 말할 수는 없다. 다른 실체나 다른 성질이 산출되는 경우에 실로 모든 '원인의 성질'들이 그 자체들의 소재지(처소)에 내속하는 것은 한결같기 때문이다.[103] 따라서 극미 구체성 등은 그저 본질적으로 [그 자체의] 산출자가 아니고, 심지어 의식도 마찬가지라고 이해해야만 한다.

또한 결합을 통해서 상이한 실체 등이 생성되는 것을 보기 때문에 '동종의 생성'에 대한 반례도 [있다].[104]

100_ '원인의 부피'가 그 자체와는 이종적인 '결과의 부피'를 산출하는 데 몰입한다는 바로 그 이유 때문에 전자가 그 자체와 동종적인 새로운 부피를 산출하지 못하는 것은 아니다. 새로운 부피는 다른 여러 원인(hetu)들을 가진다고 <바이-수>에서 용인하기 때문이다.

101_ 예컨대, 이원자에 존재하는 수(數)의 '여럿임'(bahutva)을 원인으로 하여 삼원자의 '큼'이 산출되고, 흙의 '큼'(mahattva)을 원인으로 하여 항아리의 '큼'이 산출되고, 작은 솜뭉치의 '성긴 결합'(pracaya)을 원인으로 하여 큰 솜뭉치의 '큼'이 산출된다.

102_ 그러한 3가지 원인을 가지는 '큼'과 상반되는 것은 단원자와 이원자의 부피인 '지극한 미세함'(aṇu)이다.

103_ 원인의 성질들이 결과에서 산출될 때에는 모든 성질들이 한결같이 그 자체들의 소재지(āśraya)에 즉 '결과로서의 실체'에 내속해야 한다. 소재지(결과로서의 실체)와 특별하게 근접함(가까움)으로 말미암아 어떤 성질은 산출되고 그렇지 않음으로 말미암아 어떤 성질은 산출되지 않는다는 것은 합당하지 않다.

104_ '실체 등'에서 '등'은 성질을 가리킨다. 예컨대, '약함'의 성질을 가진 끈들이 결합을 통해 '강함'의 성질을 가진 밧줄을 생성하듯이, 어떤 실체나 성질이 결

[바이셰쉬까]: 논제가 실체인 경우에 성질에 대한 예시는 합리적이지 않다.[105]

[후론]: 아니다. 예시를 통해 단순히 '상이한 것의 산출'을 말하고자 하기 때문이다. 그리고 실체에 대해서 오직 실체가 예시되어야만 하고, 혹은 성질에 대해서 오직 성질이 예시되어야만 한다는 원칙에는 그 어떤 근거도 없다. 심지어 당신들의 수뜨라 저자도 실체에 대해서 성질을 예시했다. "지각 가능한 것들과 지각 불가능한 것들의 결합은 지각 불가능하기 때문에, [육체는] 오원소로 이루어진 것이 아니다." 〈바이-수 4.2.1〉에서이다. '지각 가능한 흙과 지각 불가능한 에테르'에[106] 내속하는 결합이 지각 불가능하듯이, 마찬가지로 '지각 가능하거나 지각 불가능한 오원소들'에 내속하는 육체는 지각 불가능할 것이다. [그러나] 실로 육체는 지각 가능하다. 따라서 [육체는] '오원소로 된 것'이 아니다. 말한 바는 이러하다: 결합은 성질이고 육체는 실체이다.[107]

또한 "하지만 [상이함으로 말미암아 이 세계가 브라흐만을 물질적 원인으로 하지 않는다는 것은 절대적이지 않다]; [이 세상에서는 '어떤 것'으로부터 '그것과는 상이한 것'이 발생한다고] 관찰되기 [때문이다]; [따라서 의식체인 원인을 수용해야만 한다]."〈수뜨라 2.1.6〉라는 곳에

과에서 동종만을 생성한다는 것에 대한 반례도 존재한다.

105_ 논제가 원자나 브라흐만 즉 실체인 경우에 성질의 하나인 '결합'을 예시로 드는 것은 합리적이지 않다.

106_ 일반적으로 5원소 가운데 흙·물·불은 지각 가능하고 공기·에테르는 지각 불가능하다. 어떤 바이셰쉬까 학자들은 공기에 '색깔이 없으므로 감촉도 없기 때문에' 감촉 불가능한 공기가 지각 불가능하다고 하며, 다른 바이셰쉬까 학자들은 '감촉에서 색깔은 불필요하기 때문에' 감촉 가능한 공기가 지각 가능하다고 한다.

107_ 따라서 <바이-수 4.2.1>에서도 실체(육체)에 대해 성질(결합)을 예시한 셈이다.

서도 '상이한 것의 생성'을 상술했다.

[바이셰쉬까]: 그와 같을 경우에 바로 그 [논의를] 통해 이 [논의가] 완료되었지 않는가?

[후론]: 아니라고 우리는 말한다. 그것은 상크야를 향한 언급이지만, 이것은 바이셰쉬까를 향한 언급이다.

[바이셰쉬까]: 논리적 유사성에 따라 연장 적용마저 행해졌지 않는가? "이로 말미암아 [즉 쁘라다나 원인론을 부인하는 근거로 말미암아], 식자들은 심지어 [원자 원인론 등도] 수용하지 않는다고 설명된다."〈수뜨라 2.1.12〉에서이다.[108]

[후론]: 그것은 사실이다. 하지만 바로 그것에 대한[109] 상술을, 바이셰쉬까의 방법론을 [다루는 이곳의] 서두에서 그들의 방법론에 수반되는 예시를 통해 이렇게 행했다.‖11‖

{ 3. '단원자는 세계의 원인이 아님'이라는 주제: 수뜨라 12-17 }

12. 두 가지 경우 모두에 [즉 결합의 보조를 받는 경우와 '보이지 않는 힘'을 제시하는 경우에 원자들에서 최초의 운동이 없기 때문에 결합을 발생시키기 위한] 운동이 없다; [마찬가지로 분리를 발생시키기 위한 운동도 없다]; 이로부터 [결합과 분리가 없기 때문에], 그

108_ 상크야 학파와 다른 학파들을 비판하는 데 '논리적 유사성'(samāna-nyāyatā)이 있기 때문에, 수뜨라 저자는 앞서 쁘라다나 원인론을 비판하던 논리를 <수뜨라 2.1.12>에서 원자 원인론 등으로 연장시켜 적용했다. 그 결과 바이셰쉬까에 대해서 '연장 적용'이 이미 행해졌다고 말할 수 있다.

109_ 바로 그것에 대한='상이한 것의 생성(산출)'이라는 논점에 대한.

것들은 [즉 창조와 소멸은] 없다; [따라서 단원자 원인론은 합당하지 않다].

ubhayathāpi na karmātas tadabhāvaḥ ‖12‖

이제 단원자 원인론을 논박한다.

그리고 이 이론은 이러한 방식으로 기원한다: 실로 이 세상에서는, 부분들을 가지는 천 등의 실체들은 '바로 그 자체들이 내재(내속)하고[110] 결합의 보조를 받는 실 등의 실체들'에 의해 산출된다고 알려진다. 이를 일반적 진술로 [나타내면], 부분들을 가지는 그 무엇이든지 그 모든 것들은, '바로 그 자체들이 내재하고 결합의 보조를 받는 그러그러한 실체들'에 의해 산출된다고 이해된다. 그리고 부분과 전체라는 이러한 구분을 멈추게끔 하는 것이자 감소의 끝에[111] 존재하는 것이 단원자이다. 게다가 언덕 · 바다 등의 이 모든 세계는 부분들을 가진다. 부분들을 가지기 때문에 또 시작과 끝을 가진다.[112] 더욱이 원인이 없이 결과가 발생해서는 안 된다. 그래서 결국 단원자들은 세계의 원인이다. 이러한 것이 까나부끄의 소견(所見)이다.

[이제] 흙 · 물 · 불 · 공기라고 불리는 이러한 그 4원소가 부분들을 가진다고 이해함으로써 4종류의 단원자들을 추정한다. 그리고 그것들은 감소의 끝에 존재함으로 말미암아 더 이상 분리될 수 없기 때문에 '소멸을 겪는 흙 등'의 분리는 단원자에서 끝나게 되며, 이것이 소멸기(消滅期)이다.[113] 그 후 창조기에는 공기의 원자들에서 '보이지 않는 힘

110_ 결과로서의 전체(부분을 가지는 것)가 원인으로서의 부분에 내재할 뿐, 부분이 전체에 내재하지는 않는다.

111_ 감소의 끝에=부분을 가지는 전체를 끊임없이 감소(분화)시켜 더 이상 감소될 수 없는 것에 이르렀을 때에.

112_ 더 이상 부분들을 가지지 않는 것만이 즉 더 이상 부분으로 나눠지지 않는 것만이 시작도 끝도 없이 영원하다.

에 의존하는 운동'이 발생한다. 그 운동은 '그 자체의 소재지인 원자'를 '다른 원자'와 결합시킨다. 그로부터 이원자 등의 차례로 공기의 [원소가] 발생한다. 그와 같이 불이, 그와 같이 물이, 그와 같이 흙이, 바로 그와 같이 육체가 감관들과 함께 [발생한다]. 마찬가지로 이 모든 세계가 원자들로부터 발생한다. 또한 실과 천의 논리에 따라, 원자에 존재하는 색깔 등으로부터 이원자 등에 존재하는 색깔 등이 발생한다. 이렇게 까나다 학자들은 생각한다.

이에 대하여 이렇게 말한다.

[후론]: 먼저 분리 상태인 원자들이 결합되는 것은 운동에 의존한다고 용인해야만 한다. 운동을 가지는 실 등이 결합되는 것을 보기 때문이다. 또한 운동은 결과임으로 말미암아 어떤 원인을 용인해야만 한다. 용인하지 않는 경우에는 원인이 없음으로 말미암아 원자들에서 최초의 운동이 가능하지 않다.

게다가 [그 원인을] 용인하는 경우에, 아마 노력이라든가 유성(有聲) 충돌 등이라는[114] 어떤 가시적인 바의[115] '운동의 원인'을 용인해야 한다. 그것이 불가능함으로 말미암아 결코 원자들에서 최초의 운동은 가능하지 않다. 실로 그(분리) 상태에서는 '영혼(아뜨만)의 성질인 노력'이 가능하지 않다. 육체가 없기 때문이다.[116] 실로 육체에 머무르는 마음

113_ 4원소가 소멸을 겪으면서 분리(분할)되어 궁극적으로 단원자에 이르게 되는 때를 '소멸기'(pralayakāla)라고 부른다. 결국 바이셰쉬까에서 인정하는 9가지 실체 가운데 4원소는, 그 자체의 견지에서 영원하지 않지만 원자의 견지에서는 영원하다. 나머지 5가지 실체들은 그 자체로 영원하다.

114_ 노력(prayatna)은 운동의 의도적 원인이고, 유성충돌(abhighāta, 소리가 있는 충돌) 등은 운동의 비(非)의도적 원인이다.

115_ '가시적인 바의'라는 표현은, 주석가가 운동과 관련하여 '노력, 유성충돌 등'의 가시적인 원인이 불가능하다는 것을 먼저 다루고 곧 이어서 '보이지 않는 힘'이라는 비가시적인 원인이 불가능하다는 것을 다루기 때문에, 그러한 맥락에서 사용한 것이다.

이 영혼과 결합해 있는 경우에 영혼의 성질인 노력이 산출된다. 이로 말미암아 가시적인 원인인 유성충돌 등도 부인해야만 한다. 왜냐하면 창조 이후의 시기에 [존재하는] 그 모든 것들은 최초의 운동에 대한 원인으로 적합하지 않기 때문이다.

이제 만약 [비가시적인] '보이지 않는 힘'이 최초의 운동에 대한 원인이라고 말한다면, 또다시, 그것은 영혼에 내속하거나 원자에 내속해야 한다. 두 가지 경우 모두, 보이지 않는 힘에 기인하는 운동은 원자들에서 가능하지 않을 것이다. 보이지 않는 힘은 비의식체이기 때문이다. 실로 의식체가 주도하지 않는 비의식체는 독립적으로 동작하지도 동작하게끔 하지도 않는다고 상크야의 방법론에서 [이미] 언급했다. 또한 [원자들의] 그(분리) 상태에서 영혼이란, 의식이라는 [성질이] 생성되지 않은 것으로서, 비의식체이기 때문이다.[117] 게다가 보이지 않는 힘은, 영혼에 내속한다는 가정으로 말미암아 [원자들과] 무관하기 때문에, 원자들에서 운동의 원인으로 가능하지 않다.[118]

[바이셰쉬까]: 보이지 않는 힘을 가지는 영혼을 통해 원자들은 [보이지 않는 힘과] 관계를 가진다.[119]

[후론]: 관계의 지속성으로 말미암아 동작(운동)의 지속성이라는 부조

116_ 소멸기에 원자들이 분리 상태로 있는 경우에는 '원자들이 결합되어야만 발생하는 육체'가 없다. 육체가 없기 때문에, 영혼의 성질이라고 간주되는 노력이 있을 수 없다.

117_ 바이셰쉬까에 따르면 영혼과 마음의 결합에 의해 의식(caitanya)이라는 성질이 생성된다. 왜냐하면 의식은 영혼에 본질적인 것이 아니라 우연적인 것이기 때문이다. 의식은 성질의 하나로서 우연적 · 부수적 · 조건적(āgantuka)으로 영원할 뿐이다.

118_ 원인과 결과는 공존해야 하기 때문에, 보이지 않는 힘이 영혼에 내속하는 한, 그것은 '원자들에서 발생하는 운동'(결과)의 원인이 될 수 없다.

119_ 보이지 않는 힘은 영혼(아뜨만, 뿌루샤)에 내속함으로써, 비직접적인 형태로 즉 영혼과 원자들과의 관계(saṃbandha)를 통한 간접적인 형태로, 원자들과 관계를 맺을 수 있다.

리한 결말이 생긴다. 다른 제약자(제약하는 것)가 없기 때문이다.

이러한 연관에서, 그 어떤 확고한 '운동의 원인'도 없기 때문에, 원자들에서 최초의 운동은 없을 것이다. 운동이 없기 때문에, 그것에 의존하는 결합이 없을 것이다. 또한 결합이 없기 때문에, 그것에 의존하는 '이원자 등 결과물의 총체'가 없을 것이다.

더욱이 원자와 다른 원자의 결합은 전적(全的)이어야 하거나 부분적이어야 한다. 만약 전적이라면, [부피의] 증대가 부당함으로 말미암아 [모든 결과물이] 원자만큼의 [부피를] 가진다는 부조리한 결말이 생긴다.[120] 또한 관찰되는 바와 상반되는 부조리한 결말이 생긴다. 부분을 가지는 실체와 부분을 가지는 다른 실체의 결합이 [이 세상에서] 관찰되기 때문이다. 만약 부분적이라면, [원자가] 부분들을 가진다는 부조리한 결말이 생긴다.

[바이셰쉬까]: 단원자들은 가상된 부분들을 가질 것이다.[121]

[후론]: 가상된 것들이 비실재임으로 말미암아 결합이 비실재 자체이므로, [결합은] 실재인 결과물의 비내속적(非內屬的) 원인이 아닐 것이다. 그리고 '비내속적 원인'(결합)이 없는 경우에 이원자 등 결과물로서의 실체는 발생하지 않을 것이다.[122]

또한 최초의 창조에 원인이 없음으로 말미암아 원자들에서 결합을 발생시키기 위한 운동이 가능하지 않듯이, 마찬가지로 대(大)소멸에서

120_ 만약 두 단원자가 '전적으로'(sarvātmanā) 결합한다면, 각각의 단원자가 가진 부피가 결합을 통해서도 증대되지 않기 때문에, 모든 결과물에서 오직 단원자만큼의 부피만이 존재하게 되는 부조리한 결말이 생긴다.

121_ 마치 '항아리 속의 공간'에서 부분을 가지지 않는 공간이 부분을 가지는 것처럼 보이듯이.

122_ 단원자가 가상된 부분들을 가진다면 결합마저도 가상(비실재)이 되기 때문에 결합은 비내속적 원인일 수 없다. 그에 따라 '물질적 원인(내속적 원인), 동작적 원인, 비내속적 원인'이라는 3가지 원인이 모두 작동해야만 발생하는 결과물(실체)들이 결코 발생할 수 없을 것이다.

까지 원자들에서 분리를 발생시키기 위한 운동이 결코 가능하지 않을 것이다.[123] 왜냐하면 그(대소멸) 경우에도 그 어떤 확고한 '그것(운동)의 원인'이 보이지 않기 때문이다. 보이지 않는 힘마저도 향유의 실현을 목적으로 할 뿐 소멸의 실현을 목적으로 하지 않으므로, 그로부터 원인이 없기 때문에 원자들에서 결합을 발생시키기 위하거나 분리를 발생시키기 위한 운동은 가능하지 않다. 결국 이로부터 결합과 분리가 없기 때문에 '그것들에 의존하는 창조와 소멸'이 없다는 점이 수반될 것이다.

그러므로 이러한 단원자 원인론은 합당하지 않다.‖12‖

13. 또한 내속을 용인함으로 말미암아 [창조와 소멸은 없다]; 논리적 등가(等價)에 따른 무한소급 때문이다; [따라서 단원자 원인론은 합당하지 않다].

samavāyābhyupagamāc ca sāmyād anavasthiteḥ ‖13‖

또한 내속을 용인함으로 말미암아 "그것들(창조와 소멸)은 없다"라는 것을 [의도함으로써, 이 수뜨라는] 논제인 '원자론에 대한 논박'과 관계된다.[124]

당신은 실로, 두 개의 원자들로부터 발생하는 이원자가, 두 원자들

123_ 바이셰쉬까에 따르면 원자들의 창조 과정과 소멸 과정은 동일하다. 단원자에서 이원자 · 삼원자 순서로 창조되듯이, 이원자 · 삼원자 순서로 소멸되고 최종적으로 단원자만이 남는다. 반면에 느야야에 따르면 소멸은 단위가 큰 원자부터 작은 원자의 순서로 진행되고 최종적으로 단원자만이 남는다.

124_ 이 수뜨라의 앞부분인 "또한 내속을 용인함으로 말미암아"라는 것은 <수뜨라 2.2.12>의 뒷부분인 "그것들은 [즉 창조와 소멸은] 없다."에 대한 또 하나의 근거가 되기 때문에, 원자론(aṇuvāda)에 대한 논박은 이 수뜨라에서도 이어진다.

과 완전하게 차이가 있고 두 원자들에 내속한다고 용인한다. 그러나 그와 같이 용인하는 것을 통해 '원자가 원인이라는 것'은 실증될 수 없다.

어떤 근거에서? 논리적 등가에 따른 무한소급 때문이다. 실로 두 원자들과 완전하게 차이가 있는 것인 이원자가 '내속'으로 지시되는 관계를 통해 그것들(두 원자들)과 관계하는 바와 같이, 마찬가지로 내속항(內屬項)들과 완전하게 차이가 있는 것인 내속마저 [또 하나의] '내속'으로 지시되는 한갓 다른 관계를 통해 내속항들과 관계해야 한다. '완전하게 차이가 있음'은 [두 경우에서] 등가(等價)이기 때문이다.[125] 더 나아가서, '그와는 다르고, [또] 그와는 다른 관계'를 추정해야만 하므로, 바로 그 무한소급이 수반될 것이다.[126]

[바이셰쉬까]: '여기'라는 관념에 의해 파악되어야만 하는 내속은 내속항들과 오직 영원히 관계한다고 이해될 뿐, [내속항들과] 무관하다거나 다른 관계를 필요로 한다고 이해되지 않지 않는가?[127] 결국 이로부터,

---

125_ 두 원자들과 완전하게 차이가 있는 이원자는 내속을 통해 두 원자들과 관계한다. 즉 이원자는 두 원자들에 내속한다. 그렇다면 내속 그 자체도 '두 내속항(samavāyin)들'과 즉 '내속하는 것'(이원자)과 '내속의 처소'(두 원자들)와 완전하게 차이가 있으므로 또 다시 별도의 내속을 통해 두 내속항들과 관계해야 한다. 즉 내속은 다시 두 내속항들에 내속해야 한다. 두 경우 모두, 완전하게 차이가 있는 것들이 관계를 필요로 하는 점은 한결같기 때문이다.

126_ 이원자와 두 원자들 사이의 첫 번째 내속에 이어, 첫 번째 내속과 '두 내속항들'(이원자와 두 원자들) 사이에 두 번째 내속 관계가 생긴다. 그리고 또 다시 두 번째 내속과 '두 내속항들'(첫 번째 내속과 두 내속항들) 사이에 세 번째 내속 관계가 생기고, 이는 무한히 소급된다. 이를 정형화하면 다음과 같다: 'A'와 'B' 사이의 내속①, '내속①'과 'A+B' 사이의 내속②, '내속②'와 '내속①+A+B' 사이의 내속③, '내속③'과 '내속②+내속①+A+B' 사이의 내속④, ⋯.

127_ 원문의 'iha-pratyaya'('여기'라는 관념)는 복합어로 읽어야 한다. 왜냐하면 '여기'라는 것은 '여기 항아리는 갈색이다.', '여기 나뭇잎은 부드럽다.' 등에서처럼 수많은 '내속의 처소'(항아리, 나뭇잎 등)를 가리키는 대명사이기 때문이다. 바이셰쉬까에 따르면, 내속은 '여기'라는 구체적인 내속의 처소에 의해 파

무한소급을 수반시키고 마는 '그와는 다른 관계'를 추정해서는 안 된다.

[후론]: 아니라고 말한다. 그와 같을 경우에 결합마저도 결합항들과 오직 영원히 관계하므로, 내속처럼 다른 관계를 필요로 하지 않을 것이다. 만약 결합이 [결합항들과] 상이한 것이기 때문에 다른 관계를 필요로 한다면, 그 경우 내속마저 [내속항들과] 상이한 것이기 때문에 다른 관계를 필요로 할 것이다.[128] 그리고 결합은 성질임으로 말미암아 다른 관계를 필요로 하고, 내속은 성질이 아님으로 말미암아 필요로 하지 않는다고 말하는 것은 합리적이지 않다. [다른 관계를] 필요로 하는 이유가 같기 때문이다.[129] 또한 [결합을 포함하는] '성질'이라는 전문어는, [다른 관계를 필요로 하는 이유와] 관련이 없기 때문이다.[130]

악되어야만 하고 내속항들과 영원히 관계한다. 즉 내속이 내속항들과 '무관하다고'(asaṃbaddha) 이해되지도 않고, 또 내속이 내속항들과 완전히 상이하다고 해서 '다른 관계를 필요로 한다고'(saṃbandhāntarāpekṣa) 이해되지도 않는다. 이에 따라 후론자의 지적과는 달리, 내속 그 자체가 내속을 이룰 수는 없다.

128_ 내속에서 무한소급(anavasthā)이 수반되는 것을 증명하기 위해서는 내속이 '다른 관계'를 필요로 한다는 것을 밝혀야 한다. 그러기 위해서 주석가는 결합이 내속과 유사한 논리를 가진다는 점을 전략적으로 제시한다. 즉 내속이 다른 관계를 필요로 하지 않는다면 그와 유사한 결합도 다른 관계를 필요로 하지 않아야 한다는 것이다. 하지만 결합이 결합항들과 상이하기 때문에 결합 그 자체와 결합항들 사이에 또 다른 관계가 필요하므로, 결합은 다른 관계를 필요로 할 것이다. 따라서 내속도 다른 관계를 필요로 할 것이다. 참고로, 바이셰쉬까에 따르면 결합이란 외적이고 우연적인 관계이고, 내속이란 내적이고 필연적인 관계이다. 성질의 하나인 결합은 영원하지 않지만, 범주의 하나인 내속은 영원하다.

129_ 두 경우에서 다른 관계를 필요로 하는 공통적인 이유는, 결합이 결합항들과 상이한 것이고 내속이 내속항들과 상이한 것이라는 점이다.

130_ 결합이 성질이라는 바로 그 사실로 말미암아 결합이 다른 관계를 필요로 하는 것은 아니다. 성질만이 실체에 내속하지 않고 운동도 실체에 내속하므로, 오직 성질이라는 이유만으로 결합이 다른 관계를 필요로 하지는 않는다. 결합이 다른 관계를 필요로 하는 이유는, 내속처럼 다만 결합이 결합항들과 상이하다는 점에 있다. 따라서 결합도 내속도 다른 관계를 필요로 한다.

따라서 내속을 [내속항들과] 상이한 것으로 용인하는 자에게는 분명 무한소급이 수반될 것이다. 그리고 무한소급이 수반될 때, 하나가 실증되지 않을 경우에 모든 것이 실증되지 않기 때문에,[131] 두 개의 원자들로부터 이원자는 결코 발생하지 않을 것이다.

그러므로 또한, 단원자 원인론은 합당하지 않다.‖13‖

14. 또한 [원자들이 동작을 본질로 하거나 무(無)동작을 본질로 하는 경우에 원자들에게서] 실로 영원히 [동작과 무동작이] 현존하기 때문에, [소멸과 창조는 없다]; [따라서 단원자 원인론은 합당하지 않다].

nityam eva ca bhāvāt ‖14‖

더 나아가 원자들은 동작을 본질로 하거나, 무동작을 본질로 하거나, 양자를 본질로 하거나, 양자를 본질로 하지 않는다고 용인된다. 다른 선택지가 없기 때문이다.

4가지 모두 합당하지 않다. 동작을 본질로 하는 경우, 실로 영원히 동작이 현존하기 때문에 소멸이 없게 되는 부조리한 결말이 생긴다. 무동작을 본질로 하는 경우에도, 실로 영원히 무동작이 현존하기 때문에 창조가 없게 되는 부조리한 결말이 생긴다. 그리고 양자를 본질로 하는 것은 모순이기 때문에 이치에 맞지 않다. 반면에 양자를 본질로 하지 않는 경우, [어떤] 동작적 원인에 힘입어 [원자들의] 동작과 무동작이 가정된다면,[132] '보이지 않는 힘 등의 동작적 원인'이 영원히 현존

131_ 하나가 실증되지 않을 경우에 모든 것이 실증되지 않기 때문에=일련의 내속들에서 그 어떤 하나의 내속도 최종적인 것으로 실증되지 못할 경우에 그 모든 내속들마저 실증되지 못하기 때문에.

132_ 원자들이 동작(pravṛtti)을 본질로 하지도 않고 무동작(nivṛtti)을 본질로 하지

함으로 말미암아 영원한 동작이라는 부조리한 결말이 생긴다. 심지어 보이지 않는 힘 등이 의도되지 않는 경우에도 영원한 무동작이라는 부조리한 결말이 생긴다.

그러므로 또한, 단원자 원인론은 합당하지 않다.‖14‖

15. 또한 [단원자들이] 색깔 등을 가짐으로 말미암아 [미세함, 영원함과는] 상반되는 것이 [수반될 수 있다]; [이 세상에서] 관찰되기 때문이다; [따라서 단원자 원인론은 합당하지 않다].

rūpādimattvāc ca viparyayo darśanāt ‖15‖

부분을 가지는 실체들이 부분으로 분할되면서 더 이상 분할될 수 없음으로부터 [추정된] 단원자들은, 4종류이자 색깔 등을 가지고, '4종류이자 색깔 등을 가지는 원소들과 원소로 이루어진 것들'의 산출자이고 또 영원하다고, 바이셰쉬까 학자들은 용인한다. 그들의 이러한 주장은 근거가 없을 따름이다. 단원자들이 색깔 등을 가짐으로 말미암아 '미세함, 영원함과는 상반되는 것'이 수반될 수 있는 까닭에서이다. [단원자들이] 궁극적 원인이라는 견지에서는, 그들이 의도한 바와 상반되는 '가시적(可視的)임, 무상함'에 도달할 것이라는 의미이다.[133]

어떤 근거에서? 이 세상에서 그와 같이 관찰되기 때문이다. 실로 이 세상에서 색깔 등을 가지는 사물은 그 자체의 원인과 비교해서 가시적이고 무상하다고 관찰된다. 이 경우의 예를 들어, 실들과 비교함으로

도 않는 경우, 바이셰쉬까에서 원자들의 동작과 무동작을 가능케 하는 어떤 동작적 원인을 제시해야 한다면.

133_ 단원자들은 궁극적 원인이라는 견지에서 미세함, 영원함을 가진다고 바이셰쉬까 학자들은 의도한다. 하지만 단원자들은 색깔 등을 가짐으로 말미암아 그러한 의도와는 달리 가시적임(sthūlatva), 무상함(anityatva)을 가지게 될 것이다.

써 천이 가시적이고 무상하게 되고, 또 섬유들과 비교함으로써 실들이 가시적이고 무상하게 된다. 또한 그와 같이, 그들은 그러한 단원자들이 색깔 등을 가진다고 용인한다. 따라서 그것들(단원자들)조차 원인을 가지고 그것(원인)과 비교해서 가시적이고 무상하다는 결말이 생긴다.

또한 그들은 "존재하는 것이자 원인을 가지지 않는 것이 영원하다." 〈바이-수 4.1.1〉라며 영원성에 대한 [첫 번째] 근거를 말한다. 이것조차 위와 같을 경우에 원자들에 대해 적합하지 않다. 언급한 바대로 원자들마저 원인을 가지는 것이 합당하기 때문이다. 비록 "또한 '영원하지 않다'라는 부정이 특별히 [합당하지] 않다."〈바이-수 4.1.4〉[134]라며 영원성에 대한 두 번째 근거를 말할지라도, 여전히 단원자들의 영원성을 반드시 증명하지는 않는다. 왜냐하면 어떤 일정한 '영원한 사물'이 존재하지 않는 경우에 '영원하다'라는 말과 함께 부정어('않다')가 [만드는 '영원하지-않다'라는] 복합어는 합당하지 않지만, 다른 한편으로 오직 단원자의 영원성만이 요청되지는 않기 때문이다.[135] 그리고 결과적으로 브라흐만이 영원한 궁극적 원인으로 존재할 뿐이다.

게다가 단지 말과 의미를 관습적으로 사용하는 것을 통해 어떤 대상이 확립되지는 않는다. 말과 의미가 다른 지식수단들에 의해 실증되는

134_ <바이-수 4.1.4>의 뒷부분은, Nirnaya와 Samata에서 'pratiṣedhābhāvaḥ'(부정이 … 않다)라고 읽는 것과 달리, 일반적으로 'pratiṣedhabhāvaḥ'(부정이 … 있다)라고 읽는다. 전자를 취한 주석가의 해석에 따르면, 영원한 사물(원인)이 전제되지 않으면 '영원하지 않다.'라는 '영원에 대한 부정'은 합당하지 않다. 그런데 결과와 관계하여 '영원에 대한 부정'이 있으므로, 영원한 사물(원인)이 존재하는 것은 틀림없다. 한편, 후자를 따를 경우 수뜨라의 의미는 "또한 '영원하지 않다.'라는 부정이 특별히 있다."이다. 모든 결과가 영원하지 않다고 말하는 경우에, 결과와 관계하는 '영원에 대한 바로 그러한 특별한 부정'이 있기 때문에, 그 어떤 영원한 원인이 알려진다. 따라서 전자로 읽거나 후자로 읽거나 그 내용에 크게 차이가 있지는 않다.

135_ '영원에 대한 부정'의 토대로서 영원한 사물이 요청되어야 하지만, 반드시 그것이 단원자일 필요는 없다.

경우에 관습적으로 사용하는 것이 수용되기 때문이다.[136]

비록 "또한 무지가 [있다]."〈바이-수 4.1.5〉[137]라며 영원성에 대한 세 번째 근거를 말할지라도, 그 경우에 만약, 무지란 '눈에 보이는 결과를 가지는 채로 존재하는 원인들'이 지각에 의해 알려지지 않는 것이라고, 이와 같이 해설한다면, 그로부터 이원자의 영원성마저 도출될 것이다.[138] 만약 '[원인으로서의] 실체를 가지지 않는 경우에'라고 [해설을] 한정한다면, 그럼에도 [첫 번째 근거인] 바로 그 '원인을 가지지 않는 것'이 도출되고 만다.[139] 그리고 이는 바로 앞부분에서 언급했기 때문에, "또한 무지가 [있다]."라는 [수뜨라는] 중언부언이 될 것이다. 그렇다고 할지라도, 무지란 원인의 분리 또는 원인의 소멸과는 상이한

136_ '원자'라는 말에 내포되는 '영원성'이라는 의미를 '관습적으로 사용'(vyavahāra)한다고 해서 영원한 원자가 확립되지는 않는다. 그 반대로 '원자'라는 말이 가지는 '영원성'이라는 의미가 지각 · 추론 등 다른 지식수단들에 의해 확립되어야만 그 관습적인 사용이 수용되기 때문이다.

137_ 바이셰쉬까에 따르면 이 수뜨라의 의미는 다음과 같다: 원자들은 비지각적이기 때문에 원자들에 대한 무지(avidyā)가 있다. 비지각적인 대상이 영원하지 않다고는 그 누구도 알 수 없다. 따라서 원자는 영원하다.

138_ 무지란 '지각되는 결과를 가지는 원인이 지각에 의해 알려지지 않는 것'이기 때문에, 그 무지를 근거로 하여 비지각적인 원자의 영원성이 증명된다. 하지만 이러할 경우에 이원자도 비지각적이기 때문에 이원자마저도 영원하다는 모순에 빠지게 된다.

139_ 만약 앞서 제시한 해설에 '[원인으로서의] 실체를 가지지 않는 경우에'라는 조건을 덧붙인다면, 이원자마저 영원하다는 모순을 피할 수 있다. 즉 <바이-수 4.1.5>를, '무지란, 눈에 보이는 결과를 가지는 채로 존재하는 원인들이, [원인으로서의] 실체를 가지지 않는 경우에, 지각에 의해 알려지지 않는 것'이라고 해설한다면, 이원자마저 영원하다는 모순을 피할 수 있다. 왜냐하면 그 조건에 따라 '단원자라는 실체를 원인으로 가지는 이원자'는 배제되고 '그 어떤 실체도 원인으로 가지지 않는 단원자'만이 남게 되기 때문이다. 하지만 '[원인으로서의] 실체를 가지지 않는 경우에'라는 조건은, <바이-수 4.1.1>에서 언급된 '영원성에 대한 첫 번째 근거' 즉 '원인을 가지지 않는 것'과 조금도 다를 바가 없다. 그리고 '원인을 가지지 않는 것'이라는 근거는 원자들에 대해 적합하지 않다고 이미 밝혔다.

'제3의 소멸 원인'이 불가능한 것을 [가리키며], 그것(무지)이 단원자들의 영원성을 말해준다고 [다시] 설명할지도 모른다.[140] [하지만] 소멸을 겪는[141] 사물이 오직 두 원인에 의해 소멸되어야만 한다는 원칙은 당연히 존재하지 않는다. 실로 결합의 보조를 받는 다수의 실체가 다른 실체의 산출자라고 용인되는 경우에, 그건 그럴 수도 있다.[142] 하지만 '특수성이 없고 공통성을 본질로 하는 원인'이 특수성을 가지는 다른 상태를 취함으로써 산출자라고 용인되는 경우, 응고된 버터가 용해되는 것처럼 형체인 상태가 해체되는 것을 통해서도 소멸은 가능하다.[143]

따라서 단원자들이 색깔 등을 가짐으로 말미암아 [그들의] 의도와 상반되는 바가 있을 것이다.

그러므로 또한, 단원자 원인론은 합당하지 않다.‖15‖

140_ '원인의 분리'(kāraṇa-vibhāga)란 비내속적 원인인 결합의 소멸을 가리키며, '원인의 소멸'(kāraṇa-vināśa)이란 내속적 원인 즉 물질적 원인의 소멸을 가리킨다. 이제 바이셰쉬까에서는, 사물의 소멸에서 소멸의 2가지 원인인 비내속적 원인, 내속적 원인과는 별도로 제3의 소멸 원인이 '알려져 있지 않음'을 무지라고 규정하면서, 그 무지를 근거로 하여 원자의 영원성이 증명된다고, <바이-수 4.1.5>를 다시 해설할지도 모른다. 이처럼 소멸의 원인이 오직 2가지(결합의 소멸, 물질적 원인의 소멸)뿐이라면, 모든 결과물들과 관계해서는 두 원인의 소멸이 가능하지만 궁극적 원인인 원자와 관계해서는 두 원인의 소멸이 불가능하다. 따라서 원자는 영원하다.

141_ 소멸을 겪는(vinaśyat)=소멸되기 바로 직전에 소멸에 필요한 모든 원인들이 현존한 상태인.

142_ 그건 그럴 수도 있다=사물이 오직 두 원인에 의해 소멸될 수도 있다.

143_ 예컨대 여러 결과물을 산출할 수 있는 우유는 상대적으로 특수성(viśeṣa)이 없고 공통성(sāmānya)을 본질로 한다. 마치 항아리·접시 등을 산출할 수 있는 찰흙이 그러한 바와 같다. 그리고 예컨대 원인인 우유가 특수성을 가지는 형체를 취한 것이 응고된 버터인데, 그 버터가 용해될 때에는 형체인 상태가 해체된다. 이 경우에는 비내속적 원인(결합)의 소멸도 내속적 원인(물질적 원인)의 소멸도 소멸의 원인일 수 없다. 다만 열(불)이 소멸의 원인이다. 따라서 사물의 소멸에는 두 원인의 소멸 이외에 또 다른 소멸 원인이 있을 수 있다.

16. 또한 두 가지 경우 [모두에서 즉 단원자들이 성질의 증대와 감소를 가지는 경우와 가지지 않는 경우에서] 결함이 [불가피하기] 때문에, [단원자 원인론은 합당하지 않다].

ubhayathā ca doṣāt ‖16‖

[4가지 원소들은] '냄새 · 맛 · 색깔 · 감촉의 성질을 가지는 가시적인 흙', '맛 · 색깔 · 감촉의 성질을 가지는 미시적인 물', '색깔 · 감촉의 성질을 가지는 더 미시적인 불', '감촉의 성질을 가지는 가장 미시적인 공기'이다. 이와 같은 이 4가지 원소들은, 성질의 증대와 감소를 가지고 또 가시적, 미시적, 더 미시적, 가장 미시적이라는 상대성(단계)을 가진다고 이 세상에서 관찰된다. 그와 마찬가지로 단원자들마저 성질의 증대와 감소를 가진다고 추정해야 하는가, 혹은 추정하지 않아야 하는가? 그러나 두 가지 경우 모두에서 결코 피할 수 없이 결함과 밀착될 것이다.

먼저 [단원자가] 성질의 증대와 감소를 가진다고 추정하는 경우, 증대된 성질들을 가지는 [단원자의] 형체가 증대되기 때문에[144] 단원자가 아니게 되는 부조리한 결말이 생긴다. 그리고 형체의 증대가 없이도 성질의 증대가 있다고 말할 수는 없다.[145] 결과물인 원소들에서 성질이 증대되는 경우에 형체의 증대를 보기 때문이다.[146]

144_ 형체가 증대되기 때문에=가시성(가시적임)이 증대되기 때문에.

145_ 성질의 증대는 반드시 형체(가시성)의 증대를 수반한다.

146_ 가장 미시적인 공기에서 시작하여 가시적인 흙에 이르기까지 성질의 증대는 형체의 증대를 유발한다. 하지만 바이셰쉬까 학자들은 성질의 증감이 실체인 처소에는 영향을 주지 않는다고 생각한다. 예컨대, 지식의 증감은 영혼에 영향을 주지 않고 소리의 증감은 에테르에 영향을 주지 않는다. 그와 달리 주석가는 성질의 증감이 실체인 처소에 영향을 준다고 생각한다. 현상계에서 변화를 겪는 대부분의 사물들에서 그와 같다고 관찰되기 때문이다.

반면에 [단원자가] 증대되고 감소되는 성질을 가진다고 추정하지 않는 경우, 실로 만약 단원자로서의 등가성(等價性)을 확립하기 위해 모든 [단원자들이] 단지 하나씩의 성질만을 가진다고 추정한다면, 그로부터 불에서는 감촉에 대한 지각이, 물에서는 색깔 · 감촉에 대한 지각이, 또 흙에서는 맛 · 색깔 · 감촉에 대한 지각이 없을 것이다.[147] '결과의 성질들'은 '원인의 성질들'을 기인으로 하기 때문이다.[148] 이제 만약 모든 [단원자들이] 4가지 성질들을 가질 뿐이라고 추정한다면, 그로부터 심지어 물에서는 냄새에 대한 지각이, 불에서는 냄새 · 맛에 대한 지각이, 공기에서는 냄새 · 맛 · 색깔에 대한 지각이 있을 것이다. 하지만 그와 같이 관찰되지는 않는다.

그러므로 또한, 단원자 원인론은 합당하지 않다. ‖16‖

17. 또한 [식자들이 단원자 원인론의 그 어떤 부분도] 수용하지 않기 때문에, [베다주의자들은 이를] 완전하게 무시해야만 [한다].

aparigrahāc cātyantam anapekṣā ‖17‖

쁘라다나 원인론은 '결과가 미리 존재한다는 것' 등에 의지한다는 의미에서,[149] 마누 등 베다에 정통한 어떤 자들마저도 부분적으로 논의했다. 반면에 이러한 단원자 원인론은, 심지어 그 어떤 식자들도 그 어떤 부분에서조차 수용하지 않으므로, 베다주의자들은 실로 [이를] 완전하게 무시해야만 한다.

147_ 불은 색깔만을, 물은 맛만을, 흙은 냄새만을 가질 것이기 때문이다. 공기는 본디 감촉 하나만을 가지므로 예외이다.

148_ 원인(단원자)의 성질이 결과(원소)의 성질로 나아가기 때문이다.

149_ 쁘라다나 원인론은 브라흐만 원인론과 '결과가 미리 존재한다는 이론'(인중유과론) 등을 공유한다는 의미에서.

더 나아가 바이셰쉬까 학자들은, 지식체계의 주제인 것들이자 '실체 · 성질 · 운동 · 보편 · 특수 · 내속'이라고 불리는 6범주들을, [각각] 지극히 차이 있고 상이한 특징을 가지는 것으로 용인한다. '인간 · 말 · 산토끼'라는 것이 그 실례이다. 그러나 그와 같음을 용인하고 나서, '나머지들의 실체 의존성'이라는 그와 모순되는 것을 용인한다.

이는 합당하지 않다.

어떻게? 왜냐하면 이 세상에서 지극히 차이 있는 것들인 산토끼, 꾸샤 풀, 빨라샤 나무 등에서 상호 의존성이 없듯이, 마찬가지로 실체 등마저 지극히 차이 있음으로 말미암아 결코 '성질 등의 실체 의존성'이 있을 수 없기 때문이다. 만약 '성질 등의 실체 의존성'이 있으면, 그로부터 실체가 존재하는 경우에 [성질 등이] 존재하기 때문에, 실체가 존재하지 않는 경우에 [성질 등이] 존재하지 않기 때문에, 오직 실체만이 형상(形狀) 등의 차이로 말미암아 무수한 말과 관념을 보유하게 된다. 예컨대, 데바닷따가 오직 한 [사람으로] 존재하더라도 조건의 차이를 가짐으로 말미암아 수많은 말과 관념을 보유하게 되듯이,[150] 그와 마찬가지이다. 이와 같을 경우에, 상크야의 정설(定說)이 되는 부조리한 결말과 또 자체의 정설과 모순되는 점이 도출될 것이다.[151]

[바이셰쉬까]: 비록 [연기가] 불과는 상이한 것으로 존재할지라도 '연기의 불 의존성'이 보이지 않는가?

[후론]: 참으로 [그렇게] 보인다. 하지만 그 경우에는 차이가 인지되기

150_ 동일한 사람인 데바닷따는 조건의 차이로 말미암아 '아버지, 아들, 키다리, 느림보, 마차꾼' 등등 수많은 말과 관념을 가진다.

151_ 우선 '성질 등의 실체 의존성'은 상크야의 정설(siddhānta)과 다르지 않게 되는 부조리한 결말로 이어진다. 왜냐하면 상크야에서는 뿌루샤를 제외한 모든 현상들이 실체인 쁘라다나가 전개된 것이기 때문이다. 또한 '성질 등의 실체 의존성'은 바이셰쉬까 자체의 정설과도 모순된다. 왜냐하면 6범주 각각의 독립성이 무의미해지기 때문이다.

때문에 불과 연기는 상이하다고 확정된다. 반면에 이 경우에는 '하얀 담요', '붉은 암소', '푸른 수련'이라며 이러이러한 실체 자체가 저러저러한 특성(성질)에 의해 인지되기 때문에, 불과 연기에서와 달리 실체와 성질의 차이가 결코 인지되지 않는다. 따라서 성질은 실체를 본질로 한다. 이로부터 운동, 보편, 특수, 내속은 실체를 본질로 한다고 설명된다.

만약 '성질 등의 실체 의존성'이 실체와 성질의 '확립된 불가분리성(不可分離性)' 때문이라고 말한다면,[152] 그 경우에 이제 확립된 불가분리성은 '분리된 공간을 가지지 않은 것'이거나 '분리된 시간을 가지지 않은 것'이거나 '분리된 본질을 가지지 않은 것'이어야 한다. 어느 경우이든지 간에 합당하지 않다.

먼저 '분리된 공간을 가지지 않은 것'일 경우에 [바이셰쉬까] 자체의 주장은 모순될 것이다. 어떻게? 왜냐하면 실들로부터 산출된 천은 실들의 공간을 가진다고 용인될 뿐 천의 공간을 가진다고 용인되지 않기 때문이다. 반면에 천의 성질들인 '하얀색' 등은 천의 공간을 가진다고 용인될 뿐 실들의 공간을 가진다고 용인되지 않기 때문이다. 이와 같은 연관에서, 그들은 "실체들은 다른 실체를 산출한다. 또한 성질들은 다른 성질을 [산출한다]."〈바이-수 1.1.8-9〉라고 말한다. 실로 원인으로서의 실체인 실들은, 결과로서의 실체인 천을 산출한다. 또한 실에 존재하는 성질들인 '하얀' 등은, 결과로서의 실체인 천에서 '하얀' 등의

152_ 바이셰쉬까 학자들은 '성질 등의 실체 의존성'을 논증하기 위해 실체와 성질 사이의 '확립된 불가분리성'(ayutasiddhatva)을 주장한다. 확립된 불가분리성이란, '실체'와 '성질 등'과 같은 두 가지 대상(또는 관념)이 결코 분리될 수 없다고 확립된 상태 즉 두 가지 대상 가운데 하나가 존재하지 않는 경우에 다른 하나도 존재하지 않는다는 것이 확립된 상태이다. 확립된 불가분리성이 내속을 설명하기 위한 전문어인 이상, 주석가는 앞서 비판한 내속을 여기서 또 다른 방식으로 비판하는 셈이다.

다른 성질들을 산출한다. 단지 이렇게 그들은 주장한다. 이러한 주장은 실체와 성질이 '분리된 공간을 가지지 않은 것'으로 가정되는 경우에 배치될 것이다.[153]

이제 만약 확립된 불가분리성이 '분리된 시간을 가지지 않은 것'이라고 말한다면, 심지어 암소의 왼쪽과 오른쪽 뿔에도 확립된 불가분리성이 수반될 것이다.[154] 그리고 확립된 불가분리성이 다만 '분리된 본질을 가지지 않은 것'일 경우에는, 실체와 성질에서 본질의 차이가 가능하지 않다. 그것(성질)이 오직 '그것(실체)과 동일한 것'으로서[155] 인지되기 때문이다.

그들의 그 주장은, 즉 '분리가 확립된 것들'의 관계가 결합이고 '불가분리가 확립된 것들'의 관계가 내속이라는 주장은 헛된 것일 뿐이다.[156] '결과 이전에 확립된 원인'이 [그 결과와] '확립된 불가분리성'을 가지는 것은 가능하지 않기 때문이다.[157] 이제 만약, [원인과의] 불가분

153_ 만약 확립된 불가분리성이 '분리된 공간을 가지지 않은 것'이라면, 즉 실체와 성질이 같은 공간을 가지는 것이라면, '결과로서의 실체'(천)와 '결과로서의 성질'(하얀색)은 오직 동일한 공간을 가져야 한다. 하지만 바이셰쉬까의 주장에 따르면 그렇지 않다. 그들에 따르면, 실체는 다른 실체를 성질은 다른 성질을 각각 결과에서 산출하는 이상, '결과로서의 실체'(천)는 원인(실)의 공간을 가지고 '결과로서의 성질'(하얀색)은 결과(천)의 공간을 가진다. 결국 실체와 성질이 같은 공간을 가지지 못하는 것이다.

154_ 만약 확립된 불가분리성이 '분리된 시간을 가지지 않은 것'이라면, 예컨대 같은 시각에 생성된 암소의 두 뿔 사이에도 불가분리성 즉 내속 관계가 확립되는 부조리한 결말이 생길 것이다.

155_ 그것(성질)이 오직 '그것(실체)과 동일한 것'으로서=그것(성질)이 오직 [실체와] '본질의 동일성'(tādātmya)을 가지는 것으로서.

156_ '분리가 확립된 것들'이란 본질적으로 분리될 수 있는 것들을 가리키고, '불가분리가 확립된 것들'이란 본질적으로 분리될 수 없는 것들을 가리킨다.

157_ 바이셰쉬까 학자들은 내속의 중요한 사례로서 '원인(물질적 원인)과 결과'를 제시한다. 하지만 원인과 결과는 '불가분리의 관계'(결과가 원인에 내속하는 것)를 가질 수 없다. 왜냐하면 '결과가 발생하기 이전에 이미 존재하고 있는 즉 확립된 원인'이 '결과'와 불가분리의 관계를 확립하는 것은 합당하지 않기 때문

리가 확립된 결과'가 원인과 관계를 가지는 것이 내속이라며 단지 둘 중의 하나와 관련하여 그렇게 주장한다면, 그럼에도 '미리(이전에) 확립되지 않고 본질적으로 획득(생성)되지 않은 결과'가 원인과 관계를 가지는 것은 합당하지 않다. 관계란 둘에 의존하기 때문이다.[158]

[바이셰쉬까]: [결과는] 확립된 것이 된 다음에 [원인과] 관계를 가진다.

[후론]: 원인과의 관계 이전에 결과가 확립된다고 용인하는 경우, 확립된 불가분리성이 없기 때문에, "원인과 결과 사이에는 결합과 분리가 일어나지 않는다."〈바이-수 7.2.14〉라고 말하는[159] 것은 곤란한 진술이 될 것이다.[160] 또한 막 생성되었고 동작(운동)이 없는 '결과로서의 실체'가 에테르 등의 편재하는 다른 실체들과 관계를 가지는 것은 단지 결합일 뿐 내속이 아니라고 용인하듯이, 마찬가지로 심지어 '원인으로서의 실체'와 관계를 가지는 것도 단지 결합일 뿐 내속이 아닐 것이다.[161]

이다.

158_ 이제 바이셰쉬까에서는, 원인과 결과라는 두 항 가운데 단지 하나만이 즉 결과만이 '원인과의 불가분리가 확립된 채로' 원인과 관계를 가진다고 주장할 수 있다. 하지만 결과란 그 존재가 미리 확립되지 않은 것이고 또 생성되지 않은 것임으로 말미암아, 결코 원인과 관계를 가질 수 없다. 관계란 존재하는 두 항에 의존하기 때문이다.

159_ * '말하는'(uktaṃ)이라는 표현은 Samata에만 추가로 등장한다.

160_ 원인과 관계를 가지기 이전에 결과가 확립된다면, 원인과 결과의 관계는 분리성일 뿐 불가분리성이 아니다. 즉 결합일 뿐 내속이 아니다. 그런데 <바이-수 7.2.14>에 따르면 원인과 결과의 관계는 결합이나 분리가 아니라고 한다. 따라서 결과가 먼저 확립된 다음에 원인과 관계를 가진다는 바이셰쉬까의 반론은 합당하지 않다. 참고로 <바이-수 7.2.14>의 수뜨라 전체는 "확립된 분리성이 없기 때문에 원인과 결과 사이에는 결합과 분리가 일어나지 않는다."이다.

161_ 바이셰쉬까 학자들은 막 생성된 직후에 성질과 운동이 없는 '결과로서의 실체'가 곧바로 에테르 등의 다른 실체와 관계를 가지는 것을 결합이라고 용인한다. 그렇다면 바로 그러한 것이 '원인으로서의 실체'와 관계를 가지는 것마저

게다가 결합 혹은 내속이라는 관계가 관계항(關係項)과는 별도로 존재한다는 것에 대한 그 어떤 증거도 없다.[162]

[바이셰쉬까]: 관계항에 대한 말이나 관념과는 별도로 결합과 내속이라는 말이나 관념을 보기 때문에 그것들은 존재한다.[163]

[후론]: 아니다. 심지어 하나의 [대상에] 대해서도 자체적 특성이나 외부적 특성과 관련하여 수많은 말이나 관념을 보기 때문이다. 예컨대, 이 세상에서 비록 '데바닷따'는 한 [사람으로] 존재할지라도 자신의 특성이나 연계된 특성과 관련하여 '인간, 브라흐마나, 베다 정통자(精通者), 관대한 자, 소년, 청년, 노인, 아버지, 아들, 손자, 형제, 사위'라는 수많은 말이나 관념을 보유하고 있듯이, 또한 예컨대 비록 [숫자의] 줄은 하나로 존재할지라도 다른 자리로 들어앉음으로써 '일, 십, 백, 천' 등이라는 말이나 관념의 차이를 가지듯이, 마찬가지로 바로 그 두 관계항의 경우에는 관계항에 대한 말이나 관념과는 별도로 결합과 내속이라는 말이나 관념이 주어진다. 별도의 대상이 존재함으로써 주어지지는 않는다.[164] 이로써 알려진다는(본다는) 명목으로 [존재한다고] 귀결된 다른 대상은[165] 알려지지(보이지) 않기 때문에 존재하지 않는다. 또한 '관계에 대한 말이나 관념'이 관계항과 관계하는 경우에 [그 말이

결합에 불과할 것이다.

162_ 결합 혹은 내속이라는 관계를 성립시키는 두 관계항(saṃbandhin)이 존재하는 것은 틀림없지만 그 관계마저 별도로 존재하지는 않는다.

163_ 마치 항아리라는 말이나 관념을 보기 때문에 항아리가 존재하듯이.

164_ 데바닷따가 내부적 특성이나 외부적 특성과 관련하여 수많은 말이나 관념을 가짐으로써 동일한 데바닷따와는 별도로 수많은 말이나 관념이 있듯이, 두 관계항의 경우에도 관계항과는 별도로 그 관계항을 특징짓는 '결합과 내속이라는 말이나 관념'이 있다. 하지만 결합과 내속이 두 관계항과는 '별도의 대상'(vyatirikta-vastu)으로 존재하는 것은 아니다. 따라서 결합과 내속이라는 말이나 관념은, 두 관계항과는 별도로 결합과 내속마저 '존재하기' 때문에 주어지지는 않는다.

165_ 다른 대상은='별도의 대상'으로서 결합과 내속은.

나 관념이] 지속적으로 존재한다는 결말이 생기지는 않는다.[166] 자체적 특성이나 외부적 특성과 관련하여 [하나의 대상에 대해서도 수많은 말이나 관념을 본다고] 앞서 언급했기 때문이다.

더욱이 원자, 영혼, 마음은 부분이 없음으로 말미암아 결합이 가능하지 않다.[167] [이 세상에서] 부분을 가지는 실체가 부분을 가지는 다른 실체와 결합하는 것을 보기 때문이다.

[바이셰쉬까]: 원자, 영혼, 마음에 가상적인 부분들이 있을 수 있다.

[후론]: 아니다. 존재하지 않는 대상을 가상하는 경우에 모든 대상들이 존립되는 부조리한 결말이 생기기 때문이다. '단지 이 정도로 존재하지 않는 대상은 [그것이] 모순적이거나 모순적이지 않거나 가상될 수 있고, 그보다 더한 것은 가상될 수 없다.'[168]라는 원칙에 대한 근거가 없기 때문이다. 또한 가상은 그 자체에 의존함으로 말미암아 무한정 가능하기 때문이다. 그리고 바이셰쉬까 학자들이 가상한 6범주와는 다르게 그 이상으로 백 혹은 천의 대상들을 가상해서는 안 된다고 금지하는 근거는 없다. 따라서 누군가가 좋아하는 어떤 것이든지 그렇게 그렇게 존립될 것이다. 어떤 자비로운 자는 생명체들에게 괴로움으로 가득한 윤회세계 자체가 존재하지 말기를 가상할 것이다. 혹은 악의 있는 다른 자는 해탈한 자들조차도 재생하기를 가상할 것이다. 누가 그들을 금지시킬 수 있는가!

166_ 여기서는 관계항이 지속적으로 존재하는 경우에 관계항으로부터 나온 관계(결합, 내속)에 대한 말이나 관념마저 지속적으로 존재할 것이라는 바이셰쉬까의 가정을 부정한다.

167_ 원자들 상호 간의 결합이 불가능할뿐더러, 그 결합의 원인이라고 하는 '원자와 영혼(보이지 않는 힘)의 결합'도 불가능하다. 또한 인식의 원인(인식 과정의 첫 번째 조건)이라고 하는 '영혼과 마음의 결합'도 불가능하다. 모두 부분이 없는 것들이기 때문이다.

168_ '어느 정도 존재하지 않는 대상은 가상될 수 있고, 그것과 비교해서 더 존재하지 않는 대상은 가상될 수 없다.'

더 나아가 이러하다: '부분을 가지는 이원자'가 '부분을 가지지 않는 두 개의 단원자들'과 결속(내속)하는 것은, 에테르와 [결속하는 것이 불가능한 바와] 같이 가능하지 않다. 왜냐하면 랙과 나무처럼 에테르와 흙 등의 결속은 일어나지 않기 때문이다.[169]

[바이셰쉬까]: 결과로서의 실체와 원인으로서의 실체 사이에 '거주물과 처소의 관계'는 다른 방식으로 가능하지 않으므로 내속을 필연적으로 가정해야만 한다.

[후론]: 아니다. [논리의] 상호 의존성 때문이다. 실로 결과와 원인의 차이가 확립된 경우에 거주물과 처소의 관계가 확립되고, 또 거주물과 처소의 관계가 확립된 경우에 그 둘(결과와 원인)의 차이가 확립되므로, '바구니와 대추나무'처럼 [논리의] 상호 의존성이 있을 것이다.[170]

실로 베단따주의자들은 결과와 원인의 차이를 혹은 [그것들 사이에] 거주물과 처소의 관계를 용인하지 않는다. 결과는 원인 자체의 형상(形狀)일 뿐인 것이라고 용인하기 때문이다.

더 나아가 이러하다: 단원자들은 제한된 [부피] 때문에,[171] 방향이 여

169_ 랙깍지진디가 나뭇가지에 분비하는 물질인 랙은 나무와 결속(접착)하지 않고 쉽게 떨어진다. 이렇게 랙과 나무 사이에 결속(saṃśleṣa)이 불가능한 것처럼, 흙 등의 원소들과 부분을 가지지 않는 에테르 사이에 결속은 즉 '두 개의 관계항이 성립하는 것'은 불가능하다. 마찬가지로 이원자가 부분을 가지지 않는 단원자들과 결속(내속)하는 것도 불가능하다. 부분을 가지는 것과 부분을 가지지 않는 것은 결속할 수 없기 때문이다.

170_ 바이셰쉬까에 따르면, 지극히 상이한 원인과 결과 사이에 내속을 통해 '거주물과 처소의 관계'(āśritāśraya-bhāva)가 성립한다. 하지만 논리적으로 '결과와 원인의 차이'와 '거주물과 처소의 관계'는 상호 의존을 보일 뿐이다. 이러한 상호 의존성의 오류는 '바구니와 대추나무'(kuṇḍabadara)에 비유될 수 있다. 바구니가 있는 곳은 대추나무 근처이고 대추나무가 있는 곳은 바구니 근처이기에 양자는 상호 의존적이다. 따라서 바이셰쉬까의 인과론에서 내속은 불가능하다.

171_ 비록 단원자가 극미한 구체일지라도 그 부피가 제한되어 있기 때문에.

섯이나 여덟 혹은 열인 것처럼, 그런 만큼의 부분들에 따라 그것들은 부분들을 가져야 한다.[172] 또한 부분들을 가짐으로 말미암아 무상하므로, 영원하고 부분을 가지지 않는다는 주장과 배치될 것이다.

[바이셰쉬까]: 상이한 방향을 나누는 것을 통해 당신이 상상한 바로 그러한 부분들이 단원자들이다.

[후론]: 아니다. 가시적인 것에서 미시적인 것으로 단계적인 순서에 따라 궁극적 원인에 이르기까지 소멸하는 것은 합당하기 때문이다.[173] 예컨대, 이원자 등의 견지에서 가장 가시적인 흙이 실재적인 것임에도 소멸되고, 그 후에 미시적이고 또 더 미시적인 [순서에 따라] '흙과 동종인 것'이 소멸되고, 그 후에 이원자가 소멸되듯이, 마찬가지로 단원자들마저 흙과 동종임으로 말미암아 소멸될 것이다.[174]

[바이셰쉬까]: 비록 소멸을 겪을지라도 단지 부분들의 분리에 의해 소멸된다.[175]

[후론]: 그러한 결함은 없다. 그저 응고된 버터가 용해되는 것처럼 소멸이 합당하다는 것을 우리가 말한 까닭에서이다.[176] 실로 예컨대, 분리되지 않는 부분들을 가지는 버터, 금 등에서조차 불과의 접촉으로

172_ 제한된 부피를 가지는 단원자들도, 여섯, 여덟, 혹은 열 개의 부분들을 가지는 방향처럼, 방향과 관계되는 부분들(표면들)을 가져야 한다. 여섯 방향이란 하나의 구체를 완전히 둘러싸는 여섯 개의 다른 구체를 가리키고, 여덟 방향이란 동서남북과 그 각각의 사이에 있는 네 방향을 가리키며, 열 방향이란 여덟 방향에 상하를 더한 것을 가리킨다.

173_ 베단따의 입장에서는 바이셰쉬까의 궁극적 원인인 단원자들마저도 소멸을 겪어야 한다. 소멸은 궁극적 원인인 브라흐만에 이를 때까지 단계적인 순서에 따라 진행된다.

174_ 이 예시에서 이원자와 단원자란 흙이라는 원소로부터 추정할 수 있는 흙과 동종인 원자들만을 가리킨다.

175_ 비록 사물들이 소멸을 겪을지라도 단지 부분들의 분리에 의해 소멸되기 때문에 부분을 가지지 않는 단원자는 결코 소멸되지 않는다.

176_ <주석 2.2.15> 참조.

말미암아 액화 상태로 변환함으로써 견고성이 소멸되듯이, 마찬가지로 단원자들에서도 궁극적 원인의 상태로 변환함으로써 형체 등이 소멸될 수 있다. 또한 결과의 산출마저 단지 부분들의 결합을 통해서만 유일하게 초래되지는 않는다. 우유나 물 등에서 부분들이 어떤 결합을 가지지 않더라도 응고된 우유나 서리 등의 결과를 산출하는 것을 보기 때문이다.

이러한 연관에서, 단원자 원인론은 아주 무가치한 논의와 함께 엮이기 때문에, 신을 원인으로 삼는 계시서와 모순되기 때문에, 또 계시서를 뒤따르는 마누 등의 식자들이 수용하지 않기 때문에, 실로 완전하게 이를 무시하고 말아야만 한다. '지선(至善)을 열망하는 고귀한[177] 자들이'라는 것이 [수뜨라] 문장의 생략어이다.‖17‖

{ 4. '결합'이라는 주제: 수뜨라 18-27 }

18. [불교도가] 두 가지 원인(원자와 집합)을 가지는 결합을 [의도하는] 모든 [경우에], 그것(결합)은 성립 불가능하다; [따라서 결합은 합당하지 않다].

samudāya ubhayahetuke 'pi tadaprāptiḥ ‖18‖

바이셰쉬까의 정론(定論)은 잘못된 논증과 연관되기 때문에, 베다와 모순되기 때문에, 또 식자들이 수용하지 않기 때문에 주목하지 말아야만 한다고[178] 언급했다. 그것은 절멸론(絶滅論)이라는 것과 유사함으로

177_ * '고귀한'(āryaiḥ)이라는 표현은 Samata에만 추가로 등장한다.

말미암아 '반(半) 절멸론'이므로, 이제 우리는 '완전 절멸론'의 정론은 더욱 주목하지 말아야만 한다는 것을 제시한다.[179] 그리고 이것(완전 절멸론)은 교리적인 차이 때문에 혹은 제자들의 차이 때문에 여러 양상을 가진다.[180] 그 가운데 이러한 세 논자(論者)들이 존재한다. 어떤 자들은 '만물 존재론자'들이고, 어떤 자들은 '유식 존재론자'들이며, 또 다시 다른 자들은 '만물 공성론자(空性論者)'들이다.[181]

이러한 사정에서 우리는 먼저, 외부적 대상으로서 '원소'와 '원소로 이루어진 것'을, 또 내부적 대상으로서 '마음'(심법)과 '마음에 속하는 것'(심소법)을 용인하는 저 만물 존재론자들을 논박한다.[182] 이 가운데 원소란 흙이라는 원소(요소) 등이다. 원소로 이루어진 것이란 색깔 등의 [감관대상들과] 또 눈 등의 [감관들이다]. 또한 단단함 · 축축함 · 뜨거움 · 움직임을 본질로 하는 '흙 등의 4종류 원자(극미)들'은 흙 등의 [원소들인] 상태로 결합된다고 그들은 생각한다.[183] 그리고 색(色) · 수

178_ 주목하지 말아야만 한다고=무시해야만 한다고.

179_ 바이셰쉬까의 사상은 부피의 지속적인 변화에 따라 지속적인 생성과 소멸을 겪는 어떤 실체(원소)들을 의도하는 동시에 영원한 어떤 실체들을 의도하기 때문에 '반 절멸론'(ardha-vaināśika)이라고 부를 만하다. 이러한 점에서 흔히 정통 철학에서 '절멸론'(vaināśika)이라고 부르는 불교의 사상은 반 절멸론과 대비하여 '완전 절멸론'(sarva-vaināśika)이라고 부를 만하다. 물론 불교의 입장에서는 불교 사상이 상주론(常住論)도 아니고 절멸론도 아닌 중도론(中道論)이라고 주장한다.

180_ 완전 절멸론의 경우에는, 스승인 붓다의 가르침 자체에 차이가 있고 또 그 가르침을 듣는 제자들의 수용 방식에 차이가 있기 때문에 그것이 여러 가지 양상으로 나타난다.

181_ '만물 존재론'(sarvāstitva-vāda)은 설일체유부(說一切有部)를, '유식 존재론'(vijñānāstitvamātra-vāda)은 유식학파를, '만물 공성론'(sarvaśūnyatva-vāda)은 중관학파를 각각 가리킨다.

182_ 수뜨라 저자 또는 주석가가 설일체유부 즉 만물 존재론을 비판하면서 설일체유부와 경량부(sautrāntika)의 학설을 제대로 구별하지 않는다는 점은 잘 알려져 있다. 거기서 더 나아가 주석가는 설일체유부에 대한 비판에서 유식학파의 학설을 비판하기도 한다.

(受)・상(想)・행(行)・식(識)이라는 이름의 오온(五蘊, 다섯 집합)들이 있다. 이것들마저 인격적(내적)으로 모든 경험작용의 토대인 상태로 결합된다고 그들은 생각한다.

이 경우에 이렇게 말한다.

[후론]: 논적들은 두 가지 원인을 가지고 두 가지 양상을 가지는 이러한 결합을 의도한다. [하나는] 원자를 원인으로 하여 원소나 원소로 이루어진 것이 결합되는 형태이고, 또 [다른 하나는] 집합(온)을 원인으로 하여 다섯이 집합(결합)되는 형태이다. 두 가지 원인을 가지는 이러한 결합을 의도하는 모든 경우에, 그것의 성립 불가능 즉 결합의 성립 불가능이 있을 것이다. 결합의 상태가 가능하지 않다는 뜻이다.

어떤 근거에서? 결합되는 것들이 비의식체이기 때문이다. 또한 마음의 점화(點火)는 결합이 존립하는 바에 의존하기 때문이다.[184] 그리고 향유주체(영혼)나 통치자(신)라는 다른 그 어떤 의식체를, [결합을 야기하는] 지속적인 결합주체로 용인하지 않기 때문이다. 게다가 [의식체에] 의존하지 않는 동작 성향이 가정되는 경우에는 동작 성향이 중지하지 않는 부조리한 결말이 생기기 때문이다.[185] 더욱이 장식(藏識)[186]이 [여러 찰나적인 인식들과] 다르다고도 다르지 않다고도 확정

183_ 흙・물・불・공기라는 4원자(극미)는 각각 단단함・축축함・뜨거움・움직임을 성질로 한다. 이 원자들은 서로 결합됨으로써 4원소 또는 4대(四大)를 형성한다.

184_ 결합되는 것들이 비의식체(acetana)인데다가 결합을 가능케 할 수도 있는 마음(citta)의 점화(abhijvalana)마저 결합이 먼저 존립해야만 가능하기 때문이다.

185_ 만약 의식체 없이도 '동작 성향'(pravṛtti)이 가능하고 그 동작 성향을 통해 결합이 가능하다고 주장한다면, 그 동작 성향을 중지시킬 의식체가 없기 때문에, 그 동작 성향이 지속됨으로써 해탈이 불가능하게 되는 부조리한 결말이 생길 것이다.

186_ 장식(āśaya)=업의 인상이 담기는(āśerate) 곳, 인식의 흐름(연속), 지속적으로 인식 작용을 하는 '인식들의 처소' 등으로 이해할 수 있다. 경량부에서 말하

될 수 없기 때문이다. 또한 [장식의] 찰나성을 용인하는 것으로부터 [장식에서] 동작이 부재함으로 말미암아, [자체적으로] 동작 성향이 [발생하는 것은] 가능하지 않기 때문이다.[187]

그러므로 결합은 합당하지 않다. 그리고 결합이 합당하지 않는 경우에 그것에 근거하는 세상만사는 끝장나고 말 것이다.‖18‖

19. 만약 [십이연기의 무명 등이] 각각의 원인이기 때문에 [결합이 합당하다고] 한다면, 아니다; [그것들은 각각] 발생 그 자체의 원인 (동작적 원인)이기 때문이다.

itaretarapratyayatvād iti cen notpattimātranimittatvāt ‖19‖

[불교]: 비록 향유주체나 통치자라는 어떤 의식체를 지속적인 결합주체로 용인하지 않을지라도, 무명 등이 각각의 원인[188]이기 때문에 세상만사는 합당하다. 또한 그것(세상만사)이 합당한 경우에 다른 그 어떤 것에도 의존할 필요가 없다. 그리고 그 '무명 등'이란 '무명(無明) · 행(行) · 식(識) · 명색(名色) · 육입(六入) · 촉(觸) · 수(受) · 애(愛) · 취(取) · 유(有) · 생(生) · 노사우비고뇌(老死憂悲苦惱)'로서, 이러한 유형의

는 일미온(一味蘊, 항상 동일한 본질로 작용하는 미세한 의식 · 인식)을 가리키는 것으로 보인다. 그러할 경우, 주석가는 설일체유부에 대한 비판에서 경량부의 학설을 혼동해서 적용하고 있는 셈이다.

187_ 장식마저 결합의 원인일 수는 없다. 만약 지속적인 장식이 인식의 흐름을 구성하는 여러 찰나적인 인식들과 다르다면, 장식은 마치 베단따의 아뜨만과 같은 것이 되기 때문에, 이는 찰나성(무상)을 중심으로 하는 자체의 학설과 모순될 것이다. 만약 다르지 않다면, 장식의 찰나성을 용인하는 것으로부터 장식이 동작 성향을 가지지 못함으로 말미암아, 결합되는 것들에서 그 자체적으로 동작 성향이 발생하는 것 이외에는 그 어떤 동작 성향도 불가능할 것이다.

188_ 이곳에서 '원인'(kāraṇa)이라는 말은 연기(緣起)에서 '결과를 향해 나아감'(因緣의 緣)을 뜻한다. 마찬가지로 수뜨라의 '원인'(pratyaya)이라는 말도 그러하다.

'각각의 원인들'은 수가따(붓다)[189] 추종자들의 교의에서 어떤 경우에는 간략하게 어떤 경우에는 상세하게 교시된다. 더욱이 모든 [학파들에서도] 무명 등의 이러한 다발은 부인될 수 없다.[190] 이러한 연관에서, 무명 등의 다발이 서로의 인과관계에 따라 두레박 수차(水車)처럼 끊임없이 순환하는 경우에, [이로부터] 결합이 합당하다는 의미가 추정된다.

[후론]: 그렇지 않다.

무엇 때문에? [그것들은 각각] 발생 그 자체의 원인(동작적 원인)이기 때문이다. 만약 결합을 [발생시키는] 어떤 원인이 알려진다면, 결합은 합당할 것이다. 하지만 알려지지 않는다.[191] 비록 무명 등이 각각의 원인일지라도, '각각에 앞서는 것'이 단지 '각각에 뒤따르는 것'을 발생시키는 데 원인이 됨으로써 [실제로 그렇게] 될지도 모르지만,[192] 결합을 발생시키는 데 어떤 원인일 수는 없는 까닭에서이다.

[불교]: 결합은 무명 등을 통해 암시적으로 추정된다고 언급했지 않는가?

이에 대하여 대답한다.

[후론]: 먼저 만약 무명 등이 결합이 없이는 생성되지 않음으로써 결합을 필요로 한다는 그 의도라면, 그 경우에 그 결합을 [발생시키는] 어떤 원인을 말해야만 한다. 그러나 심지어 영원한 원자들과 '처소에 거주하는 것'(보이지 않는 힘)을 가지는 향유주체(영혼)들이 존재한다고 용

189_ '수가따'(sugata)는 붓다를 부르는 여러 이름들 가운데 하나이다. '잘 간'이라는 의미로서 의역하여 선서(善逝)라고 하고 음역하여 修伽陀, 須伽陀라고 한다. 붓다가 윤회세계를 벗어나 열반의 세계로 잘 갔으므로 그 의미를 살려 호거(好去), 묘왕(妙往)이라고 의역하기도 한다.

190_ 무명 등의 여러 범주들은 인도철학의 다른 학파들에서도 받아들인다.

191_ 12연기를 통해서는 결합(saṃghāta)을 발생시키는 동작적 원인이 알려지지 않는다.

192_ 주석가가 "[실제로 그렇게] 될지도 모르지만"이라고 덧붙이는 것은 <수뜨라 2.2.20>에서 무명 등이 발생 그 자체의 원인도 아니라고 말하기 때문이다.

인하는 경우에도 그것(결합)이 가능하지 않다고 바이셰쉬까를 검토하면서 언급했다. 그렇다면 다만 '향유주체를 결여하거나 처소에 거주하는 [보이지 않는 힘을] 결여하는 찰나적인 원자들'을 용인하는 경우에는,[193] 얼마나 더 [결합이] 가능하지 않을 것인가!

이제 만약 바로 그 무명 등이 결합의 원인이라는 그 의도라면, 어떻게 그것(결합) 자체에 의지하여 생성되는 것들(무명 등)이 그것(결합) 자체의 원인일 것이라는 말인가?

이제 만약 바로 그 결합들이 시초를 가지지 않는 윤회에서 지속적으로 존속되고, 또 무명 등이 그것(결합)들을 처소로 한다고 당신이 생각한다면, 그 경우에도 여전히 결합으로부터 다른 결합이 발생한다. 규칙적으로 단지 유사한 것만이 발생할 것이거나, 불규칙적으로 유사한 것이나 유사하지 않은 것이 발생할 것이다.[194] 규칙적이라고 가정되는 경우에는 인간의 몸[195]이 신격 · 동물 · 지옥인의 [몸을] 얻지 못하는 결말이 생길 것이다. 불규칙적이라고 가정되는 경우에도 인간의 몸이 한때 잠시 코끼리가 된 뒤에 또 신격이 되고 또다시 인간이 되고 마는 결말이 생길 것이다. 두 가지 모두 [당신의] 주장과 모순된다.

더 나아가, 결합은 무언가의 향유를 위해 존재해야 하지만 그것(무언

193_ 원자들이 찰나적이고, 원자들이 향유주체와 무관하며, 또 원자들이 '처소에 거주하는'(āśrayāśrayin) 보이지 않는 힘과 무관하다고 용인하는 만물 존재론의 경우에는.

194_ 앞서 제시한 2가지 의도가 가지는 난점을 피하기 위해 만물 존재론자들이 제3의 대안을 내놓는 경우에도 여전히 결합으로부터 결합이 발생할 뿐이다. 그리고 결합으로부터 결합이 발생하는 데는 2가지 방식이 있다: ① 규칙적으로 결합으로부터 단지 그것과 유사한 결합이 발생한다. ② 불규칙적으로 결합으로부터 그것과 유사한 결합이 발생하기도 하고 유사하지 않은 결합이 발생하기도 한다.

195_ 몸의 원어인 'pudgala'는 불교에서 대개 '개인으로서의 인간'을 뜻하지만 이곳에서는 단순히 신체를 가리킨다.

가)이 지속적인 향유주체는 즉 개별자아는[196] 아니라고 당신은 주장한다. 이로부터 또한, 단지 향유를 위한 향유는 어떤 [존재에] 의해 욕구될 수가 없다.[197] 마찬가지로 단지 해탈을 위한 해탈이므로, [해탈은] 해탈을 욕구하는 어떤 [존재에] 의해 가능할 수가 없다. 만약 어떤 [존재가] 두 가지를 욕구한다면, 그것은 향유나 해탈의 시간에 머물러야만 한다. 머무르는 경우에 '찰나성'이라는 [당신의] 주장과 모순된다.

그러므로 만약 무명 등이 단지 각각을 발생시키는 데 원인이 된다면 [실제로 그렇게] 될지 모르겠지만, [무명 등을 통해] 결합은 결코 실증될 수가 없다. 향유주체가 없기 때문이다. 이러한 것이 [수뜨라 저자의] 의도이다.‖19‖

20. 또한 [찰나 소멸론자들은] 뒤따르는 [찰나가] 생성될 때 앞서는 [찰나가] 소멸된다는 것을 [가정하지만 그 가정을 통해 찰나 사이에 인과관계가 이루어질 수 없기] 때문에, [무명 등은 발생 그 자체의 원인으로도 가능하지 않다]; [따라서 불교도의 교의는 조리에 닿지 않는다].

uttarotpāde ca pūrvanirodhāt ‖20‖

무명 등은 발생 그 자체의 원인이기 때문에 결합은 실증되지 않는다는 것을 말했다. 그러나 이제, 심지어 그것(무명 등)이 발생 그 자체의 원인으로도 가능하지 않다는 것을 제시한다.

찰나 소멸론자들은 뒤따르는 찰나가 생성될 때 앞서는 찰나는 소멸

196_ * '개별자아는'(jīvo)이라는 표현은 Samata에만 추가로 등장한다.

197_ 결합이라는 것은 그 무언가의 향유(경험)를 위해 존재할 수밖에 없다. 그런데 만물 존재론자들은 그 무언가가 지속적인 향유주체는 아니라고 용인한다. 따라서 향유가 단지 '향유 그 자체를 위한 향유'이므로 그것은 결코 어떤 존재에 의해 욕구될 수가 없다. 즉 향유주체는 없다.

된다는 것을 가정한다. 하지만 그와 같이 가정하는 것을 통해 앞서고 뒤따르는 찰나 사이에 인과관계가 이루어질 수는 없다. 앞서는 찰나는 소멸되고 있거나 소멸되었거나, 부재(不在)에 휩쓸림으로 말미암아 뒤따르는 찰나의 원인으로 합당하지 않기 때문이다.[198]

이제 만약 존재하는 것으로서 완성된 상태로 있는 앞서는 찰나가 뒤따르는 찰나의 원인이라는 의도라면, 그럼에도 합당하지 않다. 존재하는 것에 또 다시 [인과] 작용이 상정되는 경우에 [뒤따르는] 다른 찰나와 연계되는 부조리한 결말이 생기기 때문이다.[199]

이제 만약 '존재함 그 자체가 그것(앞서는 찰나)의 [인과] 작용'이라는 의도라면,[200] 그럼에도 결코 합당하지 않다. '원인의 본질이 스며들지 않은 결과'가 발생하는 것은 불가능하기 때문이다. 그리고 [원인의] 본질이 [결과에] 스며든다고 가정하는 경우, 즉 원인의 본질이 결과의 시간에 머무르고 있는 경우, 찰나 소멸에 대한 주장을 폐기하는 부조리한 결말이 생긴다. 혹은 [원인의] 본질이 [결과에] 전혀 스며들지 않는 [방식으로] 인과관계를 가정하는 것으로부터는, 모든 경우에 그것(인과관계)이 유효함으로 말미암아 [인과관계의] 확대적용이 [생긴다].[201]

198_ '찰나 소멸론'(kṣaṇabhaṅga-vāda)과 인과율이 양립할 수 없다는 것이 비판의 요지이다.

199_ 찰나 소멸론에서 앞서는 찰나가 부재(abhāva)를 겪는 난점을 피하기 위해 그것이 완성된(parinișpanna) 상태로 존재한다고 주장하더라도, 앞서는 찰나에서 인과 작용(vyāpāra)이 발생하는 경우에 앞서는 찰나는 그 작용을 통해 뒤따르는 찰나와 연계되고 말 것이다. 결국 앞서는 찰나가 소멸되지 않고 존속되는 것은 찰나 소멸론과 모순된다.

200_ 앞서는 찰나가 단순히 존재하는 것만으로 인과 작용이 이루어진다고 주장한다면.

201_ 만약 원인의 본질이 결과에 전혀 스며들지 않는 방식의 인과관계를 가정한다면, 인과관계가 모든 경우에 적용됨으로써 세상만사는 혼란에 휩싸이고 만다. 예컨대, 항아리라는 결과를 두고 볼 경우에 '찰흙·물 등의 물질적 원인'과 '도공 등의 동작적 원인' 사이에 구별이 불가능할 것이다.

더 나아가 '생성 · 소멸'이라고 불리는 것은 단지 사물의 본질이거나, [그 사물의] 다른 상태이거나, 단지 다른 사물일 것이다. 어느 경우이든지 간에 합당하지 않다. 먼저 만약 생성과 소멸이 단지 사물의 본질이라면, 그 경우에 '사물'이라는 말과 '생성 · 소멸'이라는 말들이 유의어라는 결말이 생길 것이다. 만약 '생성 · 소멸'이라는 말들이 중간에 놓인 사물의 '시작과 끝이라고 불리는 두 상태들'을 지시하므로 [양자 사이에] 어떤 구별이 있다고 생각한다면,[202] 그럼에도 사물이 시작 · 중간 · 끝이라는 세 찰나들과 연계되기 때문에 '찰나성'이라는 주장은 폐기된다. 이제 만약 말과 물소처럼 생성 · 소멸이 사물로부터 실로 완전히 구별되는 것이라면, 그 경우에 사물은 생성 · 소멸과 관계되지 않으므로 사물의 영속성이라는 부조리한 결말이 생긴다. 그리고 만약 생성과 소멸이 사물에 대한 지각과 비(非)지각이라면,[203] 그럼에도 그것들은 지각주체의 특성들일 뿐 사물의 특성들이 아니므로, 사물의 영속성이라는 부조리한 결말이 생길 따름이다.[204]

그러므로 또한, 수가따 추종자들의 교의는 조리에 닿지 않는다.‖20‖

21. [만약 원인이] 없는 경우에 [결과가 발생한다고 말한다면, 자기] 주장과 대치되고 [말 것이다]; 다른 경우에는 [즉 만약 뒤따르는 찰나가 발생할 때까지 앞서는 찰나가 남아 있다고 말한다면, 원인과 결과의] 동시성이 [있을 것이다].

202_ 만약 '생성'(utpāda)과 '소멸'(nirodha)이라는 말이, 시작과 끝의 중간에 놓인 어떤 사물의 '시작인 상태'와 '끝인 상태'를 각각 지시하기 때문에, '사물'과 '생성 · 소멸' 사이에 어느 정도 구별이 있다고 생각한다면.

203_ 생성과 소멸을 사물에 대한 지각(darśana)과 비지각(adarśana)으로 간주하는 것은 관념론의 입장으로서, 이는 만물 존재론을 비판하는 데 적합하지 않다.

204_ 사물이 지각주체의 특성들인 지각 · 비지각 즉 생성 · 소멸과 관계되지 않기 때문에 사물은 영속적인 것이 되고 만다.

asati pratijñoparodho yaugapadyam anyathā ‖21‖

찰나 소멸론에서는 앞서는 찰나가 소멸에 휩쓸림으로 말미암아 뒤따르는 찰나의 원인이 되지 못한다고 언급했다.

이제 만약, 심지어 원인이 없는 경우에 결과가 발생한다고 말한다면, 그 경우에 [자기] 주장과 대치되고 말 것이다. 4종류의 원인들[205]에 의지한 채로 '마음'과 '마음에 속하는 것'이 발생한다는 그러한 주장이 폐기될 것이다. 또한 원인을 가지지 않는 발생에서는, 장애가 없기 때문에 모든 것이 모든 경우에 발생할 것이다.

만약 뒤따르는 찰나가 발생할 때까지 앞서는 찰나가 남아 있다고 말한다면, 그 경우에 원인과 결과의 동시성이 있을 것이다. 또한 마찬가지로, [자기] 주장과 분명 대치되고 말 것이다. 제행(諸行)들이[206] 찰나적이라는 그러한 주장과 대치될 것이다.‖21‖

22. [절멸론자들의] 택멸과 비택멸은 성립하지 않는다; 중단되지 않기 때문이다; [따라서 2가지 소멸은 합당하지 않다].

pratisaṃkhyā 'pratisaṃkhyānirodhāprāptir avicchedāt ‖22‖

더 나아가 절멸론자들은 '의식에 의해 알려지는 것'이자 '3가지와는 다른 것'이 유위(有爲)적이고 찰나적이라고 간주한다.[207] 그리고 바로

205_ 4종류의 원인(hetu)들=증상연(增上緣, adhipati-pratyaya), 조연(助緣, sahakāri-pratyaya), 소연연(所緣緣, ālambana-pratyaya), 등무간연(等無間緣, samanantara-pratyaya). 예를 들어, 눈이 푸름을 지각할 때에, '눈'이 증상연이고 '빛'이 조연이며 '푸름'이 소연연이고 '동일한 푸름에 대해 과거에 지각한 것이 낳은 인상'이 등무간연이다.

206_ 제행들이(sarve saṃskārāḥ)=물질 현상과 정신 현상을 포괄하는 일체 유위법이.

그 3가지를 택멸(擇滅), 비택멸(非擇滅),[208] 허공이라고 전한다. 또한 이 3가지 모두를 '비(非)실재, 비(非)존재일 뿐인 것, 언설불가(言說不可)'라고 생각한다.[209] 지혜를 앞세운 채 소위 존재들이 소멸되는 것을 '택멸'이라는 이름으로, 그것과는 상반되는 것을 '비택멸'이라는 이름으로, 단순히 장애(은폐)가 없는 것을 '허공'이라는 이름으로 전한다. 이것들 가운데 허공은 차후에[210] 부인할 것이다. 이 경우에는 2가지의 소멸(滅)을 논박한다.

택멸과 비택멸은 성립하지 않는다. 불가능하다는 뜻이다.

무엇 때문에? 중단되지 않기 때문이다. 실로 이러한 택멸과 비택멸은 끝없는 흐름을 영역으로 하거나 [끝없는 흐름 속의 한] 존재를 영역으로 할 것이다.[211] 먼저 하나의 흐름을 영역으로 하는 것은 가능하지 않다. 그저 끝없는 흐름들 모두(전체)에서 끝없는 흐름을 이루는 것들이 중단 없는 인과관계를 가짐으로 말미암아, 끝없는 흐름의 중단이 불가능하기 때문이다.[212] 또한 [끝없는 흐름 속의 한] 존재를 영역으로

207_ 이 수뜨라부터는 3가지 무위법(無爲法, 연기되지 않는 존재들인 택멸, 비택멸, 허공)에 대한 비판이 시작된다. 3가지 무위법과는 다른 유위법들은 유위적(saṃskṛta, 형성된 것, 연기되는 존재)이고 찰나적이다.

208_ 택멸(pratisaṃkhyā-nirodha)=지혜에 의해 얻어지는 소멸, 즉 4성제 등에 대한 지혜를 기인으로 하여 '오염 · 번뇌가 있는'(유루, 有漏) 법들과 분리되는 것. 열반 또는 해탈과 같은 말. 비택멸(apratisaṃkhyā-nirodha)=지혜에 의해 얻어지지 않고 저절로 얻어지는 소멸, 즉 연이 없음으로 말미암아 '미래의(오지 않은) 법들이 생성되는 것'이 완전하게 막히는 것. 한편, 설일체유부가 아닌 경량부에서는 지혜에 힘입어 잠재번뇌와 번뇌가 사라지는 것을 택멸이라 하고, 연이 없음으로 말미암아 어떤 법들이 생성되지 않는 것을 비택멸이라 한다.

209_ 3가지 무위법을 '비실재'(avastu), '비존재일 뿐인 것'(abhāvamātra), '언설불가'(nirupākhya)라고 규정하는 것은 설일체유부와 경량부의 주장이 혼합된 형태이다.

210_ 차후에=<수뜨라 2.2.24>에서.

211_ 실로 택멸과 비택멸은 '끝없는 흐름'(saṃtāna)과 관련되거나 그 흐름을 이루는 하나의 존재(bhāva)와 관련된다.

하는 것도 가능하지 않다. 왜냐하면 존재들이 '연속이 없고 언설불가한 소멸'을 가지는 것은 불가능하기 때문이다.[213] 심지어 모든 상태들에서 [분명한] 인식에 힘입어 [존재의] 연속이 중단되지 않는 것을 보기 때문이다.[214] 불분명한 인식의 상태들에서마저 [중단되지 않는] 것을, 가끔 [존재의] 연속이 중단되지 않는다고 다만 다른 경우에서 관찰함으로써 추론하기 때문이다.[215]

그러므로 논적이 제안하는 2가지 소멸은 합당하지 않다.‖22‖

23. 또한 [택멸에 포함되는 '무명 등의 소멸'은 참된 지식과 그 부속수단을 통해 일어나거나 단지 자발적으로 일어나는데] 두 가지 경우 [모두에] 결함이 [수반되기] 때문에, [2가지 소멸은 이치에 맞지 않다].

ubhayathā ca doṣāt ‖23‖

논적이 제안한 것으로서 택멸에 포함되는 '무명 등의 소멸'은, 참된 지식과 그 부속(附屬)수단[216]을 통해 일어나거나 단지 자발적으로 일어

212_ 끝없는 흐름을 이루는 찰나적인 존재들은 중단 없는 인과관계를 가진다. 만약 끝없는 흐름에서 마지막 존재가 다른 존재를 산출한다면, 그 끝없는 흐름은 중단되지 않는 것이 된다. 만약 끝없는 흐름에서 마지막 존재가 다른 존재를 산출하지 않는다면, 원인이 되지 못한 그 마지막 존재는 비존재이므로 끝없는 흐름 전체가 끝없는 흐름일 수 없다. 따라서 택멸과 비택멸이 끝없는 흐름과 관련되는 경우에 그 끝없는 흐름의 중단 즉 소멸은 불가능하다.

213_ 모든 존재들은 앞의 존재와 '연속되지 않는'(niranvaya) 소멸을 가질 수 없다. 또 모든 존재들은 말로 표현될 수 없는 소멸을 가질 수 없다.

214_ 예컨대, '항아리, 항아리의 깨진 조각, 조각의 가루 등'과 같이, 모든 상태들에서 존재의 소멸이 아니라 연속을 본다.

215_ 예컨대, 주전자에서 끓는 물이 수증기가 되고 다시 창문에 서린 김이 되고 다시 물방울이 되는 것을 분명하게 관찰함으로써, '인식이 불분명한 상태에서의 연속'을 즉 '증발된 물이 비로 내린다는 것'을 추론할 수 있다.

216_ 부속수단(parikara)=윤리적 수단들.

날 것이다. 전자를 가정하는 경우에는 '원인을 가지지 않는 소멸'이라는 주장이 폐기되는 부조리한 결말이 생긴다.[217] 반면에 후자를 [가정하는] 경우에는 '바른 길'(正道)에 대한 가르침이 무용해지는 부조리한 결말이 생긴다.[218] 이와 같이 두 가지 경우 모두에 결함이 수반되기 때문에 그러한 주장은 이치에 맞지 않다.‖23‖

24. 또한 허공에 대해 [언설불가하다고 주장하는 것은 합리적이지 않다]; [택멸과 비택멸에서처럼 실재성이 인정되는 것은] 한결같기 때문이다.

ākāśe cāviśeṣāt ‖24‖

2가지 소멸과 허공이 언설불가하다고 그들 자신이 의도했고, 그 가운데 2가지 소멸이 언설불가하다는 것을 앞서 논박했다.[219] 이제 허공이 [언설불가하다는 것을] 논박한다.

또한 허공에 대해 언설불가하다고 주장하는 것은 합리적이지 않다. 택멸과 비택멸에서처럼 실재성이 인정되는 것은 한결같기 때문이다. 먼저 성전의 권위로부터는, "아뜨만으로부터 [실로] 허공(에테르)이 산출되었다."〈따잇 2.1.1〉라는 등의 계시를 통해 허공 또한 실재라는 것이 확립된다. 한편 [권위에] 반대하는 자들을 향해서는, [허공이] 소리라는 성질에 의해 추론될 수 있다는 것을 말할 필요가 있다. 냄새 등의

217_ 모든 법들의 소멸이 원인 없이 자체적으로 일어난다는 주장이 폐기된다. 이는 경량부에 대한 비판이다. 하지만 경량부에서는 오직 실체만이 원인을 가질 수 있다는 측면에서 원인 없는 소멸을 말할 뿐이다.

218_ 무명 등이 단지 자발적으로 소멸된다면, 무상 · 고(苦) 등의 '바른 길'(mārga)로 이끄는 가르침들이 쓸모없게 된다.

219_ 택멸과 비택멸이라는 2가지 소멸이 불가능하다는 것은, 곧 그것들이 언설불가능한 비실재가 아니라 언설가능한 실재라는 의미이다.

성질들이 흙 등의 실재(실체)들을 소재지로 하는 것을 보기 때문이다.[220]

더 나아가 허공을 '단순히 장애가 없는 것'이라고 간주하는 자들에게는, 한 마리 새가 날고 있는 경우에 장애가 존재하기 때문에, 비상하고자 하는 다른 새에게 [그럴] 여지가 없게 되는 부조리한 결말이 생긴다.[221]

[불교]: [다른 새는] 장애가 없는 곳에서 날 것이다.

[후론]: 그 경우 '장애가 없음'이 구별되게끔 하는 그것은, 실재적인 것 그 자체로서 허공이어야 할 뿐 '단순히 장애가 없는 것'으로서 허공은 아니다.[222]

더 나아가 허공을 '단순히 장애가 없는 것'이라고 생각하는 수가따 추종자에게는 자기 주장과의 모순이 수반될 것이다. 왜냐하면 수가따 추종자의 교의 중에서, "존경스러운 이여, 흙은 무엇을 근거로 합니까?"라며 [시작되는] 흙 등에 대한 이러한 문답(問答)의 연쇄가 "공기는 무엇을 근거로 합니까?"라며 끝나는 곳에, 그 질문에 대해 "공기는 허공을 근거로 한다."라는 대답이 나타나기 때문이다. 이는 허공이 비실재인 경우에 이치에 맞지 않을 것이다. 따라서 또한, 허공이 비실재라는 것은 합리적이지 않다.

더 나아가 2가지 소멸과 허공이라는 이 3가지 모두가 언설불가의 비

220_ 하지만 설일체유부에서는 무위법으로서의 허공과 원소로서의 허공을 구분한다.

221_ 만약 허공이 실재가 아니라 '단순히 장애가 없는 것'(āvaraṇābhāvamātra)이라면, 날고 있는 한 마리의 새가 장애로서 허공을 점유하고 있는 경우에 다른 새가 날 수 있는 허공은 존재하지 않게 된다.

222_ '장애가 없음'이 '장애가 있음'으로부터 구별될 수 있게끔 하는 것은 바로 그 실재적인 허공이다. 즉 다른 새가 날고자 하는 '장애가 없는 허공'과 한 마리 새가 이미 날고 있는 '장애가 있는 허공'을 구별할 수 있기 위해서는, 허공은 오직 실재로서의 허공이어야 한다.

실재이고 또 영원하다고 [주장하는 것은] 이율배반적이다. 왜냐하면 비실재가 영원하다는 것이나 영원하지 않다는 것은 가능하지 않기 때문이다. 본체와 속성의 교섭은 실재에 근거하기 때문이다.[223] 실로 본체와 속성의 관계에는 항아리 등과 같이 오직 실재성이 있을 것이며, 언설불가성은 없을 것이다.‖24‖

25. 또한 [절멸론자는 모든 실재의 찰나성을 인정함으로써 지각주체도 찰나적이라고 인정해야 하지만 그것은 가능하지 않다]; 기억 때문이다; [따라서 절멸론자의 교의는 합당하지 않다].

anusmṛteś ca ‖25‖

더 나아가 절멸론자는 모든 실재의 찰나성을 인정함으로써 지각(인식)주체마저 찰나적이라고 인정해야 한다. 하지만 그것은[224] 가능하지 않다. 기억 때문이다.

기억이란 직각(直覺)으로서의 지각을 좇아 발생하는 상기(想起) 그 자체이다. 그리고 그것(기억)은 지각과 '동일한 행위주체'를 가짐으로써 가능하다.[225] 어떤 사람이 지각한 대상을 다른 사람이 기억하는 것은 경험되지 않기 때문이다. 실로 어떻게 이전과 이후의 '보는 자'(지각주체)가 동일하지 않는 경우에 '그것을 보았던 내가 이제[226] 이것을 본다.'라는 인식이 가능하다는 말인가! 더 나아가 관찰(지각)과 상기(기억)에서 행위주체가 동일한 경우에 '그것을 보았던 내가 이것을 본다.'라

223_ 본체(dharmin)가 실재인 경우에 속성(dharma)과 교섭(vyavahāra)하는 것이 즉 관계를 가지는 것이 가능하기 때문이다.

224_ 그것은=지각주체(upalabdhṛ)가 찰나적이라는 것은.

225_ 기억이라는 행위의 주체와 지각이라는 행위의 주체가 동일할 경우에 기억이 가능하다.

226_ * '이제'(idānīṃ)라는 표현은 Samata에만 추가로 등장한다.

며 재인식인 인식으로서의 지각이 [가능하다고] 모든 사람들에게 잘 알려져 있다. 왜냐하면 만약 그 둘에서 행위주체가 상이하다면, 그 경우에 '누군가가 보았고, 내가 상기한다.'라며 인지할 것이지만, 아무도 그와 같이 인지하지 않기 때문이다. 인식이 그와 같은 경우에는,[227] '누군가가 그것을 보았다는 것을 내가 상기한다.'라며 관찰과 상기에서 행위주체가 분명 상이하다는 것을 모든 사람들이 이해한다.

반면에 '나는 그것을 보았다.'라는 [기억의 형태인] 이 경우에는, 절멸론자마저 관찰과 상기에서 바로 그 자신이 동일한 행위주체라고 이해한다. 예컨대 불에 열기가 없거나 빛이 없다고 부정하지 않듯이, '나는 [그것을 보지] 않았다.'라며 자신이 행한 관찰을 부정하지는 않는다. 그래서 이와 같을 경우에, 즉 동일자가 관찰과 상기로 지시되는 두 찰나들과 연계되는 경우에, 절멸론자에게는 '찰나성'이라는 주장을 폐기하는 것이 불가피할 것이다. 그래서 찰나 소멸론자에 [다름 아닌] 절멸론자가, 최후의 숨까지 연속적이고 연속적인 [모든] 인식이 바로 그 자신을 동일한 행위주체로 가진다고 인지하면서도, 또 탄생 이래 과거의 [모든] 인식이 자신을 동일한 행위주체로 가진다고 되새기면서도, 어떻게 부끄러워하지 않을 것이란 말인가!

만약 [찰나적인 인식들의] 유사성을 통해 그것이[228] 생길 것이라고 그가 말한다면, 그에게 대답해야 한다. '그것과 이것은 유사하다.'라는 유사성은 두 항(項)에 의존함으로 말미암아, 찰나 소멸론자에게는 유사한 두 실재들이 동일한 인식주체를 가지지 않기 때문에 유사성에 기인하는 인식이라는 것은 거짓된 허튼소리에 불과할 것이다. 만약 앞서고 뒤따르는 찰나들의 유사성을 [파악하는] 인식주체가 동일하다면, 그

227_ 인식이 그와 같은 경우에는='누군가가 보았고, 내가 상기한다.'와 같은 형태의 인식에서는.

228_ 그것이='동일한 행위주체'에 대한 인식이.

와 같을 경우에 동일자가 두 찰나들에 머무르기 때문에 '찰나성'이라는 주장은 침해당할 것이다.

[불교]: '그것과 이것은 유사하다.'라는 것은 다른(새로운) 인식에 지나지 않으며, 그것은 앞서고 뒤따르는 두 찰나들에 대한 인식에 기인하지 않는다.[229]

[후론]: 아니다. '그것과', '이것은'이라며 상이한 '말의 대상'들이 언급되기 때문이다. 만약 유사성과 관계하는 것이 다른 인식에 지나지 않는다면, '그것과 이것은 유사하다.'라는 문장(진술)을 사용하는 것은 무의미하게 될 것이다. [다른 인식인 경우에, 그 문장은] 단지 '유사성'에 관해서만 사용될 것이다.[230] 왜냐하면 일상에서 잘 알려져 있는 '말의 대상'을 심의관(전문가)들이 인정하지 않는 경우, '자기이론의 확립'이나 '상대이론의 결함'이라는 2가지 모두를 말한다고 해서 심의관들에게 또는 자신에게 지적인 확신을 온당하게 구하지는 못하기 때문이다. '이것은 실로 이러한 것이다.'라며 확정된 것 그 자체를 말해야만 한다. 그것과는 다른 것을 말한다면, 오로지 자신의 수다스러움만 드러낼 것이다.[231]

229_ '그것과 이것은 유사하다.'라는 인식은, 앞서는 찰나의 '그것'에 대한 인식과 뒤따르는 찰나의 '이것'에 대한 인식에 기인하지 않는 온전히 새로운 제3의 인식이다.

230_ '그것과 이것은 유사하다.'라는 진술에서는 '그것과', '이것은', '유사하다'라며 상이한 세 가지 '말의 대상'(padārtha)들이 언급된다. 이로부터 동일한 행위주체에 대한 인식을 증명하기 위해 어쨌거나 이 진술을 사용할 수 있다. 그런데 이 진술이 다만 새로운 제3의 인식이라고 주장한다면, '그것과'와 '이것은'이 지시하는 바는 배제되고 '유사하다'만 남기 때문에, 이 진술은 동일한 행위주체에 대한 인식을 증명하는 데 사용될 수 없고 단지 '유사성이 있다'라는 의미만을 가질 것이다.

231_ 그것과는 다른 것='확정된 것'과는 다른 것, 즉 확정되지 않은 것. '그것과 이것은 유사하다.'라는 진술이 새로운 인식에 지나지 않는다고 주장하는 것은, 확정된 것을 전혀 말하지 않고 확정되지 않은 것을 장황하게 덧붙여 말하기만 하

게다가 유사성을 통한 그러한 관행은 합리적이지 않다. [사람들은] '어떤 것'으로 존재한다고 이해하기 때문이며, 또 '어떤 것과 유사한 것'으로 존재한다고 이해하지는 않기 때문이다.[232] 한편, 외부적 대상과 관계해서는 가끔씩 기만이 가능하기 때문에, '이것은 바로 그것일지도, 혹은 그것과 유사한 것일지도 모른다.'라는 의심이 일어날 것이다. 하지만 지각(인식)주체와 관계해서는, 어떤 경우에도 '나는 바로 그일지도, 혹은 그와 유사한 자일지도 모른다.'라는 의심조차 일어나지 않는다. '어제 [그것을] 보았던 바로 그 내가 오늘 상기한다.'[233]라며 [지각주체가] 확정된 어떤 것으로 존재한다고 인식되기 때문이다.

그러므로 또한, 절멸론자의 교의는 합당하지 않다.‖25‖

26. 비존재로부터 [존재가 생성되지는] 않는다; [그와 같이] 관찰되지 않기 때문이다; [따라서 절멸론자의 교의는 합당하지 않다].

nāsato 'dṛṣṭatvāt ‖26‖

이로 말미암아 또한, 절멸론자의 교의는 합당하지 않다. [결과에까지] 따라가는 지속적인 원인을 용인하지 않는 자들에게는 '비존재로부터 존재의 생성'이라는 것이 도출될 수 있는 까닭에서이다.

그리고 그들은 '[원인이] 소멸되지 않은 채로는 [결과가] 출현하지 않

는 '수다스러움'(bahu-pralāpitva)에 불과하다.

232_ 외부적 대상과 관계하여 일상적인 관행(saṃvyavahāra)에서는, 예컨대 '나는 어제 그것을 보았다. 나는 오늘 (유사한) 그것을 상기한다.'라는 식으로 '어제의 그것'과 유사한 '오늘의 그것'을 이해하지 않는다. 그와 달리 '어제 내가 보았던 바로 그것을 오늘 상기한다.'라는 식으로 '어제의 그것' 그 자체인 '오늘의 그것'을 이해할 뿐이다.

233_ 이 문장을 글자 그대로 풀이하면, '바로 그 어떤 자인 내가 어제 [그것을] 보았고, 바로 그 자인 내가 오늘 상기한다.'이다.

기 때문이다'라고 [말하면서] '비존재로부터 존재의 생성'을 제시한다. 실로 말하자면, 소멸된 씨앗으로부터 새싹이 생성되고, 마찬가지로 소멸된 우유로부터 응고된 우유가, 또 소멸된 찰흙덩이로부터 항아리가 생성된다. 만약 불변하는 원인으로부터 결과가 생성된다면, 구별이 없음으로 말미암아 모든 곳에서 모든 것이 생성될 것이다.[234] 따라서 비존재에 휩쓸린 씨앗 등으로부터 새싹 등이 생성되기 때문에, 그들은 '비존재로부터 존재의 생성'이라는 것을 생각한다.

이 경우에 이렇게 말한다. "비존재로부터 … 않는다 … 관찰되지 않기 때문이다."

비존재로부터 존재가 생성되지는 않는다. 만약 비존재로부터 존재가 생성된다면, [원인으로서의] 비존재성이 동일하기 때문에 특정한 원인을 가정하는 것은 무의미할 것이다.[235] 왜냐하면 '소멸된 씨앗' 등의 비존재와 '산토끼의 뿔' 등의 비존재가 '자성(自性)을 가지지 않는 것'임은 한결같음으로 말미암아, '오직 씨앗으로부터 새싹이 산출되고 오직 우유로부터 응고된 우유가 산출된다.'라는 이러한 유형의 구별되는(특정한) 원인을 가정하는 것이 의의를 가질 수 있게끔 하는 '비존재성에 대한 그 어떤 구별'도 없기 때문이다.[236] 결국 '구별이 없는 비존재'를

234_ 만약 원인의 자체 특성이 소멸되지 않은 채로 즉 원인이 불변인 상태로 원인으로부터 결과가 생성된다면, '오직 씨앗으로부터 새싹이 산출되고 오직 우유로부터 응고된 우유가 산출된다.'라는 것과 같은 '원인에 대한 구별(viśeṣa)'이 없기 때문에 이 세상에서 인과관계는 엉망이 되고 말 것이다.

235_ 만약 비존재(abhāva)로부터 존재(bhāva)가 생성된다면, '비존재' 그 자체가 모든 경우에서 동일한(구별되지 않는) 원인이기 때문에 특정한 원인을 가정할 필요가 없다.

236_ 소멸된 씨앗이 존재하지 않는 것이나 산토끼의 뿔이 존재하지 않는 것에서 '비존재'란 공히 '자성을 가지지 않는 것'(niḥsvabhāvatva) 즉 '자기 존재성이 없는 것'이다. 따라서 비존재성에 대해서는 그 어떤 구별(한정)도 가능하지 않다.

원인으로 가정하는 경우에 심지어 산토끼의 뿔 등으로부터 새싹 등이 산출될 것이다. 하지만 그와 같이 관찰되지는 않는다.

또 다시, 만약 수련(睡蓮) 등에 대해서 푸름 등의 구별을 가정하듯이 비존재에 대해서조차 구별을 가정한다면,[237] 그 경우에 [비존재가] 한갓 '구별을 가지는 것'임으로 말미암아, 수련 등처럼 비존재의 존재성이 수반될 것이다.

게다가 비존재는, 산토끼의 뿔 등과 같이 그저 비존재이기 때문에, 어떤 것을 생성시키는 원인일 수 없다. 또한 비존재로부터 존재가 생성되는 경우에 모든 결과물들은 실로 비존재에 귀속되고 말 것이다. 하지만 그와 같이 관찰되지는 않는다. 모든 사물은, 각각 그 자체의 특성과 함께, 오직 존재를 본질로 한다고 알려지기 때문이다.

더욱이 그 누구도 찰흙에 귀속되는 접시 등의 존재들을 실 등의 변형이라고는 용인하지 않는다. 반면에 사람들은 찰흙에 귀속되는 존재들을 오직 찰흙의 변형이라고 이해한다.

한편, 불변하는 그 어떤 사물이 '자체 특성'(본질)의 소멸이 없이 원인으로 되는 것은 가능하지 않기 때문에 '비존재로부터 존재의 생성'이 일어날 수 있다고 주장한 것은 곤란한 진술이다. 단지 지속적인 자체 특성을 가지는 것으로 인지되는 금 등이, 금목걸이 등의 결과에 대한[238] 원인으로 존재하는 것을 보기 때문이다. 자체 특성의 소멸이 관찰되는 씨앗 등의 경우에도, 여전히 '소멸되는 그 앞서는 상태'가 뒤따르는 상태의 원인이라고 용인되지는 않는다. 오직 소멸되지 않은 채로 [결과에까지] 따라가는 '씨앗 등의 성분들'이 새싹 등의 원인으로 존재한다고 용인되기 때문이다.

237_ 어떤 수련이 '푸름'에 의해 한정되어 다른 수련들로부터 구별되는 '푸른 수련'이 되는 것처럼, 비존재도 그와 같은 구별을 가진다면.

238_ * '결과에 대한'(-kārya-)이라는 표현은 Nirnaya에만 추가로 등장한다.

그러므로 산토끼의 뿔 등의 비존재들로부터 존재의 생성이 관찰되지 않기 때문에, 또 금 등의 존재들로부터 존재의 생성이 관찰되기 때문에, '비존재로부터 존재의 생성'이라는 그러한 주장은 합당하지 않다.

더 나아가 절멸론자들은 '마음'과 '마음에 속하는 것'이 네 [원인들에] 의해[239] 생성되고, 또 '원소'와 '원소로 이루어진 것'으로 지시되는 결합이 원자들로부터 생성된다고 주장한 뒤에, 또 다시 '비존재부터 존재의 생성'을 추정함으로써 주장한 것을 부인하여 모든 사람들을 당혹케 한다.‖26‖

27. 또한, [만약 '비존재로부터 존재의 생성'을 용인한다면], 그와 같을 [경우에], 부동(不動)적인 자들조차 [바라는 것을] 성취할 [수 있다]; [따라서 '비존재로부터 존재의 생성'이라는 주장은 합당하지 않다].
udāsīnānām api caivaṃ siddhiḥ ‖27‖

또한 만약 '비존재로부터 존재의 생성'을 용인한다면, 그와 같을 경우에 노력하지 않는 부동적인 사람들조차 바라는 것을 성취할 수 있다. 비존재는 얻기 쉽기 때문이다.[240] 심지어 농부가 들일에 힘쓰지 않음에도 곡물을 산출할 수 있다. 게다가 심지어 도공이 찰흙을 준비하는 데 힘쓰지 않음에도 그릇을 생산할 수 있다. 더욱이 심지어 직공이 실을 짜지 않음에도 마치 짠 것처럼 옷감을 획득할 수 있다. 그리고 천국이나 지고선(해탈)을 위해 그 누구도 여하튼 애쓰지 않을 것이다. 결국 이는 합리적이지 않을 뿐더러 아무도 용인하지 않는다.

그러므로 또한, '비존재로부터 존재의 생성'이라는 그러한 주장은 합

239_ 네 [원인들에] 의해=증상연, 조연, 소연연, 등무간연에 의해.

240_ 비존재부터 존재가 생성된다면, 비존재는 '얻기 쉬운'(sulabha) 것이기 때문에, 여러 가지 결과나 목적이 노력 없이도 성취될 것이다.

당하지 않다.‖27‖

{ 5. '비존재'라는 주제: 수뜨라 28-32 }

28. [외부 대상의] 비존재는 [확정될 수] 없다; [외부 대상은] 지각되기 때문이다.
nābhāva upalabdheḥ ‖28‖

이상과 같이 외계(外界) 실재론과 관련하여 '결합의 성립 불가능' 등의 결함들이 생겼다면, 이제 의식론자(유식론자)인 불교도가 대립해 있다.

[불교]: 실로 [붓다는] 어떤 제자들이 외부 사물에 집착하는 것을 주시한 뒤에, 그에 호응하여 외계 실재론이라는 그러한 방법론을 형성했다. 이는 수가따의 의도가 아니다. 반면에 그는 단지 유식 집합론[241]을 의도한다. 그리고 이 의식론에서 '지식(인식)수단, 지식대상, [지식의] 결과'라는 모든 경험작용은 의식에 덧얹힌 형태로서 오직 내적(주관적)으로만 가능하다. 외부 대상이 존재하는 경우마저 의식에 덧얹힘이 없이는[242] 지식수단 등의 경험작용이 나타나지 않기 때문이다.

[반박]: 그렇다면 어떻게 그 모든 경험작용이 오직 내적이라고 [또] 의식과는 별도로 외부 대상이 존재하지 않는다고 알려진다는 말인가?

241_ 유식 집합론(vijñānaika-skandha-vāda)=오직 의식을 통해 모든 것들이 집합으로 이루어진다는 이론.

242_ 의식에 덧얹힘이 없이는(buddhyāroham antareṇa)=외부 대상이 의식에 덧놓이지 않고서는, 즉 의식이 외부 대상과 관계하지 않고서는.

[불교]: 그것은[243] 불가능하기 때문이라고 말한다. 왜냐하면 가정되는 그 외부 대상은 '원자들'이어야 하거나 기둥 등과 [같은] '그것(원자)의 집합들'이어야 하기 때문이다. 그 가운데 먼저, 원자들은 기둥 등에 대한 인식을 통해 결정되는 것들일 수 없다. 원자와 같은 것에 대한 지식은 가능하지 않기 때문이다.[244] 더욱이 [외부 대상은] 기둥 등과 [같은] '그것(원자)의 집합들'이 아니다. 그것들은 원자들과 다르다고도 다르지 않다고도 확정될 수 없기 때문이다.[245] 이와 같이 보편 등도 논박할 수 있다.[246]

더 나아가, 단순한 자각[247]이라는 공통적인 본질을 가진 채로 산출되는 지식은, '기둥에 대한 지식, 벽에 대한 지식, 항아리에 대한 지식, 천에 대한 지식'이라며 각각의 대상마다 이러한 부분화(部分化)를 겪는다. 그것(부분화)은 지식에 존재하는 특수성이 없이는 가능하지 않으므로, 지식이 대상과 '동일한 형태'를 가진다고 필연적으로 받아들여야만 한다. 그리고 이를 받아들이는 경우에, 대상의 형태는 오직 지식(의식)에 의해 내포되기 때문에 외부 대상이 존재한다고 가정하는 것은 무의

243_ 그것은=의식과는 별도로 외부 대상이 존재하는 것은.

244_ 기둥 등의 외부 대상이 가진 성질들을 인식한다고 해서 원자들이 어떠어떠하다고 결정(이해)될 수는 없다. 왜냐하면 원자는 지각 불가능하기 때문이다.

245_ 만약 원자의 집합이 원자들과 다르다면, 원자의 집합은 원자들로 이루어지지 않은 것이 되어버린다. 만약 다르지 않다면, 원자의 집합도 원자처럼 지각 가능하지 않게 된다. 그 경우 원자의 집합인 기둥은 기둥으로 인식될 수 없을 것이다.

246_ 이와 유사한 방식으로 외부 대상이 보편(jāti) 등이라는 것도 논박할 수 있다. 만약 '보편으로서의 기둥'(보편)이 '특수로서의 기둥'(외부 대상)과 다르다면, '보편으로서의 기둥'은 '특수로서의 기둥'과는 별도의 대상이 되어버린다. 만약 다르지 않다면, '보편으로서의 기둥'도 '특수로서의 기둥'이 가지는 특성을 똑같이 가지게 된다. 즉 '특수로서의 기둥'이 원자로 이루어진 것이라면 '보편으로서의 기둥'도 원자로 이루어진 것이어야 한다.

247_ '자각'이라는 말의 원어는 'anubhava'로서 '알아채고 있음, 의식하고 있음'을 뜻한다.

미하다.

더 나아가 '동시적 인식'의 필연성으로부터 대상과 의식 사이에 차이 없음이 생긴다.[248] 왜냐하면 그 둘 가운데 하나에 대한 인식이 없는 경우에 다른 것에 대한 인식도 없기 때문이다.[249] 또한 이것(동시적 인식)은 [양자가] 본질적으로 차이 있는 경우에 합리적이지 않다. 방해하는 이유가 없기 때문이다. 따라서 또한 대상은 존재하지 않는다.[250]

결국 이는 꿈 등에서처럼 이해될 수 있다. 실로 예컨대, 꿈, 마술, 오아시스 신기루, 간다르바의 마을[251] 등에 대한 인식들이 결코 외부 대상이 없이도 인식대상과 인식주체라는 양상들로 나타나듯이, 마찬가지로 심지어 생시(生時)의 영역에 속하는 기둥 등에 대한 인식들도 그러할 수 있다고 알려진다. [양자가] 인식인 것은 한결같기 때문이다.

[반박]: 그렇다면 외부 대상이 존재하지 않는 경우에 어떻게 인식의 다양성이 합당하다는 말인가?

[불교]: 인상(잠재습성)[252]의 다양성 때문이라고 말한다. 왜냐하면 시초를 가지지 않는 윤회에서 씨앗과 새싹처럼 인식들과 인상들이 서로 [번갈아 가며] 원인과 결과가 됨으로써 다양성은 모순되지 않기 때문

248_ 인식에서 '대상'과 '대상에 대한 의식'은 필연적으로 동시적이기 때문에, 그러한 '동시적 인식'(sahopalambha)에 기인하여 대상과 의식은 동일하다고 알려진다.

249_ 예컨대, '푸름'을 아는 것과 별도로 '푸름에 대한 의식'을 알고 있지는 않다. 마찬가지로 '푸름에 대한 의식'을 아는 것과 별도로 '푸름'을 알고 있지는 않다.

250_ 대상과 의식이 본질적으로 차이 있는 경우에는, '하나에 대한 인식이 없는 경우에도 다른 하나에 대한 인식이 있는 것'을 방해하는 그 어떤 이유도 존재하지 않기 때문에, 즉 하나에 대한 인식이 없는 경우에도 충분히 다른 하나에 대한 인식이 있을 수 있기 때문에, 동시적 인식은 합리적이지(가능하지) 않다. 따라서 동시적 인식이 가능하기 위해서는 대상과 의식 사이에 차이가 없어야 한다.

251_ 간다르바의 마을(Gandharva-nagara)=착시 현상에 따라 공중에 존재한다고 믿는 이상적 거주지, 간다르바의 도성(都城) 또는 신기루.

252_ 인상(vāsanā)=마음에 남겨진 인상 즉 잠재습성, 훈습(熏習) 또는 훈(熏).

이다.[253] 더 나아가 연속과 불연속으로부터 인식의 다양성이라는 것이 오직 인상에 기인한다고 알려진다. 꿈 등에서 심지어 '대상이 없이' 인상에 기인하는 인식의 다양성이 있다고, 우리들 양측 모두가 용인하기 때문이다. 반면에 '인상이 없이' 대상에 기인하는 인식의 다양성이 있다고는, 우리가[254] 용인하지 않기 때문이다. 따라서 또한 외부 대상은 존재하지 않는다.

이러한 귀결에서 우리는 말한다. "… 비존재는 … 없다 … 지각되기 때문이다."

[후론]: 외부 대상의 비존재는 실로 확정될 수 없다.

무엇 때문에? [그것은] 지각되기 때문이다. 실로 외부 대상은 '기둥이다, 벽이다, 항아리이다, 천이다'라는 각각의 인식에서 지각된다. 그리고 지각되는 것 그 자체는 비존재가 될 수 없다. 실로 예컨대, 먹고 있는 어떤 자가 먹음으로부터 초래된 만족을 스스로 경험하고 있으면서 '나는 먹고 있지 않고, 또 만족하고 있지 않다.'라며 그와 같이 말할지도 모르듯이, 그와 마찬가지로 감관과의 접촉을 통해 외부 대상을 분명 스스로 지각하면서 '나는 지각하고 있지 않고, 또 그것은 존재하지 않는다.'라고 말한다면, 어떻게 [그] 말을 수용할 수 있을 것이란 말인가!

[불교]: 우리는, '나는 어떤 대상을 지각하지 않는다.'라고 그렇게 말하지 않는 반면에, '나는 지각(의식)과는 별도인 것을 지각하지 않는다.' 라고 말하지 않는가?

[후론]: 물론 그와 같다고 당신은 말한다. 당신 마음대로 말할 자유가

253_ 인상의 다양성과 인식의 다양성이 시초를 가지지 않은 채 서로 번갈아 가며 인과관계를 이룸으로써, '외부 대상의 비존재'와 '인식의 다양성'은 모순되지 않는다.

254_ 우리가=의식론자로서의 불교도가.

있기 때문이다.[255] 그러나 당신은 논증적으로 말하지 않는다. 오직 지각이기 때문에 [지각의] 대상은 다만 '지각과는 별도인 것'이라고, [당신이] 부득이 용인해야만 하는 까닭에서이다.[256] 실로 그 누구도 '기둥이다, 벽이다'라는 지각 자체를 지각하지 않는다. 반면에 모든 보통사람들은, 단지 지각의 대상인 것으로서 '기둥, 벽' 등을 지각한다.[257]

따라서 또한, 바로 그와 같이 모든 보통사람들은, 심지어 외부 대상 자체를 부인하면서도 '내부적인 인식대상의 형태인 것이 외부적인 것처럼 나타난다.'라고 설명하는 자들을 지각한다.[258] 게다가 그들은 모든 사람들에게 잘 알려져 있는 '외부적인 것이 나타나는 인식'을 이해하면서도, 또 외부적인 대상을 부정하고 싶어서 '외부적인 것처럼'이라며 '처럼'이라는 낱말을 사용한다. 실로 그렇지 않으면, 무엇 때문에 그들이 '외부적인 것처럼'이라고 말하겠는가! 왜냐하면 아무도 '비슈누미뜨라는 석녀의 아들처럼 보인다(나타난다).'라고 말하지 않을 것이기 때문이다. 따라서 직각되는 바대로의 실재를 용인하는 자들에게는 '외부적인 것 자체가 나타난다'라고 용인하는 것이 합리적일 뿐, '외부적인

255_ '마음대로 말할 자유가 있음'이라는 표현의 원문은, 글자 그대로 '입(tuṇḍa)에 재갈이 물리지 않음(niraṅkuśa)'이다.

256_ '나는 지각(의식)과는 별도인 것을 지각하지 않는다.'라는 것이 자신의 주장이라고 말하는 불교도에 대한 대답이다. 지각은 바로 그 자체로 직접적인 지각이기 때문에 지각의 대상은 다만 '지각과는 별도인 것'이라고 누구나가 반드시 용인해야만 한다. 따라서 '나는 지각(의식)과는 별도인 것을 지각하지 않는다.'라는 불교도의 주장은 사실 '나는 어떤 대상을 지각하지 않는다.'라는 주장과 다를 바가 없다.

257_ 아무도 '이것은 기둥에 대한 지각이다.'라는 식으로 지각하지는 않는다. 모든 사람들은 '이것은 기둥이다.'라는 식으로 지각한다. 즉 대상에 대한 지각 자체를 지각하지 않고 대상 자체를 지각한다.

258_ 불교의 초기 논리학자인 디그나가(Dignāga)의 주장이다. '지각한다'라는 술어를 사용하는 것은 주석가의 언어유희이다. * Nirnaya에 '~ 자체를 ~ 설명하는 [자들을 지각한다]'(eva vyācakṣate)라는 표현이 등장하는 것과 달리, Samata에는 '그렇게 말하는 [자들을 지각한다]'(evam ācakṣate)라는 표현이 등장한다.

것처럼 나타난다'라고 용인하는 것은 합리적이지 않다.

[불교]: 외부적인 대상의 [존재가] 불가능하기 때문에 '외부적인 것처럼 나타난다'라고 [우리가] 이해했지 않는가?

[후론]: 그것은 온당한 이해가 아니다. 지식수단의 적용 가능성과 적용 불가능성을 기인으로 하여 [대상의 존재] 가능성과 불가능성이 확정되고, 그 반대로 [대상의 존재] 가능성과 불가능성을 기인으로 하여 지식수단의 적용 가능성과 적용 불가능성이 확정되지 않는 까닭에서이다. 실로 지각 등 가운데 다만 어느 한 지식수단을 통해 알려지는 것은 [그 존재가] 가능하다. 반면에 그 어떤 지식수단을 통해서조차 알려지지 않는 것은 [그 존재가] 불가능하다. 실로 이 경우에는, 바로 그 모든 지식수단들을 통해 개별적으로 알려지는 외부적인 대상에 대해, 어떻게 '[원자들과] 다르다는 것, 다르지 않다는 것' 등의 택일(擇一)을 통해 [그 존재가] 불가능하다고 말할 수 있다는 말인가! [외부 대상은] 분명 지각되기 때문이다.[259]

게다가 지식이 대상과 '동일한 형태'를 가진다는 것으로부터 대상의 비존재가 초래되지는 않는다. 대상이 존재하지 않는 경우에 대상과 동일한 형태를 가지는 것이 가능하지 않기 때문이고, 또 대상은 외부적인 것으로 지각되기 때문이다. 바로 이로부터 동시적 인식의 필연성마저, 대상과 인식(의식) 사이에 '수단과 목적의 관계'를 야기할 뿐[260] '차

259_ 불교도는 외부 대상(원자들의 집합)이 원자들과 다르다고도 다르지 않다고도 확정될 수 없기 때문에 존재하지 않는다고 말했다. 하지만 각각의 외부 대상이 모든 지식수단들을 통해 알려지는 이상, 그러한 양자택일(다르다는 것, 다르지 않다는 것)에 근거하여 존재가 불가능하다고 말해서는 안 된다. 외부 대상은 분명 지각되기 때문이다. 이처럼 실로 지식수단의 '적용 가능성'(pravṛtti)을 기인으로 하여 대상의 존재 가능성이 확정된다.

260_ 예컨대, '푸름'이라는 대상은 수단(upāya)이고 '푸름에 대한 의식'이라는 인식(의식)은 목적(upeya)이다. '수단과 목적의 관계'를 '원인과 결과의 관계'로 이해해도 무방하다.

이 없음'을 야기하지는 않는다고 용인해야만 한다.

더 나아가 '항아리에 대한 지식, 천에 대한 지식'이라는 것은, 단지 항아리와 천이라는 한정어들(한정하는 것들) 사이의 차이일 뿐 지식이라는 한정대상(한정되는 것)의 차이가 아니다. 예컨대, '흰 암소, 검은 암소'라는 것은, 단지 흰색과 검은색 사이의 차이일 뿐 암소라는 것의 차이가 아니다. 그리고 양자(兩者)를 통해 일자(一者)의 차이가 실증되고, 또 일자를 통해 양자의 차이가 실증된다. 따라서 대상과 지식(의식) 사이에는 차이가 있다.[261]

'항아리에 대한 관찰(지각), 항아리에 대한 상기(기억)'라는 경우마저 이와 같이 이해되어야만 한다. 왜냐하면 그 경우에도 단지 관찰과 상기라는 한정대상들 사이의 차이일 뿐 항아리라는 한정어의 차이가 아니기 때문이다. 예컨대, '우유의 냄새, 우유의 맛'이라는 것은, 단지 냄새와 맛이라는 한정대상들 사이의 차이일 뿐 우유라는 한정어의 차이가 아니듯이, 그와 마찬가지이다.

더 나아가 소멸되는 '앞서는 시간과 뒤따르는 시간의 두 의식'이 단지 자기인식이면서 각각 인식대상과 인식주체라는 것은 합당하지 않다.[262] 결국 이로부터 자신들의 논서에 담겨 있는 것들, 즉 의식이 차이

261_ '흰색과 검은색'이라는 양자를 통해 차이를 가지지 않는 '암소라는 것'인 일자가 차이를 가진다고 실증된다. 즉 한정어들(흰, 검은)인 양자를 통해 차이를 가지지 않는 한정대상(암소)이 차이를 가진다고 실증된다. 결국 인식(지식)은 대상(항아리, 천)과 다르고, 대상은 인식과 다르다. 인식과는 별도로 대상이 존재하며, 그 대상에 존재하는 특수성이 인식을 한정함으로써 인식에서 차이가 발생한다.

262_ 유식학파에 따르면, 인식의 대상은 내부적이고 그 내부 대상에 대한 주관의 인식을 확인하는 것이 인식의 결과이므로, 인식은 필연적으로 자기인식(svasaṃvedana)이다. 여기서 주석가는, 불교도가 꿈 등에서의 인식처럼 생시에서의 인식마저 외부 대상이 없이도 인식대상(grāhya)과 인식주체(grāhaka)로 나타난다고 주장한 것을 비판한다. 단지 자기인식으로서의 인식인 경우, 그 인식을 이루는 두 의식 가운데 즉 시간적으로 선후관계를 가지며 소멸되는 두

(구분)를 가진다는 주장, 찰나성 등의 법(法)에 대한 주장, 또 개별소여(個別所與)와 공통소여(共通所與), 인상대상(소훈)과 인상주체(능훈)의 관계, 무명의 재난에 따른 좋은 법과 나쁜 법, 속박 · 해탈 등에 대한 주장은 폐기되어야 한다.[263]

더 나아가 이러하다: [기둥에 대한] 의식(인식)이고 [벽에 대한] 의식이라고 용인하는 자는, '기둥'이고 '벽'이라는 이러한 유형의 외부 대상을 무엇 때문에 용인하지 않는지 말해야만 한다.

[불교]: 의식은 알려진다.

[후론]: 외부적인 대상마저 분명 알려진다고 용인하는 것이 합리적이다.

[불교]: 그러면, 의식은 광명을 본질로 하기 때문에 등불처럼 바로 그 자체로 알려지지만, 외부적인 대상마저 그와 같지는 않다.[264]

의식 가운데 어느 하나가 인식대상이 되고 다른 하나가 인식주체가 되는 것은 불가능하다.

263_ ① 의식이 차이(구분)를 가진다는 주장=5식(전5식), 제6식, 제7식, 제8식과 같이 의식들을 구분하는 것. ② 찰나성 등의 법(dharma)에 대한 주장=만물이 찰나성, 공성 등을 가진다는 법을 주장하는 것. ③ 개별소여와 공통소여(svalakṣaṇa, sāmānyalakṣaṇa)=개별소여는 자체에서 특유한 성질을 가지는 것을 가리키며 별상(別相), 자체상(自體相) 등으로 한역된다. 개별소여는 지각과 관계한다. 공통소여는 모든 것에서 공통적인 성질을 가지는 것을 가리키며 공상(共相), 동상(同相) 등으로 한역된다. 공통소여는 추론과 관계한다. ④ 인상대상과 인상주체의 관계(vāsyavāsakatva)=앞서는 인식이 즉 '인상을 전달하는 주체'(vāsaka)가 뒤따르는 인식에 즉 '인상을 전달받는 대상'(vāsya)에 인상을 남기는 것. 인상주체를 능훈(能熏), 인상대상을 소훈(所熏)이라고 부른다. 천의 한 끝에 향기를 묻히면 그 향기가 전달되어 천의 반대쪽 끝에마저 향기가 나게 되듯이, 마찬가지로 기억의 경우에 영구적인 처소(아뜨만)가 없더라도 단지 인상의 연속적인 전달만으로 그것이 가능하고, 또한 업의 전달도 그와 같이 가능하다는 논리이다. ⑤ 무명의 재난에 따른 좋은 법과 나쁜 법=무명이라는 재난의 정도에 따라 '좋은 법'(sad-dharma)이나 '나쁜 법'(asad-dharma)을 가지는 것. 좋은 법과 나쁜 법은 각각 정법(正法)과 비법(非法)으로 이해할 수 있다.

264_ 광명을 본질로 하는 등불이 그 자체로 빛나기 때문에 다른 등불을 필요로 하

[후론]: 당신은 불이 그 자체를 태우는 것과 같이[265] 자기 자체와 관계하는 지극히 모순적인 행위를 용인한다. 반면에 세상에 잘 알려져 있고 모순적이지 않은 것을, 즉 외부 대상이 그 자체와는 구별되는 의식에 의해 알려진다는 것을 원하지 않는다. 위대한 박학다식이 드러나도다!

또한 비록 의식이 대상과는 구별되는 것일지라도 바로 그 자체로 알려지지는 않는다. 자기 자체와 관계하는 행위는 모순에 지나지 않기 때문이다.

[불교]: 의식이 '그 자체와는 구별되는(별도인) 것'에 의해 인식되어야만 하는 경우에,[266] 그것(그 자체와는 구별되는 것)마저 '다른 것'에 의해 인식되어야만 하고, 그것(다른 것)조차 '또 다른 것'에 의해 인식되어야만 하므로, 무한소급이 수반되지 않는가? 더 나아가 지식(의식)은 등불처럼 조명(照明)을 본질로 함으로 말미암아, 다른 지식을 가정하는 경우에 [두 지식의] 동등함으로부터 조명대상(조명되는 것)과 조명주체(조명하는 것)의 관계가 합당하지 않기 때문에, [그러한] 가정은 무의미하다.[267]

[후론]: 이러한 2가지 모두 사실이 아니다. 오직 의식이 파악되는 바

지 않듯이, 광명을 본질로 하는 의식도 그 자체로 알려진다. 하지만 외부적인 대상은 그 자체로 알려지지 않는다.

265_ 주석가는 의식이 의식을 인식한다는 불교도의 주장을, 즉 자기인식을, 불이 불을 태우는 것에 비유한다.

266_ 의식이 그 자체로 알려지지 않음으로써 그 자체와는 구별되는 무언가(의식)에 의해 알려져야만 하는 경우에.

267_ 의식은 다른 의식이 없이도 그 자체로 알려진다. 만약 의식과는 구별되는 또 다른 의식을 가정한다면, 그 두 의식이 동등함으로 말미암아 두 의식 사이에 인식대상(조명대상)과 인식주체(조명주체)의 관계가 불가능하기 때문이다. 마치 동등한 두 개의 등불 사이에 조명대상과 조명주체의 관계가 불가능한 것과 같다.

로 그 경우에 '의식의 관찰자'를 파악하려고 요청하는 일이 생기지 않음으로 말미암아, 무한소급이라고 의심하는 것은 합당하지 않기 때문이다.[268] 또한 관찰자와 인식의 본질이 상이함으로 말미암아 인식주체와 인식대상의 관계가 합당하기 때문이다. 그리고 자증적(自證的)인 관찰자는 부정될 수 없기 때문이다.

더 나아가 이러하다: [당신은] 등불처럼 다른 조명주체에 의존하지 않는 의식이 바로 그 자체로 발현한다고 말함으로써, 의식은 지식수단을 통해 알려질 수 없고 지식주체를 가지지 않는다고 말한 셈이 될 것이다. [이는] 바위 덩어리들의 가운데에 놓인 천 개의 등불이 발현하는 것과 같다.[269]

[불교]: 정말 그와 같다. 결국 의식은 직각의 형태이기 때문에 우리들이 원하는 입장에 당신은 동의한다.[270]

[후론]: 아니다. 눈을 수단으로 가지는 다른 지식주체가 등불 등을 발현하는 것이 관찰되기 때문이다. 따라서 의식마저 조명대상인 것은 한결같기 때문에, 오직 다른 지식주체가 존재하는 경우에만 등불처럼 [의식이] 발현한다고 이해된다.[271]

268_ 여기서 주석가가 설명하는 바는 순전히 베단따의 가르침이다. '대상'과 '대상에 대한 인식'이 있는 경우에 '관찰자(sākṣin)로서의 아뜨만' 즉 '최종적인 의식'에 의해 그것들이 조명되므로, 한 번 의식(관찰자)이 파악되는 경우에 또 다른 의식을 파악할 필요가 없음으로 말미암아 무한소급의 결함은 결코 발생하지 않는다.

269_ 만약 의식이 등불처럼 조명(광명)을 본질로 하기 때문에 다른 것에 의존하지 않은 채 그 자체로 빛난다면, 첫째로 의식은 지식수단을 통해 알려질 수 없고, 둘째로 의식은 지식주체(avagantṛka)를 가지지 않는다. 그 경우에 의식은 마치 엄청난 수의 바위들이 둘러싼 곳에서 알려지지 않은 채 덧없이 빛을 뿜어대고 있는 천 개의 등불과 같다.

270_ 의식이 '직각(anubhava)의 형태'라는 우리의 주장에 즉 의식이 '다른 것에 의존하지 않는 것'이라는 우리의 주장에, 당신도 동의하지 않는가?

271_ 눈 등의 감관을 수단으로 가지는 다른 지식주체라는 것은, '눈 등의 감관과 관

[불교]: 관찰자인 지식주체의 자증성을 [당신이] 암시함으로써, '의식이 그 자체로 발현한다.'라는 바로 그러한 우리의 입장을, 당신은 언어 사용의 차이를 통해 수용한다.

[후론]: 아니다. [당신은] 의식이 생성 · 소멸 · 다수성(多數性) 등의 특징을 가진다고 용인하기 때문이다.

그러므로 등불처럼 의식마저 [그 자체와는] 별도인 것에 의해 알려져야만 한다고 우리는 증명했다.‖28‖

29. 또한, [만약 꿈 등에서의 인식과 같이 생시에서의 인식도 외부 대상이 없이 나타날 것이라고 한다면], 꿈 등에서의 [인식과] 달리 [생시에서의 인식은 외부 대상이 없이 나타날 수] 없다; [꿈과 생시 사이의] 상이한 특성 때문이다.

vaidharmyāc ca na svapnādivat ‖29‖

꿈 등에서의 인식과 같이 심지어 생시의 영역에 속하는 기둥 등에 대한 인식들이, [양자가] 인식인 것은 한결같기 때문에, 결코 외부적인 대상이 없이도 나타날 것이라고 외부 대상을 부정하는 자가 주장한 것은 논박되어야만 한다.

이에 대하여 말한다.

꿈 등에서의 인식과 달리 생시에서의 인식들은 [외부 대상이 없이] 나타날 수 없다.

계하는 의식'을 수단으로 하면서 그것과는 별도로 존재하는 다른 의식을 가리킨다. 그 다른 지식주체는 아뜨만이다. 이 아뜨만이 등불 등의 모든 대상들을 발현한다고 즉 비춘다고 이 세상에서는 경험된다. 결과적으로 불교에서는 감관과 관계하는 의식이 조명주체이지만, 베단따에서는 그러한 의식마저도 직각의 형태가 아닌 것으로서 조명대상에 불과하다.

무엇 때문에? 상이한 특성 때문이다. 실로 꿈과 생시 사이에는 상이한 특성이 있다.

[불교]: 그렇다면 무엇이 상이한 특성인가?

[후론]: 지양과 지양되지 않음이라고 우리는 말한다. 실로 꿈에서 지각된 사물은 깨어난 자에게 '위대한 사람과 만나는 것을 나는 거짓으로 지각했다. 실로 내가 위대한 사람을 만난 것은 아니며, 다만 내 마음이 잠에 의해 무력하게 되었고, 그로부터 이러한 착오가 생겼다.'라며 지양된다. 마찬가지로 마술 등에서도 각각에 걸맞게 지양이 일어난다. 그와 달리 생시에서 지각된 기둥 등의 사물은 그 어떤 상태에서도 지양되지 않는다.

더 나아가 꿈에서 보는 그것은 기억이다. 반면에 생시에서 보는 것은 지각이다. 그리고 기억과 지각의 명백한 차이는, '사랑스러운 아들을, 나는 기억하지만 보지는(지각하지는) 못하고, 보기를(지각하기를) 원한다.'에서와 [같이, 각각] '대상과의 분리'와 '대상과의 결합'을[272] 본질로 한다고 그 자체로 알려진다. 그래서 이와 같을 경우에, 양자의 차이를 그 자체로 아는 자는 생시에서의 지각이 [분명] 지각이기 때문에 꿈에서의 지각처럼 거짓이라고 말할 수 없다. 그리고 지적(知的)이라고 간주하는 자들이 스스로의 경험을 부정하는 것은 합리적이지 않다.

더 나아가 경험과의 모순이 수반됨으로 말미암아 생시에서의 인식들이 그 자체로 근거가 없다고 말할 수 없는 자는, 꿈에서의 인식과 유사하기 때문이라고 말하기를 원한다.[273] 하지만 그 자체로 '어떤 것'에

272_ 대상과의 분리(viprayoga)와 대상과의 결합(saṃprayoga)을=대상이 존재하지 않는 것과 대상이 존재하는 것을.

273_ 불교도가 생시에서의 인식들이 '그 자체로' 근거가 없다고 말한다면, 그는 스스로 경험하는 것과 모순되는 발언을 하게 된다. 그래서 불교도는 그러하다고 말하지 않는다. 그 대신에 '생시에서의 인식이 꿈에서의 인식과 유사하기 때문에' 생시에서의 인식들이 근거가 없다고 말한다.

적합하지 않은 특성은, [단지] '다른 것'과 유사하다고 해서 '어떤 것'에 적합하지는 않을 것이다. 예를 들어, '뜨거움'으로 경험되는 불이 물과 유사하다고 해서 '차가움'이 되지는 않을 것이다.[274]

한편 꿈과 생시 사이의 상이한 특성을 [우리는 앞서] 증명했다.‖29‖

30. [만약 대상이 없이도 인식의 다양성이 인상의 다양성을 통해 가능하다고 한다면, 다양한 인상들이] 존재(발생)하는 것은 [가능하지] 않다; [의식론자의 입장에서는 외부적인 대상들이] 지각되지 않기 때문이다.

na bhāvo 'nupalabdheḥ ‖30‖

그리고 심지어 대상이 없이도 지식(인식)의 다양성이 오직 인상의 다양성을 통해 가능하다고 주장한 것은 논박되어야만 한다.

이에 대하여 말한다.

인상들이 존재(발생)하는 것은 가능하지 않다. 당신의 입장에서는 외부적인 대상들이 지각되지 않기 때문이다. 실로 대상에 대한 지각에 기인하여 각각의 대상마다 가지각색의 인상들이 발생한다. 반면에 대상들이 지각되지 않는 경우, 무엇에 기인하여 다양한 인상들이 발생할 것인가?

[인상들이] 시초를 가지지 않는 경우마저도,[275] 장님들의 행렬이라는 금언에 따라 한갓 무익한 무한소급은 [모든] 경험작용을 끝장나게 할

274_ 바꿔 말해서, 그 자체로 '불'(어떤 것)에 적합하지 않은 특성인 '차가움'은, 단지 불이 '물'(다른 것)과 유사하다고 해서 즉 예컨대 불과 물이 공히 원소라고 해서, 뜨거운 '불'(어떤 것)에 적합하지는 않을 것이다.

275_ 시초를 가지지 않는 윤회에서 씨앗과 새싹처럼 시초를 가지지 않는 인식들과 인상들이 서로 번갈아 가며 원인과 결과가 되는 경우마저도.

것이며, [당신의] 소견은 확립되지 않을 것이다.[276] 이와 같을 경우에, '그러한 모든 지식(인식)은 단지 인상에 기인할 뿐 대상에 기인하지 않는다.'라며 대상을 부정하는 자가 제시한 연속과 불연속조차도 논박되는 것을 알 수 있다. 대상에 대한 지각이 없이 인상은 가능하지 않기 때문이다.[277] 더 나아가 심지어 인상들이 없이도 대상에 대한 지각이 허용되기 때문에, 반면에 대상에 대한 지각이 없이는 인상의 발생이 용인되지 않기 때문에, 연속과 불연속마저도 오직 대상이 존재한다는 것을 정초한다.[278]

더 나아가 '인상들'이라고 불리는 것은 일종의 잠재인상(형성된 것)들이다. 그리고 잠재인상들은 소재지(처소)가 없이는 [그 존재가] 가능하지 않다. 이 세상에서 그와 같이 살펴지기 때문이다. 하지만 당신의 [교의에는] 그 어떤 '인상의 소재지'도 없다. 지식수단으로부터 알려지지 않기 때문이다.[279]‖30‖

276_ 인상의 다양성이 대상에 대한 지각과는 무관하게 발생한다는 불교도의 소견은 시초가 없다는 것을 가정한다고 해도 결코 증명되지 않을 것이다.

277_ 불교도가 앞서 제시한 연속과 불연속의 방법은 다음과 같다: ① 대상이 없고 인상이 있으면 인식의 다양성이 있다. ② 인상이 없고 대상이 있으면 인식의 다양성이 없다. 이는 또 다시 다음과 같이 풀이될 수 있다: ① 인상이 있으면 인식(인식의 다양성)이 있다. ② 인상이 없으면 인식이 없다. ③ 대상이 있으면 인식이 없다. ④ 대상이 없으면 인식이 있다. 그런데 대상에 대한 지각이 없이 인상은 가능하지 않기 때문에 이 논증은 자연스럽게 논박된다.

278_ 불교도가 제시한 '연속과 불연속의 방법'과는 다른 형태의 '연속과 불연속의 방법'을 통해 도리어 대상이 존재한다는 것을 증명할 수 있다: ① 대상(대상에 대한 지각)이 있으면 인상(인상의 발생)이 있다. ② 대상이 없으면 인상이 없다. ③ 인상이 있으면 대상이 없다. ④ 인상이 없으면 대상이 있다. 주석가가 여기서 "인상들이 없이도 대상에 대한 지각이 허용되기 때문"이라고 말하는 것은 ④에 해당된다. "대상에 대한 지각이 없이는 인상의 발생이 용인되지 않기 때문"이라고 말하는 것은 ②에 해당된다.

279_ 인상의 소재지(āśraya)가 지식수단으로부터 알려지지 않기 때문에 인상의 소재지는 전혀 존재하지 않는다. 알라야식(ālaya-vijñāna)이 인상의 처소일 수 없다는 것은 다음 수뜨라에서 밝힐 예정이다.

31. 또한, [비록 잠재인상들이 존재하는 데 소재지가 필요함으로써 알라야식이 인상의 소재지로서 추정될지라도], 찰나성이라는 [주장으로] 말미암아 [그것은 지속적이지 않은 고유성 때문에 인상들의 거처가 될 수 없다].

kṣaṇikatvāc ca ‖31‖

비록 '알라야식(識)'이라고 불리는 것이 인상의 소재지로서 추정될지라도, 여전히 찰나성이라는 주장으로 말미암아 [그것은] 지속적이지 않은 고유성을 가지기 때문에 전식(轉識)[280]처럼 인상들의 거처가 될 수 없다. 왜냐하면 3가지 시간들과 연계되는 하나의 연속체가 혹은 불변하는 '모든 대상의 주시자(注視者)'가 존재하지 않는 경우, '공간 · 시간 · 계기에 의존하는 인상'에 종속되는 기억, 회상(재인식) 등의 경험작용은 가능하지 않기 때문이다. 반면에 알라야식이 지속적인 고유성을 가지는 경우에는 [불교도의] 정설이 폐기된다.

더 나아가[281] 의식론에서마저 '찰나성'을 주장하는 것은 공통적이기 때문에, 외계 실재론에서 '찰나성'을 [주장하는 것과] 결부시켜 "또한 [찰나 소멸론자들은] 뒤따르는 [찰나가] 생성될 때 앞서는 [찰나가] 소멸된다는 것을 [가정하지만 그 가정을 통해 찰나 사이에 인과관계가 이루어질 수 없기] 때문에, [무명 등은 발생 그 자체의 원인으로도 가능하지 않다]; [따라서 불교도의 교의는 조리에 닿지 않는다]."〈수뜨라 2.2.20〉라고 이렇게 운운하며 [우리가] 제기한 결함들은, 이 경우에도 덧붙여져야만 한다.

이렇게 하여 외계 실재론자의 입장과 의식론자의 입장, 즉 절멸론의

280_ 전식(pravṛtti-vijñāna)=잠재된 종자를 가지는 알라야식이 전변을 통해 현상된 모든 식들, 즉 외부 대상의 형태를 가지는 식들.

281_ 수뜨라에 대한 다른 해석을 제시한다.

이러한 두 입장을 모두 논박했다.

한편, 공성론자의 입장은 모든 지식수단들과 모순되므로 그것을 논박하기 위해 노력을 기울이지 않는다. 실로 다른(새로운) 진리를 얻지 못한 채로는, 모든 지식수단들을 통해 확립된 세상의 그러한 경험작용을 부인할 수 없다. 예외가 없는 경우에 원칙은 확립된 것으로 [존재하기] 때문이다.[282] ‖31‖

32. 또한 [절멸론자의 교의는] 모든 면에서 [검토하면 할수록 그 어떤] 합당함도 없기 때문에, [지선을 바라는 자들은 모든 면에서 그 교의를 무시해야만 한다].

sarvathānupapatteś ca ‖32‖

더 이상 말해서 무엇 하랴! 이 절멸론자의 교의가 합당함을 가지는지 모든 측면으로 검토하면 할수록, 모래땅의 우물과 같이 부서지고 부서질 뿐이다. 그곳에서 우리는 그 어떤 합당함조차도 보지 못한다. 따라서 또한, 절멸론자의 지식체계를 실천하는 것은 합당하지 못하다.

더 나아가 외계 실재론, 의식론, 공성론이라는 상호 모순적인 3가지를 가르침으로써 수가따 스스로가 실없는 언사를 한 것은 명백하게 된다. 혹은 [수가따 스스로가] '모순적인 것을 취함으로써 이 사람들이 당혹스러워 할 것이다.'라는 [식으로] 사람들을 혐오한 것은 [명백하게 된다].

수가따의 이러한 교의를, 지선(至善)을 바라는 자들은 그저 모든 면

282_ 공성론자는 새로운 진리를 제시하지 못한 채로 이미 확립되어 있는 세상의 경험작용을 부인할 수 없다. 지식수단들을 통해 확립된 경험작용에서 예외가 없는 이상, 즉 새로운 진리가 제시되지 않은 이상, 그 경험작용의 정당성은 결코 훼손되지 않기 때문이다.

에서 무시해야만 한다는 것이, [수뜨라 저자의] 의도이다. ‖32‖

{ 6. '동일자에서 불가능함'이라는 주제: 수뜨라 33-36 }

33. [자이나교도의 주장은 합리적이지] 않다; 동일자(同一者)에서 [모순적 속성들이 공존하는 것은] 불가능하기 때문이다.

naikasminn asaṃbhavāt ‖33‖

수가따(붓다)의 교의를 논파했다. 이제는 나체주의자(자이나교도)[283]의 교의를 논파한다.

실로 그들은 '영혼, 비(非)영혼, 추동(推動), 제어, 소멸, 속박, 해탈'[284]이라는 이름의 7범주들을 승인한다. 하지만 간략하게는 '영혼, 비영혼'이라고 불리는 2범주들에 불과하다. 나머지는 바로 이 둘에 적절하게 포함되기 때문이라고 그들은 생각한다. 그들은 이 둘을 '5가지 연장(延長)을 가지는 것'이라는 이름으로 그렇게 부르면서 다르게 상술하기도

283_ '나체(裸體)주의자'(vivasana)란 글자 그대로 '옷을 벗은 자'를 의미한다. 자이나교의 승려들은 교단의 형성 초기에 옷을 입지 않은 채 나체로 지낸다. 그러다가 후대에 흰옷을 입은 무리들이 갈라져 나감으로써 2개의 부파로 나뉘게 된다.

284_ ① 영혼(jīva)=물질 · 육체의 안에 존재하는 생명력. ② 비영혼(ajīva)=물질, 운동, 정지, 공간, 시간. ③ 추동(āsrava)=영혼이 외부적 대상을 향하게끔 하는 감관의 작용. 추동으로 말미암아 업의 형태이자 비영혼인 미세한 물질이 영혼에 유입됨으로써 속박이 일어난다. 영혼의 측면에서 '유입'이라고도 부른다. ④ 제어(saṃvara)=추동을 제어하거나 물질의 유입을 차단하는 것. ⑤ 소멸(nirjara, nirjarā)=업의 물질이 닳아서 없어지는 것. ⑥ 속박(bandha)=업에 의해 영혼의 청정한 본질이 오염되는 것. ⑦ 해탈(mokṣa)=영혼이 물질로부터 해방되는 것, 영혼이 본성을 되찾아 상승하는 것.

한다. [그 5가지는] '영혼으로서 연장을 가지는 것, 물질로서 연장을 가지는 것, 운동으로서 연장을 가지는 것, 정지로서 연장을 가지는 것, 공간으로서 연장을 가지는 것'이다.[285] 심지어 이러한 모든 것들에 대해서도, 그들은 자신들의 교의 속에서 형성된 '수많은 종류의 부차적인 구분들'을 전한다.

게다가 모든 경우에 '일곱 형식의 판단'[286]이라고 불리는 그러한 논리를 통용시킨다. [그것은] '어쩌면 존재한다, 어쩌면 존재하지 않는다, 어쩌면 존재하고 또 존재하지 않는다, 어쩌면 말할 수 없다, 어쩌면 존재하고 또 말할 수 없다, 어쩌면 존재하지 않고 또 말할 수 없다, 어쩌면 존재하고 또 존재하지 않고 또 말할 수 없다.'이다.[287] 바로 이와 같이 동일성 · 영원성 등에마저 그러한 일곱 형식의 판단을 적용한다.

이에 대하여 우리는 말한다.

[후론]: 그러한 주장은 합리적이지 않다.

285_ 자이나교에서는 실체를 '영혼'과 '비영혼'으로 분류하면서 또 '연장을 가지는 것'(astikāya)과 '연장을 가지지 않는 것'으로 분류한다. 영혼(1개)과 비영혼(5개)이라는 실체들 가운데 오직 시간이라는 실체만이 연장을 가지지 않는다. 그래서 시간은 연장을 가지는 실체 5가지에 즉 '5가지 연장을 가지는 것'에 포함되지 않는다. 물질(pudgala)=원자들의 결합으로 이루어진 몸체. 운동, 정지(dharma, adharma)=운동을 가능하게 하는 조건으로서의 실체, 정지를 가능하게 하는 조건으로서의 실체.

286_ 일곱 형식의 판단(saptabhaṅgīnaya)=일곱 개의 형식(논식)으로 이루어진 부분적이고 편향적인 판단(관점).

287_ 일곱 형식의 판단은 '어쩌면'(syāt)이라는 이론(vāda) 즉 '스야드바다'(syādvāda)라고 불린다. '어쩌면'이라는 것은 '부분적으로, 어떤 관점에서, 상대적으로'라는 뜻이기에, '스야드바다'는 상대주의적 지식론을 암시한다. 일곱 형식 가운데 ① '어쩌면 존재한다.'는 상크야의 주장이고, ② '어쩌면 존재하지 않는다.'는 중관학파의 주장이고, ③ '어쩌면 존재하고 또 존재하지 않는다.'는 느야야 · 바이셰쉬까의 주장이고, ④ '어쩌면 말할 수 없다.'는 베단따의 주장이라고 한다. ⑤ '어쩌면 존재하고 또 말할 수 없다.'는 ①과 ④의 결합이고, ⑥ '어쩌면 존재하지 않고 또 말할 수 없다.'는 ②와 ④의 결합이고, ⑦ '어쩌면 존재하고 또 존재하지 않고 또 말할 수 없다.'는 ③과 ④의 결합이다.

어떤 근거에서? 동일자에서 불가능하기 때문이다. 실로 동일한 본체에서 '존재함', '존재하지 않음' 등의 모순적 속성들이 동시에 공존하는 것은 '차가움', '뜨거움'처럼 가능하지 않다. 그렇게 많고 또 그러한 특성을 가진다고 확정된 그 7범주들은, '바로 그와 같아야 하거나 결코 그와 같지 않아야 한다.' 그렇지 않으면, 실로 '그와 같을지도 모르거나 그와 같지 않을지도 모른다.'라는 불확정적인 형태의 지식이란, 의심스러운 지식처럼 결코 타당하지 않을 것이다.

[자이나]: '대상(사물)은 다양한 본질을 가진다.'라는 오직 확정적인 형태로 발생하는 지식은 의심스러운 지식과 달리 타당할 수 있지 않는가?[288]

[후론]: 아니라고 우리는 대답한다. 왜냐하면 모든 대상들에 대해 무제한의 다면성(多面性)[289]을 주장하는 자에게는, '확정'마저 대상이라는 것은 한결같기에 '어쩌면 존재한다, 어쩌면 존재하지 않는다.'라는 등의 택일(擇一)에 봉착함으로 말미암아 [그것마저] 그저 불확정을 본질로 하게 될 것이기 때문이다.[290] 마찬가지로 확정주체와 확정결과도 '어쩌면 한편으로 존재하고 또 어쩌면 다른 한편으로 존재하지 않는다.'

288_ 대상(사물)이 어쩌면 이러이러할지도 모르고 어쩌면 이러이러하지 않을지도 모른다는 형태의 지식은, 대상이 다양한 본질을 가진다는 것을 의도한다. 예컨대, 영혼이라는 범주에 관해 일곱 형식의 판단을 적용하는 것은 영혼이 다양한 본질을 가진다는 것을 의도한다. 따라서 '대상은 다양한 본질을 가진다.'라는 지식 자체는 확정적이다.

289_ 다면성(anekāntatva)='하나이고 다수임', '영원하고 무상함', '불변함과 변화함' 등 실재가 가지는 다원적 특성. 모든 대상들이 다면적인 특성을 가진다고 용인하는 자이나교의 실재론을 '다면주의'(anekānta-vāda)라고 부르며, 이것이 인식론에 적용되어 상대주의를 낳는다.

290_ 자이나교도의 논리에는 확정(nirdhāraṇa)조차도 불가능하다. 확정마저도 대상이기 때문에 다른 대상들처럼 일곱 형식의 판단 가운데 어느 하나에 귀착될 것이고, 그에 따라 확정 자체가 불확정을 본질로 하게 될 것이다.

이러한 사정에서, 지식수단 · 지식대상 · 지식주체 · 지식이 불확정적인 경우에, 어떻게 권위 있는 존재인 자이나 성자가 교훈을 줄 수 있을 것이란 말인가! 혹은, 그가 가르친 내용이 불확정적인 형태인 경우에, 어떻게 그의 소신을 따르는 자들이 처신할 것이란 말인가! 왜냐하면 모든 사람들은 확실한 결과가 있다고 확정되어 있는 경우에 그 성취수단을 실행하기 위해 서슴없이 움직일 뿐, 그렇지 않은 경우에는 움직이지 않기 때문이다. 따라서 또한 불확정적인 내용으로 창작된 [자이나] 교서는, 미친 자나 술 취한 자의 [말과] 같이 수용될 수 없는 말들일 것이다.

마찬가지로 5가지의 '연장을 가지는 것들'에 대해서도 '수(數)가 다섯이다, 혹은 다섯이 아니다.'라고 선택적이 됨으로써, 먼저 한 입장에서는 그러할 것이지만 다른 입장에서는 그러하지 않을 것이므로, 그로부터 그 이하의 수가 있거나 그 이상의 수가 있다는 결말이 생길 것이다. 또한 그러한 범주들에 대해 '말할 수 없다'라는 것은 적합하지 않다. 만약 말할 수 없는 것들이라면 말할 수가 없다. [그것들에 대해] '말하고' 또 '말할 수 없다'는 것은 이율배반적이다.[291] 게다가 [그것들에 대해] 말한다면, 바로 그와 같이 확정되거나 또 확정되지 않는다.[292] 그리고 그것들을 확정한 결과인 참된 지식은 존재하거나 또 존재하지 않는다. 마찬가지로 그것(참된 지식)과 상반되는 거짓된 지식[293]마저 존재하거나 또 존재하지 않는다. [결국] 이렇게 언급하는 자는, 한갓 미치거나 술 취한 부류에 속할 뿐 신뢰할 수 있는 부류에 속할 수 없다.

291_ 이러저러하다고 이미 '말하고' 있는 범주들에 대해 또다시 '말할 수 없다'라고 하는 것은 이율배반적이다.

292_ 그것들에 대해 말한다고 해도 그렇게 말한 것이 확정되거나 확정되지 않는 선택적 상황에 빠진다.

293_ '거짓된 지식'(asamyagdarśana)이란 범주들을 확정하지 못한 것에 따른 결과이다.

더욱이 천국이나 지고선(해탈)에 대해 '한편으로 존재하고 또 다른 한편으로 존재하지 않으며' 또한 '한편으로 영원하고 또 다른 한편으로 영원하지 않다.'라며 불확정적인 경우에, [그것들을 향해] 나아가는 것은 합당하지 않다. 그리고 자신들의 교서에서 '영원히 확립된 영혼 등'이 가지는 본질들이라고 확정된 것은, 확정된 바대로의 본질들이 아니라는 부조리한 결말이 생긴다. 그래서 영혼 등이라는 범주들의 경우에, '존재함'이라는 하나가 속성인 경우에 '존재하지 않음'이라는 다른 속성이 불가능함으로 말미암아, 또한 마찬가지로 '존재하지 않음'이라는 하나가 속성인 경우에 '존재함'이라는 다른 속성이 불가능함으로 말미암아 동일한 본체에서 '존재함'과 '존재하지 않음'이라는 모순적인 속성들이 불가능하기 때문에, 이러한 자이나의 교의는 부적당하다.

이로써 '하나이고 다수임', '영원하고 무상함', '분리되고 분리되지 않음' 등의 다면성에 대한 주장들은 논박되었다고 간주할 수 있다.

한편, '뿌드갈라'라는 이름의 원자들로부터[294] 집합들이 산출된다고 그들이 생각하는 것은, 바로 이전의 '원자론[295]에 대한 논박'을 통해 부인되고 만다. 이로부터 그것을 별도로 논박하기 위해 힘쓰지 않는다. ‖33‖

34. 또한, [스야드바다에 대해 동일한 본체에서 모순적 속성들이 불가능하다는 결함이 수반되듯이], 마찬가지로 아뜨만(영혼)에 대해서도 '충만하지 못함'이라는 [다른 결함이 수반된다].

evaṃ cātmā 'kārtsnyam ‖34‖

294_ 여기서 주석가는 '뿌드갈라'(pudgala)라는 말을 통해 '원자들의 결합인 물질'을 지시하지 않고 '원자 그 자체'를 지시한다.

295_ 원자론=바이셰쉬까의 '단원자 원인론'.

스야드바다(일곱 형식의 판단)에 대해 동일한 본체에서 모순적 속성들이 불가능하다는 결함이 수반되듯이, 마찬가지로 아뜨만 즉 영혼에 대해서도 '충만하지 못함'[296]이라는 다른 결함이 수반될 것이다.

어떻게? 왜냐하면 영혼은 육체를 부피로 가지는 것이라고 자이나교도들이 생각하기 때문이다. 또한 육체를 부피로 가지고 있는 경우에 아뜨만은 충만하지 못하므로 즉 편재하지 않고 제한적이므로, 그로부터 항아리 등처럼 아뜨만의 무상함이 수반될 것이다. 그리고 육체들은 고정되지 않은 부피를 가지기 때문에, 인간의 영혼은 인간 육체의 부피를 가지게 된 뒤에 또다시 그 어떤 [과거] 행위의 과보(果報)에 따라 코끼리로 태어나게 되면서 코끼리 육체 전체를 가득 채우지 못할 것이다. 또한 개미로 태어나게 되면서 [인간의 영혼] 전체가 개미 육체에 담기지 못할 것이다. 심지어 하나의 생애에서 유년 · 청년 · 노년인 경우에도 이러한 결함은 똑같다.[297]

[자이나]: 이러할 수도 있다. 영혼은 무한한 부분들을 가지며, 그것의 바로 그러한 부분들이 작은 육체에서 축소될 것이고 큰 육체에서 확장될 것이다.

[후론]: 그렇다면 '영혼의 그 무한한 부분들이 같은 장소에 있는 것'이 거부되는지 혹은 거부되지 않는지 말해야만 한다. 먼저 거부되는 경우에, 무한한 부분들은 제한된 장소에 담기지 못할 것이다.[298] 거부되지 않는 경우에도, 하나의 부분이 장소일 수 있음으로 말미암아 모든 부

296_ 충만하지 못함(akārtsnyam)=① 아뜨만(영혼)이 편재하지 않고 제한적임, ② 인간 육체의 부피를 가지게 된 인간의 영혼이 다른 생명체의 육체 전체를 가득 채우지 못하거나 그 육체에 완전히 담기지 못함.

297_ 한 인간의 유년기 · 청년기 · 노년기에 따라 육체의 부피가 달라지기 때문이다.

298_ 영혼의 무한한 부분(avayava)들이 같은 장소(deśa)에 있지 않은 경우, 즉 무수한 장소에 있는 경우, 그 무한한 부분들이 제한된(작은) 육체에 담기지는 못한다.

분들이 가지는 크기가 합당하지 않기 때문에, 영혼이 극미체(極微體, 지극히 미세한 것)라는 부조리한 결말이 생길 것이다.[299] 더 나아가 육체의 크기에 의해 제한된 영혼의 부분들이 무한하다는 것은 상상조차 할 수 없다.‖34‖

이제 만약 '번갈아 가며, 큰 육체를 취할 때에는 영혼의 어떤 부분들이 진입하고, 또 작은 육체를 취할 때에는 어떤 부분들이 이탈한다.'라고 말한다면, 이에 대해서도 [수뜨라 저자는] 대답한다.

35. 또한, [만약 번갈아 가며 영혼의 부분들이 진입하고 이탈한다고 한다면], 심지어 번갈아 가며 [진입하고 이탈하는 것을 통해서도 '영혼이 육체를 부피로 가지는 것'에] 모순이 없지는 않다; 변형 등의 [결함이 수반되기] 때문이다.

na ca paryāyād apy avirodho vikārādibhyaḥ ‖35‖

또한 '심지어 번갈아 가며 부분들이 진입하고 이탈하는 것'을 통해서도 '영혼이 육체를 부피로 가지는 것'이 모순 없이 제시될 수는 없다.

어떤 근거에서? 변형 등의 결함이 수반되기 때문이다. 실로 먼저 부분들의 진입과 이탈을 통해 끊임없이 채워지고 또 비워지는 영혼이 변형을 겪는 것을 피할 수 없고, 또 변형을 겪는 경우에 가죽 등처럼[300] 무상함이 수반될 것이다. 이로부터 또한, 속박과 해탈에 대한 주장이

299_ 영혼의 무한한 부분들이 같은 장소에 있는 경우, 즉 하나의 장소에 있는 경우, 영혼이 가지는 하나의 부분도 장소일 수 있으므로 모든 부분들이 그 하나의 부분을 장소로 삼는다. 그렇게 되면 모든 부분들이 가지는 크기(prathiman) 즉 부피는 고려될 필요가 없기 때문에, 영혼은 그 하나의 부분과 같은 크기를 가지는 극미체(aṇumātra)가 되고 만다.

300_ 덥거나 춥거나 습하거나 건조한 날씨의 변화에 따라 가죽은 변형을 겪는다.

즉 8가지 업[301]에 에워싸여 호리병박처럼 윤회의 바다에 가라앉은 영혼이 속박을 잘라냄으로써 떠오르게 된다는 주장이 훼손될 것이다.

더 나아가 이러하다: 또한 오고 가는 부분들은, 실로 '옴'과 '감'이라는 속성들을 가지기 때문에, 육체 등이 [아뜨만이 아닌] 것처럼 아뜨만(영혼)이 아니다. 이로부터 또한, 고정적인[302] 어떤 부분이 아뜨만으로서 존재할지도 모른다. 하지만 '이것이 그것이다'라며 그것(어떤 부분)이 확정될 수는 없다.[303]

더 나아가 이러하다: 또한 영혼의 그 '오는 부분들'은 어디로부터 나타나고, '가는 부분들'은 과연 어디로 사라지는지 말해야만 한다. 실로 원소들로부터 나타나지 않을 것이고, 원소들로 사라지지 않을 것이다. 영혼은 원소로 이루어지지 않은 것이기 때문이다. 더욱이 영혼의 부분들이 공통적이거나 개별적인 다른 어떤 거처(저장소)를 가진다고 확정되지는 않는다.[304] 증거(증명수단)가 없기 때문이다.

더 나아가 이러하다: 또한 그와 같을 경우에[305] 아뜨만은 불명확한 '자체의 형태'를 가질 것이다. 오고 가는 부분들이 확고하지 않은 부피를 가지기 때문이다.

따라서 이렇게 운운되는 결함이 수반되기 때문에, 아뜨만의 경우에 '심지어 번갈아 가며 부분들이 진입하고 이탈하는 것'마저 견지될 수 없다.

301_ 8가지 업=육체, 영혼, 실재, 해탈 등에 관한 8가지 잘못된 지식이나 신념.

302_ 고정적인=오고 가는 부분들과는 다른, 지속적인.

303_ 진입하고(오고) 이탈하는(가는) 부분들과는 별도로 고정적 · 지속적으로 남아 있는 어떤 부분이 아뜨만(영혼)으로 존재한다고 주장하더라도, 어느 부분(이것)이 그 부분(그것)인지 확정될 수는 없다.

304_ 오고 또 가는 '영혼의 부분들'이 머무르는 거처가 별도로 존재한다고 확인되지 않는다.

305_ 그와 같을 경우에=영혼의 부분들이 번갈아 가며 진입하고 이탈할 경우에.

[수뜨라에 대한] 또 다른 해설이다. 앞선 수뜨라에서[306] '육체를 부피로 가지는 아뜨만이 증가되고 감소되는 다른 육체를 취할 때 충만하지 못함이 수반되는 것'을 통해 [아뜨만의] 무상함이 제기되었다. 그 경우 또 다시 [자이나교도들은] 의문을 제기한다. 비록 번갈아 가며 부피가 변할지라도, [강물은 변하지만] 강물의 흐름이 영원하다는 논리에 따라, 아뜨만의 영원성은 가능하다. 예컨대 의식은 변하더라도 그것(의식)의 흐름이 영원하다는 불교의 승려[307]들처럼, 나체주의자들(우리들)도 그와 마찬가지이다. [그에 대하여] 이 수뜨라는 답변을 준다. 먼저 흐름이 비실재인 경우에 비(非)본질주의가 수반된다. 실재인 경우에도 아뜨만에서 변형 등의 결함이 수반되기 때문에,[308] 그러한 입장은 합당하지 않다.‖35‖

36. 또한 [자이나교도들이 해탈 상태가 되려는 영혼의 최종적 부피가 영원하다고 간주하는 경우에] 최종적 [부피가] 지속됨으로 말미암아 양자가 [즉 최초의 부피와 중간의 부피가] 영원하기 때문에, [부피에서] 차이가 없다는 [부조리한 결말이 생긴다]; [그 경우에 영혼은 증가되고 감소되는 다른 육체를 획득하지 못할 것이다].

antyāvasthiteś cobhayanityatvād aviśeṣaḥ ‖36‖

더 나아가 자이나교도들은 해탈 상태가 되려는 '영혼의 최종적 부피'

306_ <수뜨라 2.2.34>에서.

307_ 불교의 승려(raktapaṭa)=적색 또는 적갈색(rakta)의 가사(paṭa)를 입는 불교 승려. 나체주의자(visic)인 자이나교도와 대비시킨 표현이다.

308_ 아뜨만의 부피가 변해도 아뜨만 자체가 흐름(saṃtāna)으로서 영원하다면, 그 흐름이 비실재인 경우에 비본질주의(nairātmya-vāda)라는 결함이 수반된다. 그 흐름이 실재인 경우에는 앞선 해설과 마찬가지로 아뜨만에서 변형 등의 결함이 수반된다.

는 영원하다고 간주한다. 그와 마찬가지로 [그보다] 앞서는 '최초와 중간에서 영혼의 두 부피들'마저 영원하다는 것이 수반되기 때문에, [부피에서] 차이가 없다는 부조리한 결말이 생길 것이다.[309] [그 경우에 영혼은] 단지 하나의 육체를 부피로 가지고, [그로부터] 증가되고 감소되는 다른 육체를 획득하지 못할 것이다.

또 다른 해설로는, 영혼의 최종적 부피가 지속됨으로 말미암아 영혼은 앞서는 두 상태들에서마저 오직 지속적인 부피를 가질 것이며, 그로부터 또한 그저 영원히 한결같이 미세하거나 거대한 영혼을 용인해야만 할 뿐, [영혼이] 육체를 부피로 가진다고 용인해서는 안 된다.

그러므로 또한, 불교도의[310] [교의와] 같이 자이나교도의 교의마저 부적당하므로 경시해야만 한다. ‖36‖

{ 7. '통치자'라는 주제: 수뜨라 37-41 }

37. [단순한] 통치자(동작적 원인)로서의 [신은 세계의 원인이 아니다]; 이치에 맞지 않기 때문이다.

patyur asāmañjasyāt ‖37‖

이제 '단순한 통치자(동작적 원인)로서의 신이 [세계의] 원인이라는 이

309_ 해탈하기 바로 직전에 한 영혼이 가지는 부피가 영원하다면, 그 영혼이 가지는 최초의 부피와 중간의 부피마저 영원하다고 추론할 수 있다. 왜냐하면 그것들도 바로 그 영혼의 부피이므로 영원성을 공유할 것이기 때문이다. 그 경우에 영혼의 부피에 차이가 없다는, 즉 영혼의 부피가 항상 동일하다는 부조리한 결말이 생긴다.

310_ '불교도의'라는 표현의 원어는 '수가따 추종자의'(saugata-)이다.

론'[311]을 부정한다. 이는 어떻게 해서 알려지는가? 대스승이 바로 그 스스로, "[브라흐만은 동작적 원인이고] 또 원물질(물질적 원인)이다; [베다의] 확언이나 예시와 대치되지 않기 때문이다."〈수뜨라 1.4.23〉, "또한 의욕을 언급하기 때문에, [아뜨만은 동작주체이고 원물질이다]."〈수뜨라 1.4.24〉라는 곳에서, 원물질(물질적 원인)인 것이자 지배자(동작적 원인)인 것으로서 양자를 본질로 하는 신을 정초했기 때문이다. 만약 또다시 이곳에서 특정함이 없이 단순한 '신(神) 원인론'을 부정한다면,[312] [수뜨라 사이의] 전후 모순으로 말미암아 수뜨라 저자가 혼동된 발언을 한다는 난점이 생길 것이다. 따라서 베단따에서 규정된 '브라흐만의 유일성'에 대한 대립이론이 '신은 원물질(물질적 원인)이 아니라 지배자 즉 단순한 동작적 원인이다.'라는 그 입장이기 때문에, 이곳에서 [그것을] 주의 깊게 부정한다.

또한 신에 대한 저 비(非)베다적인 가정에는 여러 양상들이 있다. 먼저 상크야[313]와 요가에 의거하는 어떤 자들은 신이 쁘라다나와 뿌루샤에 대한 지배자 즉 단순한 동작적 원인이고, 쁘라다나, 뿌루샤, 신은 각각 상이하다고 간주한다. 그리고 마헤슈바라 교도들은,[314] '가축의 구주(救主)'인 신이 가축으로 하여금 굴레로부터 벗어나게 하기 위해[315]

311_ 단순한 통치자(동작적 원인)로서의 신이 [세계의] 원인이라는 이론(kevalādhiṣṭhātrīśvara-kāraṇa-vāda)='물질적 원인으로서의 신'이 아니라 '동작적 원인으로서의 신'이 세계의 원인이라는 이론.

312_ 만약, 앞선 수뜨라들에서 신을 물질적 원인이자 동작적 원인으로 간주하는 신 원인론이 확실하게 정초되었음에도, 이 수뜨라에서 특정한 종류의 '신 원인론'을 부정한다고 한정하지 않고 또다시 일반적인 '신 원인론'을 부정한다면.

313_ 여기서 언급하는 상크야는 유신론적인 특성을 가지는 초기 상크야 즉 전(前)고전 상크야이다.

314_ 마헤슈바라(Maheśvara)=글자 그대로는 '위대한 신'을 뜻하며, 주로 쉬바나 비슈누 신 등을 가리킨다. 여기서 '마헤슈바라 교도들'이란 빠슈빠따(Pāśupata) 종파 등의 쉬바파(샤이바) 교도들을 지칭한다.

315_ '가축의 구주'(paśupati)란 쉬바 신을 가리킨다. 가축(paśu)은 개별자아를, 구

'결과, 원인, 합일, 의식(儀式), 고통의 종결'[316]이라는 5범주들을 가르쳤다고 생각하며, 가축의 구주인 신이 동작적 원인이라고 설명한다. 마찬가지로 바이셰쉬까 등의 어떤 자들조차, 여하튼 자신들의 방법론을 좇아서 신이 동작적 원인이라고 설명한다.[317]

이로부터 답변을 준다. "통치자로서의 … 이치에 맞지 않기 때문이다."

[후론]: 통치자로서의 신이 쁘라다나와 뿌루샤에 대한 지배자(동작적 원인)로서 세계의 원인이라는 것은 합당하지 않다.

무엇 때문에? 이치에 맞지 않기 때문이다.

[전론]: 그렇다면 무엇이 이치에 맞지 않는가?

[후론]: 왜냐하면 미천하고 평범하고 고귀한 상태에 따라 구분되는 생명체들을 창조하는 신에게 애욕 · 혐오 등의 결점이 수반되기 때문에, 우리들처럼 [신에게] 신성이 없다는[318] 부조리한 결말이 생길 것이기 때문이다.

[전론]: 생명체들의 업(행위)이 고려되기 때문에 결함은 없다.[319]

[후론]: 아니다. 업과 신이 [각각] 동작대상과 동작주체인 경우에 상호의존성이라는 결함이 수반되기 때문이다.

주(pati)는 신을 각각 의미한다. 굴레(pāśa)란 영혼이 속박된 상태이다.

316_ ① 결과(kārya)=지식과 무지, 물질과 기관, 개별자아. ② 원인(kāraṇa)=구주인 쉬바 신. ③ 합일(yoga)=의식(citta)을 매개로 하는 개별자아와 신의 합일. ④ 의식(vidhi)=합일을 성취하기 위한 수단들. ⑤ 고통의 종결(duḥkhānta)=고통의 부정인 동시에 지고한 신성의 증득.

317_ * '설명한다'(varṇayanti)라는 표현은 Nirnaya에만 추가로 등장한다. 바로 앞선 문장의 '설명한다'라는 표현도 Nirnaya에만 추가로 등장한다.

318_ [신에게] 신성이 없다는(anīśvaratvaṃ)=신이 더 이상 신이 아니라는.

319_ 세계의 창조에서 신은 애욕 · 혐오 등을 통해 자의적으로 생명체들을 다양하게 구분하지 않는다. 신은 생명체들이 쌓은 과거의 업(karma)을 고려하면서 생명체들을 다양하게 구분한다. 따라서 신에게 그러한 결점이 수반된다는 논리적 결함이 생기지는 않는다.

[전론]: 아니다. [상호 의존성이] 시초를 가지지 않기 때문이다.[320]

[후론]: 아니다. 현재 시간처럼 과거 시간들에서조차 상호 의존성이라는 결함이 한결같음으로 말미암아 '장님들의 행렬'이라는 논리에 빠지기 때문이다.[321]

더 나아가 "[애욕 등의] 결점들은 동작촉발을 특징으로 한다."[322]〈느야야-수 1.1.18〉라는 것이 논리학자들의 교의이다. 왜냐하면 결점에 의해 촉발되지 않은 채로는 그 누구도 자신을 목적으로 혹은 타인을 목적으로 행동한다고 알려지지 않기 때문이다. 게다가 모든 사람이 단지 '자신을 목적으로 하는 것'에 의해 촉발된 채로 심지어 타인을 목적으로 행동한다고 해도, 여전히 이치에 맞지 않는 것은 마찬가지이다. 신이 자신을 목적으로 함으로 말미암아 [신에게] 신성이 없다는 부조리한 결말이 생기기 때문이다.

더욱이 신이 특별한 뿌루샤라는 주장도, 실로 뿌루샤의 부동성이 용인되기 때문에, 이치에 맞지 않다.[323]‖37‖

320_ 상호 의존성이 '시초를 가지지 않는다'(anāditva)면, 씨앗과 새싹의 경우처럼, 양자 사이에서 발생하는 그것은 결함이 되지 않는다.

321_ 상호 의존성이 무한소급의 결함에 빠지지 않기 위해서는, 상호 의존성에 시초가 없어야 하고, 두 의존항이 상호 인과적 관계를 맺어야 한다. 예컨대, 씨앗과 새싹의 경우에는, 그 상호 의존성에 시초가 없고, 양자는 각각의 원인이 되고 결과가 된다. 하지만 업과 신 즉 동작대상(pravartya)과 동작주체(pravartayitṛ)의 경우에는, 비록 그 의존에 시초가 없을지라도, 양자는 인과적 관계를 맺지 않는다. 왜냐하면 동작주체인 신은 자의적인 선택을 통해 생명체들을 다양하게 구분하고, 동작대상인 업은 결코 신의 선택에 영향을 미치지 못하기 때문이다. 양자 사이에는 한갓 장님들의 행렬과 같은 무한한 연쇄만이 있을 뿐이다.

322_ 동작촉발(pravartanā)은 행위의 원인이 된다. 애욕 · 혐오 등의 결점들은 바로 이 동작촉발을 야기한다. 요컨대, 결점들이 동작촉발을 낳고 동작촉발이 동작(행위)을 낳는다.

323_ <요가-수 1.24>에서는 신을 '특별한 뿌루샤'(puruṣa-viśeṣa)라고 한다. 그런데 신이 특별한 뿌루샤라면, 그 신은 개별자아로서의 뿌루샤가 가지는 어떤 특성을 공유해야만 한다. 따라서 뿌루샤의 부동성(audāsīnya)이 용인되는 경우에

38. 또한 ['쁘라다나, 뿌루샤'와 신 사이에 결합으로 지시되거나 내속으로 지시되는] 관계가 불가능하기 때문에, [통치자가 세계의 원인이라는 것은 이치에 맞지 않다].

saṃbandhānupapatteś ca ‖38‖

한층 나아가, 실로 이치에 맞지 않다. 왜냐하면 '쁘라다나, 뿌루샤와는 구별되는 신'이 쁘라다나, 뿌루샤와 관계를 가지지 않은 채로는 [그것들의] 지배자가 아니기 때문이다.

먼저 결합으로 지시되는 관계가 가능하지 않다. 쁘라다나, 뿌루샤, 신은 [모두] 편재하기 때문이고, 또 부분이 없기 때문이다. 게다가 내속으로 지시되는 관계도 [가능하지] 않다. 처소와 거주물의 관계가 확정되지 않기 때문이다.[324] 더욱이 결과를 통해 알려질 수 있는 그 어떤 다른 관계도 추정될 수 없다. 인과관계 자체가 [결과에] 바로 앞서서 실증되지 않았기 때문이다.[325]

[전론]: 브라흐만주의자는 어떠한가?

[후론]: 문제없다. 그에게는 본질의 동일성으로 지시되는 관계가 가능하기 때문이다.[326]

특별한 뿌루샤인 신도 부동성을 가지게 되므로, 그 신은 결코 세계의 동작적 원인일 수가 없다.

324_ 내속(samavāya)이 성립하기 위해서는 2가지 조건이 필요하다. 첫째, 확립된 불가분리성(不可分離性)이다. 둘째, 처소와 거주물의 관계이다. 하지만 쁘라다나, 뿌루샤, 신은 모두 편재하고 부분이 없기 때문에 어느 것이 다른 것의 처소가 되거나 거주물이 되는 것은 불가능하다.

325_ 결합, 내속의 관계와는 별도로 또 다른 관계를 결과(kārya)로부터 추론하려고 시도한다면, 바로 그 결과 이전에 결과를 가능케 하는 인과관계가 미리 실증되어야만 한다. 그런데 여기서는, 그러한 인과관계의 원인에 해당되는 쁘라다나, 뿌루샤, 신의 관계를 증명대상으로 삼고 있다. 따라서 아직 원인이 실증되지 않은 상태에서 결과를 근거로 하여 즉 상크야와 같이 가정된 인과관계를 근거로 하여 쁘라다나, 뿌루샤, 신 사이의 어떤 관계를 추정해서는 안 된다.

더 나아가 브라흐만주의자는 성전에 힘입어 원인 등의 본질을 확정하므로, 그에게는 단지 보이는 바대로의 모든 것을 반드시 용인해야만 한다는 필연성이 없다. 반면에 예시에 힘입어 원인 등의 본질을 확정하는 다른 자는[327] 단지 보이는 바대로의 모든 것을 용인해야만 한다.[328] 그래서 [브라흐만주의자에게는] 이러한 우월한 점이 있다.

[전론]: 심지어 다른 자에게도 전지자(全知者)에 의해 저술된 성전이 존재하기 때문에 성전의 힘(위력)은 공통적이다.

[후론]: 아니다. 성전이라는 근거로부터 전지성이 확립되고 또 전지성이라는 근거로부터 성전이 확립되는, [그러한] 상호 의존성이 수반되기 때문이다.[329]

그러므로 상크야와 요가의 논자(論者)들이 신을 가정하는 것은 합당하지 않다. 마찬가지로 신에 대한 '다른 비(非)베다적인 가정들'에 대해서도, 가능한 한 이치에 맞지 않다는 점이 적용되어야만 한다.‖38‖

326_ 브라흐만주의자에게는 지배자인 신과 물질적 원인 사이에, 비록 양자가 편재하고 양자에 부분이 없을지라도, '본질의 동일성'(tādātmya)이라는 관계가 가능하다. 그런데 이 문장을 다른 식으로 이해할 수도 있다. 즉 '신과 물질적 원인' 사이의 본질의 동일성이 아니라 '유일한 브라흐만과 세계' 사이의 본질의 동일성을 언급한다고 이해할 수도 있다.

327_ 다른 자는=유신론적 상크야 학자는.

328_ 이곳에서 '성전'과 '예시'를 뜻하는 원어는 각각 'āgama'와 'dṛṣṭānta'이다. 후자를 '논서'로 이해할 수도 있다.

329_ 비록 성전이 전지자에 의해 저술되었을지라도, 그 성전이 인간의 저작인 이상 즉 그 성전이 자체적으로 권위를 가지지 않는 이상, 상호 의존성과 같은 순환논리가 수반된다. 성전의 권위로부터 '저자의 전지성'(전지한 저자)이 알려지고, 저자의 전지성으로부터 성전의 권위가 알려지기 때문이다. 이러한 순환논리는 베단따에 적용되지 않는다. 왜냐하면 성전은 인간의 저작이 아닌 것으로서 그 자체로 권위를 가지기 때문이다.

39. 또한 [신이 쁘라다나 등을] 지배하는 채로 [움직이게끔 하는 것은] 가능하지 않기 때문에, [추리학자들이 추정하는 신은 합당하지 않다].

adhiṣṭhānānupapatteś ca ‖39‖

이로 말미암아 또한, 추리학자들이[330] 추정하는 신은 합당하지 않다. 실로 그렇게 추정하는 [신은], 도공이 찰흙 등에 대해 그러하듯이 쁘라다나 등을 지배하는 채로 움직이게끔 할 것이다. 하지만 그와 같음은 가능하지 않다. 실로 지각 불가능하고 색깔(형태) 등을 가지지 않는 쁘라다나는 신의 지배대상으로 적합하지 않다. 찰흙 등과는 상이하기 때문이다.[331] ‖39‖

40. 만약 [영혼이] 감관들을 [지배하는] 것처럼 [신이 쁘라다나를 지배한다고 한다면], 아니다; 향유 등을 [관찰함으로써 영혼이 감관들을 지배한다는 것을 알기] 때문이다; [하지만 이 경우에는 향유 등이 관찰되지 않는다].

karaṇavac cen na bhogādibhyaḥ ‖40‖

[전론]: 이러할 수도 있다. 지각 불가능하고 색깔 등을 가지지 않는 눈 등을 즉 감관의 집합을[332] 영혼(뿌루샤)이 지배하는 것처럼, 마찬가지로 쁘라다나마저 신이 지배할 것이다.

330_ 추리학자들이(tārkika)=성전에 의존하지 않고 추리(tarka)에 의존하는 상크야, 요가 등의 학자들이.

331_ 쁘라다나는 '지각 가능하고 색깔(형태) 등을 가지는 찰흙 등'과는 상이하기 때문이다.

332_ '감관의 집합'(karaṇa-grāma)이 즉 모든 감관들이 지각 불가능하고 색깔 등을 가지지 않는다는 것은 대부분의 학파들에서 인정한다.

[후론]: 그렇다고 할지라도 합당하지 않다. 왜냐하면 향유 등을 관찰함으로써 [영혼이] 감관의 집합을 지배한다는 것을 알기 때문이다.[333] 하지만 이 경우에는 향유 등이 관찰되지 않는다. 또한 감관의 집합과 논리적 등가(等價)가 가정되는 경우에는,[334] 윤회하는 자들처럼 신에게도 향유 등이 수반될 것이다.

혹은 다른 방식으로 2개의 수뜨라를 설명한다.

39. 또한 소재지가 부당하기 때문에, [추리학자들이 추정하는 신은 합당하지 않다].

이로 말미암아 또한, 추리학자들이 추정하는 신은 합당하지 않다. 예를 들어, 이 세상에서 왕국의 지배자인 왕은 소재지를 가진다고 즉 육체를 가진다고 살펴질 뿐, 소재지를 가지지 않는다고 살펴지지는 않는다. 따라서 또한, 이러한 예시에 힘입어 비가시적인 신을 추정하기를 원하는 자는, 신마저도 감관들의 처소인 어떤 육체를 가진다고 설명해야만 할 것이다. 하지만 그렇게 설명할 수 없다. 육체는 창조 이후의 시간에 존재할 것임으로 말미암아, 창조 이전에 그것(육체)은 합당하지 않기 때문이다. 결국 신이 소재지(육체)를 가지지 않는 경우에 동인(動因)이라는 것은 합당하지 않다. 이 세상에서 그와 같이 알려지기 때문이다.[335]

333_ 즐거움 · 괴로움 등에 대한 경험을 관찰함으로써, 영혼이 감관들을 지배한다는 것을 추론할 수 있기 때문이다.

334_ '쁘라다나와 신'의 경우와 '감관의 집합과 영혼(윤회하는 자)'의 경우 사이에 '논리적 등가'(sāmya)가 있다고 가정되는 경우에는.

335_ 동인(pravartaka)이 되기 위해서는 소재지(육체)가 필요하다고 이 세상에서 잘 알려져 있기 때문이다.

40. 만약 [신이] 감관들의 [처소인 육체를] 가진다고[336] [한다면], 아니다; 향유 등 때문이다.

만약 상식을 좇아서 신마저도 감관들의 처소인 어떤 육체를 가진다고 마음대로 가정한다면, 그렇다고 할지라도 합당하지 않다. 왜냐하면 [신이] 육체를 가지고 있는 경우에 윤회하는 자처럼 향유 등이 수반됨으로 말미암아, 심지어 신에게 신성이 없다는 부조리한 결말이 생길 것이기 때문이다.‖40‖

41. 유한성이라는 [결함이] 혹은 전지성이 없는 [결함이 부속되기 때문에, 추리학자들이 추정하는 신은 합당하지 않다].

antavattvam asarvajñatā vā ‖41‖

이로 말미암아 또한, 추리학자들이 추정하는 신은 합당하지 않다. 실로 그들은 그(신)가 전지하고 또 무한하다고 용인한다. 그리고 서로 차이 있는 '무한한 쁘라다나'와 '무한한 뿌루샤들'을 용인한다. 이 경우에 전지한 신에 의해 '쁘라다나, 뿌루샤들, 그리고 자신'의 한계[337]가 결정될 것인가, 혹은 결정되지 않을 것인가? 2가지 경우 모두 결함이 부속될 뿐이다.

어떻게? 먼저 전자를 선택하는 경우에는, 한계가 결정되어 있기 때문에 '쁘라다나, 뿌루샤, 신'에서 필연적으로 유한성이[338] 있어야만 한다. 이 세상에서 그와 같이 알려지기 때문이다. 예를 들어, 이 세상에

336_ 이 설명에서는, <수뜨라 2.2.40>에 등장하는 'karaṇavat'의 'vat'를, '처럼 · 같이'라는 뜻의 불변화사로 간주하지 않고 '가지는 · 소유하는'이라는 뜻의 형용사로 간주한다.

337_ 한계(iyattā)=수나 양이 한도를 가지는 것.

338_ '유한'(antavat)이라는 말은 '끝이나 종말을 가지는 것' 또는 '소멸되는 것'에 적용된다.

서 한계가 결정되어 있는 항아리 등의[339] 사물은 유한하다고(끝을 가진다고) 알려진다. 마찬가지로 '쁘라다나, 뿌루샤, 신'이라는 3가지 모두도 한계가 결정되어 있기 때문에 유한해야 한다. 먼저 수(數)의 한도(한계)는 '쁘라다나, 뿌루샤, 신'이라는 3가지 형태로 결정되어 있다. 그것들 [각각에] 존재하는 '고유성(자체의 특성)의 한도'마저 신에 의해 결정될 것이다. 또한 뿌루샤와 관계하는 무수한 수도 [신에 의해 결정될 것이다].[340] 게다가 이로부터, 한계가 결정되어 있는 것들 가운데, 윤회세계로부터 자유로워진 윤회하는 자들(뿌루샤들)의 '윤회세계'는 유한하고, 또 그들이 '윤회하는 자라는 것'도 유한하다. 마찬가지로 [윤회세계로부터] 차례로 자유로워지는 나머지 [뿌루샤들에서도] '윤회세계'와 '윤회하는 자라는 것'이 유한할 것이다.[341] 또한 뿌루샤를 목적으로 하는 것이자 신의 지배대상인 '쁘라다나와 그 변형물들'은 윤회하는 것이라고 인정된다. 이것들이 없는 경우에[342] 신은 무엇을 지배할 것인가. 혹은 무엇과 관계하여 전지성과 지배권이 있을 것인가. 더욱이 '쁘라다나, 뿌루샤, 신'에서 이와 같은 유한성이 있는 경우에 '시초를 가지는 것'이 수반된다. 그리고 시초와 종말을 가지는 경우에는 허무주의가 수반된다.

339_ * Samata에 'ghaṭādi'(항아리 등의)라는 표현이 등장하는 것과 달리, Nirnaya에는 'paṭādi'(천 등의)라는 표현이 등장한다.

340_ 한계를 가지는 것은 유한하다. '쁘라다나, 뿌루샤, 신'이라는 3가지는 그 수가 3이라는 한도(parimāṇa)를 가진다. 그리고 그것들 각각이 가지는 고유성도 전지한 신에 의해 그 한도가 결정된다. 무수한 뿌루샤들의 수도 전지한 신에 의해 그 한도가 결정된다. 전지한 신은 한도조차도 알기 때문이다.

341_ 전지한 신에 의해 '쁘라다나, 뿌루샤, 신'의 한계(한도)가 결정되어 있기 때문에, 해탈한 뿌루샤들이나 앞으로 해탈하게 될 뿌루샤들의 경우에 그 '윤회세계'(saṃsāra)도 끝을 가지고 '윤회하는 자라는 것'(saṃsāritva)도 끝을 가질 것이다.

342_ 윤회하는 뿌루샤들이 끝을 가지는 경우에 더하여, 뿌루샤를 목적으로 하는 쁘라다나와 그 변형물들이 모두 윤회세계를 이루고 그럼으로써 윤회(생성소멸)하는 이것들마저 끝을 가지는 경우에 즉 존재하지 않는 경우에.

이제 만약 이러한 결함이 없도록 후자를 선택하는 것을 용인한다면, 신에 의해 '쁘라다나, 뿌루샤들, 그리고 자신'의 한계가 결정되지 않으므로, 그로부터 신의 전지성에 대한 주장이 폐기되는 또 다른 결함이 수반될 것이다.

그러므로 또한, 추리학자들이 수용하는 신 원인론은 부적당하다. ‖41‖

{ 8. '발생하는 것이 불가능함'이라는 주제: 수뜨라 42-45 }

42. [신이 원물질이자 지배자라고 가정하는 것은 부적당하다]; ['바수데바'라는 지고한 아뜨만으로부터 개별자아가] 발생하는 것은 불가능하기 때문이다.

utpattyasaṃbhavāt ‖42‖

신은 원물질(물질적 원인)이 아니라 지배자 즉 단순한 동작적 원인이라고 가정하는 자들의 입장을 부인했다. 이제 신은 원물질이자 지배자라고 즉 양자를 본질로 하는 원인이라고 가정하는 자들의 입장을 부인한다.

[반박]: 다만 계시서에 의지함으로써, 원물질이자 지배자인 신을 즉 오직 그와 같은 형태의 신을 앞부분에서[343] 확정했지 않는가? 그리고 '계시서를 따르는 전승서는 권위가 있다.'라는 것은 공리이다. 결과적으로 무슨 이유에서 이 입장을 부인하고자 하는가?

[이에 대하여] 대답한다.

343_ <수뜨라 1.4.23-24>에서.

[논제]: 비록 그러한 유형의 [특정] 부분이 공통적임으로 말미암아 논란의 여지가 없을지라도, 다만 다른 부분에서는 논란의 여지가 있다. 이로부터 그것을 부인하기 위해 [이러한 논의를] 시작한다.

이러한 사정에서 바가바따[344] 교도들은 생각한다.

[바가바따]: 순수한 지식(의식)을 본질로 하는 유일한 바수데바는 바가반(聖神) 그 자체로서 진정한 실재이다. 그는 '바수데바의 현현 형태, 상까르샤나의 현현 형태, 쁘라드윰나의 현현 형태, 아니룻다의 현현 형태'라는 4종류로 자신을 분화한 채 [그 각각에] 머무른다. '바수데바'라고 불리는 것은 지고한 아뜨만을 지시한다. '상까르샤나'라고 불리는 것은 개별자아를 [지시한다]. '쁘라드윰나'라고 불리는 것은 마음을 [지시한다]. '아니룻다'라고 불리는 것은 자아의식을 [지시한다].[345] 이것들 가운데 바수데바는 지고한 물질적 원인이고, 상까르샤나 등의 나머지는 결과물이다. 이런 식으로 존재하는 그 지고한 신을 즉 바가반을, 참배하기, 예배물 구비하기, 예배하기, 음송(吟誦)하기,[346] 명상하기(요가)를 통해 백 년 동안 간구함으로써 번뇌를 근절한 자는, 바가반 그 자체에 도달한다.

[후론]: 이 경우에 먼저, 미현현자보다 더 지고하고 모든 것을 아뜨만

344_ 바가바따(Bhāgavata)=바가반(Bhagavān) 그 자체인 바수데바(Vāsudeva)를 유일신으로 숭배하는 비슈누 계열의 한 종파. 나라야나(Nārāyaṇa)를 숭배하는 빤짜라뜨라(Pāñcarātra) 종파와 동일시되기도 하고 구별되기도 한다. 바로 이어지는 곳에서 주석가가 제시하는 '4종 현현(vyūha)설'은 빤짜라뜨라 종파의 교의로 알려져 있다. 후대에는 4종 현현이 12종 현현, 24종 현현으로까지 증가한다.

345_ 이러한 4종류를 다음과 같이 간주하기도 한다: ① 바수데바=끄리슈나(Kṛṣṇa) 자신, ② 상까르샤나(Saṃkarṣaṇa)=끄리슈나의 형 즉 발라라마, ③ 쁘라드윰나(Pradyumna)=끄리슈나의 아들, ④ 아니룻다(Aniruddha)=끄리슈나의 손자.

346_ 참배하기(abhigamana)=바가반의 사원에 직접 가는 것. 음송하기(svādhyāya)=바가반과 관계되는 만뜨라를 계속 읊조리는 것.

으로 한다고 잘 알려져 있는 지고한 아뜨만이 즉 그 나라야나가 스스로 자신을 다양하게 분화한 채로 머무른다고 주장하는 것을 논박하지는 않는다. "그것은 1종류가 되고, 3종류가 되고"〈찬도 7.26.2〉라는 등의 계시들로부터 지고한 아뜨만이 다양하게 존재한다고 알려지기 때문이다. 참배하기 등으로 지시되고 변함없이 온 마음으로 의도되는 그 바가반에 대한 숭배마저 여전히 부정하지는 않는다. 계시서와 전승서에서 신에 대한 헌신이 잘 알려져 있기 때문이다.

한편, 바수데바로부터 상까르샤나가, 상까르샤나로부터 쁘라드윰나가, 또 쁘라드윰나로부터 아니룻다가 발생한다고 그렇게 주장하는 것에 관해서, 우리는 말한다.

'바수데바'라고 불리는 지고한 아뜨만으로부터 '상까르샤나'라고 불리는 개별자아가 발생하는 것은 가능하지 않다. 무상함 등의 결함들이 수반되기 때문이다. 실로 개별자아가 발생을 가지는 경우에는 무상함 등의 결함들이 수반될 것이다. 이로부터 또한, 그것(개별자아)에게는 결코 '바가반에 도달하는 것'으로서의 해탈이 가능하지 않다. 원인(바가반)에 도달하는 경우에 결과(개별자아)의 완전한 소멸이 수반되기 때문이다.[347] 또한 대스승은 "아뜨만(개별자아)은 [브라흐만으로부터 생성되지] 않는다; 계시되지 않기 때문이다; 그것(계시)들로부터 [개별자아의] 영원성, 또 [생성되지 않음 등이 알려지기] 때문이다; [따라서 아뜨만은 결코 생성되거나 소멸되지 않는다]."〈수뜨라 2.3.17〉라며 개별자아의 발생을 부정할 것이다.

그러므로 그렇게 가정하는 것은[348] 부적당하다.‖42‖

347_ 만약 개별자아가 발생을 가지고 또 개별자아가 '바가반에 도달하는 것'(bhagavatprāpti)이 해탈이라면, 무상한 개별자아가 그 원인에 도달하는 경우에 그것은 완전히 소멸되고 만다. 즉 원인에 도달하는 주체가 더 이상 존재하지 않게 된다. 따라서 '바가반에 도달하는 것'으로서의 해탈은 불가능하다.

43. 또한 행위주체(개별자아)로부터 행위수단(마음)이 [발생하지] 않기 [때문에, 신이 원물질이자 지배자라고 가정하는 것은 부적당하다].
na ca kartuḥ karaṇam ‖43‖

이로 말미암아 또한, 그렇게 가정하는 것은 부적당하다. 예를 들어, 이 세상에서 데바닷따 등의 행위주체로부터 도끼 등의 행위수단이 발생하는 것은 알려지지 않는 까닭에서이다. 하지만 바가바따 교도들은 '상까르샤나'라고 불리는 개별자아 즉 행위주체로부터 '쁘라드윰나'라고 불리는 마음 즉 행위수단이 발생하고, 또 '행위주체에 의해 생성된 그것(마음)'으로부터 '아니룻다'라고 불리는 자아의식이 발생한다고 설명한다. 결국 우리는 예시 없이 이를 이해할 수 없다.[349] 그리고 우리는 이러한 연관을 가지는 계시를 찾지 못한다.‖43‖

44. 혹은, [만약 상까르샤나 등이] 지력 등의 [신적인 속성들을 가지는 신들 그 자체와] 동일하다면, [그렇다고 할지라도] 그것을 [즉 발생이 불가능하다는 것을] 부정하지는 못한다.
vijñānādibhāve vā tadapratiṣedhaḥ ‖44‖

[바가바따]: 한편 이러할 수 있다. 하지만 그 상까르샤나 등은 '개별자아 등의 상태'를 의도하지 않는다. 그렇다면 무엇을 의도하는가? '지력, 지배력, 내재력, 체력, 정력, 담력'이라는 신적인 속성들을 가지는

348_ 그렇게 가정하는 것은=바수데바로부터 상까르샤나가, 상까르샤나로부터 쁘라드윰나가, 또 쁘라드윰나로부터 아니룻다가 발생한다고 그렇게 주장하는 것은. 다르게 말해, 신이 원물질이자 지배자라고 주장하는 것은.

349_ 예시 없이 이를 이해할 수 없다=주장에 대응하는 경험적인 예시 없이 이와 같은 유형의 발생을 이해할 수 없다.

그 모두는 신 그 자체라고 용인된다.[350] 결점이 없고 근저가 없으며[351] 또 불완전함이 없는 그 모두는 바수데바 그 자체이다. 따라서 설명한 바대로 발생이 불가능하다는 그러한 결함은 수반되지 않는다.

이에 대하여 대답한다.

[후론]: 그렇다고 할지라도 '그것을 부정하지는 못한다' 즉 발생이 불가능하다는 것을 부정하지는 못한다. 발생이 불가능하다는 그러한 결함이 다른 양상으로 수반될 따름이라는 것을 의도한다.

어떻게? 먼저 만약, 바수데바 등의 그러한 네 신이 같은 속성들을 가지지만 서로 차이가 있을 뿐이고 그들이 동일한 본질을 가지지 않는다는 그러한 의도라면, 그 경우에 다수의 신들을 가정하는 것은 무용하다. 단지 하나인 신을 통해 신의 과업이 성취되기 때문이다. 또한 [자신들의] 정설이 폐기된다. 바가반 그 자체로서 유일한 바수데바가 진정한 실재라고 용인하기 때문이다.

이제 만약, 그러한 네 현현이 같은 속성들을 가지면서 바로 그 유일한 바가반에 속한다는 그러한 의도라면, 그럼에도 발생이 불가능하다는 것은 본래 그대로일 뿐이다. 실로 바수데바로부터 상까르샤나의 발생이, 상까르샤나로부터 쁘라드윰나의 발생이, 또 쁘라드윰나로부터 아니룻다의 발생이 가능하지 않다. [서로] 차별점이 없기 때문이다. 확실히 원인과 결과 사이에는, 예컨대 찰흙과 항아리 사이처럼 차별점이

350_ 지력(jñāna), 지배력(aiśvarya), 내재력(śakti), 체력(bala), 정력(vīrya), 담력(tejas)은 바가반이 가지는 6가지 속성(guṇa, dharma)들 또는 바가(bhaga)들이다. 이 가운데 지력과 체력은 상까르샤나에, 지배력과 정력은 쁘라드윰나에, 내재력과 담력은 아니룻다에 각각 속한다. 바가반의 6가지 속성들 가운데 각각 2개씩이 우세하게 현현한 것이 상까르샤나, 쁘라드윰나, 아니룻다이기 때문에, 그 모두는 바가반 그 자체에 다름 아니다.

351_ 근저가 없음(niradhiṣṭhāna)=그 어떤 근저(토대)도 가지지 않음 즉 자생적임, 또는 물질적 원인으로부터 산출되지 않음.

있어야만 한다. 왜냐하면 차별점이 없는 경우에 원인이라는 것과 결과라는 것이 가능하지 않기 때문이다. 하지만 빤짜라뜨라의 정설을 따르는 자들은 바수데바 등과 관계하여, 하나이든지 [네 현현] 모두이든지, 지력, 지배력 등의 단계가 야기하는 그 어떤 차이도 용인하지 않는다. 왜냐하면 모든 현현들은 차이(차별점)를 가지지 않는 바수데바 그 자체라고 간주되기 때문이다.

또한 그러한 '바가반의 현현들'은 단지 '4'라는 수에 멈추지 않을 것이다. 브라흐마에서 시작하여 풀무더기로 끝나는 그저 모든 세계를 바가반의 현현이라고 이해하기 때문이다.[352]‖44‖

45. 또한 [그들의 교서에서 관찰되는 상호모순과 베다와의] 상호모순 때문에, [신이 원물질이자 지배자라고 가정하는 것은 부적당하다].

vipratiṣedhāc ca ‖45‖

또한 [그들의] 그 교서에는 '속성과 속성의 소유자에 대한 가정' 등으로 지시되는 여러 가지 상호모순이 관찰된다. '지력, 지배력, 내재력, 체력, 정력, 담력은 속성들이고, 그것들은 단지 [여러] 아뜨만들로서 바가반들 즉 바수데바들이다.'라는 등을 보기 때문이다.[353]

그리고 베다와의 상호모순이 있다. '샨딜르야는 4베다들에서 지고한 지선(至善)을 얻지 못함으로써 이 교서를 공부했다.'라는 등, 베다에 대한 폄하(비난)를 보기 때문이다.

그러므로 그렇게 가정하는 것은 부적당하다고 정립된다.‖45‖

352_ 전 세계가 바가반의 현현이라면 그 현현들은 '4'라는 수를 넘어 거의 무한에 이를 것이다.

353_ 교서의 어떤 곳에서는 지력 등이 속성들이라고 말하고, 다른 곳에서는 지력 등이 바가반의 여러 아뜨만(본질)들로서 '속성을 소유하는 여러 바수데바들(바가반들)' 그 자체라고 말하기 때문이다.

제3절

{ 1. '에테르'라는 주제: 수뜨라 1-7 }

베단따(우빠니샤드)의 여기저기에서는 생성에 대한 계시들이 상이한 방식으로[1] 알려진다. 어떤 것들은 에테르의 생성을 전하고, 다른 것들은 전하지 않는다. 또한 어떤 것들은 공기의 생성을 전하고, 다른 것들은 전하지 않는다. 개별자아와 생기(기관)들에 대해서도 그와 같다. 실로 마찬가지로, 여러 계시들에서는 [생성의] 순서 등과 관련해서도 상호모순이 관찰된다. 그리고 상호모순 때문에 상대이론들이 무용하다고 확립될뿐더러 바로 그 상호모순 때문에 자기이론에 대해서조차 무용하다고 의문시될 수 있으므로, 이로부터 모든 베단따에 담긴 창조에 대한 계시들의 의미를 명료하게 하기 위해 다음의[2] 상술(詳述)을 시작한다. 또한 그 의미가 명료하게 되는 경우에 [수반되는] 결과란 실로 언급한 바의 의문이 파기되는 것이다.

이러한 사정에서 당장 첫 번째로, 에테르와 관련하여 그 에테르의 생성이 있는지 아니면 없는지 논의한다.

1. 에테르의 [생성은] 없다; 계시되지 않기 때문이다.

na viyad aśruteḥ ‖1‖

이 경우에 먼저 "에테르의 [생성은] 없다; 계시되지 않기 때문이다." 라고 나아간다.

[전론]: 실로 에테르는 생성되지 않는다.

1_ 상이한 방식으로=상이한 분파의 상이한 접근법에 따라.

2_ 다음의=2장 3절과 4절의.

무엇 때문에? 계시되지 않기 때문이다. 실로 생성에 대한 장절에서는 이것이 계시되지 않는다. 예를 들어, 찬도그야에서는 "얘야, 태초에 이것(세계)은 오직 존재였다. 유일무이한 것이었다."〈찬도 6.2.1〉라며 '존재'라는 말로 지시되는 브라흐만을 주제로 삼은 후 "그는 … 마음으로 바라보았다. 그는 불을 창조했다."〈찬도 6.2.3〉라며 5개의 대(大)원소들 가운데 중간인 불을 맨 앞에 두면서 '불 · 물 · 흙(음식)'이라는 세 가지의 생성을 들려준다. 그리고 계시서는 우리에게 초감각적인 대상에 대한 지식을 발생시키는 지식수단이다. 결국 이 경우에는 에테르의 생성을 제시하는 계시서가 존재하지 않는다.

그러므로 에테르의 생성은 없다.‖1‖

2. 하지만 [다른 계시서에는 에테르의 생성이] 있다.

asti tu ‖2‖

'하지만'이라는 말은 다른 이론의 수용을 [의미한다].[3] 찬도그야에서는 에테르의 생성이 없을지도 모르지만, 다른 계시서에서는 [생성이] 있다. 예를 들어 따잇띠리야까에서는 "브라흐만은 존재이자 지식이자 무한이다."〈따잇 2.1.1〉라고 주제로 삼은 후 "그러한 이 아뜨만으로부터 실로 허공(에테르)이 산출되었다."〈따잇 2.1.1〉라고 전한다. 결국 이로부터, 어떤 곳에서는 불을 필두로 하는 창조이고 다른 곳에서는 에테르를 필두로 하는 창조이므로, 계시서들 사이에는 상호모순이 있다.

3_ 전론자에 따르면 수뜨라의 '하지만'이라는 말은 에테르의 생성이 있다는 입장(이론)으로 전환하는 것을 의미하지 않는다. 오히려 제3의 입장을 수용하는 것을 의미한다. 즉 계시서에서는 에테르의 생성이 없다고도 하지만 있다고도 하므로, '계시서들 사이에 상호모순이 있다는 입장'을 수용해야 한다는 것을 의미한다.

[반박]: 그러한 계시들이 문장적 통일성을 가진다는 것이 합리적이지 않는가?

[전론]: 사실이다. 그것을 [가진다는 것은] 합리적이지만, 그것이 알려질 수는 없다.[4] 어떤 근거에서? "그는 불을 창조했다."〈찬도 6.2.3〉라며 한 번 계시된 창조주가, '그는 불을 창조했다'와 '그는 에테르를 창조했다'라며 두 가지 창조대상과 관계를 가지는 것은 합당하지 않기 때문이다.

[반박]: 비록 한 번 언급된 동작주체일지라도 두 가지 동작대상과 관계를 가지는 것이 관찰되지 않는가? 예컨대 '그는[5] 수프를 요리한 뒤에 밥을 요리한다'에서이다. 마찬가지로 우리는, '그는 에테르를 창조한 뒤에 그는 불을 창조했다'라고 해석할 것이다.

[전론]: 이는 합리적이지 않다. 왜냐하면 찬도그야에서는 불이, 또 따잇띠리야까에서는 에테르가 첫 번째로 산출된다고 알려지기 때문이다. 그리고 양자가 [동시에] 첫 번째로 산출되는 것은 불가능하다.

이로써 다른 계시서의 말이 모순된다는 것마저 설명된다. "그러한 이 아뜨만으로부터 실로 허공(에테르)이 산출되었다."라는 곳에서도, 한 번 계시된 5격과 발생(산출)은,[6] '그것으로부터 에테르가 산출되었다'와 '그것으로부터 불이 산출되었다'라며 에테르와 불과 동시적으로 관계를 가지는 것이 합당하지 않기 때문이다. 게다가 "공기로부터 불"

4_ '문장적 통일성'(ekavākyatā)이 있다는 것은 받아들일 수 있지만, 실제로 어떻게 문장적 통일성이 있는지는 알려지지 않는다.

5_ * '그는'(saḥ)이라는 표현은 Samata에만 추가로 등장한다. 하나의 동작주체와 두 가지 동작대상을 드러내는 예시이므로, '그는'이라는 말이 들어가는 편이 더 적합할 것이다.

6_ 인용 문장인 <따잇 2.1.1>에서 'tasmāt'(그러한)는 5격(apādāna) 또는 행위이탈의 격이다. 그리고 5격을 의미하는 'apādāna'를 문맥에 따라 '물질적 원인'으로 이해해도 무방하다. 따라서 '5격과 발생(산출)은'이란 '물질적 원인과 그것으로부터의 발생(산출)은'이라는 의미이다.

〈따잇 2.1.1〉이라고 별도로 전하기 때문이다.[7]‖2‖

이러한 상호모순에 관해 어떤 자는 말한다.

3. [이러한 상호모순에 관해 어떤 자는, 에테르의 생성에 대한 계시가] 비유적 의미라고 [말한다]; [생성이] 가능하지 않기 때문이다.
gauṇy asaṃbhavāt ‖3‖

[이론]: 실로 계시되지 않기 때문에 에테르의 생성은 없다. 그리고 에테르의 생성을 말하는 것으로 예시된 다른 계시는 비유적 의미여야만 한다.

무엇 때문에? [생성이] 가능하지 않기 때문이다. 실로, 성스러운 까나부끄의 소견을 따르는 자들이 살아 있는 동안에, 에테르의 생성은 가능할 수 없다. 왜냐하면 그들은 원인의 결집이 불가능하다는 것으로부터 에테르의 발생을 부인하기 때문이다. 실로 생성되는 모든 것들은 소위 내속적, 비내속적, 동작적 원인[8]으로부터 생성된다. 그리고 실체의 경우에는 동종적이고 여럿인 실체들이 내속적 원인이 된다. 하지만 에테르는 [그 자체의] 산출을 위해 내속적 원인으로 존재하는 동종적이고 여럿인 실체들을 가지지 않고, 또한 그 자체가 생성될 수 있도록

7_ <찬도 6.2.3>이 <따잇 2.1.1>과 모순되는 것처럼 <따잇 2.1.1>도 <찬도 6.2.3>과 모순된다는 것이 설명된다. 첫째, <따잇 2.1.1>에서도 한 번 계시된 창조주가 두 가지 창조대상(에테르와 불)과 '동시적으로' 관계를 가지는 것은 합당하지 않기 때문에, 에테르가 첫 번째로 산출된다고 전하는 <따잇 2.1.1>은 불이 첫 번째로 산출된다고 전하는 <찬도 6.2.3>과 모순된다. 둘째, <따잇 2.1.1>에서는 불이 공기로부터 산출된다고 '별도로' 전하기 때문에, 이는 불이 존재(브라흐만)로부터 산출된다고 전하는 <찬도 6.2.3>과 모순된다.

8_ 까나부끄(까나다)의 바이셰쉬까 학파에서 내속(內屬)적 원인은 원자이고, 비내속적 원인은 결합(saṃyoga)이며, 동작적 원인은 보이지 않는 힘과 신이다.

그것들(실체들)을 결합시키는 비내속적 원인을 가지지 않는다.[9] 그리고 그것들이[10] 없기 때문에, 에테르의 경우에 그것들에 힘입어 작용하는 동작적 원인은 완전히 문제 밖에 있을 뿐이다.

게다가 불을 비롯하여 생성을 가지는 것들은, 생성 이전에 빛 등의 결과(현상)가 존재하지 않았다가 나중에 존재하므로, [생성] 이전과 이후의 시간에서 특이점을 짐작할 [수] 있다. 그 반대로 에테르에서는 이전과 이후의 시간에서 특이점을 짐작할 수 없다. 실로 공간도 아니고 공동(空洞)도 아니며 틈도 아닌 그 무엇이 생성 이전에 존재했다고 확정할 수가 있는가?[11] 더욱이 에테르는 흙 등과는 상이한 특징을 가짐으로 말미암아 편재성 등의 특징을 가지기 때문에 생성을 가지지 않는다고 확립된다.

따라서 이 세상에서는, 예컨대 '공간(에테르)을 만들어라!', '공간이 생겼다'라며 이러한 종류의 비유적 의미가 사용되고,[12] 또한 예컨대 공간이 하나임에도 '항아리 속의 공간', '물병 속의 공간', '집 속의 공간'이라며 차이를 지시하는 이러한 종류의 비유적 의미가 사용된다. 심지어 베다에서도 "공간들에 야생동물들을 희생으로 바쳐야 한다."라며 [비

9_ 에테르라는 실체의 경우에 에테르와 동종적이고 수적으로 여럿인 실체들이 있어야만 그 내속적 원인이 가능하다. 하지만 에테르는 그러한 실체들을 가지지 않는다. 또한 그러한 실체들이 있어야만 그것들을 결합시키는 것으로서 비내속적 원인이 가능하다. 하지만 내속적 원인이 없기 때문에 비내속적 원인도 없다. 따라서 에테르의 경우에는 내속적 원인과 비내속적 원인이 모두 존재하지 않는다.

10_ 그것들이=내속적 원인과 비내속적 원인이.

11_ 공간 · 공동 · 틈은 에테르의 본질일 뿐 특이점(특징)이 아니다. 그런데 이러한 에테르의 본질이 아니라 그 어떤 특이점이 생성 이전에 존재하지 않았다가 생성 이후에 존재한다고는 아무도 확정할 수 없다. 결국 생성 이전과 이후의 특이점을 짐작할 수 없다면, 에테르는 생성을 가지는 것이 아니다.

12_ '공간(에테르)을 만들어라!', '공간이 생겼다'라는 말은 '여지를 만들어라!', '여지가 생겼다'라는 뜻을 가지기 때문에 '공간'은 비유적 의미로 사용된다.

유적 의미가 사용된다].

이와 같이 생성에 대한 계시도 비유적 의미라고 이해해야만 한다.‖3‖

4. 또한 성언 때문에, [에테르는 생성되지 않는다].

śabdāc ca ‖4‖

실로 성언은 에테르가 생성되지 않는다고 말해준다. "공기와 에테르[13]입니다. 그것은 불멸이고"〈브리 2.3.3〉라고 말하는 까닭에서이다. 실로 불멸하는 것의 생성은 합당하지 않다. 또한 "에테르(허공)처럼 편재하고 영원한"에서는 브라흐만이 편재성과 영원성이라는 특징을 가진다고 에테르와 비교함으로써 에테르마저도 그러한 두 특징으로 지시된다. 결국 이와 같은 [에테르의] 생성은 합당하지 않다. 그리고 "그것은 마치 무한한 이 에테르와 같다. 마찬가지로 아뜨만도 무한하다고 알려져야만 한다.", "허공(에테르)을 신체로 가지는 브라흐만"〈따잇 1.6.2〉, "에테르로서의 아뜨만"〈따잇 1.7.1〉[14]이라는 예시가 있다. 실로 에테르가 생성을 가지는 경우에는, '푸름'이 '수련'의 한정어인 것과 달리, 이러한 것은 브라흐만의 한정어로 적합하지 않다.[15]

그러므로 브라흐만은 실로 영원히 에테르와 유사하다고 이해된다. ‖4‖

13_ '에테르'의 원어인 'antarikṣa'는 대개 천상과 지상의 중간대를 가리키지만 여기서는 에테르를 가리킨다.

14_ 주석가는 <따잇 1.7.1>의 원문인 "ākāśa ātmā"를 "에테르로서의 아뜨만"이라는 뜻으로 인용한다. 하지만 이 원문은 일반적으로 "허공(공간), 몸"이라는 뜻으로 풀이된다.

15_ 앞선 예시에서는 에테르 등의 말이 브라흐만(아뜨만)의 한정어로 사용된다. 만약 에테르가 생성을 가진다면, 그것은 생성을 가지지 않는 브라흐만의 한정어로 결코 사용될 수 없었을 것이다.

5. 또한, [만약 '산출되었다'라는 동일한 말이 어떻게 비유적 의미와 일차적 의미로 사용되느냐고 한다면, 그 말은] 동일하더라도 [비유적 의미와 일차적 의미로 사용되는 것이] 가능하다; '브라흐만'이라는 말과 같다; [따라서 생성에 대한 계시는 비유적 의미이다].

syāc caikasya brahmaśabdavat ‖5‖

이 수뜨라는 ['산출되었다'라는] 말에 대한 답변이다.[16]

[반박]: 이러할 수도 있다. 그렇다면 "그러한 이 아뜨만으로부터 실로 허공(에테르)이 산출되었다."〈따잇 2.1.1〉라는 이 장절에서, '산출되었다'라는 동일한 말이 어떻게 뒤따르는 불 등에 대해 [그 쓰임이] 존속되면서 일차적 의미로 적합하고, 또 에테르에 대해 이차적 의미로 적합하다는 말인가?

이로부터 답변을 한다.

[이론]: 또한 '산출되었다'라는 말이 동일하더라도 주제의 차이로 말미암아 비유적 의미와 일차적 의미로 사용되는 것이 가능하다. '브라흐만'이라는 말과 같다. 예컨대 "고행을 통해 브라흐만을 알고자 하라. 고행이 브라흐만이다."〈따잇 3.2.1〉라는 이 장절에서는 '브라흐만'이라는 말이 동일하더라도 음식 등에 대해 비유적 의미로 사용되고, 또 환희에 대해 일차적 의미로 사용된다.[17] 또한 예컨대 '브라흐만'이라는

16_ 이 수뜨라는 에테르의 생성이 비유적 의미라고 주장하는 이론자의 입장을 대변한다. 그래서 이 수뜨라는, "그러한 이 아뜨만으로부터 실로 허공(에테르)이 산출되었다."<따잇 2.1.1>에 등장하는 '산출되었다'(saṃbhūtaḥ)라는 말(pada)과 관계하여 이론자가 후론자의 반박에 대해 답변(uttara)하는 내용이다. 물론 '산출되었다'라는 계시어(말)뿐만 아니라 다른 계시어와 관계해서도 반박과 답변이 이어진다.

17_ <따잇 3.2.1> 참조: "음식이 브라흐만이라는 것을 그는 알았다." <따잇 3.6.1> 참조: "환희가 브라흐만이라는 것을 그는 알았다."

말은 '브라흐만에 대한 지식의 성취수단'인 고행에 대해 비유적으로 사용되지만, 앎의 대상인 브라흐만에 대해 직접적으로 사용된다. 이와 마찬가지이다.

[반박]: 그렇다면 에테르가 생성되지 않는 경우에 어떻게 "유일무이한 것이었다."〈찬도 6.2.1〉라는 이 확언이 실증된다는 말인가? 제2자인 에테르로 말미암아 브라흐만이 제2자를 가진다는 결말이 생기지 않는가? 그리고 어떻게 브라흐만이 알려지는 경우에 모든 것이 알려질 수 있다는 말인가?[18]

이에 대하여 말한다.

[이론]: 먼저 '유일'이라는 [계시어는] 그 자체의 결과물과 관련하여 합당하다. 예컨대 이 세상에서는 누군가가 이전 날 도공의 거처에서 찰흙 · 막대기 · 바퀴 등을 본 뒤에 그 다음 날 펼쳐져 있는 다양한 종류의 그릇들을 보고 나서 '이전 날에는 오직 찰흙만이 홀로 있었다.'라고 말할 수 있다. 또한 그는 그러한 강조를 통해, 이전 날 단지 찰흙의 모든 결과물만이 존재하지 않았다고 의도할 뿐, 막대기 · 바퀴 등이 존재하지 않았다고는 의도하지 않을 것이다. 이와 마찬가지로 '무이'(제2자를 가지지 않음)라는 계시어도 [브라흐만이 아닌] 다른 주재자(지배자)를 부인한다. 예컨대 그릇의 물질적 원인인 찰흙을 통해 도공이 주재자라고 알려지는 것과 달리, 세계의 물질적 원인인 브라흐만과는 다른 주재자가 존재하지는 않는다.

그리고 제2자인 바로 그 에테르로 말미암아 브라흐만이 제2자를 가

18_ 에테르가 생성되는 것이어야만 '유일무이한 것'으로서의 브라흐만이 실증된다. 반면에 에테르의 생성을 부정하는 경우에는 에테르도 이미 존재하고 있는 것이므로 유일한 브라흐만이 제2자(dvitīya)와 함께 존재하게 되는 부조리한 결말이 생긴다. 그리고 만약 에테르가 제2자로 존재한다면, 브라흐만이 알려지는 경우에 모든 것이 알려진다는 확언마저 실증되지 않는다.

진다는 부조리한 결말이 생기지는 않는다. 실로 다양성이란 특징의 차이에 입각하는 것이다. 하지만 생성 이전에는 브라흐만과 에테르가 특징의 차이를 가지지 않는다. 뒤섞인 우유와 물처럼, 편재성 · 무형성(無形性) 등의 특징이 [양자에] 공통적이기 때문이다. 반면에 창조의 시간에는 움직이지 않는 상태인 다른 것과 달리[19] 브라흐만은 세계를 생성하기 위해 진력을 다한다. 이로부터 차이가 이해된다. 또한 마찬가지로 "허공(에테르)을 신체로 가지는 브라흐만"〈따잇 1.6.2〉이라는 등의 계시들로부터도, 브라흐만과 에테르 사이에, 비유적 의미에서 차이가 없다는 것이 확립된다. 그리고 바로 이로부터 브라흐만에 대한 지식을 통해 모든 것에 대한 지식을 [얻는다고] 정립된다.

더 나아가 생성되는 모든 결과물은 실로 [그 자체들과] 에테르 사이에 '구별되지 않는 시간과 공간'을 가지면서 생성되고,[20] 또 에테르는 실로 [그 자체와] 브라흐만 사이에 '구별되지 않는 시간과 공간'을 가지는 것이므로, 이로부터 브라흐만이 그 결과물과 함께 알려짐으로써 에테르도 분명 알려지는 것이 된다. 예컨대 우유가 가득한 항아리에 떨어져 있는 소량의 물방울은 오직 그 우유를 집어 듦으로써 집어 들린 것이 된다. 왜냐하면 우유를 집어 들면 [더 이상] 집어 들 물방울이 남지 않기 때문이다. 마찬가지로 에테르는, [그 자체와] 브라흐만 사이나 그 결과물들 사이에[21] '구별되지 않는 시간과 공간'을 가짐으로 말미암아, 브라흐만을 파악함으로써 분명 파악되는 것이 된다.[22]

19_ 다른 것과 달리=에테르와 달리.

20_ '모든 결과물이 가지는 시간과 공간'이 '에테르가 가지는 시간과 공간'과 서로 구별되지 않으면서 모든 결과물이 생성되고.

21_ [그 자체와] 브라흐만 사이나 그 결과물들 사이에='그 자체와 브라흐만' 사이나 '그 자체와 브라흐만의 결과물들' 사이에.

22_ 여기서 주석가는 'grahaṇa' 등과 같은 하나의 말을 통해 '집어 듦'과 '파악함'이라는 이중적 의미를 살리고 있다. 따라서 '집어 듦으로써 집어 들린 것이 된다'

그러므로 에테르의 발생에 대한 계시는 비유적이다.‖5‖

이러한 귀결에서 이렇게 말한다.

6. [모든 사물과 브라흐만이] 구별되지 않기 때문에, ['하나에 대한 지식을 통한 모든 것에 대한 지식'이라는 베단따의] 확언은 폐기되지 않는다; [또한 그것들이 구별되지 않는다는 논리에 따라 확언이 실증된다고] 성언들로부터 [알려진다].
pratijñā 'hānir avyatirekāc chabdebhyaḥ ‖6‖

[후론]: 각각의 베단따에서는, "듣지 못한 것을 듣게끔 하고 생각하지 못한 것을 생각하게끔 하고 인식하지 못한 것을 인식하게끔 하는"〈찬도 6.1.3〉, "여보, 실로 아뜨만을 볼 때에 들을 때에 숙고할 때에 인식할 때에 이 모든 것을 압니다."〈브리 4.5.6〉, "존경스러운 이여, 과연 무엇을 알 때 이 모든 것을 알게 됩니까?"〈문다 1.1.3〉, "그 어떤 지식도 나의 바깥에 놓인 채로는 존재하지 않습니다."라는, 이와 같은 형태의 확언이 알려진다.

만약 모든 사물의 총체가 '알려져야만 하는 브라흐만'과는 구별되지 않는다면, 이 확언은 그와 같이 폐기되지 않고 부인되지 않을 것이다. 왜냐하면 구별이 있는 경우에 하나가 알려짐으로써 모든 것이 알려진다는 이 확언은 폐기될 것이기 때문이다. 그리고 만약 모든 사물의 총체가 유일한 브라흐만에서 생성된다면, [양자가] 그렇게 구별되지 않는 것은 가능하다.

또한 원형물(물질적 원인)과 변형물이 구별되지 않는다는 바로 그 논

라는 표현을 '파악함으로써 파악되는 것이 된다'라고 이해해도 무방하다.

리에 따라 확언이 실증된다고 성언들로부터 알려진다. 그러한 증거로서, "듣지 못한 것을 듣게끔 하고"라며 확언한 뒤에 원인과 결과 사이에 차이가 없다는 것을 확립하기 위한 '찰흙 등의 예시들'로써 그 확언을 실증한다. 그리고 오직 이를 실증하기 위해, 뒤따르는 성언들인 "얘야, 태초에 이것(세계)은 오직 존재였다. 유일무이한 것이었다."〈찬도 6.2.1〉, "그는 … 마음으로 바라보았다. 그는 불을 창조했다."〈찬도 6.2.3〉에서와 같이 결과가 브라흐만으로부터 생긴다는 것을 밝히고 나서, "이 모든 것은 그것을 아뜨만(본질)으로 한다."〈찬도 6.8.7〉라고 시작하여 장(章)의 끝에 이르기까지[23] [결과와 브라흐만이] 구별되지 않는다는 것을 밝힌다.

그래서 만약 에테르가 브라흐만의 결과가 아니라면, 브라흐만이 알려지는 경우에 에테르가 알려지지는 않을 것이다. 또한 이로부터 확언이 폐기될 것이다. 그리고 확언을 폐기함으로써 베다의 비(非)진리성으로 나아가는 것은 합리적이지 않다. 그러한 증거로서, 각각의 베단따에서 그 각각의 성언들은 이러저러한 예시를 통해 바로 그 확언을 알려준다. "이러한 모든 것이 [바로] 그 아뜨만입니다."〈브리 2.4.6〉, "실로 그것은 불멸인 브라흐만이다. 앞쪽(동쪽)에"〈문다 2.2.11〉라고 이렇게 운운하는 것들에서이다. 따라서 실로 불 등과 같이 에테르마저 생성된다.

계시되지 않기 때문에 에테르가 생성되지 않는다고 주장한 것은 합리적이지 않다. "그러한 이 아뜨만으로부터 실로 허공(에테르)이 산출되었다."〈따잇 2.1.1〉라며 에테르의 생성과 관계하는 다른 계시가 제시되었기 때문이다.

23_ 여기서 '장'(prapāṭhaka)이란 〈찬도〉의 6장을 가리킨다. 6장은 16절에서 끝난다.

[전론]: 제시된 것은 사실이다. 하지만 "그는 불을 창조했다."〈찬도 6.2.3〉라는 그러한 다른 계시와 모순된다.

[후론]: 아니다. 모든 계시들이 문장적 통일성을 가지기 때문이다.

[전론]: 모순되지 않는 [계시들이] 문장적 통일성을 가질 것이다. 하지만 이 경우에는 모순이 [존재한다고] 언급했다. 한 번 계시된 창조주가[24] 두 가지 창조대상과 관계를 가지는 것이 불가능하기 때문이다. 그리고 두 가지가 [동시에] 첫 번째로 산출되는 것이 불가능하고, 또 택일(擇一)이 불가능하기 때문이다.[25]

[후론]: 그러한 결함은 없다. 따잇띠리야까에서 불의 창조가 세 번째라고 계시되기 때문이다. "그러한 이 아뜨만으로부터 실로 허공(에테르)이 산출되었다. 허공(에테르)으로부터 공기, 공기로부터 불"〈따잇 2.1.1〉에서이다. 실로 이 계시는 다른 방식으로 검토될 수가 없다.[26] 반면에 찬도그야의 계시는 [다른 방식으로] 검토될 수 있다. 그가 에테르와 공기를 창조한 뒤에 "그는 불을 창조했다."라는 [의미이다]. 실로 이 계시는 불의 발생을 주된 것으로 삼지만 다른 계시에서 잘 알려져 있는 에테르의 생성을 부인할 수가 없다. 하나의 문장이 두 가지로 작용하는 것은 불가능하기 때문이다.[27] 그리고 비록 창조주는 하나일지라도 순서에 따라 여러 창조대상을 창조할 수 있다. 그래서 문장적 통일성을 가정하는 것이 적합한 경우에는, 의미가 모순된다고 해서 계시를 폐기해서는 안 된다.

또한 우리는 한 번 계시된 창조주가 두 가지 창조대상과 관계를 가

24_ 한 번 계시된 창조주가=하나의 계시로부터 알려지는 오직 하나의 창조주가.

25_ 택일이 불가능하기 때문이다=어느 하나가 첫 번째로 산출되었다고 임의로 선택할 수 없기 때문이다.

26_ 다른 방식으로 검토될 수가 없다=의문의 여지없이 그 의미가 분명하다.

27_ "그는 불을 창조했다."라는 하나의 문장이 '불의 생성(창조)을 확립하는 것'과 '에테르의 생성을 부인하는 것'이라는 두 가지 취지를 가지는 것은 불가능하다.

진다고 의도하지 않는다. 다른 창조대상은 다른 계시에 힘입어 채택되기 때문이다.[28]

그리고 예컨대 "이 모든 것은 실로 브라흐만이다. [브라흐만을] '땃잘란'(그것으로부터 태어나고 그것에서 소멸되고 그것에서 숨 쉰다)이라고"〈찬도 3.14.1〉라는 곳에서 모든 사물의 총체가 브라흐만으로부터 산출된다고 바로 직접적으로 계시되더라도, 다른 곳에서 규정된 '불을 필두로 하는 생성의 순서'가 부인되지는 않는다. 마찬가지로 불 또한 브라흐만으로부터 산출된다고 계시되더라도, 다른 계시서에서 규정된 '에테르를 필두로 하는 생성의 순서'가 부인되어서는 안 된다.

[전론]: "[브라흐만을] '땃잘란'이라고 평온으로 계속 명상해야 한다."〈찬도 3.14.1〉라고 계시되기 때문에, 이 문장은 평온에 대한 명령을 목적으로 하지 않는가? 이것은 창조에 대한 문장이 아니다.[29] 따라서 이것은 다른 곳에서 잘 알려져 있는 순서를 부인할 수 없다. "그는 불을 창조했다."라는 것이 창조에 대한 문장이다. 따라서 이 경우에는[30] 계시된 바대로 순서를 파악해야만 한다.

[후론]: 아니라고 말한다. 실로 불이 첫 번째라는 것에 호응함으로써, 다른 계시서에서 잘 알려져 있는 에테르라는 사물을 도외시해서는 안 된다. 순서는 사물의 속성이기 때문이다.[31]

28_ 후론자의 입장에서도 하나의 계시로부터 알려지는 오직 하나의 창조주는 단지 하나의 창조대상과 관계할 뿐이다. 다른 하나의 창조대상은 다른 계시로부터 제공되기 때문이다. 후론자는 이와 같이 두 계시 문장을 각각의 취지 그대로 수용한다.

29_ <찬도 3.14.1>의 취지는, 땃잘란(tajjalān)과 관계하여 '세계가 브라흐만으로부터 산출된다는 것'에 있지 않고, '평온한 마음으로 계속적 명상을 실행하도록 명령하는 것'에 있지 않는가? 여기서 '땃잘란'이라는 압축적인 말은 브라흐만이 세계의 생성, 소멸, 유지의 원인이라는 것을 의미한다.

30_ 이 경우에는="그는 불을 창조했다."<찬도 6.2.3>의 경우에는.

31_ 순서는 사물(padārtha)의 속성(dharma)이기 때문에 그 사물에 종속된다. 따라

더 나아가 "그는 불을 창조했다."라는 곳에서는 순서를 지시하는 그 어떤 직접적인 말도 없다. 결국 순서는 암시적으로 알려진다. 그리고 이것은[32] "공기로부터 불"이라며 다른 계시서에서 잘 알려져 있는 그 순서에 의해 배제된다. 그리고 에테르와 불 가운데 첫 번째로 산출되는 것과 관계하여, 택일은 가능하지 않기 때문에 배제되고 공동(共同)은 용인되지 않기 때문에 배제된다.[33] 따라서 계시들 사이에 상호모순은 존재하지 않는다.

더 나아가 "듣지 못한 것을 듣게끔 하고"라며 찬도그야의 '시작되는 문장'에서 계시되는 이 확언을 실증하기 위해서는, 비록 에테르가 생성되는 것으로 전해지지 않을지라도 [그것은] 추가되어야만 한다. 그렇다면 따잇띠리야까에서 [직접적으로] 전해지는 에테르가 무슨 이유에서 수용되지 않겠는가!

그리고 에테르와 모든 것이 동일한 시간과 공간을 가지기 때문에 '브라흐만과 그 결과물들'과 함께 그것(에테르)이 분명 알려지게 되므로 확언이 폐기되지 않는다고 주장한 것과, 또 우유와 물처럼 브라흐만과 에테르가 구별되지 않는다는 것이 합당하기 때문에 "유일무이한 것이 었다."라는 계시가 침해되지 않는다고 주장한 것에 관해서 말한다.

'하나에 대한 지식을 통한 모든 것에 대한 지식'이라는 것은 우유와 물이라는 논리에 따라 도출될 수 없다. 실로 찰흙 등의 예시를 가져옴으로써 오직 원형물과 변형물이라는 논리에 따라 '모든 것에 대한 지식'이라는 것이 도출될 수 있다고 알려진다. 게다가 우유와 물이라는 논리에 따라 가정되는 '모든 것에 대한 지식'은 참된 지식일 수 없다. 왜냐하면 우유에 대한 지식을 통해 물이 파악된다고 해서 참된 지식이

서 순서보다 사물을 먼저 고려해야 한다.

32_ 이것은=직접적으로 알려지지 않고 암시적으로 알려지는 순서는.

33_ 공동(samuccaya)이란 두 가지가 동시에 첫 번째로 산출되는 것을 가리킨다.

파악되는 것은 아니기 때문이다.[34] 그리고 베다가 사람들처럼 속임수 · 거짓말 · 기만 등을 통해 사물을 확정한다는 것은 합당하지 않다. 또한 "유일무이한 것이었다."라는 이 확정적인 계시는 우유와 물이라는 논리에 따라 검토됨으로써 침해당할 것이다.

더욱이 그 '모든 것에 대한 지식'이나 '유일무이성을 확정하는 것'이 그 자체의 결과물과 관련됨으로써 일부의 사물과 관계한다는 것은 정당하지 않다. 왜냐하면 찰흙 등에 대해서도 그것이[35] 가능함으로 말미암아 "얘야, 슈베따께뚜야, 이제 너는 이렇듯이 자만해 있고 식자라고 생각하며 잘난 체하고 있구나! 듣지 못한 것을 듣게끔 하고 … 그 교훈을 여쭌 적이 있었느냐?"〈찬도 6.1.3〉라는 등을 통해 그것이 낯선 것으로 제시될 필요가 없기 때문이다.[36]

34_ 우유가 가득한 항아리에 소량의 물방울이 떨어져 있는 경우, 우유에 대한 앎을 통해 우유에 섞여 있는 물은 파악된 것이 된다. 하지만 물이 우유와는 다른 것이라고 분명하게 알려져 있는 이상, 그 물에 대한 앎은 우유에 대한 앎과 혼동된 거짓된 지식일 뿐 참된 지식이 아니다.

35_ 그것이='모든 것에 대한 지식'이나 '유일무이성을 확정하는 것'이. 이 문장의 뒷부분에 등장하는 '그것이'도 이 두 가지를 지시한다.

36_ '모든 것에 대한 지식'이나 '유일무이성을 확정하는 것'이 어떤 사물과 그 사물의 결과물(변형물)을 통해 알려짐으로써 다만 그 결과물인 일부의 사물과 관계한다고 주장하는 것은 옳지 않다. 그 이유는 다음과 같다: <찬도 6.1.4>에서는 "얘야, 마치 하나의 찰흙덩이를 [아는 것을] 통해 찰흙으로 이루어진 모든 것을 알 수 있듯이 … 오직 찰흙이라는 것만이 실재이다."라며 찰흙의 예시가 등장한다. 그런데 이 찰흙의 경우에 '찰흙에 대한 지식을 통해 찰흙으로 이루어진 모든 것에 대한 지식'이 가능하고, 또 '찰흙만이 유일무이한 실재라고 확정하는 것'이 가능하다. 이와 같이 모든 것에 대한 지식이나 유일무이성은 '찰흙과 찰흙의 결과물'이라는 소박한 세속적 예시를 통해서도 충분히 알려질 수 있다. 그런데 <찬도 6.1.4>보다 앞선 <찬도 6.1.3>에서는 모든 것에 대한 지식이나 유일무이성이 매우 특별한 것 또는 매우 '낯선 것'(apūrvavat)으로 제시된다. 즉 그것은 일상에서 쉽게 알려질 수 없는 비밀스러운 가르침인 듯이 제시된다. 만약 모든 것에 대한 지식이나 유일무이성이 '찰흙과 찰흙의 결과물'의 예시처럼 쉽게 알려지는 것이라면, 결코 그것은 <찬도 6.1.3>에서 '낯선 것'으로 제시되지 않았어야 했다. 하지만 낯선 것으로 제시되었다. 따라서 모든 것에 대한 지

그러므로 실로 모든[37] 사물과 관계하는 그 '모든 것에 대한 지식'은 모든 것이 브라흐만의 결과물이라는 견지에서 제시된다고 이해해야만 한다.‖6‖

한편 [생성이] 가능하지 않기 때문에 에테르의 생성에 대한 계시가 비유적 의미라고 그렇게 주장한 것에 관해서 우리는 말한다.

7. 하지만, 세상에서처럼, 변형물의 [총체가 알려지는] 이상 [바로 그런 만큼] 구분이 [알려지기 때문에, 구분된다고 알려지는 에테르도 변형물이어야 한다]; [따라서 에테르는 브라흐만의 결과물이다].

yāvad vikāraṃ tu vibhāgo lokavat ‖7‖

'하지만'이라는 말은 [에테르의 생성이] 불가능하다는 의문을 배제하기 위해서이다. 실로 에테르의 생성에 관해 불가능하다는 의심이 생겨서는 안 된다. 이 세상에서 항아리 · 소(小)항아리 · 단지 등이나 팔찌 · 팔가락지 · 귀걸이 등이나 바늘 · 쇠화살 · 칼 등의 그 어떤 것이든 변형물의 총체가 알려지는 이상, 바로 그런 만큼 구분이 알려지는 까닭에서이다.[38] 반면에 변형을 겪지 않는 것은 그 무엇이든 그 어디서든 구분되는 것으로 알려지지 않는다. 그런데 에테르는 흙 등으로부터 구분된다고 알려진다. 따라서 그것 또한 변형물이어야만 한다. 이로써 방향 · 시간 · 마음 · 원자 등도 결과물(변형물)이라고 설명된다.

식이나 유일무이성을 확정하는 것이 다만 에테르를 제외한 채로 일부의 사물과 관계한다고 주장해서는 안 된다. 즉 모든 사물과 관계한다고 주장해야 한다.

37_ 모든(aśeṣa)=하나도 남김없이 모든 즉 에테르를 배제하지 않은 모든.

38_ 모든 변형물들이 각각의 명칭과 형태를 가지고 있는 이상, 그런 만큼 그것들은 구분되고 있는 셈이다.

[전론]: 아뜨만마저 에테르 등으로부터 구분되므로, 그것 또한 항아리 등처럼 결과물이라는 결말이 생기지 않는가?

[후론]: 아니다. "아뜨만으로부터 [실로] 허공(에테르)이 산출되었다." 〈따잇 2.1.1〉라고 계시되기 때문이다. 실로 만약 아뜨만마저 변형물이라면, 그것보다 더 지고한 다른 것이 계시되지 않으므로, 아뜨만이 결과물인 경우에 에테르 등의 모든 결과물은 비(非)실체가 될 것이다.[39] 이와 같은 연관에서 허무주의가 수반될 것이다.

또한 아뜨만의 경우에는, 아뜨만이기 때문에, [그것을] 부인하려는 의심은 합당하지 않다. 왜냐하면 아뜨만은 자증(自證)적임으로 말미암아[40] 그 누구에게도 우연적이지 않기 때문이다. 실로 아뜨만이 그 자체가 가지는 지식수단에 의존함으로써 확립되지는 않는다. 오히려 그것(아뜨만)은 확립되지 않은 지식대상을 확립하기 위해 지각 등의 지식수단들을 받아들인다. 그 누구도 에테르 등의 대상들이 지식수단에 의존하지 않고 자증적이라고는 결코 용인하지 않는다. 반면에 아뜨만은 지식수단 등의 경험작용에 대한 근저이기 때문에 지식수단 등의 경험작용보다 분명 그 이전에 확립된다. 그리고 이와 같은 것을 부인하기란 불가능하다. 실로 우연적인 어떤 것이 부인될 뿐 본질이 부인되지는 않는다. 왜냐하면 바로 그 부인하는 자가 그 자체의 본질이기 때문이다. 예를 들어 불의 열기는 불에 의해 부인되지 않는다. 마찬가지로 '바로 내가 현재에 현존하는 대상을 안다.', '바로 내가 과거나 더 지난 과거에 [그것을] 알았다.', '바로 내가 미래나 더 나중의 미래에 [그것을] 알 것이다'에서, 비록 지식대상이 현재와 과거와 미래의 상태에 따라 다른 방식으로 존재할지라도, 지식주체가 다른 방식으로 존재하지는

39_ 비실체(nirātmaka)가 될 것이다=물질적 원인을 가지지 않을 것이다.

40_ 자증적임(svayaṃsiddha)으로 말미암아=자기 확립적임으로 말미암아.

않는다. [지식주체는] 영원히 현존하는 본성을 가지기 때문이다. 그리고 [영원히] 현존하는 본성 때문에 육체가 재로 변하더라도 아뜨만은 절멸하지 않고, 또 [아뜨만이] 다른 본성을 가지는 것도 가능할 수 없다. 이와 같이 오직 부정될 수 없는 본성을 가짐으로 말미암아 아뜨만은 결과물이 아니다. 그리고 에테르는 결과물이다.

한편 에테르가 동종적이고 여럿인 '물질적 원인으로서의 실체'를 가지지 않는다고 주장한 것을[41] 논박한다.

먼저 이종적인 것이 아닌 오직 동종적인 것만이 [결과를] 산출한다는 원칙은 없다. 예를 들어 '실'과 '그것의 결합'은 동종적이지 않다. [각각] 실체와 성질이라고 용인되기 때문이다.[42] 또한 북 · 베틀 등의 동작적 원인들까지 동종적이어야 한다는 원칙은 없다.

이러할 수도 있다: 단지 내속적(물질적) 원인과 관계해서 동종적인 것이 용인되고, 다른 원인[43]과 관계해서는 용인되지 않는다. [하지만] 이조차도 절대적인 것은 아니다. 예를 들어 동종적이지 않은 실과 소의 털로써 하나의 밧줄을 만든다고 관찰된다. 마찬가지로 실과 양털 등으로써 다양한 담요들을 엮는다고 [관찰된다]. 혹여 존재, 실체 등의 [공통성에] 의존한 채로 동종적인 [내속적 원인을] 가정하는 경우에는, 원칙 [그 자체가] 무의미해진다. 모든 것이 모든 것과 동종적인 것이 되기 때문이다.[44]

41_ <주석 2.3.3>에서 이론자가 주장한 것이다. 에테르는 그 자체가 산출될 수 있게끔 하는 '내속적 원인'(물질적 원인)을 가지지 않고 그에 따라 '비내속적 원인'(결합)도 가지지 않는다고 주장한 바 있다.

42_ 실은 내속적 원인이고 실의 결합은 비내속적 원인이다. 이 둘은 함께 결집함으로써 결과를 산출할 수 있는데, 실은 실체이고 결합은 성질이므로 양자는 이종적이다.

43_ 다른 원인=비내속적 원인, 동작적 원인.

44_ 내속적 원인이 될 수 있는 것은 실체(dravya)이다. 그리고 실체 · 성질 · 운동은 존재(sattva)라고 알려져 있기에 실체로서의 존재도 내속적 원인이 될 수 있다.

게다가 하나가 아닌 오직 여럿인 [내속적 원인이 결과를] 산출한다는 원칙은 없다. 원자와 마음이 [각각] 최초의 운동을 산출한다고 용인되기 때문이다. 실로 단원자와 마음은 그 하나하나가 다른 실체들과 결합하지 않은 채 최초의 운동을 산출한다고 용인된다.[45]

[전론]: 여럿이 [결과를] 산출한다는 원칙은 오직 실체의 산출에 대해서이다.[46]

[후론]: 아니다. 전변이 용인되기 때문이다. 만약 결합의 보조를 받아 실체가 다른 실체를 산출하는 것이 용인된다면, [당신이 주장하는] 그러한 원칙은 가능하다. 하지만 바로 그 실체가 '특이점을 가지는 다른 상태'에 도달함으로써 '결과'라고 불리는 것으로 용인된다.[47] 그래서 어떤 경우에는 흙 · 씨앗 등의 '여럿이' 새싹 등의 상태로 전변한다. 어떤 경우에는 우유 등의 '하나가' 응고된 우유 등의 상태로 전변한다. 오직 여럿인 원인이 결과를 산출한다는 신의 교시가 있지는 않다. 결국 계시서의 전거로 말미암아 하나인(유일한) 브라흐만으로부터 에테르 등 대(大)원소의 생성 순서에 따라 세계가 산출되었다고 확정된다. 이와 같은 연관에서 "만약 모으는 것을 보기 때문에 [즉 이 세상에서 여러

따라서 존재, 실체라는 공통적 범주에 입각한 채로 오직 동종적인 것만이 결과를 산출한다는 원칙을 세울 수도 있다. 하지만 이 경우에는 원칙 그 자체가 무의미해지고 만다. 왜냐하면 이 세상의 모든 다양한 실체들이 존재로서 또 실체로서 그저 동종적인 것이 되고 마는 부조리한 결말이 생기기 때문이다.

45_ 단원자는 결합을 비내속적 원인으로 하여 그 결과인 이원자가 되고, 마음은 영혼(아뜨만)과 결합함으로써 그 결과인 인식을 낳는다. 이와 같은 결합을 위해서 하나인 단원자는 또 하나인 마음은 각각 그 자체로 '최초의 운동'(ādyakarma)을 산출한다.

46_ 하나가 아닌 여럿인 내속적 원인이 결과를 산출한다는 원칙은 단지 실체의 산출과 관계할 뿐 성질이나 운동의 산출과는 관계하지 않는다. 따라서 최초의 운동을 언급하는 것은 논점을 벗어나 있다.

47_ 이러한 점에서 후론자가 말하는 전변(pariṇāma)이란, 어떤 원인(실체)이 특이점(viśeṣa)을 가지는 다른 상태에 도달함으로써 결과가 되는 것을 가리킨다.

인과적 원인들을 모으고 그것들을 통해 결과를 만든다고 관찰되기 때문에 의식체인 브라흐만은 세계의 원인이] 아니라고 한다면, 아니다; 왜냐하면 우유처럼 [다양하게 전변하는 것이 합당하기] 때문이다."〈수뜨라 2.1.24〉라고 말했다.

또한 에테르가 생성될 때 이전과 이후의 시간에서 특이점을 짐작할 수 없다고 주장한 것은[48] 합리적이지 않다. 왜냐하면 현재에[49] '흙 등과는 구별되고 있는 에테르'가 고유성을 가진다고 확정되게끔 하는 바로 그러한 특이점이[50] 생성 이전에는 존재하지 않았다고 알려지기 때문이다. 또한 예컨대 "그것은 광대하지도 않고 미세하지도 않으며"〈브리 3.8.8〉라는 등이 계시되기 때문에 브라흐만이 '광대함(가시성) 등과 [같은] 흙 등의 본성'을 본성으로 가지지 않듯이, 마찬가지로 "에테르도 아니며"〈브리 3.8.8.〉라고 계시되기 때문에 브라흐만은 심지어 '에테르의 본성'을 본성으로 가지지 않는다고 알려진다. 따라서 생성 이전에 [브라흐만은] 에테르를 가지지 않는다고 확립된다.

그리고 흙 등과는 상이한 특징을 가짐으로 말미암아 에테르가 생성되지 않는다고 주장한 것[51] 또한 사실이 아니다. 생성의 불가능에 대한 추론이, 계시서와 모순이 있는 경우에 오류가 되는 것은 합당하기 때문이다. 또한 생성이 [가능하다는] 추론이 제시되었기 때문이다. 또한 '에테르는 무상하다. 무상한 성질의 근저(소재지)이기 때문이다. 항아리 등과 같다'라는 등을 적용하는 것이 가능하기 때문이다.[52]

48_ <주석 2.3.3> 참조.

49_ 현재에=생성 이후에.

50_ 바로 그러한 특이점이=소리와 같은 성질이.

51_ <주석 2.3.3> 참조.

52_ 이는 에테르의 생성이 가능하다는 것을 증명하는 또 하나의 추론이다. 즉 소리 등의 무상한 성질이 담기는 항아리 그 자체가 무상하듯이, 소리 등의 무상한 성질이 자리 잡는 근저 또는 소재지인 에테르 그 자체도 무상하다는 것이다. 에테

[전론]: [그 추론은] 아뜨만에 대해서는 절대적이지 않다.[53]

[후론]: 아니다. 우빠니샤드에 근거한다면, 그것(아뜨만)이 각 무상한 성질의 근저라는 것은 정립되지 않기 때문이다.[54] 또한 생성을 주장하는 자들에 관해서라면, 에테르의 편재성 등은 실증되지 않은 것이기 때문이다.[55]

더욱이 "또한 성언 때문에, [에테르는 생성되지 않는다]."〈수뜨라 2.3.4〉라고 그렇게 주장한 경우에, 먼저 에테르에 관하여 불멸성을 [언급하는] 계시는[56] '천상의 거주자는 불멸한다'라는 것처럼 이해되어야만 한다. [에테르의] 생성과 소멸이 제시되었기 때문이다.[57] "에테르(허공)처럼 편재하고 영원한"에서조차, 위대성이 잘 알려져 있는 에테르와 [브라흐만을] 비교하는 것은, [브라흐만이] 에테르와 동등하다는 것을 의도하지 않고 [브라흐만이] 비할 데 없이 위대하다는 것을 의도한다. 예컨대 '화살처럼 태양이 움직인다'라는 것이, [태양이] 화살과 동

르가 무상하다는 것은 곧 생성을 가진다는 뜻이다.

53_ 아뜨만 또한 여러 무상한 성질의 근저이기 때문에 무상하다고 추론될 수 있지만 우빠니샤드에서는 아뜨만을 영원하다고 간주하므로, 그와 같은 방식의 추론을 아뜨만에 대해서까지 적용할 수는 없다. 따라서 그와 같은 방식으로 추론해서는 안 된다.

54_ 아뜨만에 대해서는 그와 같은 방식의 추론 자체가 애당초에 불가능하다. 왜냐하면 우빠니샤드에 따르면 아뜨만이 여러 무상한 성질의 근저라는 전제 자체가 성립될 수 없기 때문이다.

55_ 아뜨만이 아니라 에테르에 대해서는 그와 같은 방식의 추론 자체가 가능하다. 에테르가 생성을 가진다고 주장하는 베단따 등의 학자들은, 이론자와는 달리, 에테르의 경우에 편재성 등의 특징을 가지는 것이 실증되지 않았다고 여기기 때문이다.

56_ <브리 2.3.3> 참조: "공기와 에테르입니다. 그것은 불멸이고".

57_ '천상의 거주자'(divaukas)는 즉 신격은 인간보다 상대적으로 더 긴 수명을 가진다는 의미에서 불멸한다고 말해진다. 따라서 에테르의 불멸성도 에테르가 다른 사물과 비교해서 상대적으로 더 불멸에 가깝다는 의미에 지나지 않는다. 왜냐하면 에테르가 생성과 소멸을 겪는다고 이미 확립되었기 때문이다.

등하게 움직인다는 것을 의도하지 않고 [태양이] 빠르게 움직인다는 것을 의도하면서 언급되듯이, 그와 마찬가지이다. 이로써 무한성을 비교하는 계시도 설명된다.[58]

또한 "에테르(허공)보다 더 큰"〈샤따-브 10.6.3.2〉이라는 등의 계시들로부터 에테르가 브라흐만보다 더 작은 연장(延長)을 가진다고 확립된다. 게다가 "그에 대해서는, 닮은꼴이란 존재하지 않는다."〈슈베 4.19〉라며 브라흐만이 비교되지 않는다는 것을 보여준다. 더욱이 "이것과는 다른 것은 소멸을 향합니다."〈브리 3.4.2〉라며 브라흐만과는 다른 에테르 등이 소멸을 향한다는 것을 보여준다.

'브라흐만'이라는 말이 '고행'에 대해 [비유적으로 사용되는] 것처럼[59] 에테르의 생성에 대한 계시가 비유적 의미라고 [주장한] 것은, 에테르의 [생성이] 가능하다는 계시와 추론을 통해 논박했다.

그러므로 에테르는 브라흐만의 결과물이라고 정립된다.‖7‖

{ 2. '공기'라는 주제: 수뜨라 8 }

8. 이로써 [즉 에테르에 대한 설명으로써, 에테르에 의존하는] 공기가 설명된다.

etena mātariśvā vyākhyātaḥ ‖8‖

58_ <주석 2.3.4>에 등장하는 "그것은 마치 무한한 이 에테르와 같다. 마찬가지로 아뜨만도 무한하다고 알려져야만 한다."라는 계시이다.

59_ <따잇 3.2.1> 참조: "고행을 통해 브라흐만을 알고자 하라. 고행이 브라흐만이다." <주석 2.3.5> 참조.

[후론]: 이 [수뜨라는] 연장 적용이다. 이로써 즉 에테르에 대한 설명으로써, 공기가 즉 에테르에 의존하는 공기마저 설명된다.

이 경우에도 이러저러한 입장들이 적절하게 정해져야만 한다. 찬도가들의 생성에 대한 장절에서 전하지 않기 때문에 '공기는 생성되지 않는다'라는 것이 한 입장이다. 반면에 따잇띠리야들의 생성에 대한 장절에서 "허공(에테르)으로부터 공기"〈따잇 2.1.1〉라고 전한다는 다른 입장이 있다. 이로부터 또한 계시들 사이에 상호모순이 있는 경우, [생성이] 가능하지 않기 때문에 공기의 생성에 대한 계시가 비유적 의미라는 것이 다른 소견(所見)이다.[60] 그리고 [생성이] 가능하지 않은 것은, "그러한 이 공기로서의 신격은 저물지 않는다."〈브리 1.5.22〉라며 저묾을 부정하기 때문이고, 또 불멸성 등이 계시되기 때문이다.

[계시서의] 확언과 대치되지 않기 때문에 또 변형물이 [알려지는] 이상 구분이 [알려진다고] 용인되기 때문에[61] 공기는 생성된다는 것이 정론이다. 저묾을 부정하는 것은 하위 지식과 관계하며 상대적인 것이다. 불 등처럼 공기의 저묾은 가능하지 않기 때문이다. 그리고 불멸성 등에 대한 계시는 [앞서] 반박했다.

[전론]: 생성에 대한 장절에서 공기와 에테르가 계시되거나 계시되지 않는 것은 똑같지 않는가? [그러니] 오직 하나의 '주제'가 양자와 관계한다고 해야 한다. [양자에] 차별점이 없는 경우에 연장 적용이 무슨 소용이란 말인가?[62]

60_ 다른 소견이다=이론자의 입장이다.

61_ 이 두 가지 근거는 <수뜨라 2.3.6-7>에 해당된다. 구분(vibhāga)을 가지는 것이라면 그 무엇이든지 결과물이고 또 그에 따라 '생성되는 것'이다.

62_ 에테르와 공기의 생성과 관련하여 계시서의 언급과 그에 따른 논의 방식은 흡사하다. 이 경우에 에테르를 다루는 '주제'(adhikaraṇa)와 공기를 다루는 '주제'를 나누지 말고 하나의 '주제' 아래 에테르와 공기를 함께 다루는 것이 좋다. 따라서 이와 같은 연장 적용은 합리적이지 않다.

[이에 대하여] 대답한다.

[후론]: 그것은 그와 같이 사실이다. 그럼에도 우둔한 자와 관계하여 단순히 말이 만드는 의심을 파기하기 위해서[63] 이 연장 적용이 이루어진다. 왜냐하면 '상바르가(흡수하는 것)의 명상적 지식'[64] 등에서 명상대상인 공기의 위대한 영광이 계시됨으로 말미암아, 또 저묾에 대한 부정 등으로 말미암아, 누군가에게 [공기가] 영원하다는 의심이 생기기 때문이다.‖8‖

{ 3. '불가능함'이라는 주제: 수뜨라 9 }

9. 하지만, [만약 브라흐만이 무언가로부터 생성된다고 한다면], 존재(브라흐만)가 [생성되는 것은] 불가능하다; 부당하기 때문이다.
asaṃbhavas tu sato 'nupapatteḥ ‖9‖

[후론]: 누군가는 생성이 불가능해 보이는 에테르와 공기조차도 생성된다고 들은 뒤에 심지어 브라흐만이 무언가로부터 생성될 수 있다고 생각할 수 있다. 또한 누군가는 변형물에 불과한 에테르 등으로부터 그 이후의 변형물들이 생성된다고 들은 뒤에 심지어 에테르가 변형물에 불과한 브라흐만으로부터 생성된다고 생각할 수 있다. 그러한 의문을 제거하기 위해 "하지만 … 불가능하다"라는 이 수뜨라가 [나아간다].

실로 존재를 본질로 하는 브라흐만이 무언가 다른 것으로부터 생성

63_ 우둔한 자가 단순히 말에 의존함으로써 가질 수 있는 의심을 파기하기 위해서.
64_ <찬도 4.1-3> 참조.

될 수 있다고 의문시해서는 안 된다.

무엇 때문에? 부당하기 때문이다. 실로 브라흐만은 '존재 자체'이다. 그것(브라흐만)이 바로 그 '존재 자체'로부터 생성되는 것은 가능하지 않다.[65] 탁월한 것이 없는 경우에 원형물(원인)과 변형물(결과)의 관계란 불가능하기 때문이다.[66] 게다가 [브라흐만이] 존재 [자체의] 특수한 [양상으로부터 생성되는 것은 가능하지] 않다. 관찰되는 바와 상반되기 때문이다. 찰흙 등으로부터 항아리 등이 생성된다고 관찰되듯이 실로 보편으로부터 특수들이 생성된다고 관찰될 뿐, 특수들로부터 보편이 생성된다고 관찰되지는 않는다. 더욱이 [브라흐만이] 비존재로부터 [생성되는 것은 가능하지] 않다. [비존재는] 비(非)실체이기 때문이다. 또한 "어떻게 비존재로부터 존재가 태어날 수 있다는 말이냐!"〈찬도 6.2.2〉라는 반박이 계시되기 때문이다. 그리고 "그는 [세계의] 원인이고, 감관의 지배자에 대한 지배자이며, 또 그를 창조하는 그 어떤 자도 없고 지배하는 자 역시 없다."〈슈베 6.9〉라며 '브라흐만을 창조하는 자'를 부인한다.

한편, 에테르와 공기가 생성된다는 [계시들이] 예시되었지만, 브라흐만은 그것(생성)을 가지지 않는다는 [계시들이] 있으므로, [이것이] 상이한 점이다. 그리고 변형물들로부터 다른 변형물들의 생성을 본다고 해서 심지어 브라흐만도 변형물일 수는 없다. 근원적 원형물(원인)이 용인되지 않는 경우에 무한소급이라는 부조리한 결말이 생기기 때문이다. 결국 근원적 원형물이라고 용인되는 바로 그것이 우리의 브라흐만이므로, 모순은 없다.‖9‖

65_ '존재 자체'(sanmātra)가 '존재 자체'로부터 생성될 수는 없다.

66_ '탁월한 것'(atiśaya)으로서의 원인(원형물)이 존재하지 않으면 생성의 인과관계 자체가 성립될 수 없기 때문이다.

{ 4. '불'이라는 주제: 수뜨라 10 }

10. 불은 이것(공기)으로부터 [생성된다]; 왜냐하면 [계시서가] 그와 같이 말하기 때문이다.

tejo 'tas tathā hy āha ‖10‖

[전론]: 불은 찬도그야에서 존재(브라흐만)를 근원으로 한다고 계시되지만, 따잇띠리야까에서 공기를 근원으로 한다고 계시된다. 여기서 불의 원천에 관해 계시 사이에 이견(異見)이 있는 경우에, 당장 불이 브라흐만을 원천으로 한다고 귀결된다.

어떤 근거에서? "[태초에] … 오직 존재였다."〈찬도 6.2.1〉라고 시작한 뒤에 "그는 불을 창조했다."〈찬도 6.2.3〉라고 가르치기 때문이다. 또한 '모든 것에 대한 지식'이라는 확언은 모든 것이 브라흐만을 기원으로 할 때에 가능하기 때문이다. 그리고 "[브라흐만을] '땃잘란'이라고"〈찬도 3.14.1〉라며 특정함이 없이 계시되기 때문이다.[67] 또한 다른 계시서에서 "그것(뿌루샤)으로부터 생기 … [흙이] 태어난다."〈문다 2.1.3〉라고 시작한 뒤에 모든 것이 한결같이 브라흐만으로부터 생성된다고 가르치기 때문이다. 게다가 따잇띠리야까에서 "숙고하고 나서 그는, 그렇게 있는 그 무엇이든, 이 모든 것을 창조했다."〈따잇 2.6.1〉라며 특정함이 없이 계시되기 때문이다. 따라서 "공기로부터 불"〈따잇 2.1.1〉이라는 것은 순서에 대한 가르침으로서, 공기에 곧 이어서 불이

67_ '특정함이 없이 계시되기 때문이다'(aviśeṣaśruteḥ)라는 표현은 '불이 브라흐만으로부터 생성된다고 특정하지는 않지만 모든 것이 한결같이 브라흐만으로부터 생성된다고 일반적인 어법으로 계시되기 때문이다'라는 뜻이라고 이해할 수 있다.

발생된다고 이해해야만 한다.

이러한 귀결에서 말한다.

[후론]: 불은 이것으로부터 즉 공기로부터 생성된다.

무엇 때문에? 왜냐하면 [계시서가] 그와 같이 말하기 때문이다. "공기로부터 불"에서이다. 실로 불이 브라흐만으로부터 매개 없이[68] 생성되고 공기로부터 생성되지 않는 경우에 "공기로부터 불"이라는 이 계시는 무가치해질 것이다.

[전론]: 이 [계시는] 순서를 의미할 것이라고 말했지 않는가?

[후론]: 아니라고 우리는 말한다. "그러한 이 아뜨만으로부터 실로 허공(에테르)이 산출되었다."〈따잇 2.1.1〉라며 그 앞에서 '아뜨만'이라는 [말이] '산출되다'라는 동사와 관계하는 행위이탈의 5격으로 지시되기 때문이고, 또 이곳에서는 바로 그 '산출되다'라는 동사가 '연결되는 말'이기 때문이다.[69] 이후에도 또한 그 연결되는 말과 관계하여 "흙으로부터 식물"〈따잇 2.1.1〉이라며 행위이탈의 5격을 보기 때문에, "공기로부터 불"에서 그것은 오직 행위이탈의 5격이라고 이해된다. 더 나아가 '공기의 [산출] 이후에 불이 산출되었다'에서는 '추가되는 말'을 통한 의미 연계가 가정되어야만 한다. 반면에 '공기로부터 불이 산출되었다'에서는 '행위의 격(格)관계'를 통한 의미 연계가 [이미] 이루어져 있다.[70]

68_ 매개 없이=직접적으로.

69_ 이곳에서는="공기로부터 불"이라는 문장에서는. "공기로부터 불"이라는 문장은 '산출되었다'라는 술어의 지배를 받는다. 왜냐하면 '산출되었다'라는 말은 앞선 문장의 술어로서 그 쓰임이 뒤따르는 문장에까지 이어지면서 그 문장에 영향을 미치는 '연결되는 말'(adhikāra)이기 때문이다. 결국 이 문장의 온전한 형태는 "공기로부터 불이 산출되었다."이다.

70_ "공기로부터 불이 산출되었다."라는 문장을 순서의 의미로 이해하는 경우에는 "공기의 [산출] 이후에 불이 산출되었다."라며 '이후에'(ūrdhvam)와 같이 순서를 알려주는 말을 추가해야 한다. 즉 '산출되었다'라는 말은 '추가되는 말'(upapada)을 통해 의미 연계를 가진다고 가정해야만 한다. 반면에 "공기로부터

따라서 이 계시는 불이 공기를 원천으로 한다고 알려준다.

[전론]: 다만 다른 계시에서 즉 “그는 불을 창조했다.”〈찬도 6.2.3〉에서 불이 브라흐만을 원천으로 한다고 알려주지 않는가?

[후론]: 아니다. 연쇄에 따르는 생성을 [의도하는] 경우조차 그 [계시는] 모순을 가지지 않기 때문이다.[71] 실로 비록 에테르와 공기를 창조한 뒤에 공기의 상태에 다다른 브라흐만이 불을 창조했다고 가정하는 경우일지라도, 여전히 이는 ‘불이 브라흐만으로부터 생성된다는 것’과 모순되지 않는다. 예컨대 ‘그녀(암소)의 우유, 그녀의 응고된 우유, 그녀의 치즈 등’에서이다. 그리고 “그것은 그 자체를 스스로 만들었도다.”〈따잇 2.7.1〉라며 브라흐만이 변형물의 본질로 남아 있다는 것을 보여준다. 또한 마찬가지로 ‘신의 전승서’도 있다. “지성, 지식, 미혹되지 않음”〈기따 10.4〉이라는 등을 열거한 뒤에 “존재들의 다종다양한 성향들은 오직 나로부터 생깁니다.”〈기따 10.5〉라고 한다. 비록 지성 등이 [각각] 그 자체의 원인들로부터 직접적으로 생긴다고 알려질지라도, 모든 성향의 총체는 신으로부터 유래되는 것이기 때문에 [신으로부터] 직접적으로 혹은 매개를 통해 생긴다.

이로써 ‘순서를 가지지 않는 창조’를 말하는 계시들이 설명된다. 그것들은 모든 면에서 합당하기 때문이다.[72] 반면에 ‘순서를 가지는 창

불이 산출되었다.”라는 문장을 ‘공기를 원천으로 하여 불이 산출되었다’는 의미로 이해하는 경우에는, 다른 말을 추가할 필요 없이 행위이탈의 5격을 그대로 따를 수 있다. 즉 ‘산출되었다’라는 말은 ‘행위의 격관계’(kāraka)를 통해 이미 의미 연계를 이루고 있다. 결국 어떤 말을 추가한 채 추론적으로 해석하는 것보다는 주어진 바를 그대로 따른 채 직접적으로 해석하는 것이 더 적합하다.

71_ 전론자는 순서(krama)에 따르는 생성을 주장하고, 후론자는 연쇄(pāramparya)에 따르는 생성을 주장한다. “그는 불을 창조했다.”<찬도 6.2.3>라는 계시는, 후론자가 주장하는 연쇄의 방식을 의도하는 경우조차 아무런 문제점을 가지지 않는다.

72_ 후론자는 앞서 전론자의 ‘순서를 가지는 창조’(브라흐만으로부터의 직접적인

조'를 말하는 [계시들은] 어떤 면에서 부당하기 때문이다.[73] 더욱이 확언도 매개가 없는 생성이 아니라 오직 '존재(브라흐만)로부터 유래되는 것'을 필요로 하므로, 모순은 없다.[74]‖10‖

{ 5. '물'이라는 주제: 수뜨라 11 }

11. 물은 [이것(불)으로부터 생성된다; 왜냐하면 계시서가 그와 같이 말하기 때문이다].

āpaḥ ‖11‖

[후론]: "… 이것으로부터 [생성된다]; 왜냐하면 [계시서가] 그와 같이 말하기 때문이다."〈수뜨라 2.3.10〉라는 것이 반복된다. 물은, 이것으로부터 즉 불로부터 생성된다.

무엇 때문에? 왜냐하면 [계시서가] 그와 같이 말하기 때문이다. "그는 물을 창조했다."〈찬도 6.2.3〉와 "불로부터 물"〈따잇 2.1.1〉이라는 글귀가 있는 경우에 의심의 여지가 없다.

창조)도 전혀 모순적이지 않다고 설명했다. 그리고 이제 후론자 자신의 '순서를 가지지 않는 창조'(연쇄에 따르는 창조)와 관계하는 계시들마저 설명된 것이나 마찬가지라고 덧붙인다. 그것들은 모든 면에서 즉 직접적 창조와 간접적 창조 모두에서 합당하기 때문이다. 요컨대 '순서를 가지지 않는 창조'(직접성+간접성)는 '순서를 가지는 창조'(직접성)를 포괄한다.

73_ 순서를 가지는 창조는 매개를 통한 간접적 창조를 설명할 수가 없다.

74_ 확언이란 '모든 것에 대한 지식' 즉 '브라흐만에 대한 지식을 통한 모든 것에 대한 지식'이다. 이 확언은 단지 '모든 변형물들이 오직 브라흐만으로부터 유래된다는 것'(직접성+간접성)을 통해 실현될 수 있다. 이 확언을 위해 '매개가 없는 직접적인 생성'(직접성)을 전혀 고집할 필요가 없다.

결국 불의 창조를 설명한 뒤에 흙의 창조를 설명할 것이기에, [수뜨라 저자는] '나는 물을 사이에 넣을 것이다'라고 [생각하면서] "물은 …" 이라는 이 수뜨라를 지었다.‖11‖

{ 6. '흙, 화제'라는 주제: 수뜨라 12 }

12. ['음식'이라는 말은] 흙이다; 화제, 색깔, 다른 성언 때문이다.

pṛthivy adhikārarūpaśabdāntarebhyaḥ ‖12‖

"그 물은 '나는 다수가 될 것이리라. 나는 태어날 것이리라.'라고 마음으로 바라보았다. 그는 음식을 창조했다."〈찬도 6.2.4〉라고 계시된다.

이 경우에 의문이 생긴다. '음식'이라는 이 말은 쌀 · 보리 등이나 밥 등의 음식[75]을 지시하는가, 또는 흙을 지시하는가?

[전론]: 이 경우에 먼저 쌀 · 보리 등이나 밥 등을 수용해야만 한다고 귀결된다. 왜냐하면 이 경우에 '음식'이라는 말이 이 세상에서 잘 알려져 있고, "따라서 어디든지 언제든지 비가 내리면, 바로 거기서 음식(흙)은 풍성하게 된다."〈찬도 6.2.4〉라는 보조적 문장마저 이러한 의미를 강화하기 때문이다. 실로 비가 올 때에 바로 그 쌀 · 보리 등은 많아지게 되지만 흙은 아니다.

이러한 귀결에서 우리는 말한다.

[후론]: '음식'이라는 말을 통해 물로부터 생성되는 것인 흙 자체를 말

75_ 쌀 · 보리 등은 날것인 음식이고, 밥 등은 요리된 음식이다.

하고자 한다.

무엇 때문에? 화제(話題) 때문이고, 색깔 때문이며, 또 다른 성언 때문이다.

먼저 [이 장절의] 화제는 "그는 불을 창조했다. … 그는 물을 창조했다."〈찬도 6.2.3〉라며 대원소와 관계한다. 이 경우에 순서가 다가온 대원소인 흙을 지나치고서 느닷없이 쌀 등을 수용하는 것은 정당하지 않다.

게다가 색깔마저 흙과 호응한다고 보조적 문장에서 관찰된다. "검은 색깔은 음식(흙)의 색깔이다."〈찬도 6.4.1〉에서이다. 실로 밥 등의 음식이 검은색이라는 것은 필연적이지 않다. 또한 쌀 등도 필연적이지 않다.

[전론]: 심지어 흙이 검은색이라는 것도 결코 필연적이지 않지 않는가? 들판은 우유처럼 희끄무레하게 보이거나 타는 숯처럼 붉게 보이기 때문이다.

[후론]: 그러한 결함은 없다. 우세함과 관련되기 때문이다.[76] 실로 대부분의 흙은 검은 색깔이고, 흰색이나 붉은색은 아니다. 뿌라나(전설집)의 저자들마저 밤이 흙과 비슷하다고 가르친다. 그리고 그것(밤)은 검은색과 유사하므로, 이로부터 흙은 검은 색깔이라고 파악된다.

더욱이 "물로부터 흙"〈따잇 2.1.1〉이라는, 동일한 화제를 가지는 다른 계시도 있다. 또한 "물 위의 찌끼처럼 거기에 있었던 것은 응고되었고 이 흙이 되었다."〈브리 1.2.2〉라고 한다. 한편 [어떤 계시는] 흙으로부터 쌀 등이 생성된다는 것을 보여준다. "흙으로부터 식물, 식물로부터 음식"〈따잇 2.1.1〉에서이다. 이와 같이 흙을 확립하는 화제 등이

76_ 들판이 흰색이나 붉은색으로 보이는 경우가 있을지라도 검은색으로 보이는 경우가 우세한 이상, 들판은 검은색이라고 결론내릴 수 있다.

있는 경우에 어찌하여 쌀 등을 수용하겠는가!

심지어 ['음식'이라는 말이] 잘 알려져 있다는 것도[77] 바로 그 화제 등에 의해 지양된다. 또한 [앞서 언급한] 보조적 문장은,[78] 음식 등이 흙에서 나온 것이라는 점을 통해, 물로부터 흙 자체가 발생되는 것을 지시한다고 이해해야만 한다.

그러므로 '음식'이라는 말이 그렇게 [지시하는 것은] 흙이다.‖12‖

{ 7. '그것에 대한 깊은 명상'이라는 주제: 수뜨라 13 }

13. 실로 바로 그가 [즉 지고한 신이] 그것(변형물)에 대한 깊은 명상을 통해 [그것을 창조한다]; 그러한 표징 때문이다.

tadabhidhyānād eva tu tallingāt saḥ[79] ‖13‖

에테르 등의 이러한 원소들은 바로 그 자체로 자체의 변형물들을 창조하는가, 그렇지 않으면 그것들 각각의 본질로 존재하는 지고한 신 자체가 깊게 명상함으로써 이러저러한 변형물을 창조하는가?

[전론]: 이러한 의문이 있는 경우에 먼저 '바로 그 자체로' 창조한다고 귀결된다.

77_ "그는 음식을 창조했다."<찬도 6.2.4>와 관련하여 'anna'(음식)라는 말이 이 세상에서 주로 '먹는 음식'을 지시한다고 잘 알려져 있다는 것도.

78_ "따라서 어디든지 언제든지 비가 내리면, 바로 거기서 음식(흙)은 풍성하게 된다."

79_ <수뜨라>에서 'eva'라는 말은 대부분 바로 앞의 말을 강조하는 데 사용된다. 하지만 이 수뜨라에서는, 주석가의 주석에 따르면, 'eva'라는 말이 마지막에 등장하는 'saḥ'라는 말을 강조하는 데 사용된다.

어떤 근거에서? "허공(에테르)으로부터 공기, 공기로부터 불"〈따잇 2.1.1〉이라는 등에서 독립적이라고 계시되기 때문이다.

[반박]: 비의식체들이 독립적으로 동작하는 것은 부정되지 않는가?

[전론]: 그러한 결함은 없다. "그 불은 … 마음으로 바라보았다."〈찬도 6.2.3〉, "그 물은 … 마음으로 바라보았다."〈찬도 6.2.4〉라며 원소들마저 의식을 가진다고 계시되기 때문이다.

이러한 귀결에서 말한다.

[후론]: 그것들 각각의 본질로 존재하는 바로 그가 즉 지고한 신이, 깊게 명상함으로써 이러저러한 변형물을 창조한다.

어떤 근거에서? 그러한 표징 때문이다. 그러한 예시로서, "흙에서 살지만 흙 안에 있는 것이고, 흙이 알지 못하는 것이며, 흙을 육신으로 가지는 것이고, 흙을 안으로부터 지배하는 것."〈브리 3.7.3〉이라는 이러한 유형의 성전은 원소들이 바로 그 지배자와 함께할 때 동작한다는 것을 보여준다. 마찬가지로 "그는 '나는 다수가 될 것이리라. 나는 태어날 것이리라.'라고 욕망했다."〈따잇 2.6.1〉라고 시작한 뒤에 "가시적인 것과 미시적인 것이 되었다."〈따잇 2.6.1〉, "그것은 그 자체를 스스로 만들었도다."〈따잇 2.7.1〉라며 바로 그(그것)가 모든 것의 본질이 된다는 것을 보여준다.

한편, 오로지 지고한 신이 들어가는 것에 힘입어[80] 불과 물의 마음으로 바라보기가 계시된다고 이해해야만 한다. "그것과는 다른, 보는 자는 없습니다."〈브리 3.7.23〉에서 마음으로 바라보는 또 다른 자가 부정되기 때문이고, 또 "그는 '나는 다수가 될 것이리라. 나는 태어날 것이리라.'라고 마음으로 바라보았다."〈찬도 6.2.3〉라는 곳에서 마음으

80_ 지고한 신이 '들어가는 것'(āveśa)에 힘입어=지고한 신이 원소에 '내부의 지배자'인 채로 들어가는 것에 힘입어.

로 바라보는 '존재'(브라흐만)가 논제이기 때문이다.‖13‖

{ 8. '반대'라는 주제: 수뜨라 14 }

14. 하지만 [소멸의] 순서는 그것과는 [즉 생성의 순서와는] 반대로 [존재한다]; [이는] 또한 합당하다.

viparyayeṇa tu kramo 'ta upapadyate ca ‖14‖

원소들이 생성되는 순서를 논의했다. 이제 그러면, 되들어가는(소멸되는) 순서를 논의한다.

되들어감은 확고하지 않은 순서를 따르는가, 아니면 생성의 순서를 따르는가, 아니면 그것과는 반대인 [순서를] 따르는가? 그리고 원소들의 생성·유지·소멸이라는 세 가지 모두는 브라흐만에 의존한다고 계시된다. "정녕 그 무엇으로부터 이러한 존재들이 태어난다. 그 무엇에 의해서 태어난 것들이 살아간다. 그 무엇으로 [태어난 것들이] 나아가고 되들어간다."〈따잇 3.1.1〉에서이다.

[전론]: 이 경우에 징표가 없기 때문에[81] [순서가] 확고하지 않다고 귀결된다. 혹은 생성의 순서가 계시되기 때문에, 소멸에 대해서도 순서를 기대한다면, 바로 그 [생성의] 순서일 것이다.

이러한 귀결로부터 우리는 말한다.

[후론]: 하지만 소멸의 순서는, 그것과는 즉 생성의 순서와는 반대로

81_ 징표(viśeṣa)가 없기 때문에=소멸의 순서에 대해 특별히 계시서에 명시된 증거가 없기 때문에.

존재해야만 한다. 그러한 예시로서, 이 세상에서는 어떤 순서(단계)에 따라 계단을 오른 자가 그것과는 반대의 순서에 따라 계단을 내려온다고 관찰된다. 더 나아가 찰흙으로부터 생성된 항아리 · 접시 등은 되들어가는 시간에 흙의 상태로 되들어가고, 또 물로부터 생성된 얼음 · 우박 등은 물의 상태로 되들어간다고 관찰된다. 따라서 또한, 물로부터 생성된 흙이 유지의 시간이 끝날 때까지 존재하다가 물로 되들어가야 하고, 또 불로부터 생성된 물이 유지의 시간이 끝날 때까지 존재하다가 불로 되들어가야 한다는 것은 합당하다. 이와 같이 미시적(微視的)인 것과 더 미시적인 것은 순서에 따라 연속하고 연속해서 원인으로 되들어가면서 모든 결과를 생성하는 궁극적 원인이자 궁극적으로 미시적인 것인 브라흐만에 되들어간다고 알려져야만 한다. 왜냐하면 결과가 그 자체의 원인을 지나치면서 원인의 원인에 되들어가는 것은 정당하지 않기 때문이다.[82] 게다가 전승서도 여기저기에서 생성의 순서와는 반대일 뿐인 되들어감의 순서를 제시한다. "신성한 성자여, 세계의 근간인 흙은 물에서 소멸됩니다. 물은 불에서 소멸됩니다. 불은 공기에서 소멸됩니다."〈마하 12.339.29〉라고 이렇게 운운하는 것에서이다.

결국 생성의 순서는 오직 생성에 관해 계시되기 때문에 되들어감에 관해서는 적용되지 않아야만 한다.[83] 또한 되들어감에서는 그것(생성의 순서)이 적합하지 않기 때문에 기대되지도 않는다. 왜냐하면 원인이 되들어가는 경우에 결과가 남아 있을 수 없음으로 말미암아, 결과가 지속되는 동안에 원인이 되들어가는 것은 합리적이지 않기 때문이다.[84]

82_ 결과는 순서에 따라 그 자체의 원인으로 되들어가야 할 뿐, 단숨에 원인의 원인인 궁극적 원인으로 되들어가서는 안 된다.

83_ 생성의 순서는 성전에서 오직 생성과 관련해서만 계시되기 때문에 생성에 관해서만 적용될 뿐이다. 되들어감의 순서도 생성의 순서를 따른다고 주장해서는 안 된다.

84_ 만약 A, B, C, D의 순서대로 생성된 경우에 생성의 순서에 따라 소멸된다면,

그와 달리 결과가 되들어가는 경우에는 원인이 남아 있는 것은 합리적이다. 찰흙 등에서 그와 같이 관찰되기 때문이다.‖14‖

{ 9. '사이에 놓임, 지성'이라는 주제: 수뜨라 15 }

15. 만약 그것들 [자체에] 대한 표징을 통해 [존재한다고 잘 알려져 있는] '지성과 마음'이 [그 생성과 소멸에서] 순서에 따라 [어딘가의] 사이에 놓인다고 한다면, 아니다; [기관들과 원소들의 순서에] 차이가 없기 때문이다; [따라서 원소들이 생성되는 순서는 깨뜨려지지 않는다].

antarā vijñānamanasī krameṇa talliṅgād iti cen nāviśeṣāt ‖15‖

원소들의 생성과 소멸이 순방향과 역방향의 순서로 일어난다고 언급했다. 아뜨만을 시작으로 해서 생성되고 아뜨만을 끝으로 해서 소멸된다는 것도 언급했다.

[전론]: 한편 감관과 함께 '마음'이 존재하고 '지성'이 존재한다는 것은 계시서와 전승서에서 잘 알려져 있다. "그리고 지성을 마차꾼이라고, 또 마음을 한갓 고삐라고 알도록 하라. 감관들을 그들은 말들이라고 이른다."〈까타 3.3-4〉라는 등의 표징들 때문이다. 이 둘의 생성과 소멸마저 순서에 따라 어딘가의 사이에 놓인다고 수용해야만 한다. 모든 사물의 총체는 브라흐만으로부터 생성된다고 용인되기 때문이다. 더

가장 먼저 B가 A에 소멸된다. 하지만 원인인 B가 그 자체의 결과인 C 등을 남겨 둔 채로 먼저 소멸되는 것은 이치에 맞지 않다.

나아가 '『아타르바베다』에 소속된 문헌'(아타르바나)의[85] '생성의 장절'에서는 기관들이 아뜨만과 원소들의 사이에 놓인 채로 열거된다. "그것(뿌루샤)으로부터 생기, 마음, 모든 기관들, 에테르, 공기, 불, 물, 그리고 모든 것을 지지하는 흙이 태어난다."〈문다 2.1.3〉에서이다. 따라서 앞서 언급한 순서가 즉 원소들이 생성되고 소멸되는 순서가 깨뜨려지는 부조리한 결말이 생긴다.

[후론]: 아니다. [기관들과 원소들의 순서에] 차이가 없기 때문이다.[86]

먼저, 만약 기관들이 원소로 이루어진 것이라면, 그 경우에 바로 그 원소들의 생성과 소멸로부터 그것들(기관들)의 생성과 소멸이 일어나므로, 이 둘에서 순서의 차이를 찾아서는 안 된다. 그리고 기관들이 원소로 이루어진 것이라는 표징도 존재한다. "얘야, 실로 마음은 흙(음식)으로 이루어진 것이고, 생기는 물로 이루어진 것이며, 언어는 불로 이루어진 것이다."〈찬도 6.5.4〉라는 이와 같은 유형에서이다. 비록 원소들과 기관들이 가끔 [따로] 언급될지라도, [이는] '브라흐마나와 출가자'라는 논리에 따라 검토되어야만 한다.[87]

그리고 이제 만약 기관들이 원소로 이루어진 것이 아니라면, 그럼에도 원소들이 생성되는 순서는 기관들에 의해 한정되지(방해받지) 않는다. 기관들이 먼저 생성되고 원소들이 나중에 생성되거나, 원소들이

85_ '『아타르바베다』에 소속된 문헌'(ātharvaṇa)의=<문다>의.

86_ '지성, 마음 등의 기관들이 생성되고 소멸되는 순서'는 '원소들이 생성되고 소멸되는 순서'와 차이가 없기 때문이다.

87_ '브라흐마나와 출가자'라고 말하는 경우에 브라흐마나란 '출가자가 되지 않은 브라흐마나'를 가리킨다. 왜냐하면 오직 브라흐마나들 가운데 출가자가 되는 것이 가능하기 때문이다. 마찬가지로 '원소들과 기관들'이라고 말하는 경우에 원소들이란 '기관들이 되지 않은 원소들'을 가리킨다. 따라서 계시서에서 원소들에 대한 언급은 '기관들이 되지 않은 원소들에 대한 언급'이고 기관들에 대한 언급은 '기관들이 된 원소들에 대한 언급'이다. 결국 모든 언급은 원소들에 대한 언급이라고 볼 수 있다.

먼저 생성되고 기관들이 나중에 생성된다. 그리고 『아타르바베다』에 소속된 문헌은 기관들과 원소들의 '단순한 순서'를 전한다. 그 경우에는 '생성의 순서'를 말하지 않는다. 마찬가지로 다른 곳에서도 "실로 태초에 이것은 쁘라자빠띠였다. 그는 스스로를 마음으로 바라보았다. 그는 마음을 창조했다. 그래서 오직 마음만이 존재했다. 그것(마음)은 스스로를 마음으로 바라보았다. 그것은 발성기관을 창조했다."라는 등을 통해 원소들의 순서와는 완전히 별도로 기관들의 순서를 전한다.

그러므로 원소들이 생성되는 순서는 깨뜨려지지 않는다.‖15‖

{ 10. '움직이는 것과 움직이지 않는 것과 관련됨'이라는 주제: 수뜨라 16 }

16. 하지만 [개별자아에게는 생성과 소멸이 일어나지 않는다]; [개별자아의 태어남과 죽음에 대한] 그 언급은, 움직이는 것과 움직이지 않는 것과 관련되는 [일차적 의미가 아니라], 이차적 의미일 것이다; 그것(육체)이 존재하는 경우에 ['태어남'과 '죽음'이라는 말이] 반드시 있기 때문이다.

carācaravyapāśrayas tu syāt tadvyapadeśo bhāktas tadbhāvabhāvitvāt ‖16‖

이렇게 누군가의 착오가 있을 수 있다: 심지어 개별자아에게도 생성과 소멸이 일어난다. 일상적으로 '데바닷따가 태어났다', '데바닷따가 죽었다'라는 이러한 유형이 언급되기 때문이고, 또 탄생의례 등[88]의 신성한 의례가 명령되기 때문이다.

우리는 이것(착오)을 제거한다.

[후론]: 개별자아에게는 생성과 소멸이 일어나지 않는다. 성전에서 [개별자아가] 행위결과와 연계된다고 [전하는] 것이 합당하기 때문이다. 실로 개별자아가 육체와 함께 소멸되는 경우, '다른 육체로 존재하면서 좋은 것(결과)을 얻거나 나쁜 것(결과)을 피하는 것'을 목적으로 하는 명령과 금지가 무용해지고 말 것이다. 또한 "실로 개별자아가 떠나버린 그것(육체)은 죽지만, 개별자아는 죽지 않는다."〈찬도 6.11.3〉라고 계시된다.

[전론]: 일상적으로 개별자아에 관해 태어남과 죽음이 언급된다고 밝혔지 않는가?

[후론]: 밝힌 것은 사실이다. 하지만 개별자아의 태어남과 죽음에 대한 그 언급은 이차적(비유적) 의미이다.

[전론]: 그렇다면 이차적 의미라는 견지에서 그 일차적 의미는 무엇과 관련되는가?[89]

[이에 대하여] 대답한다.

[후론]: 움직이는 것과 움직이지 않는 것과 관련된다. '태어남'과 '죽음'이라는 말은 동물과 비(非)동물의 육체와 관계한다. 실로 동물과 비동물인 존재들은 태어나고 또 죽는다. 결국 '태어남'과 '죽음'이라는 말은 그것들과[90] 관계하여 일차적 의미를 가지고, 그것들에 머무르는 개

88_ '탄생의례(jātakarma) 등'에서 '등'은 죽음의 경우에 행해지는 최종의례(antyeṣṭi)를 가리킨다.

89_ '데바닷따가 태어났다' 등과 같은 일상적인 말에서 개별자아인 데바닷따의 태어남, 죽음은 비유적 의미라고 하자. 그렇다면 일차적 의미에서는 개별자아를 제외하고 데바닷따의 무엇이 태어났는가? 즉 일차적 의미는 데바닷따의 어떤 양상이 태어났다는 것과 관련되는가? 이에 대해 후론자는, 그 일차적 의미는 '육체'와 관계한다고 답변한다.

90_ 그것들과=동물과 비동물의 육체들과.

별적 아뜨만과 관계하여 비유적으로 사용된다.

그것(육체)이 존재하는 경우에 ['태어남'과 '죽음'이라는 말이] 반드시 있기 때문이다. 실로 육체의 나타남과 사라짐이 존재하는 경우에 '태어남'과 '죽음'이라는 말이 존재할 뿐, 존재하지 않는 경우에는 존재하지 않는다. 왜냐하면 육체와의 연계 없이는 그 누구도 개별자아가 태어났다거나 죽었다고 간주하지 않기 때문이다. 또한 "실로 그 사람이 태어나 육체를 취하면서 [죄악들과 결합하고], 그가 육체를 떠나 죽으면서 [죄악들을 버립니다]."〈브리 4.3.8〉라며 '태어남'과 '죽음'이라는 말이 오로지 육체와의 결합과 분리에 기인한다는 것을 보여준다.

탄생의례 등을 명령하는 것마저 오직 육체의 나타남과 관련된다고 이해해야만 한다. 개별자아의 나타남이 없기 때문이다.

뒤따르는 수뜨라에서는, 개별자아가 에테르 등처럼 지고한 아뜨만으로부터 생성되는지 생성되지 않는지, 이러한 점을 말할 것이다. 이 수뜨라에서는 먼저 육체와 관련되는 가시적인 생성과 소멸이 개별자아에게 일어나지 않는다는 점을 말했다.‖16‖

{ 11. '아뜨만(개별자아)'이라는 주제: 수뜨라 17 }

17. 아뜨만(개별자아)은 [브라흐만으로부터 생성되지] 않는다; 계시되지 않기 때문이다; 그것(계시)들로부터 [개별자아의] 영원성, 또 [생성되지 않음 등이 알려지기] 때문이다; [따라서 아뜨만은 결코 생성되거나 소멸되지 않는다].

nātmā 'śruter nityatvāc ca tābhyaḥ ‖17‖

'개별자아'라고 불리는 아뜨만은 신체 · 기관으로 [이루어진] 우리[91]의 지배자이자 행위의 결과와 연계되는 것으로서 존재한다. 그것은 에테르 등처럼 브라흐만으로부터 생성되는가, 그렇지 않으면 브라흐만 그 자체처럼 생성되지 않는가? 계시서의 이견으로부터 이렇게 의문이 생긴다. 어떤 계시서들에서는 불꽃 등의 예시들을 통해 개별적 아뜨만이 지고한 브라흐만으로부터 생성된다고 전한다. 반면에 어떤 계시서들에서는 변형을 겪지 않을 뿐인 지고한 브라흐만이 결과에 들어감으로써 개별자아가 된다고 알려주지만 [그것이] 생성된다고는 전하지 않는다.

[전론]: 먼저 이 경우에 개별자아는 생성된다고 귀결된다.

어떤 근거에서? 실로 확언이 교란되지 않기 때문이다. '하나가 알려질 때 이 모든 것이 알려진다'라는 이 확언은 모든 사물의 총체가 브라흐만으로부터 발생되는 경우에 교란되지 않을 것이다. 하지만 개별자아가 상이한 존재일 경우에는 확언된 것이 교란되고 말 것이다.

게다가 변형을 겪지 않는 지고한 아뜨만 자체가 개별자아라고 알려질 수는 없다. 특징의 차이 때문이다. 지고한 아뜨만은 확실히 '죄악으로부터 자유로움'[92] 등의 특징을 가지고, 개별자아는 확실히 그와 상반되는 특징을 가진다.

더욱이 그것(개별자아)은, 분화(分化)됨으로 말미암아 변형물이라고 확립된다. 왜냐하면 에테르 등의 이 모든 것은 분화된 것으로 [존재하는] 만큼 변형물이기 때문이다. 그리고 그러한 에테르 등은 생성된다고 알려져 있다. 선한 업(행위)이나 악한 업을 가진 채 즐거움이나 괴로움과 연관되는 개별적 아뜨만마저 각각의 육체마다 분화되므로, 이 또

91_ 우리=동물을 가두어 기르는 곳.
92_ <찬도 8.7.1> 참조: "아뜨만은 죄악으로부터 자유롭고 …"

한 복합현상계가 생성되는 와중에 생성되어야만 한다.

더 나아가 "불로부터 매우 작은 불꽃들이 퍼져 나오듯이, 바로 그와 같이 이 아뜨만으로부터 모든 생기들이 … 퍼져 나옵니다."〈브리 2.1.20〉라며 생기 등의 총체적 향유대상이 창조된다고 가르친 뒤에, "이러한 모든 아뜨만들이 퍼져 나옵니다."〈브리 2.1.20〉[93]라며 향유주체인 아뜨만들이 별도로 창조된다는 것을 가르친다. 또한 "매우 잘 타오르는 불로부터 [불과] 같은 종류인 불꽃들이 수천 가지로 솟아나오듯이, 사랑스러운 이여, 그와 같이 불멸체로부터 다양한 존재들이 태어나고 바로 그것에 되돌아간다."〈문다 2.1.1〉라며 개별적 아뜨만들의 생성과 소멸을 말한다.[94] 왜냐하면 '같은 종류인'이라는 말로부터, 개별적 아뜨만들이 순수의식을 가짐으로 말미암아 지고한 아뜨만과 같은 종류가 되기 때문이다. 그리고 어떤 곳에서 계시되지 않는다고 해서 다른 곳에서 계시된 것을 부인해서는 안 된다.[95] 다른 계시서에 실린 것마저 모순되지 않고 추가적인 내용이라면[96] 모든 곳에서 공유되어야만 하기 때문이다.[97]

이와 같을 경우에 '들어감'에 대한 계시조차[98] [브라흐만이] 단지 변

93_ * 이 문장은 <브리 2.1.20>의 마드얀디나 이본에만 등장한다.

94_ 주석가는 <문다 2.1.1>에 등장하는 '존재들이'(bhāvāḥ)라는 말을 '개별적 아뜨만들이'(jīvātmānaḥ)라는 뜻으로 풀이한다. 바로 이어지는 문장에서 그 이유를 밝힌다.

95_ 어떤 곳에서 존재들의 생성만 언급하고 개별적 아뜨만들의 생성을 언급하지 않는다고 해서 다른 곳에서 분명히 언급하는 후자를 부인해서는 안 된다. 혹은, <문다 2.1.1>에 등장하는 '존재들이'라는 말을 그 뜻 그대로 이해한다고 해도, <브리 2.1.20>과 같이 개별적 아뜨만들의 생성을 언급하는 다른 계시가 있다는 것을 수용해야만 한다.

96_ 추가적(adhika)인 내용이라면=새로운 것에 관한 내용이라면.

97_ 논의 주제와 관련하여 다른 어떤 계시서에서 등장하는 내용이 모순되지 않고 또 추가적이라면, 그 내용을 모든 계시서에서 공유될 수 있는 것으로 받아들여야만 한다. 이것이 성전 해석의 일반적인 원칙이다.

형물의 상태에 도달되는 것을 [의도한다고] 설명해야만 한다. "그것은 그 자체를 스스로 만들었도다."〈따잇 2.7.1〉라는 등에서와 같다. 따라서 개별자아는 생성된다.

이러한 귀결에서 우리는 말한다.

[후론]: 아뜨만 즉 개별자아는 생성되지 않는다.

무엇 때문에? 계시되지 않기 때문이다. 실로 생성에 대한 장절에서는 대부분의 곳에서 그것(개별자아)에 대한 계시가 없다.

[전론]: 어떤 곳에서 계시되지 않는다고 해서 다른 곳에서 계시된 것을 부인하지는 않는다고 언급했지 않는가?

[후론]: 말한 것은 사실이다. 하지만 그것의 생성 자체는 가능하지 않다고 우리는 말한다.

무엇 때문에? "그것(계시)들로부터 … 영원성, 또 … 때문이다."

'또'라는 말은 '또 생성되지 않음 등이 [알려지기] 때문이다'라고 [풀이된다]. 실로 계시들로부터 그것의 영원성이 알려지고, 또한 '생성되지 않음', '불변적임', '변형을 겪지 않을 뿐인 브라흐만이 개별적 아뜨만에 머무름', '브라흐만을 본질로 가짐'이 알려진다. 결국 이와 같은 양상을 가지는 [개별자아에게] 생성은 합당하지 않다.

[전론]: 무엇이 그 계시들인가?

[후론]: "개별자아는 죽지 않는다."〈찬도 6.11.3〉, "실로 그러한 그 위대하고 생성되지 않은 아뜨만은, 늙음이 없는 것이고, 죽음이 없는 것이며, 불멸이고, 두려움이 없는 것이며, 브라흐만이다."〈브리 4.4.25〉, "현명한 지성은 태어나지도 죽지도 않는다. … 그것은 생성되지 않고 영원하며 영속적이고, 태고의 것이다."〈까타 2.18〉, "그것(모든 것)을

98_ '들어감'에 대한 계시조차=변형을 겪지 않을 뿐인 지고한 브라흐만이 결과에 들어감으로써 개별자아가 된다고 알려주지만 [그것이] 생성된다고는 전하지 않는 계시조차.

창조하고 나서, 바로 그것에 그는 들어갔다."〈따잇 2.6.1〉, "['자, 나는], 그러한 개별자아로써 즉 [나의] 아뜨만으로써 [이러한 세 신격들에] 들어가, 명칭과 형태를 전개하리라.'"〈찬도 6.3.2〉, "그러한 그것은 그곳에 손톱들의 끝까지 들어갔다."〈브리 1.4.7〉, "그것이 너이다."〈찬도 6.8.7〉, "나는 브라흐만이다."〈브리 1.4.10〉, "이 아뜨만은 모든 것을 지각하는 브라흐만이다."〈브리 2.5.19〉라고 이렇게 운운하는 것들은 개별자아의 영원성을 다루면서 그 생성을 배척한다.

[전론]: 분화되기 때문에 변형물이고 또 변형물이기 때문에 생성된다고 언급했지 않는가?

이에 대하여 말한다.

[후론]: 그 자체로 그것이[99] 분화되지는 않는다. "하나의 신은 모든 존재들에 숨겨져 있다. 그는 편재하는 자이고, 모든 존재들의 내재적(안에 있는) 아뜨만이다."〈슈베 6.11〉라고 계시되기 때문이다. 그리고 항아리 등과의 연계에 기인하여 공간의 분화가 드러나듯이, 지성 등의 한정자에 기인하여 그것의 분화가 드러난다. 또한 그와 같이 "실로 그러한 이 아뜨만은 브라흐만으로서, 인식(지성)으로 이루어지고 마음으로 이루어지고 생기로 이루어진 것이고, 눈으로 이루어지고 귀로 이루어진 것이고"〈브리 4.4.5〉라며 이렇게 운운하는 성전은, 그 브라흐만 자체가 변형을 겪지 않고 하나인 채로 존재하면서[100] 인식으로 이루어진 것 등의 다수가 된다는 것을 보여준다. 그것(브라흐만)이 '무엇(인식 등)으로 이루어진 것'으로 되는 것이란, '여자로 이루어진 악한(惡漢)' 등

99_ 그것이=브라흐만으로서의 개별자아가.

100_ * Samata에 'asya'(그)라는 표현이 등장하는 것과 달리, Nirnaya에는 'api'(심지어)라는 표현이 등장한다. 후자를 따른다면, 이 구절을 "(그) 브라흐만 자체가 심지어 변형을 겪지 않고 하나인 채로 존재하면서"라고 읽을 수 있다. 전자를 택한 이유는, 바로 이어지는 문장에서 'asya'(그것이)라는 표현이 '무엇으로 이루어진 것'과 함께 등장하기 때문이다.

처럼, 그 무엇과는 분별되는 본성이 현시하지 않음으로써 그 무엇에 물든 본성을 가지는 것이라고 이해해야만 한다.[101]

어떤 곳에서 그것(개별자아)의 생성과 소멸이 계시되는 것마저도, '한정자와 연계되기 때문'이라는 바로 이러한 점과 [관련하여] 검토해야만 한다. 한정자가 생성됨으로써 그것(개별자아)이 생성되고, 그것이 소멸됨으로써 그것이 소멸된다. 이와 같은 연관에서 "지식 덩어리일 뿐입니다. [아뜨만은] 이러한 원소들로부터 솟아오르고 나서 바로 그것들을 좇아 소멸합니다. 세상을 떠난 후에는 [특정한] 의식이 존재하지 않습니다."〈브리 4.5.13〉라고 보여준다. 마찬가지로 한정자가 소멸되는 바로 그 경우에 아뜨만이 그렇게 소멸되지는 않는다는 점 또한, "바로 여기서 당신은 저를 혼동의 한가운데로 빠뜨렸습니다. 실로 저는 그것을, 즉 '세상을 떠난 후에는 [특정한] 의식이 존재하지 않습니다.'라는 것을, 알지 못합니다."〈브리 4.5.14〉라는 [마이뜨레이의] 질문을 앞세운 채로 "여보, 실로 나는 혼동을 말하지 않습니다. 여보, 정녕 소멸 불가한 이 아뜨만은 절멸 불가한 특성을 가집니다. 정녕 그것은 편린들과 접촉하지 않습니다."〈브리 4.5.14〉라고 제시한다.[102]

게다가 변형을 겪지 않을 뿐인 브라흐만이 개별자아가 된다고 용인하기 때문에 확언이 교란되지는 않는다. 이 둘 사이에 특징의 차이조차 한정자에 기인할 뿐이다. 또한 "실로 해탈을 위해서 그 이상으로 말해주십시오."〈브리 4.3.14,15,16,33〉라며 논제 그 자체인 '인식으로 이

101_ <브리 4.4.5>에서 브라흐만이 '인식(지성)으로 이루어진 것' 등으로 되는 것이란, 인식(지성) 등과는 분별(구별)되는 브라흐만의 본성이 드러나지 않음으로써 브라흐만이 인식 등에 물든 본성을 가지는 상태라고 이해해야만 한다. '여자로 이루어진'(strīmaya) 악한이란 여자와 성교를 하는 생각으로 가득한 악한을 가리킨다. 여자로 이루어진 존재인 이 악한은 성욕(여자)과는 분별되는 자신의 본성이 드러나지 않음으로써 성욕에 물든 본성을 가지는 상태로 있다.

102_ 이 부분에 대한 더 자세한 논의는 <주석 1.4.22>를 참조하시오.

루어진 것으로서의 아뜨만'에 대해 모든 윤회의 특징들을 부정함으로써 [그것이] 지고한 아뜨만이 되는 것을 제시하기 때문이다.

그러므로 아뜨만(개별자아)은 결코 생성되거나 소멸되지 않는다.‖17‖

{ 12. '아는 자'라는 주제: 수뜨라 18 }

18. 바로 이로부터 [즉 생성되지 않음 등으로부터, 아뜨만은] 아는 자로서 [영원한 의식이다]; [따라서 아뜨만은 영원한 의식을 본질로 한다].

jño 'ta eva ‖18‖

그것(개별자아)은 까나부끄의 추종자들처럼 그 자체로 비의식체이면서 '우연적인 의식을 가지는 것'인가, 그렇지 않으면 상크야의 추종자들처럼 오직 '영원한 의식을 본질로 하는 것'인가? 이렇게 논자들의 이견으로부터 의문이 생긴다.

실로 무엇으로 귀결되는가?

[전론]: 아뜨만은, 불과 항아리의 결합으로부터 생성되는 붉음 등의 성질과 같이 '아뜨만과 마음의 결합으로부터 생성되는 우연적인 의식'을 가지는 것이라고 귀결된다. 왜냐하면 영원한 의식인 경우에 잠자거나 기절하거나 빙의(憑依)된 상태에마저 의식이 있어야 하기 때문이다. 그들은 질문을 받게 되면[103] '우리는 그 어떤 것도 의식하지 않았다'[104]

103_ 그들은 질문을 받게 되면=잠자는 자, 기절한 자, 빙의된 상태인 자가 깨어난 뒤에 누군가로부터 질문을 받게 되면.

104_ * Nirnaya의 'na kiṃcid vayam acetayāmahi-'(우리는 그 어떤 것도 의식하

라고 말하고, 또 제정신이 들면 의식이 있다고 관찰된다. 따라서 의식은 지속적이지 않기 때문에 아뜨만은 우연적인 의식이다.

이러한 귀결에서 말한다.

[후론]: 그 아뜨만은 아는 자로서 영원한 의식이다. 바로 이로부터이다. 즉 [개별자아가] 생성되지는 않고, 오직 지고한 것으로서 변형을 겪지 않는 브라흐만이 한정자와의 연계를 통해 개별자아 상태로 머무르는, 바로 그 까닭에서이다.[105] 실로 지고한 브라흐만은 "지식이자 환희인 브라흐만"〈브리 3.9.28〉, "브라흐만은 존재이자 지식이자 무한이다."〈따잇 2.1.1〉, "안이 없고 밖이 없으며 전적으로 지식 덩어리일 뿐입니다."〈브리 4.5.13〉라는 등의 계시들에서 의식을 본질로 한다고 전해진다. 바로 이 경우에, 만약 지고한 브라흐만이 개별자아라면, 그로부터 불이 열과 빛을 본질로 하듯이 개별자아마저 영원한 의식을 본질로 한다고 이해된다. 그리고 인식으로 이루어진 것에 대한 장절에서 "깨어 있으면서 자고 있는 것들을 구경하리라."〈브리 4.3.11〉, "그곳에서 그 사람은 스스로 빛이 됩니다."〈브리 4.3.9;14〉, "왜냐하면 지식주체가 가지는 앎의 [기능은] … 소실되지 않기 때문입니다."〈브리 4.3.30〉라는 이러한 형태의 계시들이 나타난다. 또한 "또 '나는 이것을 냄새 맡으려고 한다'라고 아는 자는 아뜨만이다."〈찬도 8.12.4〉라며 모든 기관들을 매개로 하여 '이것을 안다, 이것을 안다'라는 지식이 [끊임없이] 계속되기 때문에, [의식이] 그것(개별자아)의 본질이라고 확립된다.[106]

지 않았다)에서 'acetayāmahi'는 √cit의 과거형이다. 그와 달리 Samata의 'na kiṃcid vayaṃ cetayemahi'(우리는 그 어떤 것도 의식할 수 없다)에서 'cetayemahi'는 √cit의 원망법이다. 맥락을 고려하여 전자를 따른다.

105_ 이 이유들은 <주석 2.3.17>에서 언급된 바 있다: "'생성되지 않음', '불변적임', '변형을 겪지 않을 뿐인 브라흐만이 개별적 아뜨만에 머무름', '브라흐만을 본질로 가짐'이 알려진다."

[전론]: [개별자아가] 영원한 의식을 본질로 하는 경우에 냄새의 감관 등이 무의미해진다.

[후론]: 아니다. [감관들은] 냄새 등의 특정한 대상을 구별하려는 목적을 가지기 때문이다. 그러한 예시로서, "냄새의 감관은 냄새를 [지각하기] 위해서 있다."〈찬도 8.12.4〉라는 등을 보여준다.

한편 잠 등에서 의식이 있지 않다는 것에 관해서는 계시서 자체가 숙면을 주제로 삼은 후 [그에 대한] 논박을 전한다. "그 경우에, 보지 않는 것이란, 보고 있지만 보지 않는 것입니다. 왜냐하면 보는 자의 시각은 소멸 불가함으로 말미암아 소실되지 않기 때문입니다. 하지만 '볼 수 있는 그것'과는 구분(분리)되는 다른 자로서 제2자는 존재하지 않습니다."〈브리 4.3.23〉라는 등을 통해서이다.

말한 바는 이러하다: 그렇게 의식하고 있지 않는 것은, 대상이 없기 때문일 뿐 의식이 없기 때문은 아니다. 예컨대 공간을 소재지로 하는[107] 빛이 현시하지 않는 것은 비춰지는 것이 없기 때문일 뿐 자체 형태가 없기 때문은 아니듯이, 그와 마찬가지이다. 결국 바이셰쉬까 등의 추리는 계시서와 모순적인 것으로서 오류가 된다.

그러므로 아뜨만은 실로 영원한 의식을 본질로 한다고 우리는 확정한다.‖18‖

106_ '각각의 기관을 통한 앎'은 지속적이지 않지만 '앎 자체'는 지속적이다. 앎 자체의 지속성은 곧 의식의 영원성이다.

107_ 공간을 소재지로 하는=공간에 고루 펼쳐져 있는.

{ 13. '떠남과 감'이라는 주제: 수뜨라 19-32 }

19. 떠남과 감과 돌아옴에 대한 [계시로 말미암아 개별자아는 원자의 부피를 가진다].

utkrāntigatyāgatīnām ‖19‖

한편 이제는, 개별자아가 어떠한 부피를 가지는지 논의한다. 원자의 부피인가, 아니면 중간의 부피인가, 그렇지 않으면 거대한 부피인가?

[전론]: 아뜨만은 생성되지 않는 것이고 또 그것은 영원한 의식이라고 언급했지 않는가? 따라서 또한, 개별자아는 오직 지고한 아뜨만이라고 여겨진다. 그리고 지고한 아뜨만은 무한하다고 전해진다. 이 경우에 어찌하여 개별자아의 부피에 대한 논의를 수용하겠는가?

[이에 대하여] 대답한다.

[반박]: 그것은 사실이다. 하지만 떠남, 감, 돌아옴에 대한 계시들은 개별자아가 제한된 것이라고 전한다. 또한 [계시서가] 자체의 말을 통해 가끔 그것이 원자의 부피를 가진다고 전한다. 이 모든 것이 혼란스럽지 않게끔 하기 위해 이러한 [논의를] 시작한다.

[전론]: 이 경우에 먼저, 떠남과 감과 돌아옴에 대한 계시로 말미암아 개별자아가 제한된 것으로서 원자의 부피를 가진다고 귀결된다. 떠남에 관해서는, "그가 이 육체로부터 떠날 때, 바로 이 모든 것과 함께 떠난다."〈까우 3.3〉라고 한다. 또한 감에 [관해서는], "정녕 이 세상으로부터 떠나는 자들이라면, 바로 그 달로 모두 갑니다."〈까우 1.2〉라고 한다. 또한 돌아옴에 [관해서는], "그 세상으로부터 이 세상으로 과업(행위)을 위해 돌아오리라."〈브리 4.4.6〉라고 한다.

떠남, 감, 돌아옴이라는 이것들에 대한 계시로 말미암아, 당장 개별자아가 제한된 것이라는 결말이 생긴다. 왜냐하면 편재하는 것에서 움직임이란 가능하지 않기 때문이다. 그리고 제한이 있는 경우에, 자이나교의 교리를 검토하는 와중에 아뜨만(개별자아)이 육체의 부피를 가진다는[108] [이론이] 논파되었기 때문에,[109] [그것은] 원자의 [부피를 가진다고] 이해된다.‖19‖

20. 또한 뒤따르는 둘은 [즉 감과 돌아옴은 움직이지 않는 것에서 가능하지 않다]; [그 둘은] 그 자체의 아뜨만과 [관계를 가지기 때문이다]; [그리고 중간 부피가 아닌 개별자아의 감과 돌아옴은 오직 원자의 부피인 경우에만 가능하다]; [따라서 개별자아는 원자의 부피이다].

svātmanā cottarayoḥ ‖20‖

떠남이란, 마을에 대한 소유권이 정지되듯이 업이 소멸함에 따라 육체에 대한 소유권이 정지됨으로써, 심지어 움직이지 않는 것에서도 가끔씩 가능할 수 있다. 하지만 뒤따르는 감과 돌아옴이란, 움직이지 않는 것에서 가능하지 않다. 왜냐하면 어근 '가다'가 동작주체에 존재하는 동작임으로 말미암아 그 둘은 그 자체의 아뜨만과 관계를 가지기 때문이다.[110] 그리고 중간 부피가 아닌 [개별자아의] 감과 돌아옴은 오

108_ 육체의 부피를 가진다는=중간의 부피를 가진다는.

109_ 자이나교도는 영혼이라는 것이 각각에게 주어진 육체를 그 부피로 가진다고 주장한다. 이 이론은 <주석 2.2.34-36>에서 논파되었다.

110_ 떠남(utkrānti), 감(gati), 돌아옴(āgati)이라는 셋 가운데, 떠남은 피동적인 동작을 의미할 수도 있기에 움직이지 않는 것에서 가능한 경우도 있지만, 감과 돌아옴은 능동적인 동작일 뿐이기에 필연적으로 움직이는 것과 관계한다. 왜냐하면 감과 돌아옴이라는 두 명사는 모두 '가다'(√gam)라는 동사 어근을 가지며, 이 '가다'라는 동사 어근이 지시하는 동작(kriyā)은 그 동작주체(kartṛ)에 본질적으로 내속되어 있으므로 동작주체와 떼려야 뗄 수 없는 관계를 가지기 때문

직 원자의 [부피인] 경우에만 가능하다.[111]

게다가 감과 돌아옴이 존재한다면, 떠남마저도 육체로부터 멀어지는 [동작일] 뿐이라고 이해된다. 왜냐하면 육체로부터 멀어지는 [동작이] 없는 것에서는 감과 돌아옴이 가능하지 않기 때문이다.[112] 또한 떠남과 관계하여 육체의 부위들이 이탈의 지점이라고 [전하는 계시서의] 글귀 때문이다.[113] "눈을 통해서나 머리(정수리)를 통해서나 육체의 다른 부위들을 통해"〈브리 4.4.2〉에서이다.

더욱이 "빛의 그 편린들을 함께 지닌 채로, 그것은 오직 심장으로 내려갑니다."〈브리 4.4.1〉, "광휘를 취하면서 그 자리(상태)로 돌아가리라."〈브리 4.3.11〉에서는, 심지어 육체의 안에서도 육화된 자의 감과 돌아옴이 가능하다.

그러므로 또한 그것은 원자의 [부피라고] 정립된다.‖20‖

이다. 요컨대, 감과 돌아옴이라는 동작은 그 자체를 가능케 하는 그 자체의 동작주체 또는 그 자체의 아뜨만(개별자아)과 반드시 관계를 가져야 한다.

111_ 감과 돌아옴의 특징을 고려한다면, 개별자아는 반드시 '움직임을 가지는 것'(동작주체)이어야 한다. 그리고 바로 그와 같이 감과 돌아옴이라는 움직임(동작)을 가지는 개별자아에게서 그러한 움직임이 가능하기 위해서는 개별자아가 원자의 부피여야만 한다. 그 이유는 다음과 같다: 개별자아가 중간의 부피를 가지지 않는다는 점은 자이나교의 교리를 논파하는 와중에 이미 확립되었다. 이제 개별자아는 원자의 부피나 거대한 부피를 가져야만 하는데, 개별자아에게서 감과 돌아옴이 가능하려면 오직 원자의 부피여야만 한다. 왜냐하면 개별자아가 거대한 부피인 경우에는 즉 편재하는 부피인 경우에는 감이나 돌아옴과 같은 움직임(동작) 자체가 가능하지 않기 때문이다.

112_ 만약 감과 돌아옴이 개별자아의 동작으로 존재한다면, 떠남이라는 것도 개별자아가 육체로부터 멀어지는 능동적인 동작이라고 이해될 수밖에 없다. 왜냐하면 어떤 것이 육체로부터 멀어지는 '첫 번째 동작'(떠남)을 가지지 않는다면 '그에 뒤따르는 동작'(감과 돌아옴)도 가지지 못할 것이기 때문이다.

113_ 계시서의 글귀에 따르면, 떠남과 관계하여 육체의 여러 부위들은 '이탈의 지점'(apādāna)이다. 즉 육체의 부위들은 행위이탈의 격(5격)으로 지시된다. 이처럼 개별자아가 육체로부터 능동적으로 떠나기 때문에 떠남마저도 개별자아의 동작에 지나지 않는다.

21. 만약 그렇지 않다고 계시되기 때문에 [즉 원자의 것과는 상반되는 부피가 계시되기 때문에 아뜨만은] 원자의 [부피가] 아니라고 한다면, 아니다; [다른 부피에 관한 그 계시에서는] 다른 것이 [즉 지고한 아뜨만이] 화제이기 때문이다.

nāṇur atacchruter iti cen netarādhikārāt ‖21‖

[반박]: 한편 이러할 수 있다. 이 아뜨만은 원자의 [부피가] 아니다.

무엇 때문에? 그렇지 않다고 계시되기 때문이다. 원자의 것과는 상반되는 부피가 계시되기 때문이라는 뜻이다. 실로 "'인식으로 이루어진 것'이고, 생기(기관)들의 [한가운데에] 있는 그것은, 실로 위대하고 생성되지 않은 이 아뜨만입니다."〈브리 4.4.22〉, "허공(에테르)처럼 편재하고 영원한", "브라흐만은 존재이자 지식이자 무한이다."〈따잇 2.1.1〉라는 이러한 유형의 계시는 아뜨만이 원자의 [부피인] 경우에 모순을 낳을 것이다.

[전론]: 그러한 결함은 없다.

무엇 때문에? 다른 것이 화제이기 때문이다. 다른 부피에 관한 그 계시는, 실로 지고한 아뜨만에 대한 장절에서[114] [등장한다]. 베단따들에서 주된 것으로 알려져야만 하는 바로 그 지고한 아뜨만이 논제이기 때문이다. 또한 "더럼이 없고 에테르보다 더 지고하며"〈브리 4.4.20〉라는 이러한 종류의 [계시로부터] 바로 그 지고한 아뜨만이 여기저기에서 특별한 화제라고 [알려지기] 때문이다.

[반박]: "'인식으로 이루어진 것'이고, 생기(기관)들의 [한가운데에] 있는 그것은"에서는 단지 육화된 자가[115] 위대함 등과 연계되는 것으로

114_ 지고한 아뜨만에 대한 장절에서=지고한 아뜨만이 화제인 곳에서.

115_ 단지 육화된 자가=지고한 아뜨만이 아닌 개별자아가.

지시되지 않는가?

[전론]: 그러나 바마데바처럼 성전에 [따르는] 직관을 통해 그렇게 지시된다고 이해해야만 한다.[116]

그러므로 다른 부피에 관한 계시는, 최상의 지성과 관계하기 때문에, 개별자아가 원자의 [부피라는] 것과 모순되지 않는다.‖21‖

22. 또한 [계시서] 자체의 말과 측량 때문에, [아뜨만은 원자의 부피이다].[117]

svaśabdonmānābhyāṃ ca ‖22‖

이로 말미암아 또한, 아뜨만은 원자의 [부피이다]. 그것이 원자의 [부피라는] 것을 지시하는 말이 바로 직접적으로 계시되는 까닭에서이다. "생기가 다섯 방식으로[118] 들어간 이 원자적인(미세한) 아뜨만을, 지력을 통해 알아야만 한다."〈문다 3.1.9〉에서이다. 그리고 생기와 연계됨으로 말미암아, 원자(원자적인)로 지시되는 그것은 개별자아 자체라고

116_ <수뜨라 1.1.30> 참조: "[화자인 인드라는] 실로 성전에 [따르는 성자의] 직관을 통해 [자신을 지고한 아뜨만으로 직관함으로써] 바마데바에서처럼 [쁘라따르다나를] 가르쳤다; [따라서 이것은 브라흐만에 대한 문장이다]." 성자 바마데바는 '나는 마누였고 또 태양이었다.'라며 모든 세계를 자신의 아뜨만으로 간주한다.

117_ 이 수뜨라의 'unmāna'라는 말을 '미세함'으로 풀이하기도 하고 '추론'으로 풀이하기도 한다. 하지만 이 말은 '측량'을 의미한다. 그 이유는 다음과 같다: ① 이 말의 일차적인 의미가 '측량'이기 때문이다. ② 이 말이 '측량'을 의미할 경우에 주석가의 주석과 인용문이 가장 적절하게 이해되기 때문이다. ③ 이 말이 '측량'의 의미로 <수뜨라 3.2.31>에 직접적으로 등장하고 <수뜨라 3.2.33>에 간접적으로 등장하기 때문이다. 물론 이 수뜨라와 <수뜨라 3.2.31> 등의 두 곳에서 주석가는 '측량'과 관계하여 매우 유사한 논의 내용과 논의 방식을 보여준다. 그리고 이 말이 <주석 3.2.31>과 <주석 3.2.33>에서도 '측량'의 의미로 쓰이는 것을 확인할 수 있다.

118_ 다섯 방식으로=다섯 가지 생기 또는 숨의 형태로.

이해된다.

마찬가지로 측량 역시 개별자아가 미세함을 가진다고 이해하게끔 한다. "그 개별자아를, 상상된 머리카락 끝을 100으로 나누고 그 부분을 [다시] 백으로 나눈 부분이라고, 알아야만 한다."〈슈베 5.9〉에서이다. 또한 "몰이 막대기 끄트머리의 크기인 것으로서 열등한[119] 듯이 관찰된다."〈슈베 5.8〉에서는 다른 측량을 [보여준다].[120]‖22‖

[반박]: [아뜨만이] 원자의 [부피인] 경우에, '[그것이] 한 부위에 놓여 있는 것'과 '[그것의] 지각이 모든 육체에 존재하는 것'은 모순적이지 않는가? 실로 갠지스 강이나 호수에 몸을 담그는 자들은 모든 부위들에서 시원함을 지각한다고 알려지고, 또 여름에는 모든 육체에서 무더움을 지각한다고 알려진다.

이로부터 답변을 한다.

23. [만약 아뜨만이 원자의 부피인 경우에 '아뜨만이 한 부위에 놓여 있는 것'과 '아뜨만의 지각이 모든 육체에 존재하는 것'이 모순적이라고 한다면], 백단유처럼 모순적이지 않다.

avirodhaś candanavat ‖23‖

[전론]: 실로 예컨대, 황색의 백단유(白檀油) 한 방울이 육체의 한 부위에 묻어 있더라도 모든 육체에 고루 미치는 시원함을 낳듯이, 마찬가

119_ * '열등한'에 대한 <주석>의 원어는 'avara'이다. 이와 달리 Olivelle은 'apara'(지고하지 않은, 하위인)라고 읽는다.

120_ <슈베 5.9>에서는 '상상된 머리카락 끝을 100으로 나누고 그 부분을 [다시] 백으로 나눈 부분'이라는 내용이 개별자아의 부피를 측량한 것이다. <슈베 5.8>에서는 '몰이 막대기 끄트머리의 크기인 것'이라는 내용이 개별자아의 부피를 측량한 것이다.

지로 아뜨만은 육체의 한 부위에 놓여 있더라도 모든 육체에 고루 미치는 지각을 낳을 것이다. 또한 [아뜨만은] 피부와 연계되기 때문에, 그것의 감각이 모든 육체에 존재하는 것은 모순적이지 않다. 실로 아뜨만과 피부의 연계는 피부의 전체에서 일어나고, 또 피부는 육체의 전체에 고루 미쳐 있다.‖23‖

24. 만약 위치의 특정성으로 말미암아 [백단유처럼 모순적이지 않다고 주장한 것이 합리적이지 않다고] 한다면, 아니다; [백단유처럼 위치의 특정성이] 용인되기 때문이다; 왜냐하면 [베단따들에서 아뜨만이] 심장에 [있다고 언급하기] 때문이다.

avasthitivaiśeṣyād iti cen nābhyupagamād dhṛdi hi ‖24‖

이에 대하여 말한다.

[반박]: 백단유처럼 모순적이지 않다고 주장한 것은 합리적이지 않다. '예시'와 '예시되는 것'(예시의 대상)이 유사하지 않기 때문이다. 실로 백단유의 예시는 아뜨만이 육체의 한 부위에 놓여 있다고 확립된 경우에 적용된다. 하지만 백단유의 경우에는 위치의 특정성 즉 '한 부위에 놓여 있음'이 지각되고 또 '모든 육체에서의 시원함'이 지각되는 반면, 아뜨만의 경우에는 '한 부위에 있음'이 지각되지 않고 단지 '모든 육체에서의 지각'만이 지각된다.[121]

121_ 주석가에 따르면 예시와 예시되는 것이 유사해야만 좋은 논증이 된다. 그런데 백단유와 아뜨만의 경우는, '모든 육체에서의 시원함'(백단유)과 '모든 육체에서의 지각'(아뜨만)이 지각된다는 점은 유사하지만, '한 부위에 놓여 있음'(백단유)과 '한 부위에 있음'(아뜨만)이 지각된다는 점은 유사하지 않다. 백단유가 한 부위에 놓여 있는 것은 지각되지만 아뜨만이 한 부위에 있는 것은 지각되지 않기 때문이다. 즉 예시에서는 위치의 특정성이 지각되지만 예시되는 것에서는 위치의 특정성이 지각되지 않기 때문이다. 결국 아뜨만이 육체의 한 부위에 놓

[전론]: 하지만 그것이 추론될 수 있다는 점까지는 말할 수 있다.[122]

[반박]: 그러나 그 경우에 추론은 가능하지 않다. 모든 육체에 존재하는 감각이, 피부라는 감관처럼 모든 육체에 고루 미치는 그러한 아뜨만에 속하는지, 또는 에테르처럼 편재하는 아뜨만에 속하는지, 그렇지 않으면 백단유 한 방울처럼 한 부위에 놓여 있고 원자의 [부피인] 아뜨만에 속하는지, 이러한 의문은 극복되지 않기 때문이다.

이에 대하여 말한다.

[전론]: 그러한 결함은 없다.

무엇 때문에? 용인되기 때문이다. 실로 아뜨만의 경우에도 백단유처럼 위치의 특정성이 즉 육체의 한 부위에 존재하는 것이 용인된다. '어떻게?'라고 한다면, 대답한다. 왜냐하면 베단따들에서 그 아뜨만이 심장에 있다고 언급하기 때문이다. "이 아뜨만은 실로 심장에 있다."〈쁘라 3.6〉, "그러한 이 아뜨만은 실로 심장에 있다."〈찬도 8.3.3〉, "어느 것이 아뜨만입니까? '인식으로 이루어진 것'이고, 생기(기관)들의 [한 가운데에] 있으며, 심장의 안에 있는 빛인, 이 뿌루샤입니다."〈브리 4.3.7〉라는 등의 가르침들을 통해서이다.

그러므로 예시와 예시되는 것이 유사하기 때문에 "… 백단유처럼 모순적이지 않다."〈수뜨라 2.3.23〉라는 것은 합리적일 뿐이다.‖24‖

25. 혹은 세상에서처럼, [의식이라는] 성질의 ['고루 미침'] 때문에, [개별자아가 원자의 부피로 존재하더라도 모든 육체에 고루 미치는 것은 모순적이지 않다].

guṇād vā lokavat ‖25‖

여 있다고 확립되지 않았기 때문에 백단유의 예시는 적합하지 않다.

122_ '아뜨만이 한 부위에 있는 것'이 지각될 수 없더라도 추론될 수 있다는 점까지는 충분히 말할 수 있다.

혹은 의식이라는 성질의 '고루 미침'(충만) 때문에, 개별자아가 원자의 [부피로] 존재하더라도 '모든 육체에 고루 미치는 [지각의] 결과'를 가지는 것은 모순적이지 않다. 예컨대 이 세상에서 보석·등불 등은 방의 한 부분에 존재하더라도 그 빛이 방에 고루 미치면서 집(방) 전체에 결과를 낳는다. 그와 마찬가지이다.

백단유는 부분들을 가지기 때문에 다만 미시적인 부분을 퍼뜨리는 것을 통해 가끔씩 모든 육체에 시원함을 줄 수 있지만 원자의 [부피인] 개별자아에게는 [그 자체를] 그 모든 육체로 퍼뜨릴 수 있게끔 하는 부분들이 존재하지 않는다고 [논적이] 의문을 제기함으로써, "혹은 세상에서처럼, [의식이라는] 성질의 ['고루 미침'] 때문에, [개별자아가 원자의 부피로 존재하더라도 모든 육체에 고루 미치는 것은 모순적이지 않다]."라는 [이 수뜨라를] 말했다.‖25‖

[반박]: 그렇다면 어떻게 성질이 '성질의 소유자'(실체)와는 별도로 다른 곳에 존재할 수 있다는 말인가? 예를 들어 천의 하얀색이라는 성질은 천과는 별도로 다른 곳에 존재한다고 관찰되지 않는다.

[전론]: 등불의 빛처럼 가능하다.

[반박]: 아니다. 그것(빛)조차도 실체라고 용인되기 때문이다. 실로 등불이란 밀집된 부분들을 가지는 '빛이라는 실체'이다. 그리고 빛이란 느슨한 부분들을 가지는 바로 그 '빛이라는 실체'이다.

이로부터 답변을 한다.

26. [만약 성질이 실체와는 별도로 다른 곳에 존재할 수 없다고 한다면], 냄새처럼, [개별자아(실체)가 원자의 부피로 존재하더라도 의식이라는 성질은] 별도로 [존재할 것이다].

vyatireko gandhavat ‖26‖

[전론]: 예컨대 냄새는 성질로 존재하더라도 냄새를 가지는 실체와는 별도로 존재하는 것이 [가능하다]. 냄새를 가지는 꽃 등이 [눈앞에] 있지 않더라도 꽃의 냄새가 지각되기 때문이다. 마찬가지로 개별자아가 원자의 [부피로] 존재하더라도 의식이라는 성질은 별도로 존재할 것이다. 따라서 또한, 색깔 등처럼 성질이 근저와 분리될 수 없다는 것은 절대적이지 않다.[123] 냄새는 성질 자체로 존재하더라도 그 근저와 분리된다고 경험되기 때문이다.

[반박]: 냄새의 경우에도 오직 근저의 [부분과] 함께 [근저로부터] 분리된다.

[전론]: 아니다. 근원적 실체로부터의 분리는 그 실체의 감소를 수반하기 때문이다. [하지만 냄새의 경우에는] 그 이전 상태를 통해서 [실체가] 여전히 감소되지 않는다고 알려진다. 그렇지 않은 경우 그 이전 상태에 비해 무거움 등이 줄어들어야 한다.[124]

[반박]: 이러할 수도 있다. 비록 냄새가 의존하는 [실체의] 부분들이 분리된다고 할지라도 그것들이 미미함으로 말미암아 분리가[125] 관찰되지는 않는다. 왜냐하면 냄새의 미시적인 원자들이 모든 면으로 퍼져가면서 콧구멍에 들어간 뒤에 냄새에 대한 인식을 생기게 하기 때문이다.

[전론]: 아니다. 원자들은 초감각적이기 때문이고,[126] 또 나가께사라 꽃 등에 대해 분명한 냄새를 지각하기 때문이다.[127] 또한 이 세상에서

123_ 색깔로서의 성질이 실체(근저)와 분리될 수 없다고 해서 모든 성질이 실체와 분리될 수 없는 것은 아니다.

124_ 그렇지 않은 경우=근원적 실체가 감소되는 경우. 무거움 등이=무게 등이.

125_ * Samata에 '분리가'(viśleṣo)라는 표현이 등장하는 것과 달리, Nirnaya에는 '특이점이'(viśeṣo)라는 표현이 등장한다.

126_ 원자들은 초감각적이기 때문에 코가 냄새의 원자를 지각할 수 없으므로 냄새에 대한 인식 자체가 불가능하다.

127_ 나가께사라 꽃으로부터 '매우 강한'(분명한) 냄새를 지각할 수 있다는 것은, 냄새가 의존하는 실체에서 '매우 미미한' 실체의 부분들이 분리된다는 주장에

는 '냄새를 가지는 실체를 냄새 맡았다'라고 알지 않는다. 반면에 보통 사람들은 '냄새 자체를 냄새 맡았다'라고 안다.

[반박]: 근저와는 별도로 색깔 등을 지각하지 못하기 때문에 근저와는 별도로 냄새를 지각하지 못한다는 것마저 합리적이다.

[전론]: 아니다. 지각됨으로 말미암아 추론은 작용하지 않기 때문이다.[128] 따라서 지식 추구자들은 이 세상에서 경험되는(지각되는) 바 그대로 어떤 것을 추론해야만 할 뿐, 다른 방식으로 추론해서는 안 된다.[129] 왜냐하면 맛의 성질이 혀에 의해 지각된다고 해서 색깔 등의 성질들까지 바로 그 혀에 의해 지각되어야 한다고 받아들일 수는 없기 때문이다.‖26‖

27. 또한 [계시서는] 그와 같이 [즉 아뜨만이 의식이라는 성질을 통해 모든 육체에 고루 미친다는 것을] 보여준다.

tathā ca darśayati ‖27‖

[계시서는] 아뜨만이 '심장을 처소로 하는 것'과 '원자의 부피를 가지는 것'을 언급한 뒤에, "머리털까지 손톱의 끝까지"〈찬도 8.8.1; 까우 4.20〉[130]라며 바로 그것(아뜨만)이 의식이라는 성질을 통해 모든 육체에 고루 미친다는 것을 보여준다.‖27‖

대한 반례이다.

128_ 바로 앞서 제시된 반박은 추론에 근거한 것이다. 하지만 냄새의 근저와는 별도로 냄새를 직접 지각한다면, 추론이 개입할 여지는 없다.

129_ '지식 추구자'(nirūpaka)들은 지각을 통해 경험되는 바와 반드시 어긋나지 않는 방식으로 추론을 행해야만 한다.

130_ * Olivelle은 <찬도 8.8.1>과 <까우 4.20>에서 "머리털까지 손톱까지"라고 읽는다.

28. [또한 계시서는 아뜨만과 지성을] 별도로 가르치기 때문에, [아뜨만은 의식이라는 성질을 통해 육체에 고루 미친다]; [따라서 아뜨만은 원자의 부피이다].

pṛthag upadeśāt ‖28‖

또한 "지성을 통해 육체에 오른 뒤에"〈까우 3.6〉라며 아뜨만과 지성(의식)이 행위주체와 행위수단의 관계라고 별도로 가르치기 때문에, 그것(아뜨만)이 의식이라는 성질 자체를 통해 육체에 고루 미친다고 알려진다. 그리고 "그때에 인식(의식)을 통해 그 생기(기관)들의 인식을 취하고 나서"〈브리 2.1.17〉에서 '행위주체인 육화된 자와는 별도로 [존재하는] 인식'에 대해 가르치는 것은 바로 이러한 소견을 강화한다.

그러므로 아뜨만은 원자의 [부피이다]. ‖28‖

이러한 귀결에서 우리는 말한다.

29. 하지만 [아뜨만은 원자의 부피가 아니다]; [개별자아가] 그것(지성)의 성질들을 핵심으로 하기 때문에, 최상의 지성에서처럼 그것(원자의 부피)이 언급된다.

tadguṇasāratvāt tu tadvyapadeśaḥ prājñavat ‖29‖

[후론]: '하지만'이라는 말은 전론을 배제한다. 아뜨만이 원자의 [부피인] 것은 아니다.

실로 [아뜨만의] 생성이 계시되지 않기 때문에, 그와 달리 오직 지고한 브라흐만의 '들어감'이 계시됨으로 말미암아 본질의 동일성을 가르치기 때문에, 개별자아는 오직 지고한 브라흐만이라고 언급했다. 만약 개별자아가 오직 지고한 브라흐만이라면, 그로부터 지고한 브라흐만이 가지는 바로 그 크기를 개별자아가 가져야만 한다. 그리고 지고한 브라흐만은 편재한다고 전해진다. 따라서 개별자아도 편재한다. 또한 그와 같이, "'인식으로 이루어진 것'이고, 생기(기관)들의 [한가운데에] 있는 그것은, 실로 위대하고 생성되지 않은 이 아뜨만입니다."〈브리 4.4.22〉라며 편재성에 대해 진술하는 이러한 유형의 계시들과 전승들은 개별자아와 관계한다고 실증된다. 게다가 원자의 [부피인] 개별자아가 모든 육체에 존재하는 감각을 가지는 것은 합당하지 않다.

[전론]: 피부와 연계됨으로 말미암아 가능하다.

[후론]: 아니다. [만약 그러하다면], 심지어 가시에 찔려 [발바닥이] 아픈 경우에 실로 모든 육체에서 그 감각이 수반되어야 한다. 왜냐하면 피부와 가시의 접촉은 피부의 전체에서 일어나고, 또 피부는 육체의 전체에 고루 미치기 때문이다. 하지만 가시에 찔린 자는 단지 발바닥에서만 [아픈] 감각을 얻는다.

더욱이 원자에서 '고루 미침'(충만)이라는 성질은 가능하지 않다. 성질은 '성질의 소유자'(실체)를 처소로 하기 때문이다.[131] 실로 성질이라는 것 자체가 실체에 의존하지 않는다면 성질은[132] 폐기될 것이다. 그리고 '등불의 빛'이 다른 실체라는 것은 [이미] 설명했다. 또한 냄새는 성질이라고 용인되기 때문에 오로지 근저(실체)와 함께 움직일 수 있다. 그렇지 않은 경우 [냄새가] 성질이라는 것이 폐기되는 부조리한 결말이 생기기 때문이다. 또한 마찬가지로 존경스러운[133] 드바이빠야나는 "비록 노련하지 않은 어떤 자들이 물에서 냄새를 지각한 뒤에 [물에 속한다고] 말할지도 모르지만, 그것(냄새)은 물과 공기에 의존하더라도

131_ 원자의 성질은 원자 자체를 처소로 하기 때문에 원자는 결코 '고루 미침'(vyāpti)과 같은 성질을 가질 수 없다.

132_ 성질은=성질로서의 정체성은.

133_ * '존경스러운'(bhagavatā)이라는 표현은 Samata에만 추가로 등장한다.

바로 그 흙에 속한다고 알아야 한다."라고 말했다. 그리고 만약 개별자아의 의식이 모든 육체에 고루 미친다면, 개별자아는 원자의 [부피일] 수 없다. 왜냐하면 열과 빛이 불의 본질이듯이 의식 자체는 그것(개별자아)의 본질이기 때문이다. 이 경우에는 성질과 실체의 구분이 존재하지 않는다.

그리고 [개별자아가] 육체의 부피라는 것은 부인되었다. 결과적으로 개별자아는 편재한다.

[전론]: 그 경우에 '원자의 [부피라는] 것' 등에 대해 언급하는 것은 무엇이란 말인가?

이로부터 말한다. "하지만 … 그것의 성질들을 핵심으로 하기 때문에, … 그것이 언급된다."

[후론]: '그것'이란 지성이므로 '그것의 성질들'이란 지성의 성질들이다. 의욕, 혐오, 즐거움, 괴로움 등등과 같은 것들이다. '그것의 성질들을 핵심으로 가짐'이란, 그것의 성질들이 아뜨만(개별자아)의 윤회에 적합한 '핵심' 즉 '주된 것'이 [된다는 뜻이다]. 그러한 상태가[134] 곧 '[개별자아가] 그것의 성질들을 핵심으로 함'이다.

실로 아뜨만은 지성의 성질들이 없이 단독으로 윤회하지 않는다. 왜냐하면 행위주체도 아니고 향유주체도 아니며 윤회하지도 않고 영원히 자유롭게 존재하는 아뜨만이, '지성이라는 한정자의 속성(성질)'이 덧놓이는 것을 기인으로 하여 '행위주체 · 향유주체 등의 특징을 가지는 윤회'를 하기 때문이다. 따라서 [아뜨만이] 그것의 성질들을 핵심으로 하기 때문에 지성의 부피로써 이것(아뜨만)의 부피를 지시한다. 그리고 그 떠남 등은 그것(지성)의 떠남 등을 지시할 뿐, [아뜨만] 그 자체의 떠남 등을 지시하지는 않는다.

134_ 그러한 상태가=그것의 성질들을 핵심으로 가지는 상태가.

이와 같은 연관에서, "그 개별자아를, 상상된 머리카락 끝을 100으로 나누고 그 부분을 [다시] 백으로 나눈 부분이라고, 알아야만 한다. 그러나 그것은 무한하다고 간주된다."〈슈베 5.9〉에서는, 개별자아가 원자의 [부피라고] 말한 뒤에 또다시 바로 그것이 무한하다고 말한다. 결국 이는, 만약 개별자아가 '원자의 [부피라는] 것'은 비유적 의미이고 실재적으로는 '무한'이라면, 바로 그와 같이 이치에 맞을 것이다. 실로 둘 다 일차적 의미인 것은 적절할 수 없다. 게다가 '무한'이 비유적 의미라고는 알려질 수 없다. 모든 우빠니샤드들에서 브라흐만으로서의 아뜨만을 확립하고자 하기 때문이다.

마찬가지로 측량에 관한 다른 곳에서도, 즉 "지성의 성질을 가지는 것으로서 또 몸의 성질을 가지는 것으로서, 몰이 막대기 끄트머리의 크기인 것으로서 열등한 듯이 관찰된다."〈슈베 5.8〉에서도, [개별자아가] 단지 지성의 성질과 연계되기 때문에 몰이 막대기 끄트머리의 크기를 가진다고 가르친다. [그러한 크기를] 바로 그 아뜨만 자체가 가진다고 가르치지는 않는다. "이 원자적인(미세한) 아뜨만을, 지력을 통해 알아야만 한다."〈문다 3.1.9〉라는 곳에서도 개별자아가 원자의 부피를 가진다고 가르치지 않는다. 논제는 '눈 등에 의해 파악될 수 없는 것'이자 '지성의 은총에 의해 알려질 수 있는 것'으로서 오직 지고한 아뜨만이기 때문이다. 또한 심지어 개별자아가 일차적 의미에서 원자의 부피라는 것은 합당하지 않기 때문이다. 따라서 '원자'(원자적인)라는 그 말은, [아뜨만을] 알기 어렵다는 것을 의도하거나 한정자를 의도한다고 이해해야만 한다.

그리고 "지성을 통해 육체에 오른 뒤에"〈까우 3.6〉라며 차이를 가르치는 이러한 유형의 [계시들] 역시, '한정자로 존재하는 바로 그 지성과 함께 개별자아가 육체에 오른 뒤에'라는 식으로 해석해야만 한다. 혹은 '명칭(언표)일 뿐인 것'이다. 돌 막자의 몸통 등과 같다.[135] 왜냐하면

이 경우에는 심지어 성질과 실체의 구분이 존재하지 않는다고 언급했기 때문이다. 심장을 처소로 한다는 글귀마저 오직 지성에 대해서이다. [지성이] 그것(심장)을 처소로 하기 때문이다. 또한 "'누가 떠날 때에 내가 떠나게 될 것이리? 또는 누가 머무를 때에 내가 머무르게 될 것이리?'"〈쁘라 6.3〉, "그는 생기를 창조했다."〈쁘라 6.4〉에서는, 심지어 떠남 등이 한정자에 의존한다는 것을 보여준다. 실로 떠남이 없는 경우에는 감과 돌아옴조차 없다고 알려진다. 왜냐하면 육체로부터 멀어지는 [동작이] 없는 것에서는 감과 돌아옴이 가능하지 않기 때문이다.[136]

이와 같이 [개별자아가] 한정자의 성질을 핵심으로 하기 때문에 개별자아가 원자의 [부피라는] 것 등이 '최상의 지성에서처럼' 언급된다. 예컨대 '성질(속성)을 가지는 것에 대한 계속적 명상들'에서는 최상의 지성이 즉 지고한 아뜨만이 한정자의 성질을 핵심으로 하기 때문에 매우 작음 등의 [부피를 가진다고] 언급된다. "쌀알보다 혹은 보리알보다, 혹은 … 더 작다."〈찬도 3.14.3〉, "'마음으로 이루어진 것'은 생기를 육체로 하고, 모든 냄새를 가지며, 모든 맛을 가지고, 진실한 욕망을 가지며, 진실한 결의를 가지고"〈찬도 3.14.2〉[137]라는 이러한 종류의 [계시들에서이다]. [개별자아도] 이와 마찬가지이다.

[전론]: 이러할 수도 있다. 만약 아뜨만이 지성의 성질을 핵심으로 하

135_ 양념 등을 빻는 '돌 막자'(śilāputraka)에서 '돌'과 '몸통'은 동일한 것일 뿐 차이를 가지지 않는다. 마찬가지로 <까우 3.6>에서 제시되는 차이란 동일한 것에 대한 명칭(vyapadeśa)의 차이에 지나지 않을지도 모른다.

136_ 이 문장은 <주석 2.3.20>에서 전론자가 제시한 것으로서, 후론자는 자신의 논리에 이 문장을 고스란히 사용한다.

137_ 이 인용 문장은 <찬도 3.14.2>와 정확하게 일치하지는 않는다. <찬도 3.14.2>는 다음과 같다: "'마음으로 이루어진 것'은 생기를 육체로 하고, 빛의 형태이며, 진실한 결의를 가지고, 허공을 본질로 하며, 모든 행위를 하고, 모든 욕망을 가지며, 모든 냄새를 가지고, 모든 맛을 가지며".

기 때문에 윤회한다고 가정한다면, 그 경우에 상이한 지성과 아뜨만 사이의 결합은 필연적으로 종결되어야만 한다. 그래서 결국 지성이 분리되어 있는 경우에, 분리된 아뜨만이 규정될 수 없음으로 말미암아, [아뜨만은] 존재하지 않는다거나 윤회하지 않는다는 부조리한 결말이 생길 것이다.‖29‖

이로부터 답변을 한다.

30. 또한, [만약 아뜨만이 지성의 성질을 핵심으로 하기 때문에 윤회하는 경우에 아뜨만과 지성이 분리됨으로써 그 규정될 수 없는 아뜨만이 존재하지 않는다거나 윤회하지 않는다는 부조리한 결말이 생긴다고 한다면], 아뜨만이 존재해야만 하는 이상 [지성과의 결합도 존재해야만 하기] 때문에, [그러한] 결함은 없다; [성전이] 그렇게 보여주기 때문이다.

yāvad ātmabhāvitvāc ca na doṣas taddarśanāt ‖30‖

[후론]: 바로 이전에 지적된 것 즉 결함으로 귀결된 것은 염려할 필요가 없다.

무엇 때문에? 아뜨만이 존재해야만 하는 이상 지성과의 결합(연계)도 [존재해야만 하기] 때문이다. 그 아뜨만이 윤회하는 자로 존재하는 이상, 즉 그것(아뜨만)의 윤회가 참된 지식을 통해 파기되지 않은 이상, 그런 만큼 그것(아뜨만)은 지성과의 결합을 멈추지 않는다. 그리고 지성이라는 한정자와 그렇게 연계되는 이상, 바로 그런 만큼 그것(아뜨만)은[138] 개별자아이고 또 윤회한다. 하지만 실재적으로는 '지성이라는

138_ * Samata에 '그것은'(asya)이라는 표현이 등장하는 것과 달리, Nirnaya에는

한정자와의 연계에 의해[139] 가상된 그 자체 형태'와는 별도로 개별자아라고 불리는 것이 존재하지 않는다. 실로 베단따의 의미(취지)를 확정하는 데 '영원한 자유를 본질로 하는 전지한 신'과는 다른 의식체이자 제2자(者)로서의 본체가 알려지지는 않는다. "그것과는 다른, 보는 자, 듣는 자, 생각하는 자, 인식하는 자는 없습니다."〈브리 3.7.23〉,[140] "그것과는 다른, 보는 자, 듣는 자, 생각하는 자, 인식하는 자는 없습니다."〈브리 3.8.11〉,[141] "그것이 너이다."〈찬도 6.8.7〉, "나는 브라흐만이다."〈브리 1.4.10〉라는 등이 수백 번 계시되기 때문이다.

[전론]: 그렇다면 어떻게 '아뜨만이 존재해야만 하는 이상 지성과의 결합도 [존재해야만 한다]'라고 알려진다는 말인가?

[후론]: "… 그렇게 보여주기 때문이다."라고 말한다. 그러한 예시로서, 성전은 "'인식으로 이루어진 것'이고, 생기(기관)들의 [한가운데에] 있으며, 심장의 안에 있는 빛인, 이 뿌루샤입니다. 그것은 [인식과] 유사하게 존재하면서 두 세상에서[142] 움직입니다. 그것은 명상하는(생각하는) 듯하고, 떠는(움직이는) 듯합니다."〈브리 4.3.7〉라는 등을 보여준다.

이곳에서 '인식으로 이루어진 것'이 '지성으로 이루어진 것'이라는 점은 [이미] 언급한 바 있다.[143] 다른 곳에서 즉 "인식(지성)으로 이루어지

'개별자아는'(jīvasya)이라는 표현이 등장한다.

139_ * Samata에는 '연계에 의해'(-saṃbandha-)라는 표현이 등장하지 않는다. Samata에서는 이 부분을 "지성이라는 한정자에 의해"라고 읽는다.

140_ 이 인용 문장은 <브리 3.7.23>의 "그것과는 다른, 보는 자는 없습니다. 그것과는 다른, 듣는 자는 없습니다. 그것과는 다른, 생각하는 자는 없습니다. 그것과는 다른, 인식하는 자는 없습니다."라는 문장들을 압축하여 변형한 것이다.

141_ 이 인용 문장은 <브리 3.8.11>의 "그것과는 다른, 보는 자는 없습니다. 그것과는 다른, 듣는 자는 없습니다. 그것과는 다른, 생각하는 자는 없습니다. 그것과는 다른, 인식하는 자는 없습니다."라는 문장들을 압축하여 변형한 것이다. <브리 3.7.23>의 원래 문장들과 <브리 3.8.11>의 원래 문장들은 내용이 완전히 똑같다. 다만 전자에서는 주어가 남성이고 후자에서는 주어가 중성이다.

142_ 두 세상에서=현생과 내생에서.

고 마음으로 이루어지고 생기로 이루어진 것이고, 눈으로 이루어지고 귀로 이루어진 것이고"〈브리 4.4.5〉에서, 인식으로 이루어진 것이 마음 등과 함께 읽히기 때문이다.[144] 그리고 '지성으로 이루어진 것'이란 오직 '그것(지성)의 성질들을 핵심으로 함'을 의미한다. 예컨대 이 세상에서 데바닷따에 대해 '여자로 이루어진 자'라고 [말하는 것이] '여자에 대한 애욕 등을 주된 것으로 함'을 지시하듯이, 그와 마찬가지이다. 게다가 "그것은 [인식과] 유사하게 존재하면서 두 세상에서 움직입니다."라며 [아뜨만이] 다른 세상으로 가는 때조차 지성과 분리되지 않는다는 것을 보여준다. 무엇과 유사하냐면, 바로 그 지성과 유사하다고 이해된다. 근접해 있기 때문이다.[145] 또한 "[그것은] 명상하는(생각하는) 듯하고, 떠는(움직이는) 듯합니다."라며 이를 보여준다. 말한 바는 이러하다: 그것은 그 자체로 명상하지 않고, 또 움직이지 않는다. 지성이 명상하고 있을 때 명상하는 듯하고, 지성이 움직이고 있을 때 움직이는 듯하다.

더 나아가 아뜨만이 지성이라는 한정자와 그렇게 연계되는 것은 거짓된 지식을 전제로 한다. 그리고 거짓된 지식은 참된 지식이 없이는 파기되지 않는다. 그래서 결국 브라흐만이 곧 아뜨만이라는 깨우침이 없는 이상, 그런 만큼 지성이라는 한정자와 그렇게 연계되는 것은 멈추지 않는다. 또한 [계시서는] "나는 태양처럼 빛나고 어둠을 넘어서는 그 위대한 뿌루샤를 안다. 오직 그를 앎으로써 죽음을 넘어선다. 가야 할 다른 길은 없다."〈슈베 3.8〉라고 보여준다.‖30‖

143_ <주석 2.3.17> 참조.

144_ <브리 4.4.5>에서 '마음, 생기, 눈, 귀'가 열거되는 것을 두고 본다면, '인식'이라는 것은 내부기관인 지성을 지시한다고 결론내릴 수 있다.

145_ <브리 4.3.7>에서 '인식으로 이루어진 것'이라는 말이 근접해 있기 때문이다.

[전론]: 숙면과 소멸에서 아뜨만이 지성과 연계되는 것은 용인될 수 없지 않는가? "얘야 … 그 경우에 존재와 융합하게 된다. 자신에 되들어가게 된다."〈찬도 6.8.1〉라는 글귀 때문이다. 또한 모든 변형물의 소멸이 용인되기 때문이다. 이 경우에 어떻게 '아뜨만이 존재해야만 하는 이상 지성과의 연계도 [존재해야만 한다]'는 말인가?

이에 대하여 말한다.

31. 하지만, [만약 숙면과 소멸에서 아뜨만이 지성과 연계될 수 없는 경우에 어떻게 '아뜨만이 존재해야만 하는 이상 지성과의 연계도 존재해야만 한다'라고 알려지느냐고 한다면], 사내다움 등처럼, [숙면과 소멸에서 잠재된 형태로] 존재하는 [아뜨만과 지성의] 그것(연계)이 [생시와 창조에서] 현시되는 것은 적합하기 때문이다.

puṃstvādivat tv asya sato 'bhivyaktiyogāt ‖31‖

[후론]: 예컨대 이 세상에서 사내다움 등은 소년기(少年期) 등에서 잠재된 형태로 분명 존재함에도 지각되지 않은 채 [마치] 존재하지 않는 것처럼 여겨지지만 청년기 등에서 나타난다. 심지어 거세된 남자에게 그것(사내다움)이 출현되는 부조리한 결말이 생기기 때문에 [이전에] 존재하지 않다가 출현되지는 않는다.[146] 마찬가지로 [아뜨만이] 지성과 그렇게 연계되는 것도 숙면과 소멸에서 잠재된 형태로 분명 존재하다가 또 다시 생시와 창조에서 나타난다. 왜냐하면 이는 이런 식으로 적합하기 때문이다. 실로 그 어떤 것의 출현(생성)도 근거 없이는 가능하지 않다. 확대적용이 생기기 때문이다.

146_ 만약 사내다움이 이전에 존재하지 않다가 출현된다고 한다면, 거세된 남자에게서 수염 등 사내다운 것들이 출현되는 논리적 오류가 생긴다.

또한 [계시서는] '무지로 이루어진 씨앗'[147]이 존재함으로써 숙면으로부터 깨어날 수 있다는 것을 보여준다. "'존재'에 융합하면서 '우리는 존재에 융합한다'라고 알지 못한다. 호랑이이거나 사자이거나 … 이 세상에 [있었던 무엇이든지 간에] 그것들은"〈찬도 6.9.2-3〉이라는 등을 통해서이다.

그러므로 '아뜨만이 존재해야만 하는 이상 지성 등이라는 한정자와의 연계도 [존재해야만 한다]'는 점이 정립된다.‖31‖

32. [아뜨만과 연계되는 내부기관은 필연적으로 존재한다고 용인해야만 한다]; 그와 다르게 [내부기관을 용인하지 않으면], '영원한 지각'이나 '지각 없음'이 수반된다; 혹은 [아뜨만이나 감관 가운데] 어느 하나의 [힘이] 제한된다고 [용인해야만 하는데, 두 경우 모두 가능하지 않다].

nityopalabdhyanupalabdhiprasaṅgo 'nyataraniyamo
vā 'nyathā ‖32‖

또한 아뜨만의 한정자로 존재하는 그 내부기관은 '마음, 지성, 인식, 생각'[148]으로서, 여기저기에서 다양하게 언급된다. 가끔씩 기능의 구분

147_ 무지로 이루어진 씨앗=숙면에서 잠재적인 형태로 존재하는 무지.

148_ 이 4가지 내부기관의 원어는 차례대로 'manas, buddhi, vijñāna, citta'이다. 이러한 내부기관의 출처로는 다음을 그 예로 들 수 있다. ① 마음: "실로 마음을 통해서 보고 마음을 통해서 듣는다. 욕망, 의지, 의심, 신뢰, 불신, 끈기, 포기, 수치, 반성, 공포라는 이 모든 것은 마음일 뿐이다."<브리 1.5.3> ② 지성: "마음과 함께 다섯의 지식기관들이 멈추고 또 지성마저 움직이지 않을 때"<까타 6.10> ③ 인식: "인식은 제의를 실현하고 또 의례들도 실현하리라."<따잇 2.5.1> ④ 생각: "생기가 다섯 방식으로 들어간 이 원자적인(미세한) 아뜨만을, 지력(생각, cetas)을 통해 알아야만 한다."<문다 3.1.9> 참고로, 베단따에서 일반적으로 제시하는 4가지 내부기관은 'manas, buddhi, ahaṃkāra, citta'라는

을 통해, 의심 등의 기능을 가지는 것은 '마음'이라고 불리고, 확정 등의 기능을 가지는 것은 '지성'이라고 불린다.

이 경우에 이러한 연관을 가지는 내부기관은 필연적으로 존재한다고 용인해야만 한다. 왜냐하면 그와 다르게 그것을 용인하지 않는 경우에 '영원한 지각'이나 '지각 없음'이 수반될 것이기 때문이다. 지각의 수단인 아뜨만, 감관, 대상 들이 근접해 있는 경우에 실로 영원히 지각이 수반될 것이다.[149] 만약 수단들이 함께 놓여 있음에도 결과가 없다면, 그 경우에 실로 영원히 지각 없음이 수반될 것이다. 하지만 그와 같이 관찰되지는 않는다.

혹은[150] 아뜨만이나 감관 가운데 어느 하나가 힘의 장애를 가진다고 용인해야만 한다. 그리고 아뜨만이 힘의 장애를 가지는 것은 가능하지 않다. 동작이 없기 때문이다.[151] 심지어 감관이 [힘의 장애를] 가지는 것도 가능하지 않다. 왜냐하면 이전과 이후의 순간에 장애되지 않은 힘을 가지는 채로 존재하는 그것(감관)이 [중간의 순간에서] 느닷없이 힘의 장애를 겪지는 않을 것이기 때문이다.

따라서 마음이란[152] [그 자체가] 주의를 기울이거나 주의를 기울이지 않음으로써 '지각'과 '지각 없음'을 생기게 하는 것이다. 또한 그와 같이 계시서는 "마음이 다른 곳에 있었고, 나는 보지 못했다. 마음이 다른 곳에 있었고, 나는 듣지 못했다."〈브리 1.5.3〉라고 하고, "실로 마음을

것이고, 그 출처는 <쁘라 4.8>이다.

149_ 아뜨만과 감관, 대상 사이에 내부기관이 존재하지 않는다면, 그것들이 근접해 있는 경우 내부기관이라는 매개가 없음으로 말미암아 지각이 영원히 지속되고 말 것이다.

150_ 혹은=내부기관을 용인하지 않는 경우에 또다시.

151_ 아뜨만은 변화나 변형을 겪지 않기 때문이다.

152_ 여기서 '마음'은 내부기관 전체를 지시한다. 내부기관들 가운데 가장 먼저 언급된 것이기 때문이다.

통해서 보고 마음을 통해서 듣는다."〈브리 1.5.3〉라고 한다. 그리고 욕망 등이 그것(마음)의 기능이라고 보여준다. "욕망, 의지, 의심, 신뢰, 불신, 끈기, 포기, 수치, 반성, 공포라는 이 모든 것은 마음일 뿐이다." 〈브리 1.5.3〉에서이다.

그러므로 "[개별자아가] 그것(지성)의 성질들을 핵심으로 하기 때문에 … 그것(원자의 부피)이 언급된다."〈수뜨라 2.3.29〉라는 것은 합리적이다.‖32‖

{ 14. '행위주체'라는 주제: 수뜨라 33-39 }

33. [개별자아는] 행위주체여야 [한다]; [이로부터] 성전이 의미 있기 때문이다.

kartā śāstrārthavattvāt ‖33‖

'그것의 성질들을 핵심으로 함'이라는 바로 그 화제에 [이어서] 또 다른 '개별자아의 속성'을 상술한다.

[후론]: 이 개별자아는 행위주체여야 한다.

무엇 때문에? [이로부터] 성전이 의미 있기 때문이다. 결국 이렇게 하여 '제의를 행해야 한다', '공물로 제공해야 한다', '선물을 주어야 한다'라는 이러한 종류의 '명령에 대한 성전'이 의미 있게 된다. 그렇지 않은 경우 그것(성전)은 무의미하게 될 것이다. 왜냐하면 그것은 존재하는 행위주체에게 '행해야만 하는 특정한 것'을 가르치기 때문이다. 그리고 행위주체가 존재하지 않는 경우에 그것은[153] 가능하지 않을 것이다. 마찬가지로 "정녕 이것은 보는 자, … 듣는 자, … 생각하는 자,

확정하는 자, 행하는 자로서, 인식을 본질로 하는 뿌루샤이다."〈쁘라 4.9〉[154]라는 이러한 성전마저 의미 있게 된다.‖33‖

34. [개별자아가 꿈에서] 돌아다닌다고 가르치기 때문에, [개별자아는 행위주체이다].

viharopadeśāt ‖34‖

이로 말미암아 또한, 개별자아는 행위주체이다. 개별자아의 장절에서, [개별자아가] 중간대(中間帶)의 상태에서[155] 돌아다닌다고 가르치는 점에서이다. "불멸하는 그는 원하는 곳이면 어디든 가리라."〈브리 4.3.12〉에서이고, 또 "원하는 바대로 자신의 육체에서 돌아다닙니다."〈브리 2.1.18〉에서이다.‖34‖

35. [개별자아가 기관들을] 취하기 때문에, [개별자아는 행위주체이다].

upādānāt ‖35‖

이로 말미암아 또한, 그것은 행위주체이다. 바로 그 개별자아의 장절에서, [개별자아가] 기관들을 취한다고 언급하는 점에서이다. "그때에 인식(의식)을 통해 그 생기(기관)들의 인식을 취하고 나서"〈브리 2.1.17〉에서이고, 또 "생기(기관)들을 취하고 나서"〈브리 2.1.18〉에서이다.‖35‖

153_ 그것은=행해야만 하는 특정한 것은.

154_ * 이 인용 문장은 <쁘라 4.9>를 조금 축약한 형태이다.

155_ 중간대의 상태에서(saṃdhye sthāne)=생시와 숙면의 중간에 존재하는 꿈의 상태에서.

36. 또한 행위와 관계하여 [성전이 그러하다고] 언급하기 때문에, [개별자아는 행위주체이다]; 만약 ['인식'이라는 말이 개별자아를 지시하지] 않는다면, 지시의 변경이 [있어야 한다].

vyapadeśāc ca kriyāyāṃ na cen nirdeśaviparyayaḥ ‖36‖

이로 말미암아 또한, 개별자아는 행위주체이다. 세속적이거나 베다적인 행위들과 관계하여 그것이 행위주체라고 성전이 언급하는 점에서이다. "인식은 제의를 실현하고 또 의례들도 실현하리라."〈따잇 2.5.1〉에서이다.

[반박]: '인식'이라는 말은 지성을 [지시한다고] 알려지지 않는가? 어떻게 그것이 '개별자아가 행위주체라는 것'을 지시한다는 말인가?

[후론]: 아니라고 말한다. 그것은 오직 개별자아를 지시할 뿐 지성을 지시하지 않는다. 만약 개별자아를 [지시하지] 않는다면, 지시의 변경이 있어야 한다. '인식을 통해'라고 그와 같이 지시했어야 했다.[156] 그러한 증거로서, [개별자아가 아니라] 지성을 말하고자 하는 다른 곳에서는, '인식'이라는 말이 행위수단(3격)의 격어미로 지시된다고 살펴진다. "그때에 인식(의식)을 통해 그 생기(기관)들의 인식을 취하고 나서"〈브리 2.1.17〉에서이다. 반면에 이 경우에는 "인식은 제의를 실현하고"라며 ['인식은'이라는 말이] 행위주체와 동격 관계로 지시되기 때문에,[157] 분명 지성과는 구별되는 아뜨만이 행위주체라고 지시되므로, 결함은 없다.‖36‖

156_ 만약 "인식은 제의를 실현하고"에서 '인식'(vijñāna)이라는 말이 개별자아를 지시하지 않는다면, '인식은'(1격)이 아니라 '인식을 통해'(3격)라는 식으로 다른 격을 통해 지시했어야 했다.

157_ '인식은'이라는 말은 'vijñānaṃ'으로서 중성 1격이다. 따라서 이 말은 '행위주체를 가리키는 1격'과 동격 관계를 가진다.

이에 대하여 말한다.

[반박]: 만약 지성과는 구별되는 개별자아가 행위주체라면, 그것은 자립적인 존재로서 스스로에게 반드시 기쁜 것과 또 유익한 것을 가져와야 하며, 그 반대되는 것을 가져와서는 안 된다. 하지만 심지어 반대되는 것을 가져온다고 알려진다. 그리고 자립적인 아뜨만에서 이와 같이 불규칙적인 동작(행위)은 합당하지 않다.[158]

이로부터 답변을 한다.

37. [만약 행위주체인 자립적인 아뜨만에서 불규칙적으로 좋은 것과 나쁜 것을 가져오는 행위가 합당하지 않다면], 지각에서처럼, [행위에서도] 불규칙적으로 [좋은 것과 나쁜 것을 가져올 것이다].

upalabdhivad aniyamaḥ ‖37‖

[후론]: 예컨대 이 아뜨만이 지각에 관해 자립적임에도 불규칙적으로 좋은 것과 나쁜 것을 지각하듯이, 마찬가지로 [행위에서도] 그저 불규칙적으로 좋은 것과 나쁜 것을 가져올 것이다.

[반박]: [아뜨만은] 지각의 수단을 사용한다고 알려지기 때문에 심지어 지각과 관계해서도 자립적이지 않다.[159]

[후론]: 아니다. 지각의 수단들은 단순히 대상의 제공을 목적으로 하기 때문이다. 반면에 [실제의] 지각에서는 아뜨만이 다른 것에 의존하지 않는다. 의식이 주어져 있기 때문이다.

158_ 자립적인(svatantra) 존재가 오직 '기쁜 것'(priya)이나 '유익한 것'(hita)을 가져와야만 함에도 그 반대되는 것마저 가져오는 경우, 이는 불규칙적인 동작(pravṛtti)이라고 할 만하다.

159_ 아뜨만(개별자아)은 지각의 수단을 즉 감관들을 사용하는 것에 의존하기 때문에 지각의 관점에서도 결코 자립적이지 않다.

더 나아가 심지어 목적적 행위에서는 아뜨만이 완전하게 자립적이지 않다. 특정한 공간 · 시간 · 계기에 의존하기 때문이다. 그리고 행위주체는 보조자에 의존함에도 행위주체인 것을 멈추지 않는다. 예를 들어 요리하는 자는 비록 땔감 · 물 등에 의존할지라도 요리하는 자로 존재한다. 결국 협조적인 것이 다양함으로 말미암아 '좋은 것과 나쁜 것을 [가져오는] 목적적 행위'에서 아뜨만의 불규칙적인 동작(행위)은 모순되지 않는다.‖37‖

38. [만약 '인식'이라는 말로 지시되는 지성이 행위주체라면, 지성이 가지는 행위수단으로서의 힘과 행위주체로서의] 힘이 뒤바뀌기 때문에, [개별자아가 행위주체이다].

śaktiviparyayāt ‖38‖

이로 말미암아 또한, 인식과는 구별되는 개별자아가 행위주체여야만 한다. 이제 만약 '인식'이라는 말로 지시되는 바로 그 지성이 행위주체라면, 그 경우에 힘이 뒤바뀌게 될 것이다. 지성이 가지는 행위수단으로서의 힘이 폐기될 것이고, 행위주체로서의 힘이 획득될 것이다. 그리고 지성에 행위주체로서의 힘이 있는 경우에, 그것(지성) 자체가 '나'라는 관념과 관계한다고 용인해야만 한다. 동작(행위)이란 분명 자아의식을 앞세운다고 모든 경우에서 경험되기 때문이다.[160] '나는 간다, 나는 온다, 나는 먹는다, 나는 마신다'에서이다. 게다가 그것(지성)이 행위주체로서의 힘을 가진 채 모든 것을 야기한다고 해도 다른 행위수단을 가정해야만 한다. 왜냐하면 행위주체가 힘을 가지고 있더라도 행위

160_ 지성이 행위주체로서의 힘을 가진다면 그것은 '나'(aham)라는 관념(pratyaya)과 관계한다. 왜냐하면 모든 행위는 자아의식(ahaṃkāra) 즉 '나'라는 의식(관념)을 앞세움으로써 가능하기 때문이다.

수단을 사용함으로써 행위들에 종사한다고 관찰되기 때문이다.

결국 이로부터, 단지 명칭과 관계하여 논쟁이 가능할 뿐, 사물에는 그 어떤 차이도 없다. [어떤 경우이든지] 행위수단과는 구별되는 것을 행위주체라고 용인하기 때문이다.‖38‖

39. 또한 [아뜨만이 행위주체로 존재하지 않으면] 삼매가 [가능하지] 않기 때문에, [개별자아는 행위주체이다].

samādhyabhāvāc ca ‖39‖

'우빠니샤드에 근거하는 아뜨만'에 대한 이해를 목적으로 하는 그 삼매는, "여보 [마이뜨레이여], 실로 아뜨만을 보아야만 하고 들어야만 하고 숙고해야만 하고 깊이 명상해야만 합니다."〈브리 2.4.5〉, "그것을 추구해야만 하고, 그것을 탐구해야만 한다."〈찬도 8.7.1〉, "아뜨만을 그와 같이 '옴'으로 명상하도록 하라."〈문다 2.2.6〉라고 이와 같이 지시되면서 베단따들에서 가르쳐진다. 그것(삼매) 또한 아뜨만이 행위주체로 존재하지 않으면 가능하지 않을 것이다.[161]

그러므로 또한 그것은 행위주체라고 정립된다.‖39‖

{ 15. '목수'라는 주제: 수뜨라 40 }

40. 또한 [아뜨만이 행위주체라는 것은 고유적이지 않다]; 예컨대 목수

161_ 삼매에서 아뜨만(개별자아)이 행위주체가 아니라면 지고한 아뜨만에 대한 지식(이해)을 얻는 그 주체를 부정하는 꼴이 되므로, 삼매의 존재를 긍정하는 한 아뜨만이 행위주체라는 것도 긍정해야 한다.

처럼, [아뜨만은] 두 가지 방식으로 [존재하기 때문에, 아뜨만이 행위주체라는 것은 한정자에 기인한다].

yathā ca takṣobhayathā ‖40‖

이와 같이 먼저 '성전이 의미 있음'[162] 등의 근거들을 통해 육화된 자가 행위주체라는 것을 밝혔고, 이제는 그것이[163] 고유적이어야 하는지 혹은 한정자에 기인해야 하는지 논의한다.

[전론]: 이 경우에 '성전이 의미 있음' 등의 바로 그러한 근거들로 말미암아 [아뜨만이] 행위주체라는 것은 고유적이다. 부인하는 근거가 없기 때문이다.

이러한 귀결에서 우리는 말한다.

[후론]: 아뜨만이 행위주체라는 것은 고유적일 수 없다. 해탈의 불가능함이 수반되기 때문이다. 실로 아뜨만이 행위주체라는 것이 고유적일 경우에 행위주체로부터 해탈하는 것이 가능하지 않다. 불이 열로부터 [자유로울 수 없는 것과] 같다. 또한 행위주체로부터 해탈하지 못한 자는 인간의 목표를 완성하지 못한다. 행위주체라는 것은 고통의 형태이기 때문이다.

[전론]: 비록 행위주체의 힘이 유지될지라도 행위주체가 [낳는 행위의] 결과를 피함으로써 인간의 목표가 완성되지 않겠는가? 그리고 원인을 피함으로써 그것(결과)을 피하는 것이 [가능하다]. 예컨대, 비록 불이 '타는' 힘을 가지고 있을지라도 장작과 분리됨으로써 '타는' 결과가 없듯이, 그와 마찬가지이다.

[후론]: 아니다. 원인들마저 '힘을 특징으로 하는 연계'를 가지므로,

162_ <수뜨라 2.3.33> 참조.

163_ 그것이=육화된 자가 행위주체라는 것이.

연계된 [원인들을] 완전하게 피할 수는 없기 때문이다.[164]

[전론]: 해탈은 해탈의 성취수단인 명령을 통해 완성되지 않겠는가?[165]

[후론]: 아니다. 성취수단에 의존하는 것은 무상하기 때문이다.

더 나아가 [계시서는] '영원 · 순수 · 자각 · 자유의 아뜨만을 제시하는 것'을 통해 해탈의 완성을 승인한다. 그리고 행위주체라는 것이 고유적인 경우에 그와 같은 아뜨만을 제시하는 것은 적절하지 않을 것이다. 따라서 아뜨만이 행위주체라는 것은, 한정자의 속성이 덧놓인 것일 뿐이며 고유적이지는 않다. 또한 그와 같이 계시서는 "그것은 명상하는(생각하는) 듯하고, 떠는(움직이는) 듯합니다."〈브리 4.3.7〉라고 한다. 그리고 "몸, 기관, 마음과 연계된 것을 식자들은 '향유주체'라고 이른다."〈까타 3.4〉에서는, 오직 한정자와 연계된 아뜨만이 향유주체 등의 특수성을 얻는다는 것을 보여준다. 실로 분별이 있는 자들에게는 지고한 것을 제외하고 '개별자아라고 불리는 것 즉 행위주체나 향유주체'가 존재하지 않는다. "그것과는 다른, 보는 자는 없습니다."〈브리 3.7.23〉라는 등이 계시되기 때문이다.

[전론]: 만약 지고한 것을 제외하고는 '지성 등의 집합과 구별되는 것이자 행위주체이자 의식을 가지는 개별자아'가 존재하지 않는다면, 그 경우에 지고한 것 자체가 윤회하는 자이자 행위주체이자 향유주체라는 부조리한 결말이 생길 것이다.

[후론]: 아니다. 행위주체와 향유주체는 무지에 의해 가공(架空)된 것

164_ 행위의 원인들이란 다르마, 다르마가 아닌 것 등이다. 전론자는 이러한 원인들을 피할 수 있다고 주장한다. 그러나 이러한 원인들은 행위주체와 연계될 때에 '힘을 특징으로 하는 특별한 방식의 연계'를 통해 연계된다. 따라서 이와 같이 연계된 원인들을 결코 완전하게 피할 수는 없다.

165_ 제의에 대한 명령(vidhāna)을 실행함으로써 고유적인 행위주체를 초월하는 해탈을 얻을 수 있지 않겠는가?

이기 때문이다. 또한 그와 같이, "실로, 소위 이원성이 있을 경우에, 그러면 하나가 다른 하나를 보고"〈브리 4.5.15〉라는 성전은 무지의 상태와 관계하여 행위주체와 향유주체를 보여준 뒤에, "하지만 모든 것이 오직 '그의 아뜨만'이 될 경우에, 그러면, 무엇을 통해 무엇을 보아야 하겠습니까?"〈브리 4.5.15〉라며 지식의 상태와 관계하여 바로 그 행위주체와 향유주체를 배제한다. 마찬가지로 "그러한 그것은 또, 욕망이 충족되고 아뜨만을 욕망하며 욕망이 없고 슬픔을 결여한, 그의 형태입니다."〈브리 4.3.21〉라고 시작하고 나서 "이것이 그것의 궁극적 목적지입니다. 이것이 그것의 궁극적 풍요입니다. 이것이 그것의 궁극적 세상입니다. 이것이 그것의 궁극적 환희입니다."〈브리 4.3.32〉라고 끝나는 [계시서는], 하늘에서의 매처럼 생시와 꿈에서 아뜨만이 한정자와의 연계가 만드는 피로감에 빠져든다는 것을 들려준 뒤에 숙면에서 최상의 지성인 아뜨만에 껴안긴 자에게 그것(피로감)이 사라진다는 것을 들려준다.

그래서 대스승은 이렇게 말한다. "또한 … 예컨대 목수처럼 … 두 가지 방식으로 …."

'또한'이라는 것은 '하지만'(반면에)이라는 의미로 읽힌다. 아뜨만이 행위주체라는 것은 불이 열을 가지는 것과 같이 고유적일 뿐이라고, 그와 같이 생각해서는 안 된다. 실로 예컨대, 이 세상에서 목수가 까뀌[166] 등의 도구(행위수단)를 손에 들고 일을 하면 행위주체로서 괴로움을 느끼지만 동일한 그가 까뀌 등의 도구로부터 자유로운 채 자신의 집에 도착하면 자기 방식대로 머무르고[167] 걱정이 없으며 활동이 없음으로써 즐거움을 느끼듯이, 마찬가지로 아뜨만도 생시와 꿈 상태에서

166_ 까뀌(vāsya)=한 손으로 나무를 찍어 깎는 연장.

167_ 자기 방식대로 머무르고=남이 시키는 대로 움직이지 않고 그저 자기 자신이 만드는 상황에 머무르고.

무지에 의해 가공된 이원성과 연계되면 행위주체로서 괴로움을 느끼지만 그가 그 피로감을 제거하기 위해 적정(숙면) 상태에서 자신의 아뜨만 즉 지고한 브라흐만에 들어가면 신체와 기관의 집합체로부터 자유로워짐으로써 비(非)행위주체가 된 채 즐거움을 느낀다. 그와 같이 해탈의 상태에서도, 지식의 등불을 통해 무지의 어스름을 일소한 뒤에 단독의 아뜨만 자체로서 걱정이 없이 즐거움을 느낀다.

결국 다음과 같은 정도의 수준에서 목수의 예시를 이해해야만 한다. 실로 목수는 대패질 등의 특정한 활동에서 까뀌 등 각각에 배정된 도구들에 오직 의존한 채로 행위주체가 된다. 반면에 자신의 육체로는 결코 행위주체가 되지 못한다. 마찬가지로 이 아뜨만은 모든 활동에서 마음 등의 행위수단들에 오직 의존한 채로 행위주체가 된다. 반면에 자기 자신으로는 결코 행위주체가 되지 못한다. 하지만 아뜨만에서는, 목수에게 까뀌 등을 집거나 내려둘 수 있는 손 등이 존재하는 것과 달리, 마음 등의 행위수단들을 집거나 내려둘 수 있는 그러한 부분들이 존재하지 않는다.

한편 '성전이 의미 있음' 등의 근거들을 통해 아뜨만이 행위주체라는 것이 고유적이라고 주장한 것에 관해서는, 그렇지 않다. 먼저 명령에 대한 성전은 주어진 바대로의[168] 행위주체를 수용한 뒤에 '행해야만 하는 특정한 것'을 가르칠 뿐 아뜨만이 행위주체라는 것을 확립하지는 않는다. 또한 브라흐만이 곧 아뜨만이라는 것에 대한 가르침으로 말미암아 그것이 행위주체라는 것은 고유적이지 않다고 우리는 언급했다. 따라서 무지에 의해 야기된 행위주체를 수용함으로써 명령에 대한 성전이 나아갈 것이다. "행하는 자로서, 인식을 본질로 하는 뿌루샤이다."〈쁘라 4.9〉라는 이러한 유형의 성전조차도 반복진술의 형태임으

168_ 주어진 바대로의(yathāprāpta)=관습적인.

로 말미암아, 오로지 주어진 바대로인 '무지에 의해 야기된 행위주체'를 되풀이해 말할 것이다.[169]

이로부터 '[꿈에서] 돌아다님'과 '[기관들을] 취함'[170]이 논박된다. 이 둘 모두는 반복진술의 형태이기 때문이다.[171]

[전론]: 중간대(꿈)의 상태에서 기관들이 잘 때에 "원하는 바대로 자신의 육체에서 돌아다닙니다."〈브리 2.1.18〉라며 '[꿈에서] 돌아다님'을 가르침으로써, 아뜨만이 단독으로 행위주체라는 것을 이끌어내지 않는가?

또한 '[기관들을] 취함'에서도 즉 "그때에 인식(의식)을 통해 그 생기(기관)들의 인식을 취하고 나서"〈브리 2.1.17〉에서도, 기관들과 관계하여 '행위대상(2격)과 행위수단(3격)의 격어미'가 확인되는 경우에,[172] 아뜨만이 단독으로 행위주체라는 것을 수반한다.

이에 대하여 말한다.

[후론]: 아니다. 먼저 중간대의 상태에서는 아뜨만의 기관들이 완전하게 정지하지는 않는다.[173] "지성과 함께 꿈이 된 뒤에 이 세상을 초월합니다."〈브리 4.3.7〉[174]라는 곳에서도 지성과의 연계가 계시되기 때

169_ 반복진술(anuvāda)이란 다른 곳에서 이미 확립된 것을 우연히 되풀이해서 말하는 것을 가리킨다. 따라서 <쁘라 4.9>는 단지 관습적으로 수용된 행위주체를 되풀이해서 말하는 것에 지나지 않는다.

170_ 각각 <수뜨라 2.3.34>와 <수뜨라 2.3.35>의 내용이다.

171_ 둘 모두 관습적으로 받아들이는 사실을 되풀이해서 말하는 것에 지나지 않기 때문이다.

172_ <브리 2.1.17>의 원문은 다음과 같다: tad eṣāṃ prāṇānāṃ vijñānena vijñānam ādāya. 여기서 'vijñāna'(인식)는 2격(목적격)의 형태인 'vijñānam'(인식을)과 3격(도구격)의 형태인 'vijñānena'(인식을 통해)로 사용된다.

173_ 심지어 꿈 상태에서도 아뜨만이 자신의 기관들을 사용하는 것은 완전하게 멈추지 않는다.

174_ ∗ <브리 4.3.7>에 대한 마드얀디나 이본의 읽기이다. 깐바 이본은 "지성과 함께"(sadhīḥ)가 아니라 "실로 그것은"(sa hi)이라고 읽는다.

문이다. 또한 그와 같이 “기관들이 정지할 때 만약 마음이 정지하지 않은 채 그저 대상들을 누린다면, 그것을 꿈의 경험이라고 알도록 하라.”라고 전승된다. 그리고 계시서는 욕망 등이 마음의 기능이라고 한다.[175] 이것들은 또한 꿈에서 경험된다. 따라서 [아뜨만은] 오직 마음과 함께 꿈에서 돌아다닌다.

게다가 그곳에서 일어나는 ‘돌아다님’조차 단지 인상으로 만들어진 것일 뿐 실재적으로는 존재하지 않는다. 또한 그와 같이 계시서는 오로지 ‘듯하다’[176]의 형태와 관계되는 꿈의 활동을 묘사한다. “그는 여자들과 함께 즐거워하는 듯하면서, 혹은 웃는 듯하면서. 혹은 심지어 두려운 것들을 보면서.”〈브리 4.3.13〉에서이다. 심지어 보통 사람들도 바로 그와 같이 ‘나는 언덕 꼭대기를 올랐던 듯하다’, ‘나는 숲지대를 보았던 듯하다’라며 꿈에 대해 이야기한다.

또한 ‘[기관들을] 취함’에서도 비록 기관들과 관계하여 ‘행위대상과 행위수단의 격어미’가 지시될지라도, 여전히 그것들(기관들)과 분명 연계되어 있는 아뜨만이 행위주체라고 이해해야만 한다. [아뜨만이] 단독으로 행위주체일 수는 없다고 [앞서] 밝혔기 때문이다. 게다가 이 세상에서 [사람들은] ‘전사들이 전쟁한다’, ‘전사들과 함께 왕이 전쟁한다’라며 다양한 방식으로 말하고자 한다. 더 나아가 ‘[기관들을] 취함’이라는 이 경우에는 단지 기관들의 활동이 정지한다는 것을 말하고자 할 뿐, 어떤 것이 독립적이라는 것을 말하고자 하지 않는다. 심지어 의도(생각)를 앞세우지 않는 수면에서 기관들의 활동이 정지한다고 알려지기 때문이다.[177]

175_ <브리 1.5.3> 참조: “욕망, 의지, 의심, 신뢰, 불신, 끈기, 포기, 수치, 반성, 공포라는 이 모든 것은 마음일 뿐이다.”

176_ ‘듯하다’를 뜻하는 원어는 ‘iva’이다.

177_ 잠을 자겠다는 의도가 없이 깊은 잠에 빠지는 경우에는 분명 기관들의 활동이

한편 "인식은 제의를 실현하고"〈따잇 2.5.1〉라며 [앞서] 제시된 그 언급은, 지성(인식) 자체가 행위주체라는 것을 수반한다. 이 경우에는 '인식'이라는 말이 잘 알려져 있기 때문이다. 또한 '마음'에 곧 이어서 읽히기 때문이다.[178] 게다가 "그것(인식으로 이루어진 것)에서는 실로 믿음이 머리이다."〈따잇 2.4.1〉라며 인식으로 이루어진 아뜨만이 믿음 등의 부분들을 가진다고 언급하기 때문이다. 그리고 믿음 등이 지성의 속성이라는 것은 잘 알려져 있기 때문이다. 더욱이 "모든 신격들은 으뜸인 인식을 브라흐만으로 계속 명상하리라."〈따잇 2.5.1〉라는 보조적 문장 때문이다. 그리고 으뜸이라는 것은 첫 번째로 산출된 지성과 관계한다고 잘 알려져 있기 때문이다. 또한 다른 계시서에서 "제의란 말과 생각(지성)이 잇따르는 순서를 가지는 것이다."[179]라며 제의가 말과 지성에 의해 실행된다고 확정하기 때문이다.

그리고 기관들이 행위주체라고 용인되는 경우에 지성의 힘이 뒤바뀌게 되지는 않는다.[180] 실로 모든 '행위의 격(格)관계'[181]들은 각각의 작용 속에서 반드시 행위주체로 존재해야만 하기 때문이다.[182] 반면에

정지한다고 알려진다. 이는 아뜨만과 같은 행위주체가 기관들을 취하지 않더라도 기관들이 그 자체로 정지하는 경우에 해당된다. 따라서 아뜨만은 고유적이거나 독립적인 행위주체가 아니다.

178_ '마음으로 이루어진 것'을 주제로 삼은 뒤에 곧 이어서 '인식으로 이루어진 것'을 주제로 삼기 때문이다.

179_ 제의에서는 먼저 생각(citta) 또는 지성이 등장하고 그에 잇따라 말 또는 만뜨라가 사용된다. 따라서 그 지성이 바로 행위주체로서 제의를 실현한다.

180_ <수뜨라 2.3.38> 참조.

181_ 행위의 격관계(kāraka)=산스크리트 문법의 전문어이다. 문장에서 명사와 동사 사이 또는 명사와 그것을 지배하는 다른 말 사이의 관계를 가리킨다. 이 관계는 6가지로 나타나는데, 행위주체(kartṛ), 행위대상(karman), 행위수단(karaṇa), 행위부여(saṃpradāna), 행위이탈(apādāna), 행위소재(adhikaraṇa)이다. 이것들은 각각 차례대로 1격, 2격, 3격, 4격, 5격, 7격이다.

182_ 예를 들어 데바닷따가 냄비에 쌀을 담아 장작으로 불을 피우면서 밥을 짓고 있는 경우에, 데바닷따는 밥을 짓는 행위의 주체이고 장작은 불타는 행위의 주

그 기관들은, 지각의 견지에서는 [행위주체가 아니라] 행위수단이다. 이것(지각)은 또한 아뜨만에 속한다. 게다가 심지어 이 경우에도 그것(아뜨만)이 행위주체이지는 않다.[183] [아뜨만은] 영원한 지각을 본질로 하기 때문이다. 비록 자아의식을 앞세울지라도 지각주체(아뜨만)가 행위주체일 수는 없다. 자아의식조차 지각되기 때문이다.[184] 그리고 이와 같을 경우에, [지성이 아닌] 다른 기관(행위수단)을[185] 가정할 필요는 없다. 지성 [자체가] 기관이라고 용인되기 때문이다.

한편 '삼매가 [가능하지] 않음'이라는 것은,[186] 바로 그 '성전이 의미 있음'을 [논박함으로써] 논박된다. 오직 주어진 바대로의 행위주체를 수용함으로써 삼매가 명령되기 때문이다.

그러므로 아뜨만이 행위주체라는 바로 그것은 한정자에 기인할 뿐이라고 확립된다.‖40‖

체이고 냄비는 쌀을 담고 있는 행위의 주체이다. 즉 각각이 각각의 작용과 관련해서는 반드시 행위주체가 되어야만 한다. 그런데 오직 밥을 짓는 행위와 관련해서는, 장작은 행위수단에 냄비는 행위소재에 지나지 않는다.

183_ 이 경우에도=지각의 경우에도. 지각의 견지에서는 모든 기관들이 행위주체일 수 없고 행위수단일 뿐이다. 그리고 지각은 아뜨만에 속한다고 즉 아뜨만을 주체로 한다고 간주할 수 있다. 하지만 지각의 경우에도 아뜨만은 결코 지각과 관계하는 일시적인 행위주체가 아니다.

184_ 자아의식을 내세운 채 아뜨만을 행위주체로 간주해서도 안 된다. 자아의식조차 지각주체인 아뜨만에 의해 지각되는 대상에 지나지 않기 때문이다.

185_ 다른 기관(행위수단)을=자아의식을.

186_ <수뜨라 2.3.39> 참조.

{ 16. '지고한 자에 의존함'이라는 주제: 수뜨라 41-42 }

41. 하지만 [개별자아는 그 자체로 행위주체가 아니고] 지고한 자로부터 [승인됨으로써 행위주체이다]; 그렇게 계시되기 때문이다.
parāt tu tacchruteḥ ‖41‖

개별자아가 행위주체라는 것은 무지의 상태에서 한정자에 근거한다고 그렇게 언급했다. [이제는] 그것이 신에 의존하지 않는지, 그렇지 않으면 신에 의존하는지 검토한다.

[전론]: 이 경우에 먼저 개별자아가 행위주체라는 것은 신에 의존하지 않는다고 귀결된다.

무엇 때문에? 의존할 필요가 없기 때문이다. 실로 이 개별자아는 바로 그 자체로 애욕·혐오 등의 결점과 결합되고 다른 행위인자(因子)들[187]의 집합을 가지면서 행위주체를 경험할 수 있다. 그것(개별자아)을 위해 신이 무엇을 할 것인가! 게다가 이 세상에서는, 농사 등을 행할 때 황소에 의존해야만 하는 것처럼 신이라는 다른 자에 의존해야만 한다고는, 잘 알려져 있지 않다. 더욱이 '번뇌를 본질로 하는 행위주체로서의 생명체들'을 창조하는 신에게 잔인함이 수반될 것이다. 또한 그것(생명체)들에게 '불공평한 결과를 [낳는] 행위주체'를 배정하는 신에게 불공평함이 수반될 것이다.

[반박]: "[만약 신이 세계의 원인인 경우에 신에게 불공평함과 잔인함이 수반된다고 한다면, 신에게는] 불공평함과 잔인함이 [수반되지] 않

187_ 다른 행위인자(kāraka)들=행위대상(karma), 행위수단(karaṇa), 행위부여(saṃpradāna) 등.

는다; [신에게는] 의존하는 것이 [즉 다르마와 다르마가 아닌 것이] 있기 때문이다 …"〈수뜨라 2.1.34〉라고 언급했지 않는가?

[전론]: 언급한 것은 사실이다. 하지만 신에게 의존하는 것이 있을 수 있는 경우에 [한해서이다]. 그리고 신에게는 의존하는 것이 있을 수 있다. 생명체들에게 다르마와 다르마가 아닌 것이 존재하는 경우에 [한해서이다]. 또한 그 둘이 존재하는 것은 개별자아가 행위주체로 존재하는 경우에 [한해서이다].[188]

바로 이 경우에, 만약 행위주체라는 것이 신에 의존한다면, '신에게 의존하는 것이 있다는 것'은 무엇과 관계하는지 말할 수 있는가?[189] 또한 그렇게 하여, 개별자아에게서 행하지 않은 결과가 도출되는 부조리한 결말이 생길 것이다.[190] 따라서 그것(개별자아)이 행위주체라는 것은 오직 그 자체로이다.

[후론]: '하지만'이라는 말로써 이러한 귀결을 배제한 뒤에 '지고한 자로부터'라고 주장한다. 무지의 상태에서는, 행위의 주시자이고 모든 존재들에 체재하며 관찰자이고 의식을 주는 자인 신으로부터 즉 지고한 아뜨만으로부터 그것이[191] 승인됨으로써, [스스로를] 신체와 기관의 집

188_ 전론자의 주장은 다음과 같다: <수뜨라 2.1.34>를 받아들이기 위해서는, <주석 2.1.34>에서 언급했듯이, 신이 의존하는 것을 가져야만 한다. 신이 의존하는 것이란 생명체들이 가지는 다르마와 다르마가 아닌 것이다. 그리고 생명체들이 이 둘을 즉 다르마와 다르마가 아닌 것을 가지기 위해서는 개별자아가 행위주체여야만 한다.

189_ 이상과 같을 경우에, 만약 당신의 견해에 따라 행위주체라는 것이 신에 의존한다면, 도대체 신이 의존하는 것은 무엇이라는 말인가? 즉 신에게는 의존할 것이 없다. 그래서 신은 행위의 결과에도 의존하지 않은 채로 행위주체를 배정하고 말 것이다.

190_ 만약 개별자아가 행위주체라는 것이 신에 의존한다면, 그렇게 하여, 의존하는 것이 없는 신은 행위주체의 행위 결과(다르마와 다르마가 아닌 것)에 의존하지 않은 채로 행위주체를 배정할 것이므로, 개별자아에게서 행위의 인과관계가 정상적으로 작동할 수 없게 된다.

합체로부터 분별해서 보지 못하고 무지의 암흑에 눈이 먼 채로 존재하는 개별자아에게 행위주체와 향유주체로 지시되는 윤회가 성립한다. 또한 오직 그의 은총이 야기하는 지식을 통해 해탈이 성립할 수 있다.

어떤 근거에서? 그렇게 계시되기 때문이다. 비록 개별자아가 [애욕·혐오 등의] 결점과 결합되고 [다른 행위인자들의] 집합을 가질지라도, 또 이 세상에서는 농사 등의 행위에서 신이라는 원인을 가지지 않는다고 잘 알려져 있을지라도, 여전히 계시서를 통해 바로 그 모든 행위들에서 신이 원인적 행위주체라고 결말지어진다. 그러한 예시로서, "바로 그것은, 실로 '이 세상들로부터 끌어올리고자 하는 자'로 하여금 선행을 행하게끔 한다. 바로 그것은, 실로 '이 세상들로부터 끌어내리고자 하는 자'로 하여금 악행을 행하게끔 한다."〈까우 3.8〉라는 계시가 있다. 또한 "아뜨만에서 살지만 아뜨만을 안으로부터 지배하는 것"〈샤따-브 14.6.7.30〉이라는 이러한 유형의 [다른 계시도 있다].‖41‖

[전론]: 이와 같이 신이 원인 제공자로 존재하는 경우에, [그에게] 불공평함과 잔인함이 있고, 또 개별자아에게 행하지 않은 결과가 도출되지 않겠는가?

[후론]: 아니라고 대답한다.

42. **하지만, [만약 신이 원인 제공자인 경우에 그에게 불공평함과 잔인함이 있고 또 개별자아에게 행하지 않은 결과가 도출된다고 한다면, 개별자아가] 행한 노력에 의존한 채 [신은 개별자아로 하여금 행하게 한다]; [이는] 명령과 금지가 무용하지 않는 것 등으로부터 [알려진다].**

191_ 그것이=개별자아가 행위주체라는 것이.

kṛtaprayatnāpekṣas tu vihitapratiṣiddhāvaiyarthyādibhyaḥ ‖42‖

'하지만'이라는 말은 제기된 결함을 배제하기 위해서이다.

개별자아가 행한 노력은 다르마와 다르마가 아닌 것으로 지시되는데, 바로 그것(노력)에 의존한 채 신은 그것(개별자아)으로 하여금 행하게 한다. 결국 이로부터, 제기된 그 결함들은 수반되지 않는다. 개별자아가 행한 다르마와 다르마가 아닌 것의 불공평함에 오직 의존한 채 신은 비처럼 단순히 동작적 원인으로서 그 각각의 결과를 불공평하게 분배할 것이다. 예컨대 이 세상에서 비는, 공통적이지 않은 그 각각의 씨앗들로부터 자라나는 다양한 종류의 큰 덩굴, 작은 덩굴 등과 쌀, 보리 등에 대해 공통적인 동작적 원인이 된다. 실로 비가 없을 때에는 그것들에서 수액(樹液), 꽃, 과일,[192] 이파리 등의 불공평함이 산출되지 않는다. 또한 그 각각의 씨앗들이 없을 때에도 불공평함이 산출되지 않는다. 마찬가지로 개별자아들이 행한 노력에 의존한 채 신이 그것들에게 좋은 것과 나쁜 것을 배정하는 것은 온당하다.[193]

[전론]: 개별자아가 행위주체라는 것이 지고한 자에 의존하는 경우에, [신이] '[개별자아가] 행한 노력에 의존한다는 것' 자체는 부당하지 않는가?

[후론]: 그러한 결함은 없다. 왜냐하면 행위주체라는 것이 지고한 자에 의존하더라도 [지고한 자가 아닌] 개별자아가 행할 뿐이기 때문이다. 실로 신은 행하고 있는 그것(개별자아)으로 하여금 행하게 한다. 더 나아가 [신은] 이전의 노력에 의존한 채 현재 행하게 하고, 더 이전의 노력에 의존한 채 이전에 행하게 했다. 윤회는 시초를 가지지 않기 때

192_ * '과일'(-phala-)이라는 표현은 Samata에만 추가로 등장한다.

193_ 이와 유사한 예시와 논의는 <주석 2.1.34> 참조.

문에 결함은 없다.[194]

[전론]: 그렇다면 어떻게 신이 [개별자아가] 행한 노력에 의존한다고 알려진다는 말인가?

[후론]: [수뜨라 저자는] "[이는] 명령과 금지가 무용하지 않는 것 등으로부터 [알려진다]"라고 말한다. 실로 그렇게 하여[195] '천국을 원하는 자는 제의를 행해야 한다', '브라흐마나를 죽여서는 안 된다'라는 이러한 유형의 명령과 금지는 무용하지 않게 된다. 그렇지 않은 경우[196] 그것들은 무용할 것이다. 오직 신만이 명령하고 금지하는 데 종사할 수 있다.[197] 개별자아는 지고한 자에 완전히 의존하기 때문이다. 또한[198] [신은], 심지어 명령을 행하는 자에게 악으로 갚고, 심지어 금지(명령)를 행하는 자에게 선으로 갚을 수 있다. 이로부터 또한 베다의 진리성(권위)이 붕괴될 것이다. 게다가 신이 완전히 의존하지 않는 경우에는 심지어 보통 사람들의 인간적인 노력도 무용해지고, 마찬가지로 공간 · 시간 · 계기도 무용해지고, 또 앞서 언급한 결함이[199] 수반된다. [수뜨라 저자는] '등'을 언급함으로써 이와 같은 유형의 총체적 결함을 보여준다.‖42‖

194_ 신은 개별자아가 행한 노력에 의존하고, 개별자아가 행위주체라는 것은 신에 의존한다. 이 경우에는 의존관계가 무한히 소급되더라도 논리적 결함이 발생하지 않는다. 왜냐하면 윤회에는 시초가 없기 때문이다.

195_ 그렇게 하여=신이 개별자아가 행한 노력에 의존함으로써.

196_ 그렇지 않은 경우=신이 개별자아가 행한 노력에 의존하지 않는 경우.

197_ 오직 신만이 명령하고 금지하는 자리에 임명될 수 있다. 또는, 오직 신만이 명령과 금지명령을 지켜야 하는 것에 권위를 줄 수 있다.

198_ 또한=신이 개별자아가 행한 노력에 의존하지 않는 경우에는, 또한.

199_ 앞서 언급한 결함이=개별자아에게 행하지 않은 결과가 도출되는 것이.

{ 17. '부분'이라는 주제: 수뜨라 43-53 }

43. [개별자아는 신의] 부분이다; [신과 개별자아의] 다름이 언급되기 때문이다; 또한 다른 방식으로도 [즉 다르지 않다고도 언급하는 것을 통해 신의 부분이라고 알려진다]; [예컨대] 한 [분파의 추종자들은 브라흐만이] 어부, 노름꾼 등이라고 가르친다.

aṃśo nānā vyapadeśād anyathā cāpi dāśakitavāditvam adhīyata eke ‖43‖

개별자아와 신이 도움을 받는 자와 도움을 주는 자의 관계라고 말했다. 그리고 이는 이 세상에서 바로 두 관계항(關係項) 사이에서 관찰된다. 예컨대 주인과 종자 사이나, 예컨대 불과 불꽃 사이이다. 이로부터 또한, 심지어 개별자아와 신 사이에 도움을 받는 자와 도움을 주는 자의 관계가 용인되기 때문에, 그 관계가 주인과 종자와 같은지 그렇지 않으면 불과 불꽃과 같은지, 이러한 것이 의문이다.

[전론]: 불확실한 [관계라는] 결말이 생긴다. 혹은 주인과 종자라는 바로 그 양상들에서 지배자와 지배대상의 관계가 잘 알려져 있기 때문에, 바로 그러한 종류의 관계라는 결말이 생긴다.

[후론]: 이로부터 [수뜨라 저자는] "[개별자아는 신의] 부분이다."라고 말한다. 개별자아는, 예컨대 불꽃이 불의 부분이듯이, 신의 부분이어야만 한다. '부분이다'란 '부분과 같다'이다. 왜냐하면 부분이 없는 [브라흐만은] 일차적 의미에서 부분을 가질 수 없기 때문이다.[200]

200_ 부분이 없는 브라흐만(신)은 일차적 의미에서 결코 부분을 가질 수 없기 때문에, 개별자아가 브라흐만의 '부분이다'(일차적 의미)라고 말할 때 그 실제적인 의미는 '부분과 같다'(비유적 의미)이다. 여기서 주석가는 '부분이다'라고 직접

[전론]: 그렇다면, [신에게] 부분이 없다는 것으로부터, [개별자아는] 왜 그것(신) 자체가 아닌가?[201]

[후론]: 다름이 언급되기 때문이다. "그것을 추구해야만 하고, 그것을 탐구해야만 한다."〈찬도 8.7.1〉, "바로 그것을 알고 나서 성자가 됩니다."〈브리 4.4.22〉, "아뜨만에서 살지만 아뜨만을 안으로부터 지배하는 것"〈샤따-브 14.6.7.30〉이라는, 차이를 언급하는 이러한 유형의 [계시들은] 차이가 없는 경우에 합리적이지 않다.

[전론]: 하지만 다름을 그렇게 언급하는 것은 [개별자아와 신의 관계가] 주인과 종자와 유사하다는 데 더더욱 적합하지 않는가?

[후론]: 이로부터 [수뜨라 저자는] "또한 다른 방식으로도"라고 말한다. 결국 유일하게 다름에 대해 언급하는 것을 통해서만 [개별자아가 신의] 부분이라고 알려지지는 않는다.

[전론]: 그렇다면 무엇을 통해 알려지는가?

[후론]: 또한 다른 방식으로도 언급하는 것을 [통해] 즉 다르지 않음을 제시하는 것을 [통해 알려진다].[202] 그러한 증거로서, 『아타르바베다』에 소속된 한 분파의 추종자들은, '브라흐만 찬가'에서 "다샤(어부)들은 브라흐만이다. 다사(노예)들은 브라흐만이다. 이 끼따바(노름꾼)들은 바로 그 브라흐만이다."라는 등을 통해, 브라흐만이 어부, 노름꾼 등이라고 전한다. 어부라고 잘 알려져 있는 저 '다샤'들, 주인들에게 스스로를 내던지는 저 '다사'들, 노름꾼들인 또 다른 '끼따바'들, 이 모두는 오직

언급하는 수뜨라를 '부분과 같다'라고 해석함으로써 비이원론적인 입장을 견지하고자 한다. 물론 주석가의 이러한 입장은 브라흐만이 부분을 가지지 않는다고 계시하는 우빠니샤드를 통해 지지된다.

201_ 만약 신(브라흐만)이 부분을 가지지 않는 존재라면, 개별자아는 신의 부분이라기보다 바로 신 자체여야 하지 않을까?

202_ '다르지 않음'(anānātva)에 대해 그렇게 언급하는 것을 통해서도 개별자아가 신의 부분이라고 알려진다.

브라흐만이다. 이렇게 미친한 사람들에 대한 예시를 통해 '명칭과 형태에 의해 야기된 신체와 기관의 집합체'에 들어간 바로 그 모든 개별자아들이 브라흐만이라고 말한다. 마찬가지로 다른 곳에서도, '브라흐만에 대한 장절' 자체에서 "당신은 여자이고 당신은 남자이며, 당신은 소년이고 또한 소녀. 당신은 지팡이로 비틀거리는 노인. 당신은 태어나면서 사방으로 향한 얼굴을 가지게 된 자이다."〈슈베 4.3〉라며 이러한 내용이 상술된다. 또한 "모든 형태들을 현현시킨 뒤에 명칭들을 붙인 다음, 지성체(뿌루샤)는 그것들을 계속해서 부른다."〈따잇-아 3.12.7〉라고 한다. 게다가 "그것과는 다른, 보는 자는 없습니다."〈브리 3.7.23〉라는 등의 계시들로부터 이러한 내용이 확립된다. 더욱이 불과 불꽃이 공통적으로 열을 가지듯이 개별자아와 신은 공통적으로 의식을 가진다.

그러므로 차이(다름)와 차이 없음(다르지 않음)이 알려지기 때문에 [개별자아가 신의] 부분이라는 것이 알려진다.‖43‖

또 어떤 근거에서 부분이라는 것이 알려지는가?

44. 또한 만뜨라의 전언 때문에, [개별자아는 신의 부분이다].

mantravarṇāc ca ‖44‖

또한 만뜨라의 전언은 이러한 내용을 알려준다. "그러한 만큼이 그(가야뜨리)의 위대성이지만, 그보다 더 위대한 것이 또 뿌루샤이도다. 모든 존재들은 그의 한 발이고, 천상에서 불멸인 그의 세 발."〈찬도 3.12.6〉에서이다. 이곳에서는 '존재'라는 말에 의해 '개별자아가 주(主)가 되는 동물들과 비(非)동물들'이 지시된다. "성전에서 인가된 것을 제외한 모든 존재들을 죽이지 않으면서"[203]〈찬도 8.15.1〉라는 용법 때문이다. '부분', '발'이라는 것은 '부분 · 몫'의 유의어이다.[204]

그러므로 또한 부분이라는 것이 알려진다.‖44‖

또 어떤 근거에서 부분이라는 것이 알려지는가?

45. 더 나아가 ['신의 노래'에서] 전승되기 [때문에, 개별자아는 신의 부분이다].

api ca smaryate ‖45‖

또한 '신의 노래'에서도 개별자아가 신의 부분이라는 것이 전승된다. "생명체의 세상에서 개별자아(개별영혼)로 존재하는 것은, 실로 나의 영원한 부분입니다."〈기따 15.7〉에서이다. 그러므로 또한 부분이라는 것이 알려진다.

한편 이 세상에서는 오직 주인과 종자 등에서 지배자와 지배대상의 관계가 잘 알려져 있다고 주장한 것에 관해서는, 비록 그것이 이 세상에서 잘 알려져 있을지라도, 이 경우에는 그와 달리 '전체와 부분'이면서 '지배자와 지배대상'의 관계라고 성전으로부터 확정된다. 그리고 비할 데 없는 한정자를 가지는 신이 저열한 한정자를 가지는 개별자아들을 지배한다는 것에는 그 어떤 논란의 여지도 없다.‖45‖

이에 대하여 말한다.

[전론]: 개별자아가 신의 부분이라고 용인되는 경우, 그것(개별자아)이 윤회의 고통을 향유함으로 말미암아 전체인 신조차도 고통을 겪지 않

203_ 제의를 실행하는 와중에 '성전에서 인가된 것'(tīrtha)만을 죽이면서, 즉 성전에 규정된 바를 철저하게 따르면서.

204_ 'aṃśa'(부분)와 <찬도 3.12.6>의 'pāda'(발)는 'bhāga'(부분 · 몫)라는 말의 유의어이다.

겠는가? 예컨대 이 세상에서 손 · 발 등의 어느 한 부위에 존재하는 고통으로 말미암아 전체인 데바닷따가 고통을 겪듯이, 그와 마찬가지이다. 이로부터 또한 그것에 도달한[205] 자들은 더 큰 고통에 도달할 것이다. 그것(해탈)보다는 이전 상태인 윤회 자체가 더 나을 것이므로, 참된 직관이 무의미해지는 부조리한 결말이 생길 것이다.

이에 대하여 대답한다.

46. [만약 부분인 개별자아가 고통을 향유함으로 말미암아 전체인 신조차도 고통을 겪는다고 한다면], 빛 등처럼, 마찬가지로 '지고한 자'(신)는 [고통을 겪지] 않는다.

prakāśādivan naivaṃ paraḥ ‖46‖

[후론]: 개별자아가 윤회의 고통을 경험하는 것과 달리, 지고한 신은 그와 같이 경험하지 않는다고 우리는 주장한다. 왜냐하면 개별자아는 무지의 영향권에 있음으로 말미암아 육체 등을 마치 자기인 듯 동일시하고 나서 '그것(육체 등)이 만드는 고통에 의해 나는 고통을 겪는다'라며 무지에 의해 야기된 고통을 자기가 향유한다고 가정하기 때문이다. 그와 달리 지고한 신은 육체 등을 자기로 동일시하지도 않고, 고통을 자기가 [향유한다고] 가정하지도 않는다. 또한 개별자아는 '무지에 의해 야기된 명칭과 형태가 낳은 신체와 기관 등의 한정자'를 분별하지 못하는 혼동을 가진 채로 그 혼동에 기인할 뿐인 고통을 자기가 [향유한다고] 가정하지만, 실재적으로는 그렇지 않다. 또한 예컨대, 자신의 육체에 존재하는 화상 · 베임 등에 기인하는 고통을, 그것(육체)을 자기로 가정하는 착오를 통해 경험한다. 마찬가지로 '아들이 나 자신이다',

205_ 여기서 '그것'이란 '도달되는 것'이기 때문에 신성을 가리킨다.

'친구가 나 자신이다'라며 그와 같이 애정에 힘입어 아들 · 친구 등에 마음이 쏠림으로써 아들 · 친구 등을 영역으로 하는 고통마저 그것(아들 등)을 자기로 가정하는 착오 자체를 통해 경험한다. 이로부터 또한, [개별자아가] 고통을 경험하는 것은 '거짓된 자기가정에 의한 혼동'에 기인할 뿐이라는, 그 점이 확정된다고 알려진다.

또한 반대 사례를 통해 그와 같다고 알려진다. 그러한 예시로서, '아들 · 친구 등을 가진 채 자기가 그들과 관련된다고 가정하는 여러 명'과 또 다른 여러 명이 [함께] 앉아 있는 경우에, '아들이 죽었다', '친구가 죽었다'라는 등등과 같은 [소식이] 울려 퍼질 때, 아들 · 친구 등을 가진 채 자기로 가정하는 바로 그들에게만 그것(아들 등)에 기인하는 고통이 생기고, 자기로 가정하지 않는 출가자 등에게는 고통이 생기지 않는다. 따라서 또한, 심지어 일상적인 사람에게도 참된 지식이 의미 있다고 알려진다. '대상을 결여하는 아뜨만'과는 별도로 다른 사물을 보지 않은 채 영원히 순수의식 그 자체를 본질로 하는 자에게는 얼마나 더 그러하겠는가! 따라서 참된 직관이 무의미해지는 부조리한 결말이 생기지는 않는다.

'빛 등처럼'이란 예시를 제시하는 것이다. 예컨대 해와 달의 빛은 공간을 가득 채운 상태로 있다가 손가락 등의 한정자와 연계됨으로 말미암아, 비록 그것들(손가락 등)이 곧거나 굽게 된다고 알려지는 경우에 빛도 곧거나 굽게 되는 듯하다고 알려질지라도, 실재적으로는 그렇게 된다고 알려지지 않는다. 또한 예컨대 항아리 등이 움직이는 경우에, 비록 [항아리 속의] 공간이 움직이는 듯하다고 알려질지라도, 실재적으로는 움직이지 않는다. 또한 예컨대 물단지 등이 흔들림으로써, 비록 그것에 담긴 태양의 영상이 흔들릴지라도, 그것(영상)을 가지는[206] 태

206_ 그것(영상)을 가지는=그 영상의 원형인. '그것(영상)을 가지는'이라는 표현은,

양은 흔들리지 않는다.

마찬가지로 무지에 의해 가공되고 지성 등에 의해 한정된 '개별자아라고 불리는 것'이, 비록 부분으로서 고통을 겪을지라도, 그것(부분)을 가지는 신은 고통을 겪지 않는다. 또한 개별자아가 고통을 겪는 것도 무지에 기인할 뿐이라고 언급했다. 또한 그와 같이 베단따들은 무지에 기인하는 '개별자아 상태'를 거부함으로써 오직 '개별자아의 브라흐만 상태'를 확립한다. "그것이 너이다."〈찬도 6.8.7〉라고 이렇게 운운하는 것들에서이다.

그러므로 개별자아에 속하는 고통에 의해 지고한 아뜨만이 고통을 겪는다는 것이 수반되지는 않는다.‖46‖

47. [브야사 등은 개별자아의 고통에 의해 지고한 아뜨만이 고통을 겪지 않는다고] 전승한다; 또한 [그러하다고 계시된다].

smaranti ca ‖47‖

또한 브야사 등은 개별자아에 속하는 고통에 의해 지고한 아뜨만이 고통을 겪지 않는다는 식으로 전승한다. "그 가운데 지고한 아뜨만이라는 것은 영원하고 속성이 없다고 간주된다. 또한 [그것은] 연꽃의 잎이 물에 의해 더럽혀지지 않듯이 심지어 행위결과들에 의해 더럽혀지지 않는다. 반면에 행위를 본질로 하는 또 다른 것은, 해탈이나 속박에 매이는 것이다. 그것은 또 17개의 덩어리[207]와 다시금 연계된다."에서이다.

바로 이어지는 문장에 등장하는 '그것(부분)을 가지는'이라는 표현과 정확한 대응을 이룬다.

207_ 17개의 덩어리='5개의 인식기관, 5개의 행위기관, 5개의 생기(숨), 마음, 지성'으로 구성된 미시적 신체.

'또한'이라는 말로부터 '또한 계시된다'라는 것이 문장의 생략어라고 [알려진다]. "둘 중에 하나는 달콤한 과육을 먹고, 다른 하나는 먹지 않은 채 구경한다."〈문다 3.1.1〉라고 [계시된다]. 그리고 "마찬가지로 하나인 '모든 존재들의 내재적 아뜨만'은 국외자(局外者)로서 세상의 고통에 의해 더럽혀지지 않는다."〈까타 5.11〉라고 [계시된다].‖47‖

이에 대하여 말한다.

[전론]: 이 경우에 만약 모든 존재들의 내재적 아뜨만이 오직 하나라면, 어떻게 베다적이고 세속적인 허용(명령)과 불허(금지)가 가능하다는 말인가?

[후론]: 하지만 개별자아가 신의 부분이라고 언급했지 않는가? 그리고 그러한 차이로 말미암아[208] 그것(차이)에 의존하는 허용과 불허가 뒤섞이지 않은 채로 가능하다. 여기서 무엇이 문제되는가?

[이에 대하여] 대답한다.

[전론]: 그건 그렇지 않다. 왜냐하면 차이 없음을 다루는 계시들은 개별자아가 심지어 [신의] 부분이 아니라고 제시하기 때문이다. "그것(모든 것)을 창조하고 나서, 바로 그것에 그는 들어갔다."〈따잇 2.6.1〉, "그것과는 다른, 보는 자는 없습니다."〈브리 3.7.23〉, "이곳에 마치 다양함이 있는 듯이 보는 자는, 죽음으로부터 죽음으로 가리라."〈브리 4.4.19〉, "그것이 너이다."〈찬도 6.8.7〉, "나는 브라흐만이다."〈브리 1.4.10〉라는 이러한 유형들에서이다.

[후론]: 차이와 차이 없음이 알려지기 때문에 부분이라는 것이 정립된다고 언급했지 않는가?[209]

208_ 그러한 차이로 말미암아=신과 개별자아 사이의 차이 또는 개별자아들 사이의 차이로 말미암아.

209_ <주석 2.3.43> 참조.

[전론]: 만약 차이와 차이 없음이라는 양자 모두를 제시하고자 했다면, 그건 그럴 수도 있다. 하지만 이곳에서는 오직 차이 없음을 제시하고자 했다. 브라흐만이 곧 아뜨만이라고 이해되는 경우에 인간의 목표가 완성되기 때문이다. 그와 달리 자연스럽게 획득된 것인 차이란 [반복진술로서] 되풀이해 말해진다.[210] 또한 부분이 없는 브라흐만은 일차적 의미에서 부분인 개별자아일 수 없다고 언급했다. 따라서 지고할 뿐이고 하나인 '모든 존재들의 내재적 아뜨만'이 개별자아 상태로 존재한다. 그래서 결국 [당신의 입장에서는] 허용과 불허가 가능하다는 것을 말해야만 한다.

이에 대하여 우리는 대답한다.

48. [만약 아뜨만이 오직 하나인 경우에 허용(명령)과 불허(금지)가 가능하지 않다고 한다면], 허용과 불허는 [아뜨만이 하나인 경우에도] 육체와의 연계로 말미암아 [가능하다]; 불 등과 같다.

anujñāparihārau dehasaṃbandhāj jyotirādivat ‖48‖

[후론]: '적당한 시간에 부인에게 다가가야 한다'라는 것은 허용이다. '스승의 부인에게 접근하지 않아야 한다'라는 것은 불허이다. 또한 '아그니와 소마에게 짐승을 제물로 바쳐야 한다'라는 것이 허용이다. '모든 존재들을 살생하지 않아야 한다'라는 것이 불허이다. 마찬가지로 일상에서도 '친구를 대접해야만 한다'라는 것은 허용이다. '적을 피해야만 한다'라는 것은 불허이다.

심지어 아뜨만이 하나인 경우에도 육체와의 연계로 말미암아 이와

210_ 차이라는 것은 관습적으로 수용된 것 즉 성전과는 별도로 '자연스럽게 획득된 것'(svabhāva-prāpta)이다. 따라서 차이에 대한 언급은 반복진술에 지나지 않는다.

같은 형태의 허용과 불허가 가능하다. '육체와의 연계'란 '육체들과의 연계'이다.

[전론]: 그렇다면 육체와의 연계란 무엇인가?

[후론]: [그것은] '육체 등의 이 집합(복합체)이 나 자신이다'라며 아뜨만에 대해 그릇된 관념이 발생하는 것이다. 그리고 이는, '나는 간다', '나는 온다', '나는 장님이다', '나는 장님이 아니다', '나는 바보이다', '나는 바보가 아니다'라는 식으로 이루어지면서 모든 생명체들에서 관찰된다. 실로 참된 지식과는 별도로 이를 방지하는 것은 존재하지 않는다.[211] 그리고 참된 지식 이전에는 그 착오가 모든 생명체들에서 지속된다.[212] 이러한 연관에서 '무지에 기인하는 육체 등의 한정자와 연계하는 것'이 야기하는 특수성(차이)으로 말미암아 심지어 하나의 아뜨만이 용인되는 경우에도 허용과 불허가 가능하다.

[전론]: 그 경우에[213] 참된 직관을 가진 자에게는 허용과 불허가 무의미해지고 만다.

[후론]: 아니다. 목적을 달성했음으로 말미암아 그에게는 강제로 명령되는 것이 합당하지 않기 때문이다. 실로 거부해야만 하는 것과 수용해야만 하는 것에 대해 강제로 명령을 받는 자는 강제로 명령을 받아야만 할 것이다. 하지만 아뜨만과는 별도로 '거부해야만 하거나 수용해야만 하는 사물'을 보지 않는 자에게, 어떻게 강제로 명령할 것이란 말인가! 또한 아뜨만은 아뜨만 그 자체와 관계하여 강제로 명령되는 것일 수 없다.

[전론]: 강제로 명령을 받는 자는, 육체와는 구별되는 [아뜨만을] 아는

211_ 오직 참된 지식만이 이를 즉 그릇된 관념이 발생하는 것을 '방지하는 것'(nivāraka)이다.

212_ '지속된다'의 원어인 'pratatā'는 '고루 퍼져 있다'로 읽어도 무방하다.

213_ 그 경우에=육체 등과의 연계로 말미암아 허용과 불허가 가능한 경우에.

바로 그 자이다.

[후론]: 아니다. 그것과 연계된 것을 자기로 가정하기 때문이다.[214]

[육체와는] 구별되는 [아뜨만을] 아는 자가 강제로 명령을 받는다는 것은 사실이다. 그렇다고 할지라도, 공간 등과 같이 '아뜨만이 육체 등과 연계되지 않는 것'을 보지 못하는 바로 그 자가, 강제로 명령을 받는다고 자기를 가정한다.[215] 실로 '[아뜨만이] 육체 등과 연계되지 않는 것'을 보는 그 어떤 자에게서도 강제적 명령이 관찰되지는 않는다. 아뜨만의 유일성을 보는 자에게는 얼마나 더 그러하겠는가![216] 그리고 참된 직관을 가진 자에게는, 강제적 명령이 없다고 해서 원하는 바대로의 행위가 수반되지는 않는다.[217] 모든 경우에 바로 그 자기가정이 [행위를] 촉발하기 때문이고, 또 참된 지식을 가진 자에게는 자기가정이 없기 때문이다. 따라서 오직 육체와의 연계로 말미암아 허용과 불허가 [가능하다].

'불 등과 같다'. 예컨대 비록 불은 동일할지라도, 시체를 태우는[218] 불을 피할 뿐 다른 불을 피하지는 않는다. 또한 예컨대 비록 태양의 빛은 동일할지라도, 부정한 장소에 속하는 빛을 피할 뿐 청정한 땅에 머무는 다른 빛을 피하지는 않는다. 예컨대 흙에 속하는 금강석·녹주석(綠柱石) 등의 조각들을 받아들이지만, 흙에 속하는 것들이더라도 인간의 시체 등을 피한다. 예컨대 [사람들은] 소의 오줌과 똥을 순수한 것

214_ 육체 등과 연계된 것을 자기라고 현실적으로 가정하기 때문에 강제로 명령을 받을 뿐이다.

215_ 아뜨만이 육체 등과 연계되지 않는 것은 공간의 예시에서 알 수 있다. 공간은 그 자체를 한정하는 항아리 등과 결코 연계되지 않는다.

216_ 이 표현을 통해, 아뜨만의 유일성을 보는 자란 곧 브라흐만에 대한 '직접적' 지식을 얻은 자라는 것을 알 수 있다.

217_ 참된 지식을 가진 자에게 '강제적 명령'(niyoga)이 없다고 해서, 그가 자신이 원하는 대로 마구잡이로 행위를 한다고 결론 내려서는 안 된다.

218_ '시체를 태우는'(kravyāt)이란 곧 '화장터에 있는'이라는 뜻이다.

으로 수용하지만, 다른 종(種)에 속하는 바로 그것들을 회피한다. 이와 마찬가지이다.‖48‖

49. 또한, [만약 육체와 연계되는 유일한 아뜨만이 행위나 행위결과와 연계됨으로써 모든 행위나 행위결과가 뒤섞일지도 모른다고 한다면, 행위나 행위결과는] 뒤섞이지 않는다; [아뜨만이] 확장되지 않기 때문이다.

asaṃtateś cāvyatikaraḥ ‖49‖

[전론]: 비록 아뜨만이 하나일지라도 특정한 육체와 연계되기 때문에 어쩌면 허용과 불허가 가능하다. 하지만 아뜨만의 유일성이 용인되는 경우에, 또 그 연계가 행위나 행위결과와의 연계라면, [모든 행위나 행위결과가] 뒤섞일지도 모른다. [행위나 행위결과의] 소유주가 하나이기 때문이다.[219]

[후론]: 그건 그렇지 않다. 확장되지 않기 때문이다. 실로 행위주체이자 향유주체인 아뜨만이 확장된 채로 모든 육체들과 연계되지는 않는다. 왜냐하면 개별자아는 한정자에 의존한다고 말했기 때문이다. 그리고 한정자가 확장되지 않음으로 말미암아 개별자아도 확장되지 않는다.

결국 이로부터 행위의 뒤섞임이나 행위결과의 뒤섞임은 가능하지 않다.‖49‖

219_ 육체가 다수이더라도 아뜨만이 하나인 경우에는 행위나 행위결과의 소유주가 하나이기 때문에 모든 행위나 행위결과가 하나의 아뜨만에서 뒤섞이고 말 것이다.

50. 또한 [개별자아는 지고한 아뜨만의] 사이비일 뿐이다.

ābhāsa eva ca ‖50‖

또한 물에 비친 태양 등처럼 그 개별자아는 지고한 아뜨만의 사이비(似而非)일 뿐이라고 이해해야만 한다. [개별자아란] 직접적으로는 그것(지고한 아뜨만) 자체가 아니다. 또한 다른 어떤 것도 아니다. 따라서 또한, 예컨대 물에 비친 하나의 태양이 흔들리는 경우에 물에 비친 다른 태양이 흔들리지 않듯이, 마찬가지로 하나의 개별자아가 행위나 행위결과와 연계되는 경우에 다른 개별자아가 그것과 연계되지는 않는다. 이와 같이 또한, 행위나 행위결과는 뒤섞이지 않을 뿐이다. 그리고 사이비는 무지에 의해 야기되기 때문에 그것(사이비)에 의존하는 윤회도 무지에 의해 야기된다는 것은 합당하다. 또한 그것(사이비)을 거부함으로써 '실재적인 것 즉 브라흐만으로서의 아뜨만'에 대해 가르치는 것은 합당하다.

반면에 아뜨만이 다수이고 그 모두가 편재한다고 [주장하는] 바로 그들에게는 그러한 뒤섞임이 수반된다. 어떻게?

아뜨만은 다수이고 편재하며 그 본질이 순수의식 자체이고 속성이 없으며 비할 데가 없다. 이것(아뜨만)들을 목적으로 하는 쁘라다나는 공통적으로 [하나이다]. 그것(쁘라다나)에 입각하여 이것(아뜨만)들의 향유와 해방이 달성된다. 이러한 것이 상크야 추종자들의 [주장이다].

아뜨만은 다수이고 편재하는 것으로 존재하지만 항아리·벽 등과 유사하게 그 본질이 실체 자체이고 그 자체로 비의식체이다. 그리고 이것(아뜨만)들을 돕는 마음들은 원자적인 것이고 비의식체이다. 이 경우에 아뜨만이라는 실체들이 마음이라는 실체들과 결합함으로써 의욕 등 9개의 특별한 '아뜨만의 성질들'[220]이 생성된다. 그리고 이것들이 뒤섞이지 않은 채로 제각각의 아뜨만에 내속하는 것이 윤회이다. 9개의 그 '아뜨만의 성질들'이 완전히 소멸하는 것이 해탈이다. 이러한 것이 까나다 추종자들의 [주장이다].

이 가운데 먼저 상크야 추종자들의 경우, 모든 아뜨만들이 순수의식을 본질로 하고 또 [쁘라다나의] 근접 등은[221] 공통적이기 때문에, 하나가 즐거움이나 괴로움과 연계될 때에 모두가 즐거움이나 괴로움과 연계된다는 결말이 생긴다.

[상크야]: 이러할 수도 있다. 쁘라다나의 동작은 뿌루샤의 독존(獨存)을 목적으로 하기 때문에 조정이 가능하다.[222] 왜냐하면 그렇지 않은 경우 쁘라다나의 동작은 자신의 권능을 보이려는 목적을 가질 것이기 때문이다. 그리고 그에 따라 해탈의 불가능함이 수반될 것이기 때문이다.[223]

[후론]: 그건 올바르지 않다. 왜냐하면 원하는 바를 달성하는 것과 결부되는 조정이란 알려질 수 없기 때문이다.[224] 결국 그 어떤 합당함에 따라 그 조정을 말해야 한다. 그리고 합당함이 없는 경우에는 [쁘라다나에서] '뿌루샤의 독존이라는 원하는 욕망'이 생기지 말아야 하고, 조

220_ 의욕 등 9개의 특별한 '아뜨만의 성질들'=인식(buddhi), 즐거움(행복), 괴로움(슬픔), 의욕(icchā), 혐오(증오), 노력, 장점(dharma), 단점(adharma), 잠재인상(saṃskāra).

221_ [쁘라다나의] 근접 등은=쁘라다나의 근접, 뿌루샤의 부동성 등은.

222_ 하나의 아뜨만이 즐거움이나 괴로움과 연계될 때에 그 즐거움이나 괴로움이 모든 아뜨만과 연계되지 않게끔 하는 조정(vyavasthā)이 쁘라다나에 의해 가능하다. 왜냐하면 쁘라다나는 뿌루샤의 독존을 목적으로 동작하기 때문이다. 이에 따라 특정한 아뜨만의 해탈도(독존) 가능하게 된다.

223_ 쁘라다나가 뿌루샤의 독존을 목적으로 동작하지 않는 경우에 쁘라다나는 그 자체의 권능을 드러내 보이려는 목적에서 동작할 것이다. 만약 쁘라다나가 그렇게 한다면 해탈이 불가능해지고 말 것이다. 해탈은 반드시 가능해야만 하므로, 쁘라다나는 뿌루샤의 독존을 목적으로 동작하고 쁘라다나의 조정도 가능하다.

224_ 쁘라다나가 원하는 바는 해탈이다. 쁘라다나가 해탈을 달성하고자 하는 이상, 그 자체가 해탈의 가능성과 불가능성을 조정한다는 것은 말이 되지 않는다.

정의 근거가 없기 때문에 [행위나 행위결과의] 뒤섞임이 수반될 따름이다.[225]

또한 까나다 추종자들의 경우, 근접[226] 등이 공통적이기 때문에 마음이 하나의 아뜨만과 결합될 때에 심지어 다른 아뜨만들과도 방해 없이 결합될 것이다. 결국 이로부터, 원인이 공통적임으로 말미암아 행위결과도 공통적이므로, 하나의 아뜨만이 즐거움이나 괴로움과 연계될 때에 모든 아뜨만들에서도 똑같이 즐거움이나 괴로움이 수반될 것이다. ‖50‖

[바이셰쉬까]: 이러할 수도 있다. '보이지 않는 힘'에 기인하는 조절(조정)이 가능하다.

[후론]: 아니라고 말한다.

51. [상크야와 까나다 추종자들의 경우, 하나의 아뜨만이 즐거움이나 괴로움과 연계될 때에 모든 아뜨만들에서도 똑같이 즐거움이나 괴로움이 수반될 것이다]; 보이지 않는 힘이 조절하지 못하기 때문이다.

adṛṣṭāniyamāt ‖51‖

다수이고 에테르처럼 편재하는 아뜨만이 각각의 육체에 안팎으로 차등 없이 근접해 있는 경우에 마음, 말, 몸을 통해 '다르마와 다르마가 아닌 것을 특징으로 하는 보이지 않는 힘'이 얻어진다.

225_ 쁘라다나의 조정이 불가능할뿐더러 조정을 담당할 다른 무언가도 없기 때문에, 조정을 제시하는 상크야의 대안은 이론적으로 합당하지 않다. 이와 같이 조정의 근거가 없으면 뒤섞임이 수반되고 만다.

226_ 바이셰쉬까에서는 근접을 결합의 원인들 가운데 하나로 간주한다.

먼저 상크야 추종자들의 경우, 아뜨만에 내속하지 않고 쁘라다나에 머무는 그것(보이지 않는 힘)은 쁘라다나가 [모든 아뜨만들에] 공통적임으로 말미암아 각각의 아뜨만이 즐거움이나 괴로움을 향유하는 데 조절하는 자일 수 없다.

또한 까나다 추종자들의 경우, 공통적인 '아뜨만과 마음의 결합'을 통해 얻어지는 보이지 않는 힘조차도 '바로 이 아뜨만에 대해 이 보이지 않는 힘'이라고 조절하는 근거가 아니기 때문에, 앞에서처럼[227] 바로 그러한 결함이 [생긴다].‖51‖

[바이셰쉬까]: 이러할 수도 있다. '나는 그 결과를 얻으려고 한다', '나는 그것을 피하려고 한다', '나는 이와 같이 시도하려고 한다', '나는 이와 같이 행하려고 한다'라는 이러한 종류의 결의 등은 각각의 아뜨만에서 작용하면서 '각각의 아뜨만이 각각의 보이지 않는 힘에 대해 소유주가 되는 것'[228]을 조절할 것이다.

[후론]: 아니라고 말한다.

52. 또한, [만약 결의 등이 조절한다고 한다면], 결의 등의 경우에조차 마찬가지이다.

abhisaṃdhyādiṣv api caivam ‖52‖

결의 등조차 오직 공통적인 '아뜨만과 마음의 결합'을 통해 모든 아

227_ 앞에서처럼=보이지 않는 힘을 가정하기 이전의 경우처럼.

228_ 원문은 '보이지 않는 힘'과 '아뜨만들'이 서로 소유주가 되는 관계를 가지는 듯이 읽히기도 한다. 하지만 실제로는 이 양자가 서로 소유주가 되지는 못할 것이다. 즉 '각각의 아뜨만'이 '그에 대응하는 각각의 보이지 않는 힘'의 소유주가 되는 일방향의 관계를 가질 것이다.

뜨만들이 근접해 있을 때에 만들어짐으로써 조절하는 근거일 수 없기 때문에, [이미] 언급한 결합이 부속될 따름이다.‖52‖

53. 만약 [아뜨만이 편재하더라도 아뜨만의] 부분을 통해 [조정이 가능하다고] 한다면, 아니다; [편재함이 공통적임으로 말미암아 모든 아뜨만들이 모든 육체들에] 포함되기 때문이다.

pradeśād iti cen nāntarbhāvāt ‖53‖

[전론]: 만약 아뜨만이 편재하더라도 육체에 머무는 마음과의 결합이 육체에 국한될 뿐이고 아뜨만의 부분에서[229] 가능하다고 말한다면, 그 경우에 '결의 등'과 '보이지 않는 힘'과 '즐거움이나 괴로움'에 대한 조정이 부분에서 이루어지는 것은 가능하다.

[후론]: 이 또한 합당하지 않다.

무엇 때문에? 포함되기 때문이다. 실로 편재함이 공통적임으로 말미암아 바로 그 모든 아뜨만들은 모든 육체들에 포함된다.[230] 그 경우에 바이셰쉬까의 추종자들은 다만 육체에 국한되는 '아뜨만의 부분'을 가정할 수 없다. 이를 가정한다고 하더라도 부분이 없는 아뜨만의 부분이란 단지 상상된 것이기 때문에 실재적으로 결과를 조절(조정)할 수는 없다. 또한 모든 아뜨만들이 근접해 있을 때에 생성되는 육체를, 다른 [모든] 아뜨만들이 아니라 바로 그 [하나의] 아뜨만에 속한다고, 조절할 수는 없다.

게다가 심지어 특정한 부분이 용인되는 경우에는 두 아뜨만이 동일한 즐거움이나 괴로움을 겪음으로써 가끔씩 오직 하나의 육체에 의해

229_ 아뜨만의 부분에서=아뜨만이 육체에 국한된 부분에서(부분을 통해).

230_ 모든 아뜨만들이 예외 없이 편재하는 경우에 그 모든 아뜨만들은 전부 각각의 육체마다 포함될 수밖에 없다.

먼저 향유가 이루어질 것이다. 두 아뜨만의 보이지 않는 힘이 동일한 부분을 가지는 것마저 가능하기 때문이다. 그러한 예시로서, 데바닷따가 즐거움이나 괴로움을 경험한 그 부분으로부터 그의 육체가 철수하고 그 부분을 야즈냐닷따의 육체가 얻을 때, 바로 그(야즈냐닷따)가 다른 이(데바닷따)와 동일한 즐거움이나 괴로움을 경험한다고 알려진다. 만약 데바닷따와 야즈냐닷따의 보이지 않는 힘이 동일한 부분을 가지지 않으면, 이는 가능하지 않다.[231]

더욱이 [아뜨만의] 부분을 주장하는 자들에게는 천국 등을 향유하지 못하는 부조리한 결말이 생길 것이다. 브라흐마나 등이 가지는 육체의 부분들에서 보이지 않는 힘이 산출되기 때문이고, 또 천국 등에 대한 향유는 다른 부분에서 존재하기 때문이다.[232]

또한 아뜨만이 다수인 경우에 편재함이란 가능하지 않다. 실례가 없기 때문이다. 당신이 당장 동일한 처소를 가지는 다수의 어떤 것들을 말해 보라![233]

[전론]: 색깔 등이다.[234]

[후론]: 아니다. 그것들마저 본체의 측면에서는 차이가 없지만 또 [각각의] 특징에서는 차이가 있기 때문이다. 반면에 다수인 아뜨만들의

231_ 보이지 않는 힘을 산출하는 '아뜨만의 부분'은 동작을 가지지 못한다. 따라서 한 아뜨만이 차지하는 그 부분을 편재하는 다른 아뜨만도 차지함으로 말미암아, 그 부분에서 한 아뜨만의 보이지 않는 힘이 낳는 경험(향유)을 다른 아뜨만도 잇따라 공유하게 될 것이다.

232_ 아뜨만이 부분을 가진다는 것은 아뜨만이 육체나 마음과 연계된다는 의미이다. 이 경우에 아뜨만은 공통적으로 편재하기 때문에 특정한 육체나 마음에서 산출된 결과는 모든 아뜨만들에 영향을 미치게 된다. 따라서 행위결과를 산출한 자와 그것을 향유하는 자가 일치하지 않을 수 있다.

233_ 상크야나 바이셰쉬까처럼 아뜨만이 다수라고 주장하는 경우에 아뜨만은 편재할 수 없다. 왜냐하면 동일한 공간을 편재하는 무수한 아뜨만들이 차지할 수는 없기 때문이다.

234_ 하나의 음식이라는 처소로부터 다수의 색깔, 맛, 냄새 등이 나올 수 있다.

경우에는 특징에서의 차이가 없다.[235]

[전론]: 궁극적 차이[236]에 힘입어 [아뜨만들의 특징에서도] 차이가 발생한다.

[후론]: 아니다. [특징에서의] 차이를 가정하는 것과 궁극적 차이를 가정하는 것은 상호의존이기 때문이다. 에테르 등마저 편재한다고는 브라흐만주의자도 확정하지 않는다.[237] 결과라고 용인되기 때문이다.

그러므로 아뜨만의 유일성이라는 바로 이 입장에는 모든 결함들이 없다고 정립된다.‖53‖

235_ 색깔, 맛 등의 속성들은 동일한 본체를 처소로 가진다는 점에서 차이가 없다. 그럼에도 그 속성들 각각은 서로 다른 특징을 가질 뿐이다. 반면에 모든 아뜨만들은 서로 다른 특징을 가지지 않는다. 따라서 색깔 등의 실례는 적합하지 않다.

236_ 궁극적 차이(antya-viśeṣa)=본체들 사이에 존재하는 본래적 차이.

237_ 만약 전론자가 '다수이면서 편재하는 것'에 대한 실례로 에테르 등을 제시한다면, 에테르의 편재성마저 확정하지 못하기 때문에 적합한 실례일 수는 없다. '등'이란 시간, 공간을 지시한다.

제4절

{ 1. '생기들이 생성됨'이라는 주제: 수뜨라 1-4 }

제3절에서는 에테르 등과 관계하여 계시서의 상호모순이 제거되었다. 이제 제4절에서는 생기와 관계하여 [상호모순이] 제거된다.

1. [예컨대 지고한 브라흐만으로부터 세상 등이 생성되듯이], 그와 같이 생기들은 [생성된다].

tathā prāṇāḥ ‖1‖

이러한 사정에서 먼저, "그는 불을 창조했다."〈찬도 6.2.3〉, "그러한 이 아뜨만으로부터 실로 허공(에테르)이 산출되었다."〈따잇 2.1.1〉라고 이렇게 운운하는 '생성의 장절'들에서는 생기들이 생성된다고 전하지 않는다. 또한 어떤 곳에서는 "실로 태초에 이것(세계)은 비존재였으리라."〈따잇 2.7.1〉라며 그것들이 분명 생성되지 않는다고 전한다. "이에 대해 '비존재였던 그것은 무엇인가?'라고 그들이 말한다. 바로 그 성자들이 태초에 비존재였다. 이에 대해 '그들 성자들은 누구인가?'라고 그들이 말한다. 성자들은 바로 그 생기들이다."〈샤따-브 6.1.1.1〉라는 곳에서 생성 이전에 생기들이 존재한다고 계시되기 때문이다.[1]

반면에 다른 곳에서는 생기들마저 생성된다고 언급한다. "불로부터 매우 작은 불꽃들이 퍼져 나오듯이, 바로 그와 같이 이 아뜨만으로부터 모든 생기들이 … 퍼져 나옵니다."〈브리 2.1.20〉, "그것으로부터 7개의 생기들[2]이 태어난다."〈문다 2.1.8〉, "그는 생기를 창조했다. 생기

1_ 생기들이 존재하기는 했어도 생성되지는 않았다는 것이 '비존재'라고 말한 바의 취지이기 때문이다.

2_ '7개의 생기들'이 가리키는 것은 명확하지 않지만, 머리에 위치하는 7개의 기관

로부터 믿음, 에테르, 공기, 불, 물, 흙, 기관, 마음, 음식을 [창조했다]."〈쁘라 6.4〉라고 이렇게 운운하는 곳들에서이다.

이 경우에[3] 계시의 상호모순 때문에, 또 둘 중 하나를 확정할 근거가 관찰되지 않기 때문에 불확정성이 수반된다. 혹은 생성 이전에 존재한다고 계시되기 때문에 생기들의 생성에 대한 계시가 비유적 의미라는 결말이 생긴다.

이로부터 이러한 답변을 한다. "… 그와 같이 생기들은 …."

[전론]: 그렇다면 이곳에서 '그와 같이'라는 말이 어떻게 적합하다는 말인가? 논제와 비교되는 것이 없기 때문이다. '바로 이전에 지나간 절'(節)의 끝에서 논제는 '편재하는 아뜨만이 다수라고 주장하는 자들의 문제점'이다. 당장 그것은 유사성이 없음으로 말미암아 비교되는 것으로 적합하지 않다.[4] 실로 유사성이 있는 경우에, '마치 사자처럼 발라바르만도 그와 같다.'와 [같이] 비교가 가능하다.

만약 [생기와] '보이지 않는 힘'의 유사성을 제시하기 위해서라고 [당신이] 말한다면,[5] '보이지 않는 힘'이 모든 아뜨만들이 근접해 있을 때에 생성됨으로 말미암아 조절되지 않듯이, 마찬가지로 생기들도 모든 아뜨만들과 관련해서 조절되지 않는다.[6] 또한 '단지 육체가 조절되지

들, 즉 눈 2개, 귀 2개, 콧구멍 2개, 혀를 가리킬 수 있다.

3_ * Samata에 '이 경우에'(tatra)라는 표현이 등장하는 것과 달리, Nirnaya에는 '여기저기에서'(tatra tatra)라는 표현이 등장한다.

4_ <수뜨라> 2장 3절의 마지막 부분에서 논제는 '편재하는 아뜨만이 다수라고 주장하는 자들의 문제점(결함)'이다. 그리고 여기서 논제는 생기이다. 이 양자 사이에는 유사성이 없음으로 말미암아 비교(upamāna) 자체가 불가능하다. 만약 비교가 불가능하다면, 수뜨라에서 '그와 같이'라는 말을 사용해서는 안 된다.

5_ '보이지 않는 힘'(adṛṣṭa)은 <수뜨라>, <주석> 2.3.51 등의 논제이다.

6_ 보이지 않는 힘이 어느 아뜨만(개별자아)에 속하는지 확정(조정, 조절)되지 않듯이, 비교의 유사성 때문에, 마찬가지로 '생기'가 어느 아뜨만에 속하는지 확정되지 않는다.

않음으로써'라고 말했기 때문에 이 [수뜨라는] 중언부언이 될 것이다.[7]

게다가 생기들은 개별자아와 비교될 수가 없다. 정론과 모순되기 때문이다. 실로 개별자아가 생성되지 않는다는 것을 [이미] 말했다. 반면에 [이 경우에는] 생기들이 생성된다는 것을 설명하고자 한다. 따라서 '그와 같이'라는 것은 무관한 듯이 여겨진다.

[후론]: 아니다. 심지어 [계시서의] 예시에 언급된 비교를 통해서도 관련성은 가능하기 때문이다. 이 경우에 예시란 생기의 생성을 말하는 문장의 총체이다. "이 아뜨만으로부터 모든 생기들이, 모든 세상들이, 모든 신격들이, 모든 존재들이 퍼져 나옵니다."〈브리 2.1.20〉라는 이러한 유형이다. 이 경우에, '예컨대 지고한 브라흐만으로부터 세상 등이 생성되듯이, 그와 같이 생기들마저 생성된다'라는 것이 [수뜨라의] 의미이다. 마찬가지로 "그것(뿌루샤)으로부터 생기, 마음, 모든 기관들, 에테르, 공기, 불, 물, 그리고 모든 것을 지지하는 흙이 태어난다."〈문다 2.1.3〉라고 이렇게 운운하는 것들에서도 에테르 등처럼 [그와 같이] 생기들이 생성된다고 이해해야만 한다.

또 다른 해설로는, "[소마를] 마시는 것으로부터 [발생한] 재앙 또한, 그와 같을 [것이다]."[8]〈미맘사-수 3.4.32〉라는 등등과 같은 경우에, 심지어 멀찍이 놓여 있는 '비교의 관련성'에 의지하기 때문이다.[9] 예컨대

7_ '육체가 조절(확정)되지 않음으로써'(모든 아뜨만들이 모든 육체들에 포함됨으로써) 보이지 않는 힘이 어느 아뜨만에 속하는지 확정되지 않는다고 <수뜨라 2.3.53>에서 이미 말했다. 결국 유사성 때문에, 이는 생기에 관해서도 이미 설명된 것이나 마찬가지이다. 따라서 이 수뜨라에서 이를 다시 설명하고자 한다면, 이는 단순히 중언부언(punarukta)에 지나지 않는다.

8_ 빠운다리까(Paundarīka) 제의에서 소마를 마시고 토한 경우의 재앙은 다른 제의에서 결함이 있는 말(馬)을 사용한 경우처럼 그 수습법이 같다.

9_ <미맘사-수 3.4.32>의 '그와 같다'에서 그 비교 대상은 멀찍이 떨어져 있는 <미맘사-수 3.4.28>에 등장할 뿐이다. 이처럼 비교되는 두 대상이 멀찍이 놓여 있더라도 비교는 충분히 가능할 수 있다.

'바로 이전에 지나간 절'의 시작에서 언급된 에테르 등이 지고한 브라흐만의 변형물들이라고 알려지듯이, 그와 같이 생기들마저 지고한 브라흐만의 변형물들이라고 적용되어야만 한다.

[전론]: 그렇다면 생기들이 변형물인 이유는 무엇인가?

[후론]: 계시될 따름이다.

[전론]: 어떤 곳들에서는 생기들의 생성이 계시되지 않는다고 말했지 않는가?

[후론]: 이는 합리적이지 않다. 다른 곳들에서 계시되기 때문이다. 실로 '어떤 곳에서 계시되지 않은 것'이 '다른 곳에서 계시된 것'을 배제할 수는 없다.

그러므로 계시되는 것이 한결같기 때문에 에테르 등처럼 생기들마저 생성된다고 말하는 것은 적절하다.‖1‖

2. [생기들의 생성에 대한 계시는] 비유적 의미로 가능하지 않기 때문에, [그 계시는 일차적 의미이다].[10]

gauṇyasaṃbhavāt ‖2‖

한편 생성 이전에 존재한다고 계시되기 때문에 생기들의 생성에 대한 계시가 비유적 의미라고 주장한 것에 관해서 대답한다. "… 비유적 의미로 가능하지 않기 때문에 …."

[복합어인] '비유적 의미-가능하지 않음'이란 '비유적 의미의 가능하지 않음'이다. 실로 생기들의 생성에 대한 계시는 비유적 의미로 가능

10_ 이 수뜨라는 <수뜨라 2.3.3> 즉 'gauṇy asaṃbhavāt'와 그 낱말이 일치한다. 하지만 이 수뜨라와는 달리 <수뜨라 2.3.3>은 "[… 에테르의 생성에 대한 계시가] 비유적 의미라고 [말한다]; [생성이] 가능하지 않기 때문이다."라는 의미이다.

하지 않다.

확언된 것을 폐기하는 부조리한 결말이 생기기 때문이다. 실로 "존경스러운 이여, 과연 무엇을 알 때 이 모든 것을 알게 됩니까?"〈문다 1.1.3〉라며 '하나에 대한 지식을 통한 모든 것에 대한 지식'을 확언한 뒤에 그것을 실증하기 위해 이렇게 전한다. "그것(뿌루샤)으로부터 생기 … 태어난다."〈문다 2.1.3〉라는 등이다. 그리고 생기 등의 모든 세계가 브라흐만의 변형물인 경우에 물질적 원인과는 별도로 변형물이 존재하지 않음으로 말미암아 이 확언은 성취된다. 반면에 생기들의 생성에 대한 계시가 비유적 의미인 경우에 이 확언은 폐기될 것이다.[11] 이와 같은 연관에서 확언된 것을 내용으로 하여 끝맺는다. "오직 뿌루샤만이 이 모든 것이다. 의례이고 고행이며 브라흐만이고 지고의 불멸이다."〈문다 2.1.10〉라고 하며, 또 "실로 브라흐만은 이 모든 것이고 그 제일의 것이다."〈문다 2.2.11〉라고 한다. 마찬가지로 "여보, 실로 아뜨만을 봄으로써 들음으로써 숙고함으로써 인식함(직관함)으로써, 이 모든 것을 압니다."〈브리 2.4.5〉라는 이러한 유형의 계시들에도 바로 이 확언이 적용되어야만 한다.

[전론]: 그렇다면 생성 이전에 생기들이 존재한다는 계시는 무엇이란 말인가?

[후론]: 그 [계시는] '근원적인 물질적 원인'과 관계하지 않는다. "실로 생기가 없고 마음이 없으며 순수하고, 실로 지고한 불멸체보다 더 지고하다."〈문다 2.1.2〉라며 근원적인 물질적 원인이 생기 등의 모든 특수성을 결여한다고 확정하기 때문이다. 반면에 생성 이전에 생기들이 존재한다고 확정하는 그 [계시는], 그 자체에 의존하는 변형물을 가지

11_ 브라흐만이 모든 세계의 물질적 원인이라는 것이 비유적 의미라면, 브라흐만에 대한 지식을 통해 모든 것에 대한 지식을 얻을 수 없으므로 확언 자체가 무효화된다.

는 '후속적인 물질적 원인'[12]과 관계한다고 이해해야만 한다. 심지어 전개된 사물들이 매우 많은 상태들을 가진다면, [각각 상대적으로] 원형물(원인)과 변형물(결과)이 된다고 계시서와 전승서에서 잘 알려져 있기 때문이다.[13]

실로 에테르에 대한 '주제'에서 "… 비유적 의미라고 … 가능하지 않기 때문이다."〈수뜨라 2.3.3〉라는 것은 전론에 [해당되는] 수뜨라이기 때문에, [그 의미를] '[에테르의] 생성에 대한 계시가 비유적 의미라고 [말한다]; [생성이] 가능하지 않기 때문이다'라고 설명했다.[14] 그리고 그 경우에는 확언이 폐기됨으로 말미암아 정론이 지시되었다.[15] 반면에 이 경우에는 정론에 [해당되는] 수뜨라이기 때문에, [그 의미를] '생성에 대한 계시는 비유적 의미로 가능하지 않기 때문에, [그 계시는 일차적 의미이다]'라고 설명했다. 하지만 그에 호응하여 이 경우까지 '생성에 대한 계시는 비유적 의미이다. [생성이] 가능하지 않기 때문이다'라고 설명하는 자들은 확언이 폐기되는 것을 묵살할지도 모른다.[16]‖2‖

3. 또한 그 [생성을 지시하는 '태어난다'라는 하나의 말이 생기들과 관계하여] 앞서 계시되고 [나서 에테르 등과 관계하여 함께 적용되기]

12_ 후속적인 물질적 원인(avāntara-prakṛti)='근원적인 물질적 원인'(mūla-prakṛti)인 브라흐만으로부터 기원한 히란야가르바(Hiraṇyagarbha).

13_ 주석가는 원인과 결과의 관계가 상대적이라는 점을 강조한다. '후속적인 물질적 원인'은 '근원적인 물질적 원인'과 관계하여 '결과'에 해당되지만 그 자체의 변형물들과 관계하여 '원인'에 해당된다.

14_ <수뜨라 2.3.3>과 <수뜨라 2.4.2>의 모든 낱말이 동일하기 때문에, 주석가는 두 수뜨라의 의미를 선명하게 구분하고자 한다.

15_ <수뜨라 2.3.3>과 같은 전론은 확언의 폐기를 수반하기 때문에, 그로부터 앞으로 언급될 정론이 암시되었다.

16_ <수뜨라 2.3.3>에 호응하여 <수뜨라 2.4.2>를 동일한 의미로 설명하고자 하는 자들은 계시서의 확언이 폐기되는 것을 방조하는 잘못을 저지를지도 모른다. 결국 <수뜨라 2.4.2>는 <수뜨라 2.3.3>과는 완전히 다른 의미를 가질 뿐이다.

때문에, [생성에 대한 계시는 일차적 의미이다].

tatprākśruteś ca ‖3‖

이로 말미암아 또한, 에테르 등처럼 생기 등의 생성에 대한 계시마저 일차적 의미일 뿐이다. 생성을 지시하는 '태어난다'라는 하나의 말이 생기들과 관계하여 앞서 계시되고 나서 그 뒤에 에테르 등과 관계하여 함께 적용되는 점에서이다. "그것(뿌루샤)으로부터 생기, [마음, 모든 기관들, 에테르] … 태어난다."〈문다 2.1.3〉라는 곳에서이다.[17] 에테르 등과 관계하는 '태어남'(생성)은 일차적 의미라고 정초되었고, 그것이 공통적임으로 말미암아[18] 생기들과 관계하는 '태어남'(생성)마저 오직 일차적 의미여야만 한다. 왜냐하면 하나의 맥락과 하나의 문장에서 하나의 말이 한 번 발화되면서 여러 [말들과] 관계를 가지는 경우에 어떤 곳에서는 일차적 의미이고 어떤 곳에서는 비유적 의미라고 확정될 수는 없기 때문이다. 비일관성[19]이 수반되기 때문이다. 마찬가지로 "그는 생기를 창조했다. 생기로부터 믿음 … [창조했다]."〈쁘라 6.4〉라는 곳에서도 생기들과 관계하여 계시되는 '창조하다'라는 [말은] 생성되는 다른 것들 즉 믿음 등과 관계해서도 함께 적용된다.

생성을 의미하는 말이 나중에 계시되지만 앞선 [말들과] 관계를 가지는 그 경우조차도 바로 이러한 논리가 [가능하다]. 예컨대 "[이 아뜨

17_ "그것(뿌루샤)으로부터 생기, [마음, 모든 기관들, 에테르] … 태어난다."〈문다 2.1.3〉라는 계시의 원문은 'etasmāj jāyate prāṇaḥ'이다. 원문에서는 'jāyate'(태어난다)라는 말이 먼저 등장하고, 그렇게 태어나는 대상들을 열거하는 가운데 생기들(생기, 마음, 기관들)이 앞서 나오고 에테르가 그 뒤에 나온다. 이 경우에 '태어난다'라는 말은 생기들과 에테르 모두에게 함께 적용된다.

18_ 그것이 공통적임으로 말미암아='태어난다'라는 하나의 말이 공통적으로 적용됨으로 말미암아.

19_ 'vairūpya'라는 말은 글자 그대로 '흉한 모양, 형태의 왜곡, 조화로운 형태의 상실' 등을 의미하지만, 이 맥락에서는 비일관성을 의미한다.

만으로부터 모든 생기들이] … 모든 존재들이 퍼져 나옵니다."〈브리 2.1.20〉라는 그 [계시의] 끝에서 읽히는 '퍼져 나온다'라는 말은 심지어 앞선 생기 등과도 관계를 가진다.[20]‖3‖

4. '언어, [생기, 마음'이 브라흐만을 물질적 원인으로 하는] 그것들(불, 물, 흙)을 기인으로 한다고 [언급되고 또 그것들과 동일하기] 때문에, [모든 생기들은 브라흐만으로부터 기원한다].

tatpūrvakatvād vācaḥ ‖4‖

비록 "그는 불을 창조했다."〈찬도 6.2.3〉라는 이 장절에서 오직 불, 물, 흙이라는 세 가지 원소들의 생성이 계시됨으로 말미암아 생기들의 생성이 언급되지 않을지라도, 여전히 언어, 생기, 마음이 '브라흐만을 물질적 원인으로 하는 불, 물, 흙'[21]을 [각각] 기인으로 한다고 언급되고 또 [각각이] 그것들 [각각과] 동일하기 때문에,[22] 바로 그 모든 생기들은 브라흐만으로부터 기원한다고 확립되고야 만다. 그러한 증거로서, 바로 이 장절에서는 "얘야, 실로 마음은 흙(음식)으로 이루어진 것이고, 생기는 물로 이루어진 것이며, 언어는 불로 이루어진 것이다."〈찬도 6.5.4〉라며 불, 물, 흙을 기인으로 하는 언어, 생기, 마음을 전한다.

이러한 사정에서 먼저, 만약 그것들(마음 등)에 대해 '흙으로 이루어진 것' 등이라는 것이 오직 일차적 의미라면, 그 경우에 [이는 그것들이] 브라흐만으로부터 기원한다는 의미를 가질 뿐이다. 이제 만약 이

20_ 여기서는 '퍼져 나온다'(vyuccaranti)라는 말이 곧 '생성'을 의미하는 말이다.

21_ "그는 불을 창조했다."와 "그는 물을 창조했다."라는 언급은 <찬도 6.2.3>에 등장하고, "그는 흙(음식)을 창조했다."라는 언급은 <찬도 6.2.4>에 등장한다.

22_ [각각이] 그것들 [각각과] 동일하기 때문에=언어, 생기, 마음 각각이 불, 물, 흙 각각과 동일하기 때문에.

차적 의미라면, 그렇다고 할지라도 "듣지 못한 것을 듣게끔 하고"〈찬도 6.1.3〉라고 시작하여 "이 모든 것은 그것을 아뜨만(본질)으로 한다."〈찬도 6.8.7〉라고 끝맺으며 '브라흐만을 동작주체로 하는 명칭과 형태의 전개'가 계시되기 때문에, 또 다른 계시서에서 잘 알려져 있기 때문에, 마음 등에 대해 '흙으로 이루어진 것' 등이라고 말하는 것은 [그것들이] 단지 브라흐만의 결과라는 것을 상술하기 위해서라고 이해된다.

그러므로 또한 생기들은 브라흐만의 변형물이라고 정립된다.‖4‖

{ 2. '일곱, 알려짐'이라는 주제: 수뜨라 5-6 }

5. [생기들은 오직] 일곱이다; [계시서에서] 알려지기 때문이고, 또 한정되기 때문이다.

sapta gater viśeṣitatvāc ca ‖5‖

생기들의 생성과 관계하여 계시서의 상호모순이 제거되었다. 이제는 수와 관계하여 [상호모순이] 제거된다. 이러한 사정에서 '으뜸인 생기'는 나중에 다룰 것이다. 그리고 지금은 다른 생기들이 얼마나 많은지에 관해 확정한다.

결국 이 경우에 계시서의 이견으로부터 의문이 생긴다. 어떤 곳에서는 "그것으로부터 7개의 생기들이 태어난다."〈문다 2.1.8〉라며 일곱의 생기들이 언급된다. 또 어떤 곳에서는 "붙잡는 자가 여덟이고, 붙잡는 자를 넘어서는 것이 여덟입니다."[23]〈브리 3.2.1〉라며 '붙잡는 자'(기관)로서의 특성을 가진 여덟의 생기들이 언급된다. 어떤 곳에서는 "실로 생기들은 머리에 속하는 것이 일곱이고, 아래에 놓인 것이 둘이다." 〈따잇-상 5.1.7.1〉라며 아홉의 [생기들이 언급된다]. 어떤 경우에는 "실로 사람에게서 생기들은 아홉이고, 배꼽이 열 번째이다."〈따잇-상 5.3.2.3〉라며 열의 [생기들이 언급된다]. 어떤 경우에는 "사람에게서 열 개인 그 생기들과 열한 번째인 아뜨만(마음)입니다."〈브리 3.9.4〉라며 열하나의 [생기들이 언급된다]. 가끔, "모든 감촉들이 가지는 하나의 목적지는 피부입니다."〈브리 2.4.11〉라는 곳에서는, 열둘의 [생기들이 언급된다].[24] 가끔, "눈과 보이는 대상"〈쁘라 4.8〉이라는 곳에서는, 열셋의 [생기들이 언급된다].

이와 같이 계시서들에는 생기의 개수와 관련하여 확실히 이견이 있다.

실로 무엇으로 귀결되는가?

[전론]: 생기들은 오직 일곱이다.

어떤 근거에서? 알려지기 때문이다. "그것으로부터 7개의 생기들이 태어난다."라는 이러한 종류의 계시들에서 그러한 만큼이 알려지는 까닭에서이다. 또한 "실로 생기들은 머리에 속하는 것이 일곱이고"라는 곳에서 그것들이 한정되기 [때문이다].

[반박]: "생기들은 공동(空洞)에 누운 채 일곱으로 일곱으로 놓여 있다."〈문다 2.1.8〉라며 [일곱이] 반복적으로 계시되는데, 이는 생기들이 일곱을 넘어선다는 것을 지시하지 않는가?

[전론]: 그러한 결함은 없다. 이 반복은 '사람의 차이'에 따라 각각의

23_ '붙잡는 자'는 지각 · 이해 · 행동 등과 관련된 채 밧줄처럼 매는 역할을 하는 기관들을 가리킨다. '붙잡는 자를 넘어서는 것'은 그러한 '붙잡는 자'에게 영향을 미치는 대상들을 가리킨다. 예컨대, 붙잡는 자가 '귀'라면 붙잡는 자를 넘어서는 것은 '소리'이다. 또 예컨대, 전자가 '손'이라면 후자는 '일'이다.

24_ <브리 2.4.11>에서는 5개의 인식기관, 마음, 지성(심장), 5개의 행위기관이 차례대로 열거된다.

사람마다 일곱이고 일곱인 생기를 가진다는 의도일 뿐, '실재의 차이'에 따라 어떤 생기들이 일곱이고 어떤 생기들이 일곱이라는 의도는 아니다.[25]

[반박]: 생기들에 대해 심지어 '여덟' 등의 수들이 예시되었지 않는가? 어떻게 오직 일곱이어야 한다는 말인가?

[전론]: 예시된 것은 사실이다. 하지만 모순 때문에 어느 하나의 수를 확정해야만 한다. 이러한 사정에서 '작은 것을 가정하기'[26]에 호응하여 일곱이라는 수를 확정한다. 그리고 기능(양상)의 차이라는 견지에서 다른 수가 계시된다고 간주한다.‖5‖

이에 대하여 말한다.

6. 하지만 손 등의 [다른 생기들이 계시된다]; [일곱을 넘어선다는 것이] 확립되는 경우에, 이로부터 그와 같이 [즉 '작은 것을 가정하기'에 호응하여 생기들이 오직 일곱이라고 간주해서는] 안 [된다]; [생기들은 오직 열하나이다].

hastādayas tu sthite 'to naivam ‖6‖

[후론]: 하지만 일곱을 넘어서는 손 등의 다른 생기들이 계시된다. "실로 손은 붙잡는 자로서, 그것은 붙잡는 자를 넘어서는 일에 의해 붙잡힙니다. 왜냐하면 두 손을 통해 일을 하기 때문입니다."〈브리 3.2.8〉라

25_ 실재(tattva)의 차이=실체적인 차이. 생기들이 실체적으로 또는 본질적으로 한 무리의 일곱과 다른 무리의 일곱으로 나뉜다는 의미는 아니다. 즉 상이한 '한 무리의 일곱'과 '다른 무리의 일곱'이 있다는 의미는 아니다.

26_ 작은 것을 가정하기(stoka-kalpanā)=경제성의 원칙에 따라 작은 수를 취하는 것이 합당하다는 논리.

고 이렇게 운운하는 계시들에서이다. 그리고 일곱을 넘어선다는 것이 확립되는 경우에 일곱이 포함됨으로 말미암아 [일곱이라고도] 간주할 수 있다. 실로 낮고 높은 수가 논란이 되는 경우에 높은 수를 수용해야만 한다. 그것(높은 것)에는 낮은 것이 포함되지만, 낮은 것에는 높은 것이 포함되지 않는다. 결국 이로부터, '작은 것을 가정하기'에 호응하여 생기들이 오직 일곱이어야 한다고, 그와 같이 간주해서는 안 된다.

반면에 더 높은 수에 호응하여 그 생기들은 오직 열하나여야 한다. 또한 그와 같이 "사람에게서 열 개인 그 생기들과 열한 번째인 아뜨만(마음)입니다."〈브리 3.9.4〉라는 계시가 예시되었다. 그리고 이곳에서 '아뜨만'이라는 말은 내부기관이라고 이해된다. 기관에 대한 장절이기 때문이다.

[전론]: 심지어 열하나보다 더 높은 열둘이나 열셋이 예시되었지 않는가?

[후론]: 예시된 것은 사실이다. 하지만 더 많은 기관을 가정해야 할 정도로, 열하나의 총체적 일(기능)보다 더 많은 총체적 일이란 존재하지 않는다. 소리, 감촉, 색깔(형태), 맛, 냄새와 관계하는 5개 인식에 차이가 있고, 이것들을 대상으로 하는 것이 5개 인식기관들이다. 말하기, 잡기, 돌아다니기, 배설하기, 성교하기라는 5개 행위에 차이가 있고, 이것들을 대상으로 하는 것이 5개 행위기관들이다. 그리고 모든 대상들과 관계하고 세 시간들에 걸쳐 작용하는 마음은 하나이지만 다양한 기능을 가진다. 바로 이것(마음)이 기능의 차이로 말미암아 가끔 '마음, 지성, 자아의식, 생각'[27]이라며 차이가 있는 듯이 언표된다.[28] 또한 그

27_ 베단따에서는 4개의 내부기관을 제시하는 편인데, 4개란 상크야의 3개 내부기관에 생각(citta)을 포함시킨 것이다. 4개 가운데 자아의식은 마음과 유사하고, 생각은 지성과 유사하다고 한다.

28_ 주석가의 이러한 견해를 라마누자도 추종하는 듯하다. 라마누자 역시, 확정의

와 같이 계시서는 욕망 등 다양한 종류의 기능을 열거한 뒤에 "이 모든 것은 마음일 뿐이다."〈브리 1.5.3〉[29]라고 말한다.

더 나아가 머리에 속하는 생기들이 오직 일곱이라고 간주하는 자는 생기들이 오직 넷이라고 간주해야 한다. 왜냐하면 위치의 차이로 말미암아 넷으로 존재하는 이것들을 '두 귀, 두 눈, 두 콧구멍, 하나의 혀'라며 일곱으로 헤아리기 때문이다.[30] 또한 단지 이러한 만큼의 [생기들이] 가지는 기능의 차이가 다른 생기들이라고 말할 수는 없다.[31] 손 등의 기능들은 완전히 이종적이기 때문이다.[32] 그리고 "실로 사람에게서 생기들은 아홉이고, 배꼽이 열 번째이다."〈따잇-상 5.3.2.3〉라는 곳에서도 생기들이 열이라고 말하는 것은 단지 육체의 열린 구멍이 차이를 가진다는 의도에서일 뿐 생기의 본질이 차이를 가진다는 의도에서는 아니다. '배꼽이 열 번째이다'라는 말 때문이다. 실로 '배꼽'이라고 불리는 그 어떤 생기도 잘 알려져 있지는 않다. 반면에 배꼽마저 으뜸인 생기를 위한 하나의 특별한 거주지가 되므로, 그로부터 '배꼽이 열 번째이다'라고 말한다. 어떤 곳에서는 계속적 명상을 위해서 어떤 곳에서는 예시를 위해서 몇몇의 생기들을 헤아린다.[33] 이러한 연관에서 생

기능을 가지는 지성, 자기가정의 기능을 가지는 자아의식, 사고의 기능을 가지는 생각 그 모두를 하나인 마음이 가지는 다양한 기능들로 간주한다.

29_ <브리 1.5.3> 참조: "욕망, 의지, 의심, 신뢰, 불신, 끈기, 포기, 수치, 반성, 공포라는 이 모든 것은 마음일 뿐이다."

30_ '귀 2개, 눈 2개, 콧구멍 2개, 혀 1개'로서 총 7개의 생기는 실질적으로 '듣는 기능의 귀 1개, 보는 기능의 눈 1개, 냄새 맡는 기능의 콧구멍 1개, 말하는(맛보는) 기능의 혀 1개'로서 총 4개의 생기 즉 기관이다.

31_ 생기들은 오직 일곱일 뿐이고 또 나머지는 그 일곱 생기들이 가지는 기능의 차이에 의해 나타날 뿐이라고 말할 수는 없다.

32_ 손 등의 기능은 일곱 생기들의 기능과 완전히 다르기 때문이다.

33_ 계속적 명상을 목적으로 생기들을 헤아리는 경우는 "실로 생기들은 머리에 속하는 것이 일곱이고, 아래에 놓인 것이 둘이다."<따잇-상 5.1.7.1>라는 곳이고, 예시를 목적으로 생기들을 헤아리는 경우는 "붙잡는 자가 여덟이고, 붙잡는

기의 개수에 대해 다양한 성전이 있는 경우, 어디에서 무슨 의도로 [그것을] 전하는지 분별해야만 한다. 하지만 [열하나의] 총체적 일(기능)로 말미암아 생기와 관계하여 열하나를 전하는 것은 권위가 있다고 확립된다.

다음은 [앞의] 두 수뜨라에 대한 또 다른 적용(해설)이다.

[전론]: 생기들은 오직 일곱이어야 한다. "그것(개별자아)이 떠날 때는 생기가 좇아 떠나고, 생기가 좇아 떠날 때는 모든 생기들이 좇아 떠납니다."〈브리 4.4.2〉라는 곳에서, 오직 일곱이 간다고[34] 계시되는 까닭에서이다.[35]

[반박]: 이곳에서는 다만 '모든'이라는 말이 언급되지 않는가? 이 경우에 어떻게 오직 일곱이 간다고 주장한다는 말인가?

[전론]: 한정되기 때문이라고 [수뜨라 저자는] 말한다. 실로 이곳에서 논제란, "눈 안의 그 뿌루샤가 외면할 때에, 그러면 그는 색깔(형태)을 알지 못하게 됩니다."〈브리 4.4.1〉, "[눈이] 하나가 되면, '그는 보지 않는다'라고 [사람들은] 말합니다."〈브리 4.4.2〉라고 이렇게 운운하며 열거한 바대로,[36] 눈에서 시작하여 피부로 끝나며 오직 일곱으로 한정된

자를 넘어서는 것이 여덟입니다."<브리 3.2.1>라는 곳이다.

34_ 간다고=좇아 떠난다고.

35_ <수뜨라 2.4.5>(sapta gater viśeṣitatvāc ca)에 대한 앞의 해설에서는 'sapta gater'를 '[생기들은] 일곱이다; 알려지기 때문이다'라는 식으로 읽는다. 반면 대안적 해설을 제시하는 이 경우에는 '일곱이 간다고 [계시되기] 때문이다'라는 식으로 읽는다. 이 차이는 'gati'('gateḥ'는 'gati'의 5격)라는 말이 '앎'(knowing)이라는 뜻뿐만 아니라 '감'(going)이라는 뜻도 가짐으로써 다의적으로 해석될 여지가 있기 때문에 발생한다.

36_ 열거한 것들은 순서대로 '보는 것, 냄새 맡는 것, 맛보는 것, 말하는 것, 듣는 것, 생각하는 것, 감촉하는 것, 아는 것'이다. '아는 것'(인식)을 제외한다면 그 수는 일곱이다.

생기들이다. 그리고 '모든'이라는 말은 [오직] 논제와 관련되는 것에 적용된다. 예컨대 '모든 브라흐마나들을 먹여야만 한다'에서 '모든'이라는 말은 바로 그 논제로서 초대된 브라흐마나들을 지시할 뿐 다른 [브라흐마나들을] 지시하지 않는다. 마찬가지로 이 경우에도 '모든'이라는 말은 바로 그 논제로서 일곱인 생기들을 지시할 뿐 다른 [생기들을] 지시하지 않는다.

[반박]: 이곳에서는 인식(지성)이 여덟 번째로 열거되지 않는가?[37] 어떻게 오직 일곱만이 열거된다는 말인가?

[전론]: 그러한 결함은 없다. 마음과 인식 사이에는 실체적인 차이가 없음으로 말미암아 비록 기능의 차이가 있을지라도 [전체가] 일곱이라는 것은 합당하기 때문이다.[38] 따라서 생기들은 일곱일 뿐이다.

이러한 귀결에서 우리는 말한다.

[후론]: 하지만 일곱을 넘어서는 손 등의 다른 생기들이 인지된다. "실로 손은 붙잡는 자로서"〈브리 3.2.8〉라는 등의 계시들에서이다. 그리고 [손 등이] 붙잡는 자라는 것은 속박의 상태라고 이해된다. '붙잡는 자'라고 불리는 그 속박에 의해 '몸을 아는 자'(개별자아)가 속박된다.[39] 그리고 그 '몸을 아는 자'는 오직 하나의 육체에 속박되지 않는다. 속박은 심지어 다른 육체들에서도 동등하기 때문이다. 따라서 암시적으로 말하는 바는, '붙잡는 자'라고 불리는 그 속박이 다른 육체들로 움직인

37_ 실제로 <브리 4.4.2>에서는 일곱의 기관을 열거하고 나서 '아는 것'으로서의 인식 · 지성(vijñāna)을 여덟 번째 기관으로 열거한다.

38_ <브리 4.4.2>에서 열거된 것들 가운데 '생각하는 것'(마음)과 '아는 것'(인식)은 모두 내부기관이기 때문에 기능의 차이만을 가질 뿐이다.

39_ 손 등의 생기들은 '붙잡는 자'이기 때문에 속박의 상태에 있다. 그리고 손 등의 생기들이 속박의 상태에 있다면, 개별자아(몸을 아는 자)마저 속박의 상태에 있다.

다는 것이다.[40] 또한 마찬가지로 전승서는, "그것(개별자아)은 [그 자체의] 표징신체인 '생기 등의 여덟 집합'[41]과 연계된다. 실로 그것(집합)들에 의해 속박되는 것이 속박이요, 그것들로부터 해탈되는 것이 해탈이다."라며 해탈 이전에는 [개별자아가] '붙잡는 자'라고 불리는 그 속박과 분리되지 않는다는 것을 보여준다. 그리고 『아타르바베다』에 소속된 문헌은, "눈과 보이는 대상"〈쁘라 4.8〉이라며 기관과 대상을 열거하는 곳에서, 유사한 방식으로 손 등의 기관들을 대상들과 함께 열거한다. "손과 잡히는 대상, 생식기관과 성교하게 되는 대상, 배설기관과 배설하게 되는 대상, 발과 돌아다니게 되는 대상"〈쁘라 4.8〉에서이다. 더욱이 "사람에게서 열 개인 그 생기들과 열한 번째인 아뜨만(마음)입니다. 그것들은 이 사멸하는 육체로부터 떠날 때 [남은 자들을] 울부짖게끔 합니다."〈브리 3.9.4〉라며 열한 개의 생기들이 떠난다는 것을 보여준다.

또한 '모든'이라는 말마저 '생기'라는 말과 관련됨으로써 모든 생기들을 지시할 뿐, 맥락에 좌우되어 오직 일곱에 한정될 수는 없다. 맥락보다는 직접적인 말이 더 권위 있기 때문이다.[42] '모든 브라흐마나들을 먹여야만 한다'라는 경우에도 지상에 존재하는 바로 그 모든 브라흐마나들이 파악된다는 것이 정당하다. '모든'이라는 말이 가지는 의미의 지배력 때문이다. 하지만 그 경우에는 모두를 먹이는 것이 불가능함으로 말미암아 '모든'이라는 말의 어법이 단지 초대된 [브라흐마나들과]

40_ 개별자아는 여러 육체를 취한다. 따라서 '붙잡는 자'로서의 속박도 개별자아가 취하는 육체를 따라 움직인다.

41_ 생기 등의 여덟 집합=① 5가지 생기, ② 5가지 미시요소, ③ 5가지 인식기관, ④ 5가지 행위기관, ⑤ 마음 등의 4가지 내부기관, ⑥ 무지(avidyā), ⑦ 욕망(kāma), ⑧ 행위(karma).

42_ 문헌을 해석하는 데 '직접적인 말'(śabda) 또는 계시어(śruti)는 맥락(prakaraṇa) 또는 문맥보다 더 우선적으로 고려되어야 할 사항이다.

관계한다고 받아들여진다. 반면에 이 경우에는 '모든'이라는 말의 의미를 축소할 만한 그 어떤 이유도 없다. 따라서 이 경우에는 '모든'이라는 말을 통해 모든 생기들이 이해된다. 그리고 예시를 위해서 일곱을 열거하는 것이므로 결함은 없다.

그러므로 성언에 따라 또 일(기능)에 따라 생기들은 오직 열하나라고 정립된다.‖6‖

{ 3. '생기들이 지극히 미세함'이라는 주제: 수뜨라 7 }

7. 또한 [생기들은] 지극히 미세하다.

aṇavaś ca ‖7‖

이제 생기들 자체의 다른 본성을 [수뜨라 저자는] 추가한다.

[후론]: 또한 논제인 이 생기들은 지극히 미세하다고 알려져야만 한다. 그리고 이것들이 지극히 미세하다는 것이란, 미시성과 제한성일 뿐[43] 원자와의 동일성은 아니다. [만약 원자와 동일하다면], 육체 전체에 고루 미치는 [생기들의] 일(기능)이 불가능해지는 부조리한 결말이 생기기 때문이다.

이 생기들은 미시적이다. 만약 가시적(可視的)이라면, 죽음의 순간에 죽어가는 자의 근처에 있는 [사람들은] 구멍으로부터 뱀이 빠져나오듯이 육체로부터 빠져나오는 [생기들을] 지각할 것이다. 또한 이 생기들은 제한적이다. 만약 편재한다면, [개별자아의] 떠남과 감과 돌아옴에

43_ 미시성과 제한성의 원어는 각각 'saukṣmya'와 'pariccheda'이다.

대한 계시가 침훼될 것이다. 그리고 개별자아에게서 '그것(지성)의 성질들을 핵심으로 함'[44]이 확립되지 않을 것이다.[45]

[반박]: 비록 [생기들이] 편재할지라도 육체라는 처소에서 기능을 획득할 것이다.

[후론]: 아니다. 기능 자체가 기관을 이룬다는 것이 합당하기 때문이다. 실로 우리에게는 기능이든지 다른 것이든지 바로 그 '획득의 수단인 것'이 기관을 이룬다. [결국] 명칭 자체에 관한 논쟁이므로 기관들이 편재한다고 가정하는 것은 무의미하다.[46]

그러므로 우리는 생기들이 미시적이고 제한적이라고 확정한다.‖7‖

{ 4. '최고위의 생기'라는 주제: 수뜨라 8 }

8. 또한 최고위(最高位)의 [생기는 즉 으뜸인 생기는, 다른 생기들처럼 브라흐만의 변형물이다].

44_ <수뜨라 2.3.29> 참조: "하지만 [아뜨만은 원자의 부피가 아니다]; [개별자아가] 그것(지성)의 성질들을 핵심으로 하기 때문에, 최상의 지성에서처럼 그것(원자의 부피)이 언급된다."(tadguṇasāratvāt tu tadvyapadeśaḥ prājñavat)

45_ 만약 생기들이 편재한다면, '편재하는 개별자아가 생기들(지성 등)과 연계됨으로써 원자의 부피를 가진다는 <수뜨라 2.3.29>의 결론'이 결코 확립되지 않는다.

46_ 생기의 기능(vṛtti)이 기관(karaṇa)을 구성한다. 기능은 육체에서 '획득의 수단'(upalabdhi-sādhana)인 것이고 기관은 인식기관과 행위기관을 포함하여 육체에서 결과를 '만드는 것'(낳는 것)으로서, 양자는 결코 다르지 않다. 예컨대 보는 기능은 봄이라는 결과를 획득하고 눈이라는 기관도 봄이라는 결과를 만든다. 따라서 생기들이 편재할지라도 육체에서 기능을 획득한다고 반박한 것은 생기의 기능이 기관이라는 사실을 간과한 채로 명칭의 논쟁만 불러일으킬 뿐이므로 생기들 즉 기관들의 편재성을 가정하는 것 자체가 무의미하다.

śreṣṭhaś ca ‖8‖

[후론]: 또한 으뜸인 생기는 다른 생기들처럼 브라흐만의 변형물이라고 연장 적용한다.

[반박]: 하지만 이 경우에 모든 생기들이 실로 한결같이 브라흐만의 변형물이라고 [이미] 말했다. "그것(뿌루샤)으로부터 생기, 마음, 모든 기관들 … 태어난다."〈문다 2.1.3〉라며 기관들과 마음의 [생성과는] 별도로 생기의 생성이 계시되기 때문이다. 또한 "그는 생기를 창조했다."〈쁘라 6.4〉라는 등이 계시되기 때문이다. 그렇다면 무슨 의도에서 연장 적용하는가?

[후론]: 추가적 의심을 물리치기 위해서이다. 왜냐하면 브라흐만을 주된 것으로 다루는 '나사디야 찬가'[47]에 "그때에는 죽음도 존재하지 않았고 불멸수(不滅水)도 존재하지 않았으리. 밤의 상징(달)도 낮의 상징(해)도 존재하지 않았으리. 그 '하나'는 공기도 없이 그 자체로 숨 쉬었도다. 그것과는 다르거나 그것보다 지고한 그 무엇도 존재하지 않았으리라."〈리그 10.129.2〉라는 만뜨라의 전언이 있기 때문이다. '숨 쉬었도다'(아니뜨)[48]라는 것은, 생기의 활동을 언급하기 때문에, 생성 이전에 존재한 듯한 생기를 지시한다. 따라서 생기가 생성되지 않는다고 누군가는 생각하게 된다.

연장 적용을 통해 이를[49] 제거한다. '숨 쉬었도다'라는 말조차도 생성 이전에 생기가 존재한다는 것을 지시하지 않는다. '공기도 없이'라는 한정어 때문이다.[50] 또한 "[뿌루샤는] … 실로 생기가 없고 마음이

47_ 나사디야 찬가(Nāsadīya-sūkta)='nāsad āsīn'으로 시작하는 <리그 10.129>의 찬가. '무유찬가'(無有讚歌)로 잘 알려져 있다.

48_ 'ānīt'는 '숨 쉬다'라는 뜻을 가지는 동사 √an의 과거형이다.

49_ 이를=추가적 의심을.

없으며 순수하고"〈문다 2.1.2〉라며 근원적인 물질적 원인이 생기 등의 모든 특수성을 결여한다고 제시되기 때문이다. 따라서 '숨 쉬었도다'라는 그 말은 단지 원인이 존재한다는 것을 밝히기 위해서이다.[51]

그리고 '최고위'라는 것은 으뜸인 생기를 지시한다. "실로 생기는 맏이이고 최고인 것이다."〈찬도 5.1.1〉라는 계시서의 교시 때문이다. 실로 생기는 정자가 사정되는 순간부터 그 기능을 획득하기 시작함으로 말미암아 '맏이'[52]이다. 만약 그것이 그때 기능을 획득하지 않는다면, 자궁에 사정된 정자는 곪을 것이거나 수정하지 못할 것이다. 반면에 귀 등은 귓구멍 등 형태의 분화가 완료될 때 기능을 획득함으로 말미암아 맏이가 아니다. 또한 생기는 우수한 속성을 가짐으로 말미암아 '최고인 것'이다. "실로 당신이 없이는 우리가 살 수 없습니다."〈브리 6.1.13〉라고 계시되기 때문이다.‖8‖

{ 5. '공기와 작용'이라는 주제: 수뜨라 9-12 }

9. [으뜸인 생기는] 공기도 아니고 [기관의] 작용(기능)도 아니다; [공기나 기관의 기능과는] 별도로 [생기에 대해] 가르치기 때문이다.
na vāyukriye pṛthag upadeśāt ‖9‖

이제 또다시, 이 으뜸인 생기가 어떤 본질을 가지는지 알고자 한다.

[전론]: 이 경우에 먼저 계시서를 통해 생기는 공기(숨)라고 귀결된다.

50_ '공기도 없이'라는 말은 생기의 비존재를 지시하기 때문이다.
51_ 주석가는 '숨 쉬었도다'(ānīt)라는 말을 '존재했도다'(āsīt)로 간주하는 듯하다.
52_ 맏이(jyeṣṭha)=최고 연장자.

왜냐하면 "생기는 곧 공기이다. 그러한 그 공기는 '쁘라나, 아빠나, 브야나, 우다나, 사마나'의 다섯 종류이다."라며 그와 같이 계시되기 때문이다.

혹은 다른 지식체계의[53] 소견으로부터 생기는 모든 기관의 기능이라고 귀결된다. 왜냐하면 '다섯의 공기들인 쁘라나 등은 기관들의 공통적 기능이다.'라며 다른 지식체계의 추종자들이 그와 같이 전하기 때문이다.[54]

이에 대하여 말한다.

[후론]: 생기는 공기도 아니고, 또한 기관의 작용[55]도 아니다.

어떤 근거에서? 별도로 [생기에 대해] 가르치기 때문이다. 먼저 공기와는 별도로 생기에 대해 가르치고 있다. "실로 생기(코)[56]는 브라흐만의 네 발에서 한 발이다. 그것은 공기를 [자신의] 빛으로 삼아 번쩍이고 또 타오른다."〈찬도 3.18.4〉에서이다. 실로 [생기가] 공기 자체로 존재한다면, 공기와는 별도로 가르치지 않을 것이다. 마찬가지로 기관의 기능과도 별도로 [생기에 대해] 가르치고 있다. 여기저기에서 발성기관 등의 기관들을 열거한 뒤에 생기를 별도로 열거하기 때문이다. 그리고 '기능'과 '기능을 가지는 것'(기관)은 동일하기 때문이다. 실로 [생기가] 기관의 작용(기능) 자체로 존재한다면, 기관들과는 별도로 가르치지 않을 것이다.[57] 게다가 "그것(뿌루샤)으로부터 생기, 마음, 모든

53_ 다른 지식체계의=상크야의.

54_ <상크야-까 29> 참조: "세 가지 [내부기관의] 기능은 독자적이다. 그 기능은 공통적이지 않다. 쁘라나 등의 5개 생기가 공통성을 낳는 기능이다."

55_ <수뜨라 2.4.9>에서 '작용'의 원어는 'kriyā'이고, 이 문장에서 '작용'의 원어는 'vyāpāra'이다.

56_ 이곳에서 '생기'라는 말은 실제로 '냄새라는 감각' 또는 '냄새를 맡는 기관인 코'를 가리킨다.

57_ 계시서의 여러 곳에서 발성기관 등의 기관들을 열거한 뒤에 생기를 별도로 열거하는 것은, 그러한 기관들의 기능을 열거한 뒤에 생기를 별도로 열거하는 것

기관들, 에테르, 공기… 태어난다."〈문다 2.1.3〉라고 이렇게 운운하는 것들마저 공기나 기관들과는 별도로 생기에 대해 가르치는 것이라고 덧붙여져야만 한다. 더욱이 모든 기관들이 하나의 기능을 가지는 것은 불가능하다. 각각의 한 [기관이] 하나씩의 기능을 가지기 때문이고, 또 [기관들의] 모음(집합)은 행위인자(因子)가 되지 못하기 때문이다.[58]

[전론]: '새장 흔들기'라는 논리에 따라 이는 가능하지 않는가? 예컨대 하나의 새장에 거주하는 열한 마리의 새들 가운데 각각 한 마리가 각각에 배정된 작용(활동)을 하더라도 [그들이] 연계함으로써 하나의 새장을 흔들리게 하듯이, 마찬가지로 하나의 육체에 존재하는 열하나의 생기들(기관들) 가운데 각각 하나가 각각에 배정된 기능을 하더라도 [그것들이] 연계함으로써 '생기'라고 불리는 하나의 기능을 획득할 것이다.

[후론]: 아니라고 말한다. 그 경우에는, 새들이 새장을 흔드는 데 분명 적합한 '개별적인 기능이자 부차적인 작용(활동)들'을 가진 채 연계함으로써 하나의 새장을 흔들리게 할 수 있다는 것이 합리적이다. 그와 같이 관찰되기 때문이다. 반면에 이 경우에는, 생기들(기관들)이 '들음 등의 [개별적이고] 부차적인 작용(활동)들'을 가진 채 연계함으로써 생기의 기능을 가질[59] 수 있다는 것은 합리적이지 않다. 증명수단이 없기 때문이다.[60] 또한 '생기의 기능을 가짐'은 '들음' 등과는 지극히 이종

이나 다를 바 없다. 따라서 기관의 기능과는 별도로 생기를 가르치는 이상, 생기는 기관의 기능이 아니다.

58_ [기관들의] 모음(집합)은 행위인자가 되지 못하기 때문이다=기관들의 모음(집합)은 그 자체로 그 어떤 '기능(행위)을 낳는 힘'도 가지지 못하기 때문이다.

59_ '생기의 기능을 가지다'라는 표현은 √prāṇ(숨 쉬다, 살다)을 맥락에 맞게 번역한 것이다. 이 표현을 '생명력을 가지다'로 이해해도 무방하다.

60_ 들음(śravaṇa) 등의 기능을 가지는 귀 등이 연계함으로써 생기의 기능을 가질 수 있다는 것은 결코 증명될 수 없기 때문이다.

적이기 때문이다.[61] 더욱이 생기에 대해 '최고인 것' 등이라고 단언하는 것과 발성기관 등이 그것에 대해 종속적이라고 수용하는 것은, 생기가 단지 기관의 기능이라는 데 적절하지 않다.

따라서 생기는 공기나 작용과는 다르다.

[전론]: 그 경우 어떻게 "생기는 곧 공기이다."라고 그렇게 계시된다는 말인가?

[이에 대하여] 대답한다.

[후론]: 공기 자체가 그 '인격적인 것'(소우주)에 다다른 뒤에 다섯으로 구조화된 채 특정한 본질로 머무름으로써[62] '생기'라는 이름으로 불린다. [그래서 생기란 공기와는] 다른 실체가 아닐뿐더러 공기 자체도 아니다. 결국 이로부터 [생기와 공기 사이의] 차이와 차이 없음에 대한 계시는 양자가 서로 모순되지 않는다.‖9‖

[전론]: 이러할 수도 있다. 그 경우 심지어 생기가 개별자아처럼 그 육체에서 자립적이라는 결말이 생긴다. 최고위이기 때문이고, 또 발성기관 등의 기관들이 그것에 대해 종속적이라고 수용하기 때문이다. 그러한 증거로서, "발성기관 등이 잠잘 때 오직 생기 하나만이 깨어 있다.", "오직 생기 하나만이 죽음에 의해 점령되지 않는다.",[63] "생기는 흡수하는 것, 발성기관 등을 빨아들인다.",[64] "어머니가 아들들을 보호하듯이, 생기는 다른 생기들을 보호한다."[65]라며 생기가 가지는 다양한

61_ '생기의 기능을 가짐'(생명력을 가짐)을 뜻하는 'prāṇana'는 √prāṇ의 명사형이다. 연계의 결과인 '생기의 기능을 가짐'은 개별적인 기능들인 '들음 등'과는 완전히 상이할 뿐이다.

62_ 특정한 본질로 머무름으로써=공기가 그 일반적인 본질이 아니라 인격적인 것에서 특별하게 구조화된 본질로 존재함으로써.

63_ 이와 유사한 내용은 <브리 1.5.21>을 참조하시오.

64_ 생기를 '흡수하는 것'으로 간주하는 계시는 <찬도 4.3.3>을 참조하시오.

유형의 권능을 들려준다. 따라서 심지어 생기도 개별자아처럼 자립적이라는 부조리한 결말이 생긴다.

이를 논박한다.

10. 하지만, [만약 생기가 개별자아처럼 그 육체에서 자립적이라고 한다면], 눈 등처럼 [생기는 자립적이지 않다]; '그것들(눈 등)과 함께 가르치는 것' 등 때문이다.

cakṣurādivat tu tatsahaśiṣṭyādibhyaḥ ‖10‖

[후론]: '하지만'이라는 말은 생기가 개별자아처럼 자립적이라는 것을 배제한다. 예컨대 눈 등은 왕과 신하처럼 '개별자아가 행위주체이고 향유주체인 것'에 대해 보조적일 뿐 자립적이지 않다. 마찬가지로 으뜸인 생기도 왕과 대신처럼 개별자아의 모든 일을 야기함으로써 보조적인 존재일 뿐 자립적이지는 않다.

어떤 근거에서? 그것들과 함께 가르치는 것 등 때문이다. '생기들의 대화' 등에서는 오로지 그러한 눈 등과 함께 생기를 가르친다. 그리고 브리하뜨, 라탄따라 등처럼 동일한 본성을 가지는 것들을 함께 가르치는 것은 합리적이다.[66]

'등'이라는 말을 통해, [수뜨라 저자는] 생기가 가지는 '합성적임, 비의식적임' 등이 [생기의] 자립성을 부인하는 근거들이라는 것을 보여준다.‖10‖

65_ 이와 유사한 내용은 <쁘라 2.13>을 참조하시오.

66_ 브리하뜨(Bṛhat)와 라탄따라(Rathaṃtara)는 둘 다 사마 만뜨라로서 동일한 본성을 가지기 때문에 늘 함께 노래 불린다.

[전론]: 이러할 수도 있다. 만약 눈 등처럼 생기가 개별자아와 관련된 기관인 것으로 용인된다면, 색깔(형태) 등처럼 [생기는] 어떤 대상을 수반해야 한다.[67] 눈 등은 각각 색깔 등을 지각하는 기능들로 말미암아 개별자아와 관련된 기관인 것으로 존재한다. 더 나아가 색깔에 대한 지각 등 오직 열하나인 총체적 일(기능)들을 열거하기 위해 열하나의 생기들을 취할 뿐인데, 열두 번째의 또 다른 총체적 일을 알기 위해 그러한 열두 번째의 생기를 주장할 수는 없다.[68]

이로부터 답변을 한다.

11. 또한, [만약 눈 등처럼 생기가 개별자아의 기관으로 용인되는 경우에 색깔 등처럼 어떤 대상을 수반해야 한다고 한다면, 생기는] 기관이 아니기 때문에 [어떤 대상을 수반하는] 결함이 없다; [그렇다고 '일을 가지지 않은 것'은 아니다]; 왜냐하면 [계시서가 으뜸인 생기에게만 가능한 특별한 일을] 그렇게 보여주기 때문이다.

akaraṇatvāc ca na doṣas tathā hi darśayati ‖11‖

[후론]: 먼저 어떤 대상을 수반하는 결함은 없다. 생기는 기관이 아니기 때문이다. 실로 눈 등과는 달리 생기는 대상을 결정하기 때문에 기관이라고 용인되지 않는다. 하지만 그러하다고 해서 그것(생기)이 한갓 '일(기능)을 가지지 않은 것'은 아니다.[69]

67_ 기관의 역할을 하는 눈이 색깔(형태)이라는 대상을 수반하듯이, 기관으로서의 생기도 그 자체의 고유한 대상을 수반해야 한다.

68_ 특정한 기능(일)을 설명하기 위해 거기에 걸맞은 기관을 설정할 뿐이다. 그런데 아직 알려지지 않은 또 하나의 특정한 기능을 찾아내기 위해 열두 번째의 으뜸인 생기를 하나 더 설정할 필요는 없다. 따라서 생기를 개별자아에 대한 기관으로 용인해서는 안 된다.

69_ 생기가 대상을 결정하는 만큼 그것은 일반적인 기관이 아니다. 그럼에도 그것

무엇 때문에? 왜냐하면 계시서는, '생기들의 대화' 등에서 다른 생기들에게는 가능하지 않고 으뜸인 생기에게만 [가능한] 특별한 일을 그렇게 보여주기 때문이다. 계시서는 "한때 생기들이 자기 우월에 대해 서로 다투었다."〈찬도 5.1.6〉라고 시작하고 나서 "어느 하나가 떠날 때에 육신이 더 최악인 듯이 보인다면, [바로] 그가 너희들 가운데 가장 우월하다."〈찬도 5.1.7〉라고 제시한 뒤에, 발성기관 등 각각 하나가 떠날 때에는 단지 그 자체의 기능만 결여될 뿐 예전과 같이 생명이 [지속되는 것을] 보여주고, 또 생기가 막 떠나고자 할 때에는 발성기관 등이 약화되고 육신의 붕괴가 수반되는 것을 보여준다. [이를 통해] 신체와 기관이 생기에 근거하여 존속된다는 것을 보여준다. 또한 "그들에게 제일의 생기가 말했다: 미혹에 빠지지 말라. 바로 내가 이 자신을 5가지로 나눈 뒤에 이 육신을 지지하면서 붙잡고 있다."〈쁘라 2.3〉라는 계시는 바로 이러한 내용을 말한다. 게다가 "생기를 통해 열등한 둥우리를[70] 보호하면서"〈브리 4.3.12〉라는 [계시는] 눈 등이 잠잘 때에 육체가 생기에 근거하여 보호된다는 것을 보여준다. 더욱이 "그 어떤 신체부위로부터 생기가 떠나든지, 바로 그때에 그 부위가 시들어버린다."〈브리 1.3.19〉, "그것(생기)을 통해 무엇을 먹든지 무엇을 마시든지, 그는 그것(생기)을 통해 다른 생기들을 비호한다."[71]라는 [계시는] 신체와 기관이 생기에 근거하여 육성된다는 것을 보여준다. 그리고 "[그는 마음으로 바라보았다:] '누가 떠날 때에 내가 떠나게 될 것이리? 또는 누가 머무를 때에 내가 머무르게 될 것이리?'"〈쁘라 6.3〉, "그는

은 일(기능)을 가지는 것임에 틀림없다.

70_ 열등한 둥우리를(avaraṃ kulāyam)=몸을.

71_ <브리 1.3.18>에 이와 유사한 내용이 등장한다. 개별자아가 무엇을 먹거나 마시는 경우에 그는 오로지 생기를 통해 먹거나 마실 뿐이다. 그리고 그렇게 먹거나 마신 생기를 통해 개별자아는 다른 여러 생기들을 육성한다.

생기를 창조했다."〈쁘라 6.4〉라는 [계시는] 개별자아가 생기에 근거하여 떠나고 머무른다는 것을 보여준다.‖11‖

12. [생기가] 마음처럼 다섯 양상을 가진다고 언급되기 [때문에, 으뜸인 생기는 특별한 일을 가진다].

pañcavṛttir manovad vyapadiśyate ‖12‖

이로 말미암아 또한, 으뜸인 생기는 특별한 일을 가진다. "쁘라나, 아빠나, 브야나, 우다나, 사마나"〈브리 1.5.3〉라는 계시들에서 그것이 다섯 양상을 가진다고 언급되는 까닭에서이다. 그리고 이러한 양상의 차이는 일의 차이와 관련된다.[72] '쁘라나'는 앞쪽으로 작용하고 날숨 등의 일을 한다. '아빠나'는 뒤쪽으로[73] 작용하고 들숨 등의 일을 한다. '브야나'는 이 둘의 교차점에 존재하고, 활력적인 일의 근거이다. '우다나'는 위쪽으로 작용하고, 떠남 등의 근거이다.[74] '사마나'는 모든 신체 부위들에 동등하게 음식의 정수들을 옮기는 것이다.[75]

이와 같이 생기는 마음처럼 다섯 양상을 가진다. 예컨대 마음이 다섯 양상들을 가지듯이, 생기도 마찬가지라는 뜻이다. 마음의 다섯 양상들이란 귀 등에 기인하고 소리 등을 대상으로 한다고 잘 알려져 있다. 하지만 [마음이라고] 열거된 '욕망, 의지' 등등은 수용될 수 없다.[76]

72_ 일의 차이와 관련된다=일의 차이 때문에 발생한다.

73_ * Nirnaya에는 'arvāk'(뒤쪽으로, 아래쪽으로)라는 표현이 등장하고, Samata에는 'avāk'(아래쪽으로)라는 표현이 등장한다.

74_ 떠남 등의 근거이다=개별자아가 육체로부터 떠나는 일 등의 근거이다.

75_ 주석가가 다섯 양상의 어원을 설명하는 것을 정리하면 다음과 같다. ① 쁘라나(prāṇa): 'prāgvṛttiḥ'(앞쪽으로 작용하고), ② 아빠나(apāna): 'arvāgvṛttir'(뒤쪽으로 작용하고), ③ 브야나(vyāna): 'vīryavatkarma-'(활력적인 일의), ④ 우다나(udāna): 'utkrāntyādi-'(떠남 등의), ⑤ 사마나(samāna): 'samaṃ'(동등하게).

다섯이라는 수를 초과하기 때문이다.

[전론]: 심지어 그 경우에도 귀 등에 의존하지 않고 과거 · 미래 등을 대상으로 하는 '마음의 다른 양상들'이 존재하므로 다섯이라는 수를 초과하는 것은 똑같지 않는가?

[후론]: 그처럼 그러하다면, '부정하지 않은 남의 의견은 [자신이] 동의한 의견이다'라는 금언을 통해, 심지어 이 경우에도 요가 교서에서 잘 알려져 있는 즉 "[그 다섯 가지는] 올바른 인식, 그릇된 인식, 망상, 수면, 기억이다."〈요가-수 1.6〉[77]라고 불리는 마음의 다섯 양상들이 수용된다.

혹은 [수뜨라에서] 생기에 대해 마음이 예시된 것은 [다섯이라는 수 때문이 아니라] 단지 [마음이] 수많은 양상을 가지기 때문이라고 이해해야만 한다. 혹은 생기가 다섯 양상을 가짐으로 말미암아 마음처럼 그저 개별자아의 수단이라고 해석해야만 한다.‖12‖

{ 6. '최고위가 지극히 미세함'이라는 주제: 수뜨라 13 }

13. 또한 [으뜸인 생기는 다른 생기들처럼] 지극히 미세하다.

aṇuś ca ‖13‖

76_ <브리 1.5.3> 참조: "욕망, 의지, 의심, 신뢰, 불신, 끈기, 포기, 수치, 반성, 공포라는 이 모든 것은 마음일 뿐이다."

77_ <요가-수>에서 제시하는 마음의 다섯 가지 작용이다. ① '올바른 인식'(pramāṇa)이란 직접지각, 추리, 성언이고, ② '그릇된 인식'(viparyaya)이란 형성된 그대로의 것에 의거하지 않은 허위의 지식이다. ③ 망상(vikalpa)이란 대응하는 사물이 없이 말이 가리키는 지식 내용을 따르는 것이다. ④ 수면(nidrā)이란 각성 상태에서는 존재하지 않는 의식에 의거하는 작용이다. ⑤ 기억(smṛti)이란 경험한 대상을 잃지 않는 것이다.

또한 그 으뜸인 생기는 다른 생기들처럼 지극히 미세하다고 이해해야만 한다. 그리고 이 경우에도 지극히 미세하다는 것이란 미시성과 제한성일 뿐 원자와의 동일성은 아니다. 다섯 양상들을 통해 육체 전체에 고루 미치기 때문이다. 생기는 미시적이다. [죽음의 순간에 개별자아가] 떠날 때에 근처에 있는 [사람들이] 지각하지 못하기 때문이다. 또한 [생기는] 제한적이다. 떠남과 감과 돌아옴에 대한 계시들 때문이다.

[전론]: "해충과 같고, 모기와 같고, 코끼리와 같고, 이러한 세 세상들과 같고, 이러한 만물과 같다."〈브리 1.3.22〉라고 이렇게 운운하는 곳들에서 생기가 심지어 편재한다고 전해지지 않는가?

이에 대하여 말한다.

[후론]: 그렇게 편재한다는 것은, 히란야가르바에 속하는 '생기의 아뜨만'(대우주적인 생기) 자체가 집합적이고 개별적인 형태라고 대우주(신격)와 관계해서 전해질 뿐,[78] 소우주(인격)와 관계해서 전해지지는 않는다. 더 나아가 '해충과 같고'라는 등에서 '같음'이라는 말은 각각의 생명체에 거주하는 생기가 단지 제한적이라는 것을 보여준다.

그러므로 결함은 없다.‖13‖

{ 7. '불 등'이라는 주제: 수뜨라 14-16 }

14. 하지만 [생기들은 자신의 힘으로 움직이지 않는다]; [기관들은] 불 등이 [즉 불 등을 자기로 가정하는 신격들이] 주재한 [채로 자신의 일에 종사한다]; [계시서가] 그렇게 전하기 때문이다.

78_ 히란야가르바는 미시적 세계의 창조 주체로서 지극히 미세한 대우주적인 생기를 가진다.

jyotirādyadhiṣṭhānaṃ tu tadāmananāt ‖14‖

이제 논제인 그 생기들이 각각 자신의 일에 오직 자신의 힘으로 적합하게 되는지 그렇지 않으면 신격이 주재한 채로 적합하게 되는지 검토한다.

[전론]: 이 경우에 먼저 생기들은 각각 [자신의] 일을 위한 힘을 가짐으로 말미암아 오직 자신의 힘으로 움직일 것이라고 귀결된다. 더 나아가 신격이 주재한 채로 생기들이 움직인다고 용인되는 경우에는, 주재자인 바로 그 신격들이 향유주체가 되는 부조리한 결말이 생기기 때문에, '육화된 자가 향유주체라는 것'은 무효화될 것이다. 결국 그것들은 오직 자신의 힘으로 움직인다.

이러한 귀결에서 이렇게 말한다. "하지만 … 불 등이 … 주재한 …."

[후론]: '하지만'이라는 말은 전론을 배제한다. '발성기관 등의 총체적 기관들'은, 불 등이 즉 불 등을 자기로 가정하는 신격들이 주재한 채로 자신의 일에 종사한다고 [수뜨라 저자는] 주장한다.

그리고 [수뜨라 저자는] '[계시서가] 그렇게 전하기 때문이다'라며 근거를 말한다. 실로 그와 같이, "불은 발성기관이 된 채 입으로 들어갔다."〈아이 1.2.4〉라는 등에서 전한다. 그리고 불이 발성기관이 되고 입으로 들어간다고 그렇게 언급하는 것은 주재자로서의 [불을] 신격적 아뜨만으로 수용하는 한에서이다.[79] 왜냐하면 신격의 관계를 부인한다면, 불이 발성기관이나 입과 다른 특별한 관계를 가진다고 알려지지 않기 때문이다. 이와 같은 [방식으로] "공기는 생기가 된 채 코로 들어갔다."〈아이 1.2.4〉라고 이렇게 운운하는 것마저 해석할 수 있다. 게

79_ 불을 단순한 원소가 아닌 주재자로서의 '신격적 아뜨만'(devatātman)이라고 수용해야만, <아이 1.2.4>에서 불이 발성기관이 되는 것과 불이 입으로 들어가는 것이 이해된다.

다가 다른 곳에서도, "실로 발성기관은 브라흐만의 네 발에서 한 발이다. 그것은 불을 [자신의] 빛으로 삼아 번쩍이고 또 타오른다."〈찬도 3.18.3〉라고 이렇게 운운하며, '발성기관 등이 불 등을 빛 등으로 삼는다는 말'을 통해 바로 이러한 내용을 확고히 한다. 더욱이 "실로 그(생기)는 첫 번째로 바로 그 발성기관을 옮겼다. 그것(발성기관)은 죽음으로부터 완전히 자유로워졌을 때 불이 되었다."〈브리 1.3.12〉라고 이렇게 운운하며, '발성기관 등이 불 등의 상태가 된다는 말'을 통해 바로 이러한 내용을 분명히 한다. 결국 모든 곳에서 발성기관 등과 불 등을 열거하는 것은 인격적인(소우주적인) 것과 신격적인(대우주적인) 것을 구분함으로써 실로 그렇게 밀접하게 된다.[80] 또한 전승서에서도 "실재를 직관하는 브라흐마나들은, 발성기관이란 인격적인 것이고 말의 대상이란 대상적인 것이며 불이란 그 경우에 신격적인 것이라고 말한다."[81] 라는 등을 통해 발성기관 등에 불 등의 신격이 주재한다는 것을 상세하게 제시한다.

생기들이 자신의 일을 위한 힘을 가짐으로 말미암아 오직 자신의 힘으로 움직일 것이라고 주장한 것은 합리적이지 않다. 비록 수레 등은 [그 자체로 움직이기 위한] 힘을 가질지라도 황소 등이 주재함으로써 움직인다고 관찰되기 때문이다.

그리고 두 가지 경우가 합당할 때는,[82] 성전을 통해, 발성기관 등에[83]

80_ 예시된 모든 곳에서 발성기관 등의 인격적인 것은 '주재되는 것'으로 불 등의 신격적인 것은 '주재하는 자'(주재자)로 구분된 채 양자는 '주재되는 것과 주재하는 자'라는 밀접한 관련을 가진다.

81_ '인격적, 대상적, 신격적'이라는 표현의 원어는 각각 'adhyātmam, adhibhūtam, adhidaivatam'이다.

82_ 두 가지 경우가 합당할 때는=자신의 힘으로 움직이는 경우와 신격이 주재한 채로 움직이는 경우 모두가 합당할 때는.

83_ * '발성기관 등에'(vāgādīnāṃ)라는 표현은 Samata에만 추가로 등장한다.

신격이 주재할 뿐이라고 확정된다.‖14‖

이제 '육화된 자'가 아니라 '주재자인 바로 그 신격들'이 향유주체가 되는 부조리한 결말이 생긴다고 주장한 것을 논박한다.

15. [만약 생기들에 주재하는 신격들이 향유주체가 되는 부조리한 결말이 생긴다고 한다면, 그 생기들은] '생기를 가지는 자'(육화된 자)와 [관계한다고] 성언으로부터 [알려진다].
prāṇavatā śabdāt ‖15‖

비록 신격들이 생기들의 주재자로 존재할지라도, 그 생기들은 '신체와 기관의 집합체에 대한 주인이자 육화된 자 자체인 생기를 가지는 자'와 관계한다고 계시서로부터 알려진다. 그러한 증거로서, "이제 이 허공에 봄(보기)이 들어간 경우에 그는 눈 안의 뿌루샤이다. 봄의 감관은 봄을 [지각하기] 위해서 있다. 또 '나는 이것을 냄새 맡으려고 한다'라고 아는 자는 아뜨만이다. 냄새의 감관은 냄새를 [지각하기] 위해서 있다."〈찬도 8.12.4〉라는 이러한 유형의 계시는 생기들이 육화된 자 자체와 관계한다는 것을 들려준다.

더 나아가 주재자인 신격들은 [각각의] 기관에 값하여 다수임으로 말미암아[84] 이 육체에서 향유주체로 적절하지 않다. 왜냐하면 통합적 인식 등이 가능하기 위해서는 이 육체에 육화된 자인 그 향유주체가 하나라고 이해되기 때문이다.[85]‖15‖

84_ 각각의 기관마다 하나의 신격이 존재함에 따라 신격이 다수이기 때문에.

85_ '통합적 인식'(pratisaṃdhāna)이란 일종의 자기 동일성을 만드는 인식이다. 보고 있는 '나'와 듣고 있는 '나'가 오직 하나일 뿐이라는 인식이다. 이러한 통합적 인식은 필수불가결하기 때문에 하나의 육체에는 하나의 향유주체만 존재해

16. 또한 그것(육화된 자)**이 [육체에서 향유주체로] 영원하기 때문에, [생기들은 육화된 자와 관계한다].**

tasya ca nityatvāt ‖16‖

또한 그 육화된 자는 이 육체에서 향유주체로 영원하다. 선행과 악행에 의해 영향받을 가능성이 있기 때문이고, 또 즐거움과 괴로움을 향유할 가능성이 있기 때문이다. 신격들은 아니다. 실로 그들(신격들)이 지고한 신성의 자리에 머무르는 이상, 이 보잘 것 없는 육체에서 향유주체가 되기에는 적합하지 않다. 또한 "오직 선행만이 그에게 간다. 신격들에게는 결코 악행이 가지 않는다."〈브리 1.5.20〉라는 계시도 있다.

게다가 생기들은 육화된 자 자체와 영원히 관계한다. [육화된 자의] 떠남(죽음) 등에서 [생기들이] 그것을 따라가는 것을 보기 때문이다. "그것(개별자아)이 떠날 때는 생기가 좇아 떠나고, 생기가 좇아 떠날 때는 모든 생기들이 좇아 떠납니다."〈브리 4.4.2〉라는 등이 계시되기 때문이다.

그러므로 비록 신격들이 기관들의 지배자(주재자)로 존재할지라도, 육화된 자가 향유주체라는 것은 훼손되지 않는다. 왜냐하면 신격들은 단지 기관들의 부류에 속할 뿐 향유주체의 부류에 속하지는 않기 때문이다.[86]‖16‖

야 한다.

86_ 불(신격)은 눈(기관)을 도움으로써 어둠 속에서 사물을 볼 수 있게끔 한다. 하지만 불은 그 어떤 것도 향유하지 않는다.

{ 8. '기관들'이라는 주제: 수뜨라 17-19 }

17. 최고위의 [생기와는] 다르게 그것들(다른 생기들)은 기관들이다; [계시서에서] 그렇게 지시되기 때문이다; [따라서 으뜸인 생기와 다른 생기들은 실체적인 차이를 가진다].

ta indriyāṇi tadvyapadeśād anyatra śreṣṭhāt ‖17‖

하나의 으뜸인 [생기와] 열하나의 다른 생기들이 열거되었다. 이 경우에 또 하나의 이러한 의문이 든다. 다른 생기들이란, 으뜸인 생기 자체가 가지는 기능의 차이들인가, 그렇지 않으면 [으뜸인 생기와] 실체적인 차이를 가지는가?

실로 무엇으로 귀결되는가?

[전론]: 다른 것들은 으뜸인 [생기] 자체가 가지는 기능의 차이들이다.

어떤 근거에서? 계시되기 때문이다. 그러한 예시로서, 계시서는 으뜸인 것과 다른 생기들을 가까이 놓고 나서 다른 것들이 으뜸인 것을 본질로 한다고 알려준다. "자, 우리 모두는 바로 그의 형태를 취해야 한다오. 그들 모두는 바로 그의 형태를 취했다."〈브리 1.5.21〉에서이다. 게다가 '생기'라는 하나의 말을 가지는 것으로부터 [그것들은] 동일하다고 확정된다.[87] 왜냐하면 그렇지 않은 경우에, '생기'라는 말이 여러 의미를 가지는 부당함이 수반될 것이기 때문이다. 혹은 [그 말이] 한 곳에서 일차적 의미를 가지고 다른 곳에서 이차적 의미를 가지게 될 것이기 때문이다. 따라서 단지 하나인 생기가 쁘라나 등의 다섯 양

87_ 으뜸인 생기와 다른 생기들이 예외 없이 '생기'라는 하나의 말로 지시되는 이상 그 모든 생기들은 동일하다고 확정된다.

상을 가지듯이, 마찬가지로 [그 하나의 생기가] 열하나의 발성기관 등마저 가진다.

이러한 귀결에서 우리는 말한다.

[후론]: 발성기관 등은 생기와 실체적인 차이를 가질 뿐이다.

어떤 근거에서? 지시의 차이 때문이다.

[전론]: 그 지시의 차이란 무엇인가?

[후론]: 논제인 그 생기들은 최고위의 [생기를] 배제하고 남는 것들로서 열하나의 기관들이라고 불린다. 그와 같이 계시서에서 지시의 차이를 보기 때문이다.[88] 실로 "그것(뿌루샤)으로부터 생기, 마음, 모든 기관들 … 태어난다."〈문다 2.1.3〉라는 이러한 유형의 곳곳들에서는 생기가 별도로 지시되고 또 기관들이 별도로 지시된다.

[전론]: 그와 같을 경우에 마음조차 생기처럼 기관에서 배제되지 않겠는가? "마음, 모든 기관들"이라며 별도로 지시되는 것을 보기 때문이다.

[후론]: 그것은 사실이다. 하지만 전승서에서 기관들은 열한 개이므로 마음도 귀 등처럼 기관으로 수용된다. 반면에 생기는 계시서에서나 전승서에서나 기관이라고 잘 알려져 있지 않다. 결국 그 지시의 차이란 실체적인 차이라는 편이 합당하다. 반면에 실체가 하나인 경우에는,[89] 하나로 존재하는 바로 그 생기가 [어떤 곳에서] 기관으로 지시되고 [어떤 곳에서] 기관으로 지시되지 않는다는 것은 모순적이다.

그러므로 다른 [생기들은] 으뜸인 [생기와] 실체적인 차이를 가진다. ‖17‖

88_ * Samata에 '지시의 차이를'(vyapadeśabheda-)이라는 표현이 등장하는 것과 달리, Nirnaya에는 '차이'(bheda)라는 말이 생략된다. 후자에서는 이 문장을 "그와 같이 계시서에서 지시되는 것을 보기 때문이다."라고 읽는다.

89_ 실체가 하나인 경우에는=으뜸인 생기와 다른 생기들 사이에 실체적인 차이가 없는 경우에는.

또 어떤 근거에서 실체적인 차이를 가지는가?

18. [으뜸인 생기가 모든 곳에서 기관들과는] 차별적으로 계시되기 때문에, [으뜸인 생기와 다른 생기들은 실체적인 차이를 가진다].
bhedaśruteḥ ‖18‖

생기는 모든 곳에서 발성기관 등과는 차별적으로 계시된다. "그들은 발성기관에게 말했다."〈브리 1.3.2〉라고 시작한 뒤에, 악신(惡神)들의 악에 의해 파괴된 발성기관 등을 제시함으로써 발성기관 등이라는 주제를 끝맺은 다음, "이제 그들은 입 안의 그 생기에게 말했다."〈브리 1.3.7〉라며 악신들을 파괴하는 으뜸인 생기가 별도로 소개되기 때문이다. 마찬가지로 "마음, 발성기관, 생기이다. 그는 자신을 위해 그것들을 만들었다."〈브리 1.5.3〉라고 이렇게 운운하는 것들마저 '[양자에 대한] 차별적인 계시들'로 예시되어야만 한다.

그러므로 또한 다른 [생기들은] 으뜸인 [생기와] 실체적인 차이를 가진다.‖18‖

19. 또한 [양자 사이의] 상이성 때문에, [으뜸인 생기와 다른 생기들은 실체적인 차이를 가진다].
vailakṣaṇyāc ca ‖19‖

또한 으뜸인 [생기와] 다른 [생기들] 사이에는 상이성이 있다. 발성기관 등이 잠잘 때에 으뜸인 것만 유일하게 깨어 있고, 또 다른 것들이 죽음에 의해 점령되어도 바로 그것만 유일하게 점령되지 않는다. 게다가 육체가 지지되고 붕괴되는 원인은 바로 그것의[90] 유지와 이탈일 뿐 기관들의 [유지와 이탈은] 아니다. 더욱이 대상을 지각하는 수단은 기관들일 뿐 생기가 아니다. 이렇게 생기와 기관들은 그 특징에서 이와 같은 종류의 차이를 매우 많이 가진다. 그러므로 또한 그것들은 실체적인 차이를 가진다고 정립된다.

"그들 모두는 바로 그의 형태를 취했다."〈브리 1.5.21〉라는 계시를 통해 생기 자체가 기관들이라고 주장한 것은 합리적이지 않다. 심지어 그 경우에도 전후관계를 조망함으로써 차이가 알려지기 때문이다.

이를 풀이한다: "발성기관은 '내가 분명 말할 것이다'라고 마음먹었다."〈브리 1.5.21〉라며 발성기관 등의 기관들을 열거한 뒤에, 또 "죽음은 무력함을 통해 그들을 붙잡았다. 이로부터 발성기관은 무력해지고 만다."〈브리 1.5.21〉라며 발성기관 등이 '무력함으로 이루어진 죽음'에 의해 붙들린다는 것을 언급하고 나서, "이제 [죽음은] '가운데의 생기'인[91] 바로 그를 따라잡을 수 없었다."〈브리 1.5.21〉라며 죽음에 예속되지 않는 저 생기를 별도로 열거한다. 또한 "실로 그는 우리 중에 최고위라오!"〈브리 1.5.21〉라며 그것(생기)이 최고위라는 것을 확정한다. 따라서 이와 모순되지 않게끔, '발성기관 등이 그것(생기)의 형태를 취하는 것'이란 발성기관 등의 경우에 생동력(生動力)을 생기에 의존해서 얻는다는 것으로 생각해야만 할 뿐 [양자가] 본질의 동일성을 가진다는 것으로 생각해서는 안 된다.

또한 바로 이로부터 '생기'라는 말이 기관들에 대해 [사용되는 것은] 이차적 의미라고 확립된다. 이와 같은 연관에서 계시서는, "그들 모두는 바로 그의 형태를 취했다. 그로부터 그들은 그(생기)를 따라 '생기'라고 불린다."〈브리 1.5.21〉라며, 으뜸인 생기를 대상으로 할 뿐인 '생기'라는 말이 기관들에 대해 이차적인 어법으로 [사용된다는 것을] 보여

90_ 바로 그것의=바로 그 으뜸인 생기의.
91_ '가운데의 생기'인=육체에서의 생기인.

준다.

그러므로 발성기관 등의[92] 기관들은 생기와 실체적인 차이를 가진다.‖19‖

{ 9. '이름과 형상의 형성'이라는 주제: 수뜨라 20-22 }

20. 하지만 ['명칭과 형태'의 전개는 개별자아를 동작주체로 하지 않는다]; '이름과 형상'의 형성은 '3합(三合)을 만드는 자'를 [즉 지고한 신을 동작주체로 한다]; [계시서가] 가르치기 때문이다.

saṃjñāmūrtikḷptis tu trivṛtkurvata upadeśāt ‖20‖

'존재에 대한 장절'에서 불, 물, 흙(음식)의 창조를 언급한 뒤에 "그러한 이 신은 '자, 나는, 그러한 개별자아로써 즉 [나의] 아뜨만으로써 이러한 세 신격들에 들어가, 명칭과 형태를 전개하리라.'라고 마음으로 바라보았다. 그것들의 하나하나를 3합으로 3합으로 만들리라."〈찬도 6.3.2-3〉라고 가르친다.[93]

이 경우에 의문이 생긴다. 그 명칭과 형태의 전개는 개별자아를 동작주체로 하는가, 그렇지 않으면 지고한 신을 동작주체로 하는가?

[전론]: 이 경우에 먼저 그 명칭과 형태의 전개는 개별자아를 동작주

92_ * '발성기관 등의'(vāgādīni)라는 표현은 Samata에만 추가로 등장한다.

93_ 여기서 명칭과 형태의 전개란 불, 물, 흙의 미시적인 요소들이 3합(trivṛt)을 형성함으로써 불, 물, 흙의 가시적인 요소들로 되고 그 3합을 앞세워 다양한 세계가 나타나는 것을 가리킨다. 3합이란, 예컨대 불의 가시적 요소는 미시적인 불이 2/3를 이루고 미시적인 물과 흙이 각각 1/6을 이루는 방식으로 형성된다.

체로 할 뿐이라고 귀결된다.

어떤 근거에서? "그러한 개별자아로써 즉 [나의] 아뜨만으로써"라는 한정어 때문이다. 예컨대 이 세상에서 '나는 정찰병으로써 적의 군대에 들어가 [그 전력을] 어림잡아 봐야지.'라는 이러한 종류의 용법에서는, 군대의 [전력을] 어림잡는 것은 정찰병을 동작주체로 가질 뿐이지만, [왕이] 원인적 동작주체임으로 말미암아 '[나는] 어림잡아 봐야지'라는 일인칭[94]의 용법을 통해 왕 자신에게 거짓으로 [그 어림잡는 동작을] 돌린다. 마찬가지로 명칭과 형태를 전개하는 것은 개별자아를 동작주체로 가질 뿐이지만, [신이] 원인적 행위주체임으로 말미암아 '[나는] 전개하리라'라는 일인칭의 용법을 통해 신 자신에게 거짓으로 [그 전개하는 동작을] 돌린다.[95] 더 나아가 오직 개별자아가 '딧타', '다빗타'[96] 등의 명칭들과 또 '항아리', '접시' 등의 형태들을 전개하는 주체라고 알려진다. 따라서 그 명칭과 형태의 전개는 개별자아를 동작주체로 할 뿐이다.

이러한 귀결에서 [수뜨라 저자는] 말한다. "하지만 … '이름과 형상'의 형성은 …".

[후론]: '하지만'이라는 말은 전론을 배제한다. '이름과 형상의 형성'이란 그 '명칭과 형태의 전개'이다. '3합을 만드는 자'란 지고한 신을 지시한다. 3합을 만드는 경우에 그가 부인될 수 없는 동작주체라고 지시되기 때문이다. 이러이러한 이름과 형상으로 형성된 것들, 즉 '불, 해, 달, 번개 등과 꾸샤 풀, 까샤 풀, 빨라샤 나무 등과 가축, 야수, 인간 등' 각

94_ 일인칭(uttama-puruṣa)이란 '나'를 주어로 삼는 인칭이다.

95_ '거짓으로 돌린다'라는 표현의 원어는 'adhyāropayati'이다. 이는 √adhyāruh의 사역활용으로서 '덧얹다'(덧놓다)라는 의미로 이해해도 무방하다.

96_ '딧타'(ḍittha)는 나무로 된 코끼리이고, '다빗타'(ḍavittha)는 나무로 된 영양이다.

각의 계통과 각각의 개체로 [이루어진] 다양한 양상(창조물)은, 실로 불, 물, 흙의 창조주인 지고한 신 그 자신의 작업이어야만 한다.

어떤 근거에서? [계시서가] 가르치기 때문이다. 그러한 예시로서, "그러한 이 신은 …"이라고 시작한 뒤에 "[나는] … 전개하리라."라며 일인칭의 용법을 통해, 이곳에서는 오직 지고한 브라흐만이 전개하는 주체라고 가르친다.

[전론]: '개별자아로써'라는 한정어로 말미암아 전개가 개별자아를 동작주체로 한다고 확정했지 않는가?

[후론]: 그건 그렇지 않다. '개별자아로써'라는 그 [한정어는] 위치의 근접성으로 말미암아 '들어가'라는 그 [말과] 관계를 가질 뿐 '전개하리라'라는 그 [말과] 관계를 가지지 않는다. 실로 그 [말과] 관계되는 경우에,[97] '전개하리라'에서 신과 관계하는 그 일인칭은 비유적 표현이라고 추정해야 한다.

게다가 신성이 없는 개별자아는 언덕, 강, 바다 등 가지가지의 명칭과 형태를 전개하는 데 능력을 가지지 못한다. 그리고 심지어 [개별자아가] 어떤 것들을 [전개하는] 데 능력을 가지더라도 그 [능력은] 지고한 신에 의존할 뿐이다. 더욱이 '정찰병과 왕'과는 달리 개별자아라고 불리는 것은 지고한 신과 완전하게 차이가 있지는 않다. '[나의] 아뜨만으로써'라는 한정어 때문이다. 또한 개별자아 상태란 [지고한 신이] 단지 한정자와 결부된 것이기 때문이다. 이로 말미암아, 심지어 그것(개별자아)이 명칭과 형태의 전개를 행하더라도 지고한 신이 행하는 것에 지나지 않는다.

그리고 오직 지고한 신만이 명칭과 형태의 전개주체라는 것은 모든

97_ 실로 '개별자아로써'라는 그 한정어가 '전개하리라'라는 그 말과 관계를 가지는 경우에.

우빠니샤드의 정설이다. "'허공'이라고 불리는 것은 명칭과 형태의 산출자이다."〈찬도 8.14.1〉라는 등이 계시되기 때문이다. 따라서 명칭과 형태의 전개는 '3합을 만드는 자'인 바로 그 지고한 신의 일이다. [그리고] 이곳에서는 명칭과 형태의 전개가 단지 '3합을 만드는 것'을 앞세운다는 점을 말하고자 한다. 제각각의 명칭과 형태가 전개되는 것은 바로 그 '불, 물, 흙의 생성에 대한 글귀'를 통해 [이미] 언급되었기 때문이다.[98]

또한 이 경우에, 계시서는 불, 해, 달, 번개와 관계하여 '3합을 만드는 것'을 보여준다.[99] "[가시적인] 불에서, 붉은 색깔은 불의 색깔이고, 흰 색깔은 물의 색깔이며, 검은 색깔은 흙의 색깔이다."〈찬도 6.4.1〉라는 등을 통해서이다. 여기서는 [먼저] '불'이라는 그러한 형태가 전개된다. 또한 형태가 전개되고 있을 때 대상을 얻음으로써 '불'이라는 그러한 명칭이 전개된다. 해, 달, 번개와 관계해서도 바로 이와 같다고 이해해야만 한다.

그리고 불 등에 대한 이러한 예시는 흙, 물, 불의 세 실체 모두에서 3합을 만드는 것이 일률적이라는 점을 말해준다. 시작과 끝이 공통적이기 때문이다. 그러한 예시로서, "그러한 세 신격들이 하나하나씩 3합으로 3합으로 되는 것을"〈찬도 6.3.4〉이라며, 실로 일률적으로 시작한다.[100] 또한 "붉은 듯이 나타난 것이라면, 그것은 불의 색깔(형태)이라

98_ <찬도 6.3.2-3>에서는 "명칭과 형태를 전개하리라"라고 언급하고 나서 곧 이어 "그것들의 하나하나를 3합으로 3합으로 만들리라."라고 언급한다. 따라서 이곳에서 말하고자 하는 바는 '명칭과 형태가 전개된다는 점'이 아니라 '명칭과 형태의 전개가 3합을 만드는 것을 앞세운다는 점'이다. 왜냐하면 불, 물, 흙의 생성을 다루는 <찬도 6.2>의 글귀들을 통해 '명칭과 형태가 전개된다는 점'은 이미 언급된 것이나 마찬가지이기 때문이다.

99_ 해, 달, 번개는 모두 불의 일종이다.

100_ 실로 일률적으로 시작한다=실로 논의의 시작이 흙, 물, 불 모두에 대해 공통적이다.

고"〈찬도 6.4.6〉라고 이렇게 운운하는 것들에서나, "알려지지 않은 듯이 나타난 것이라면, 바로 그것들은 신격들의 결합이라고"〈찬도 6.4.7〉라는 그러한 마지막에서, 실로 일률적으로 끝난다.‖20‖

그러한 세 신격들이 외적인[101] 3합을 만드는 와중에 인격적인(소우주적인) 다른 3합을 만드는 것이 언급된다. "그러한 세 신격들이 사람에게 도달하고 나서 하나하나씩 3합으로 3합으로 되는 것을"〈찬도 6.4.7〉에서이다. 그래서 이제 대스승은 그 어떤 염려스러운 결함을 논박하기 위해 오직 계시서에 따라 [다음 수뜨라를] 보여준다.

21. 성언에 따르면, [3합으로 만들어진] 흙으로부터 기원하는 것이 살 등이다; 또한 다른 둘(물, 불)의 [결과물도 그러하다].
māṃsādi bhaumaṃ yathāśabdam itarayoś ca ‖21‖

성언에 따르면, 3합으로 만들어진 것이자 사람에 의해 먹히는 흙으로부터 살 등의 결과물이 산출된다. 그러한 증거로서, "먹힌 음식은 세 부분으로 된다. 그 가운데 가장 가시적인 요소인 것은 배설물이 되고, 보통의 요소인 것은 살이 되고, 가장 미세한 요소인 것은 마음이 된다."〈찬도 6.5.1〉라고 계시된다. [이 계시의] 의도는 3합으로 만들어진 그러한 흙 자체가 '쌀·보리 등 음식의 형태'로 먹힌다는 것이다. 그리고 그 가운데 가장 가시적인 형태는 배설물의 상태로 바깥으로 빠져나간다. 보통의 [형태는] 인체의 살을 자라게 한다. 한편 가장 미세한 [형태는] 마음을 [자라게 한다].

성언에 따라 물과 불이라는 다른 둘의 결과물도 그러하다고 이해해

101_ 외적인=신격적인(대우주적인).

야만 한다.[102] 그런 식으로 오줌, 피, 쁘라나는 물로부터 기원하는 결과물이다. 뼈, 골수, 발성기관은 불로부터 기원하는 [결과물이다].‖21‖

이에 대하여 말한다.

[전론]: 만약 "그는 그것들의 하나하나를 3합으로 3합으로 만들었다." 〈찬도 6.3.4〉라는 일률적인 계시로부터 '원소'와 '원소로 이루어진 것'인 바로 그 모두가 3합으로 만들어진 것이라고 [알려진다면], 그 경우에 '이것은 불이다', '이것은 물이다', '이것은 흙이다'라거나 또 인체와 관련하여 '이러한 살 등은 먹힌 음식(흙)의 결과물이다', '이러한 피 등은 마신 물의 결과물이다', '이러한 뼈 등은 먹힌 불의 결과물이다'라며 이렇게 차별적으로 언급하는 것은 무엇 때문인가?

이에 대하여 말한다.

22. 하지만, [만약 원소와 원소로 이루어진 것 모두가 3합으로 만들어진 경우에 무엇 때문에 불, 물, 흙을 차별적으로 언급하느냐고 한다면, 비록 그 모두가 3합으로 만들어진 것일지라도], 차별성(우세함) 때문에 ['불, 물, 흙'이라며] 그렇게 명명(命名)된다; 그렇게 명명된다.

vaiśeṣyāt tu tadvādas tadvādaḥ ‖22‖

[후론]: '하지만'이라는 말은 제기된 결함을 몰아낸다. 차별성이란 차별적인 성향으로서 딱 '우세함'이라는 것이다. 비록 [그 모두가] 3합으로 만들어진 것일지라도, '불에는 불이 우세하고, 물에는 물이 우세하

102_ 성언에 따르면, 물과 불의 결과물도 흙의 경우처럼 각각 '3합으로 만들어진 물과 불'로부터 산출된다(기원한다). 결론적으로 원소와 '원소로 이루어진 것'(원소의 결과물) 모두가 3합으로 만들어진다.

며, 흙에는 흙이 우세하다'라며, 어떤 것에서 어느 [하나의] 원소적 요소가 우세하다고 알려진다.

또한 그 3합으로 만들어진 것은 경험작용을 확립하기 위해서 [존재한다]. 실로 '3합으로 만들어진 밧줄'처럼[103] 하나를 이룰 경우, 3원소를 영역으로 하는 일상적인 경험작용은 차이 있는 것으로 확립될 수 없다.

그러므로 비록 [그 모두가] 3합으로 만들어진 것일지라도, 바로 그 차별성 때문에 '불, 물, 흙'이라며 차별적으로 명명되는 것은 원소와 원소로 이루어진 것과 관계하여 합당하다.

'그렇게 명명된다; 그렇게 명명된다'라며 말을 반복하는 것은 '장'의 종결을 나타낸다.‖22‖

103_ '3합으로 만들어진 밧줄'처럼=세 가닥으로 꼬아 만들어진 밧줄처럼.

찾아보기*

* 여기서는 다음과 같은 원칙들을 적용하여 용어나 구절을 선별하고 그 용례를 표기한다: 첫째, 문헌 소개와 역주를 제외하고 본문(수뜨라, 주석, 인용문)에 등장하는 것들만을 대상으로 삼는다. 둘째, 본문 전체에서 매우 빈번하게 등장하는 것들은 ① 아예 목록에 포함시키지 않거나, ② 목록에는 포함시키되 본문 전체에서 처음으로 등장하는 용례만 표기하거나, ③ 목록에는 포함시키되 191개의 '주제'마다 처음으로 등장하는 용례만 표기한다. 셋째, 특별히 베단따를 공부하는 데 도움이 될 만한 것들은 그 용례를 모두 표기한다. 넷째, 각각의 '주제'에서 논의의 핵심소재들은 대개 처음으로 등장하는 용례만 표기한다.